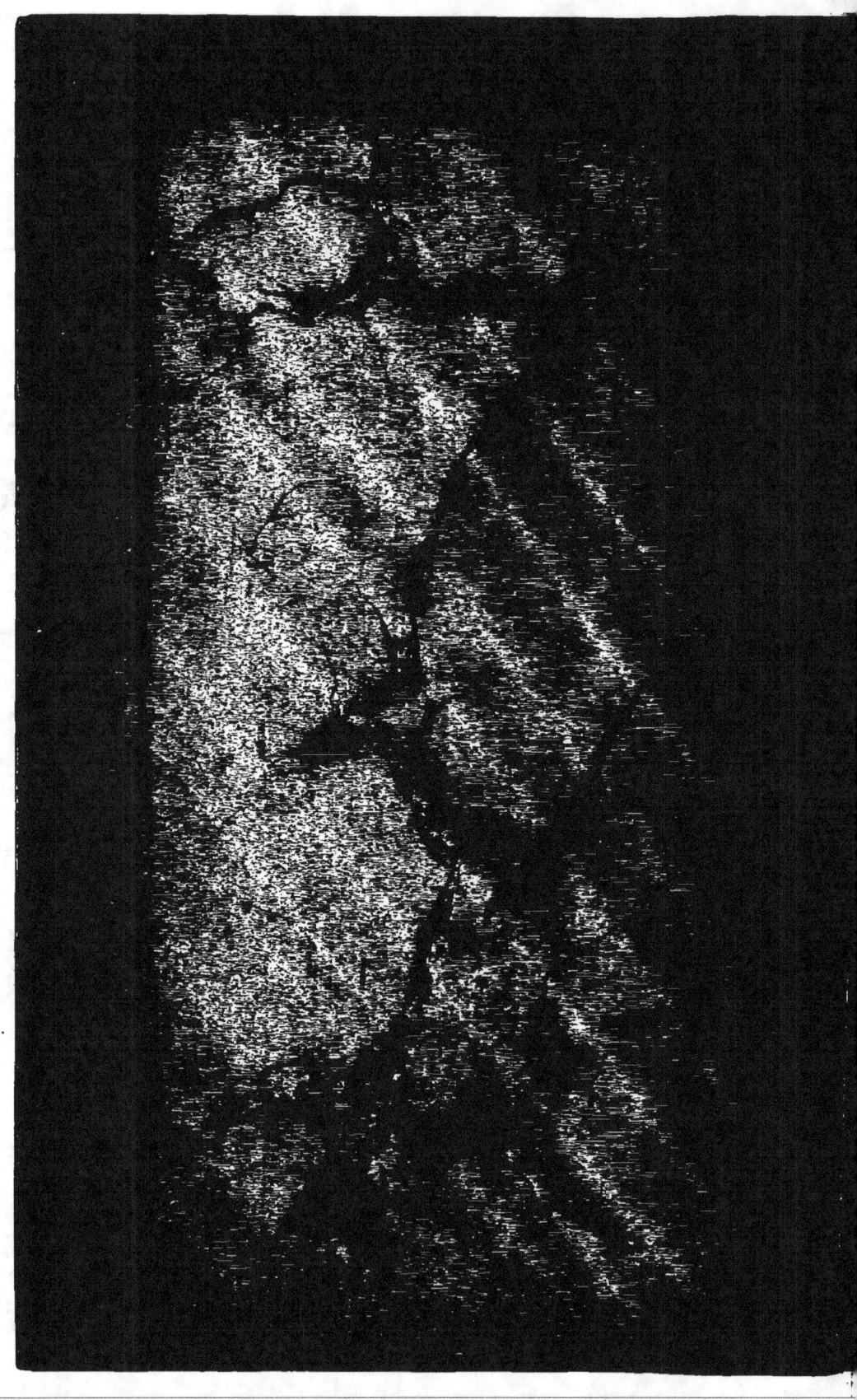

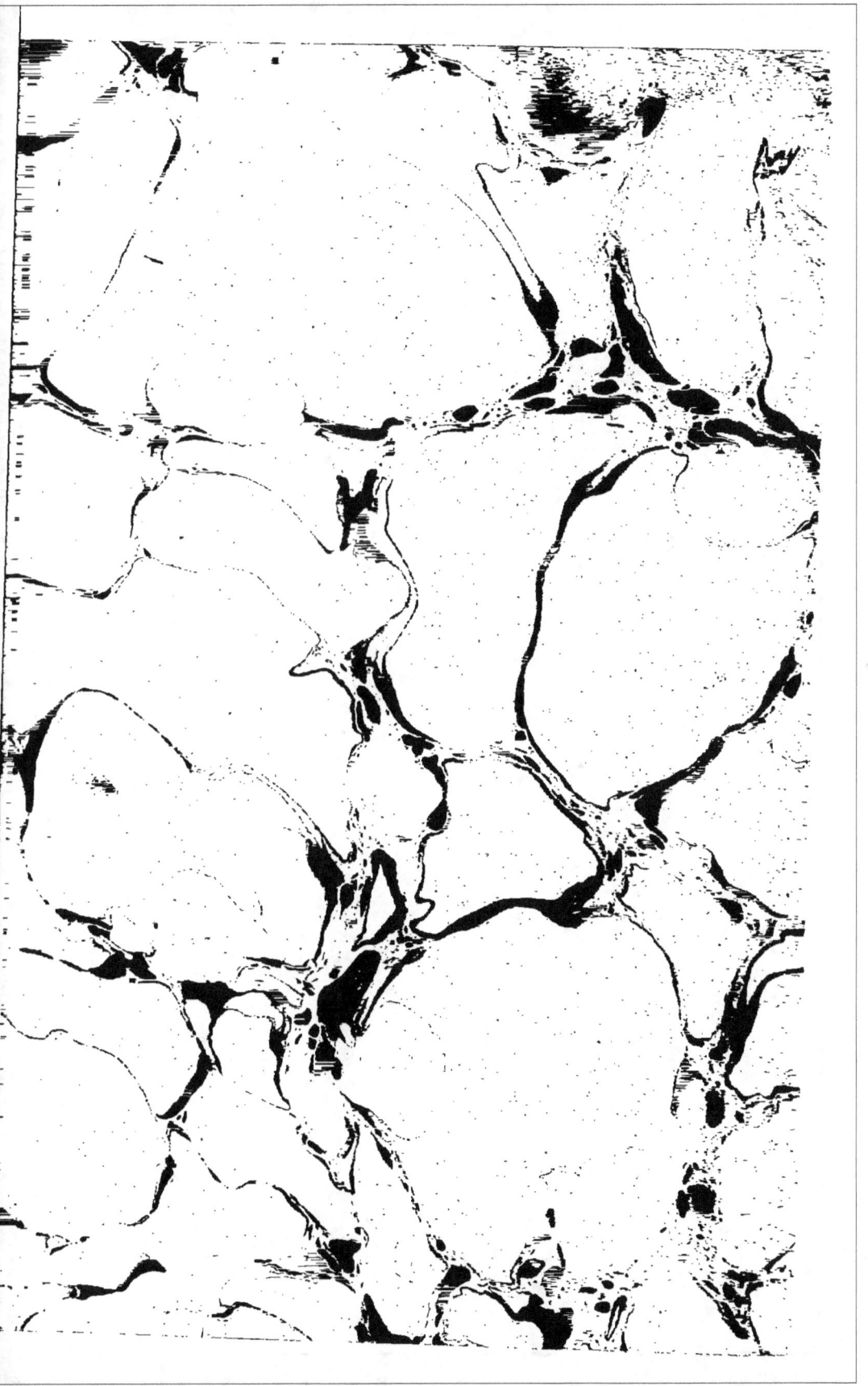

PARIS
PENDANT LA TERREUR

PAR

EDMOND BIRÉ

PARIS
LIBRAIRIE ACADÉMIQUE DIDIER
PERRIN ET Cie, LIBRAIRES-ÉDITEURS
35, QUAI DES GRANDS-AUGUSTINS, 35

PARIS
PENDANT LA TERREUR

DU MÊME AUTEUR :

Victor Hugo et la Restauration. *Étude historique et littéraire* 1869. 1 vol. in-18, viii-478 pages. — *Épuisé.*

Dialogues des Vivants et des Morts. 1872. 1 vol. in-18, viii-344 pages. — *Épuisé.*

La Légende des Girondins. 1882. 1 vol. in-18, iv-480 pages. 2ᵉ édition.

Victor Hugo avant 1830. 1883. 1 vol. in-18, 533 pages, 3ᵉ édition.

Journal d'un Bourgeois de Paris pendant la Terreur. 1884. 1 vol. in-18, 454 pages. 2ᵉ édition.

Victor de Laprade, sa Vie et ses Œuvres. 1885. 1 vol. in-18, 402 pages. 2ᵉ édition.

Paris en 1793. 1888. 1 vol. in-18, xii-400 pages, 2ᵉ édition (*Second prix Gobert*).

Portraits littéraires. 1888. 1 vol. in-18, viii-410.

Causeries littéraires. 1889. 1 vol. in-8, 412 pages.

Les Poètes lauréats de l'Académie française, par Edmond Biré et Émile Grimaud. 1874, 2 vol. in-18.

PARIS
PENDANT LA TERREUR

PAR

EDMOND BIRÉ

PARIS
LIBRAIRIE ACADÉMIQUE DIDIER
PERRIN ET Cie, LIBRAIRES-ÉDITEURS
35, QUAI DES GRANDS-AUGUSTINS, 35
1890
Tous droits réservés

Le Rapport de M. Camille Doucet, secrétaire perpétuel de l'Académie française, sur les concours de l'année 1889, contient les lignes suivantes, que l'on me pardonnera de reproduire en tête du présent volume :

« Le second prix Gobert est attribué à M. Ed-
« mond Biré pour un piquant volume intitulé :
« *Paris en* 1793.

« Dans son histoire de *Paris en* 1793, M. Ed-
« mond Biré met en scène un narrateur supposé,
« un témoin imaginaire qui, jour par jour, rend
« compte à la fois des événements dont Paris est
« le théâtre pendant cette année terrible et de
« l'impression qu'ils produisent sur l'esprit public
« effrayé. Cette sténographie quotidienne a tout
« l'intérêt d'un roman et toute la portée sérieuse
« d'une véritable histoire, où pas un fait n'est
« avancé sans une preuve, sans un document à
« l'appui. Le récit saisissant est aisé, vif et na-
« turel. Déjà nous connaissions l'auteur comme
« un érudit et un écrivain; dans un premier
« ouvrage dont celui-ci n'est que la suite,

« dans son *Journal d'un Bourgeois de Paris,* il
« avait mérité que l'Académie reconnût en lui
« les qualités qu'elle vient de retrouver encore et
« qu'elle aime à récompenser aujourd'hui [1]. »

Paris pendant la Terreur forme la troisième série du travail commencé sous le titre de *Journal d'un Bourgeois de Paris,* et continué sous celui de *Paris en* 1793. J'y ai apporté les mêmes soins. Dans ce nouveau volume, comme dans les deux précédents, « pas un fait n'est avancé sans une preuve, sans un document à l'appui. »

---

[1] ACADÉMIE FRANÇAISE, *séance publique annuelle du jeudi* 14 *novembre* 1889.

PARIS
PENDANT LA TERREUR

I

AFFICHES

Vendredi 14 juin 1793.

Il fut un temps où les affiches placardées sur les murs n'apprenaient aux curieux que le jour où se ferait la licitation d'un héritage et chez quel notaire, le décès d'un procureur et la vente de sa cave ou de sa bibliothèque, ou bien encore le départ de quelque navire pour les grandes Indes [1]. Mais que nous sommes loin de ce temps d'ignorance et d'obscurantisme! Aujourd'hui l'affiche est une puissance et peut-être la première de toutes. La tribune et le journal n'ont la parole que pendant quelques heures : l'affiche tient bon pendant plusieurs jours. Le journal coûte deux sous, l'affiche ne coûte rien. Et le journaliste sent si bien son infériorité que lorsqu'il veut frapper un coup décisif, il transforme sa feuille en placard, de façon à pouvoir la coller sur les murailles. Marat n'y manque jamais dans les grandes circonstances. La foule se succède sans relâche devant ces affiches sans

---

[1]. Mercier, *Le Nouveau Paris*, II, 284.

nombre, bleues, violettes, jaunes, rouges, vertes, grises[1]. Les couleurs se heurtent, les partis se provoquent, les députés s'attaquent, se défendent ; il n'est pas de jour où les murs de Paris ne prêchent l'insurrection, le meurtre, le pillage, et quelquefois même, chose invraisemblable ! le calme, la modération, la paix.

Voici quelques-unes des affiches nouvelles que j'ai remarquées, ce matin, au Palais-Égalité, dans la rue Saint-Honoré et sur la place des Piques.

Affiche de la Société des Jacobins d'Arcis-sur-Aube, qui applaudit « aux mesures de vigueur » prises par la Commune contre « les traîtres » de la Convention et qui exprime le vœu de voir bientôt les Vingt-Deux, les Douze, Clavière, Lebrun et Roland payer de leurs têtes « leurs attentats contre la liberté[2] ».

Affiche de Pache, maire de Paris. Il s'élève contre Fonfrède, député de la Gironde, qui a dénoncé à la Convention l'emprisonnement de dix mille personnes, et contre Thibault, évêque constitutionnel de Saint-Flour et député du Cantal, qui a osé prétendre que le Comité central révolutionnaire comptait dans son sein des banqueroutiers et des coquins[3] !

Affiche de Barbaroux. Il réfute les bruits « calomnieux » répandus sur son compte, à l'occasion du dernier courrier de Marseille adressé à la députation de cette ville. Vainement on lui proposerait l'amnistie, il la refuse : « J'ai refusé celle de Capet et du juge

---

1. Mercier, *Le Nouveau Paris*, II, 284.
2. *Tableaux de la Révolution française, publiés sur les papiers inédits du département et de la police secrète de Paris*, par Adolphe Schmidt, II, 16.
3. *Ibid.*, p. 23.

prévôtal de Marseille ; je n'accepterai pas davantage celle des centumvirs de la Convention... Quant aux otages proposés pour les départements, les Marseillais non plus que moi ne se paient de cette monnaie [1]. »

Affiche de *Jérôme Petion aux Parisiens*. Le ci-devant maire de Paris fait un appel à ses anciens électeurs, lesquels, si j'en juge par les propos tenus autour de moi, ne semblent guère en disposition de lui refaire une popularité.

Affiche de la municipalité et des citoyens de la ville de Chartres. Ils applaudissent aux mesures prises le 31 mai et jours suivants [2]. Ce pauvre Petion n'obtient pas grâce devant eux : il avait cependant été leur élu à la Constituante et à la Convention.

Affiche du district de Senlis annonçant que, le samedi 15 juin, il sera procédé à la vente des orangers et arbustes du château de Chantilly [3].

Affiche de Boursault père, secrétaire du Comité révolutionnaire de Paris. Il célèbre le nouveau triomphe de la Commune. « Laissez, dit-il, laissez crier à l'infraction et au renversement des lois ; il est des circonstances où un peuple ne doit prendre avis que de lui-même [4]. »

Affiche de Prudhomme, rédacteur des *Révolutions de Paris*. Incarcéré pendant 48 heures, il dénonce à ses concitoyens comme l'auteur de son arrestation « l'Individu Lacroix, président du *Comité révolutionnaire*

---

1. Schmidt, II, 28.
2. *Ibid.*, p. 35. — Sur les journées du 31 mai et du 2 juin, voir *Paris en* 1793, par Edmond Biré, chapitres XXXII, XXXIII et XXXIV.
3. *Moniteur* du 12 juin 1793.
4. Schmidt, II, 40.

de la section de l'unité, homme dont il a révélé les turpitudes. » Ce qui n'empêche pas Prudhomme de conclure ainsi : « En dernière analyse, je demeure convaincu que les violences exercées contre moi tiennent à un mouvement *contre-révolutionnaire* [1]. »

Affiche d'Hanriot, commandant de la garde nationale. Il déclare qu'il s'attendait bien à voir la calomnie répandre sur lui « ses couleuvres et ses poisons [2] ». — L'adresse d'Hanriot n'a pas beaucoup plus de succès que celle de Petion. Dans quelques groupes, on prenait parti pour lui, mais dans d'autres on rappelait qu'avant d'être commandant il avait été commis aux barrières ; on racontait qu'il n'avait pas de culottes au commencement de la Révolution et venait d'acheter un bien de 60,000 livres ; qu'il était en train de conclure d'autres achats ; qu'il avait été faire le Brutus à sa section, en y dénonçant sa mère comme une aristocrate fieffée, mais que c'était beaucoup moins par patriotisme que pour se dispenser de la soulager. Ces propos étaient accueillis par les auditeurs avec une assez vive satisfaction. Je dois dire cependant que, lorsque je suis repassé une heure après, par le Palais-Égalité, les affiches d'Hanriot étaient intactes. Celles de Petion et de Barbaroux étaient déchirées [3].

Une grande affiche jaune placardée le 13 mai dernier, par ordre de la Commune, et renouvelée de temps en temps, attire encore beaucoup de lecteurs. Elle a pour titre : *Le Gorsas du mois de septembre et le Gorsas*

---

1. *Révolutions de Paris*, XVI, 470.
2. Schmidt, II, 40.
3. Schmidt, II, 29.

d'aujourd'hui. — Le Brissot du mois de septembre et le Brissot d'aujourd'hui. Au-dessous, sur deux colonnes se trouvent reproduites les opinions contradictoires émises sur les massacres de septembre par Gorsas, dans le *Courrier des départements,* par Brissot, dans le *Patriote français.* Au mois de mai 1793, menacés à leur tour par les égorgeurs des Carmes et de l'Abbaye, ils ont trouvé bon de les traiter de brigands et d'assassins; ceux-ci leur ont très opportunément rappelé qu'au moment même où les massacres s'étaient produits, tous deux les avaient approuvés : l'un, Brissot, écrivant que *le peuple n'avait frappé que des* TÊTES COUPABLES; l'autre, Gorsas, écrivant que c'était là un *acte de justice, terrible* sans doute, mais NÉCESSAIRE [1].

On dit que Brissot vient d'être arrêté à Moulins [2]. Plus heureux, Gorsas est à Caen avec Buzot, Petion et quelques autres de ses collègues de la Gironde, s'efforçant de soulever les départements de Bretagne et de Normandie contre Paris et la Montagne. Puisse-t-il ne pas tomber aux mains de ses ennemis, échapper au sort fatal qu'ils lui destinent [3] ! Mais s'il en devait

---

1. Conseil général de la Commune, du 15 mai 1793. *Journal de Paris national,* n° 137, mai 1793. — L'*Histoire parlementaire* de Buchez et Roux n'a pas reproduit cette séance de la Commune.
2. Brissot, réfugié à Moulins, y fut arrêté le 10 juin 1793. Transféré à Paris, emprisonné à l'Abbaye, puis au Luxembourg, il fut guillotiné le 31 octobre 1793 (10 brumaire an II).
3. Gorsas, ayant commis l'imprudence de revenir à Paris, fut découvert le 6 octobre 1793, écroué au Luxembourg et mené au tribunal révolutionnaire, qui se borna à prononcer sur lui l'arrêt d'identité. Il fut guillotiné le 7 octobre (16 vendémiaire an II). « Ce scélérat, dit le *Glaive vengeur,* p. 114, a eu l'impudeur de crier au peuple : *Je suis innocent, ma mémoire sera vengée.* Il n'inspira que l'indignation et le mépris. Il fut à même d'en juger, en allant au supplice. »

être autrement, force serait bien de reconnaître qu'après avoir poussé depuis quatre ans à la révolte, au meurtre et à l'assassinat, ni lui, ni Brissot, n'ont droit à la pitié des honnêtes gens :

> Non lex est justior ulla
> Quam necis artifices arte perire sua.

II

LES VINGT-NEUF

Mardi 18 juin 1793.

Les administrateurs au département de police viennent de publier la liste des députés qui ont été mis en état d'arrestation chez eux, le 2 juin, et de ceux qui n'ont pu être arrêtés, n'étant plus dans leurs domiciles.

VOICI CETTE DOUBLE LISTE :

I. *Députés à la Convention nationale qui n'ont pu être mis en état d'arrestation, n'étant plus dans leurs domiciles.*

Brissot (Eure-et-Loir), rue Grétry, n° 2.
Buzot (Eure), quai Malaquais, n° 19.
Chambon (Corrèze), rue Mazarine, n° 35.
Gorsas (Seine-et-Oise), rue Tiquetonne, n° 7.
Grangeneuve (Gironde), rue Thomas-du-Louvre, n° 18.
Henry-Larivière (Calvados), rue Saint-Honoré, près la place ci-devant Vendôme.
Lasource (Tarn), rue Saint-Honoré, n° 443.
Lesage (Eure-et-Loire), rue Saint-Honoré, chez Lumel, apothicaire.
Lidon (Corrèze), rue Mazarine, n° 35.
Louvet (Loiret), rue Saint-Honoré [1].

---

1. « Pour être plus près de la Convention, j'avais pris un logement, rue Honoré, très peu au-dessus des Jacobins. » *Quelques No-*

Rabaut-St-Étienne (Aube), rue et hôtel du Carrousel, n° 11.
Salle (Meurthe), rue Gaillon, hôtel des États-Unis.
Viger (Maine-et-Loire) [1].

II. *Députés mis en état d'arrestation chez eux.*

Barbaroux (Bouches-du-Rhône), rue Mazarine, n° 35.
Bergoeing (Gironde), rue Jean-Jacques-Rousseau.
Bertrand de L'Hodiesnière (Orne), rue St-Honoré, n° 1433.
Birotteau (Pyrénées-Orientales), rue Traversière-Saint-Honoré, hôtel d'Arbois.
Boilleau (Yonne), rue de Chartres, au coin de celle de Rohan.
Gardien (Indre-et-Loire), rue du Colombier, n° 31.
Gensonné (Gironde), rue de Richelieu, hôtel Necker.
Gomaire (Finistère), rue Traversière-Saint-Honoré, hôtel d'Arbois.
Guadet (Gironde), rue du Faubourg-Saint-Honoré, n° 30, près celle d'Anjou.
Lanjuinais (Ille-et-Vilaine), rue Saint-Nicaise, n° 506.
Lehardy (Morbihan), rue du Chantre-Saint-Honoré, hôtel Warwick.
Kervélégan (Finistère), rue des Saints-Pères, n° 1225.
Mollevaut (Meurthe), rue de l'Eperon, au coin de celle du Battoir.
Petion (Eure-et-Loir), cul-de-sac de l'Orangerie.
Valazé (Orne), rue d'Orléans, n° 10.

tices pour *l'histoire et le Récit de mes périls depuis le 31 mai*, par J.-B. Louvet, l'un des représentants proscrits en 1793.

1. *Viger des Hubinières*, suppléant de Maine-et-Loire, ne prit séance que le 27 avril 1793. Il remplaçait M. d'Houlières, qui avait donné sa démission le 14 avril.

Vergniaud (Gironde), rue de Clichy, n° 337 [1].

Les deux premiers de cette seconde liste, Barbaroux et Bergoeing, se sont évadés depuis leur arrestation : Bergoeing du 6 au 7 juin ; Barbaroux, du 10 au 11 [2].

---

1. Vergniaud demeura successivement à l'hôtel d'Aligre, rue d'Orléans ; au n° 5 de la place Vendôme, et enfin au n° 337 de la rue de Clichy, où il avait un logement commun avec Ducos et Boyer-Fonfrède.
2. *Révolutions de Paris*, XVI, 560.

Le décret du 2 juin, portant que « les députés, dont les noms suivent seront mis en état d'arrestation chez eux, et qu'ils y seront sous la sauvegarde du peuple français et de la Convention nationale, ainsi que de la loyauté du peuple de Paris », renferme *trente-deux noms;* mais celui de *Rabaut-Saint-Étienne* y figure deux fois ; la liste comprend de plus *Clavière*, ministre des contributions publiques, et *Lebrun,* ministre des affaires étrangères, qui ne faisaient, ni l'un ni l'autre, partie de la Convention. Le nombre des « députés mis en état d'arrestation chez eux » n'était donc en réalité que de *vingt-neuf.*

Sur ces vingt-neuf députés, quinze furent *guillotinés :* Barbaroux, Birotteau, Boilleau, Brissot, Gardien, Gensonné, Gorsas, Grangeneuve, Guadet, Lasource, Lehardy, Rabaut-Saint-Étienne, Salle, Vergniaud, Viger.

Quatre *se suicidèrent* pour échapper à l'échafaud : Buzot, Lidon, Petion, Valazé.

Chambon fut tué à Lubersac, son pays natal, par les *patriotes* chargés de l'arrêter.

Neuf réussirent à se soustraire aux recherches : Bergoeing. Bertrand de l'Hodiesnière, Gomaire, Henry-Larivière, Kervélégan, Lanjuinais, Lesage, Louvet, Mollevaut.

Le ministre Lebrun fut guillotiné ; son collègue Clavière se suicida à la Conciergerie.

III

CHARADES ET ANAGRAMMES

Jeudi 20 juin 1793.

Sébastien Mercier, aujourd'hui député de Seine-et-Oise à la Convention nationale, écrivait, il y a quelques années, dans son *Tableau de Paris*:

Les *Calembourgs* régnaient chez les spirituels Parisiens; les *Charades* sont venues leur disputer la prééminence. Après un grand conflit, les Charades ont remporté la victoire. Les *Bouts-Rimés* voulaient reparaître comme troupes auxiliaires; mais ils ont été également vaincus; l'armée des Charades les repoussant a déployé ses enseignes triomphantes dans le *Journal de Paris* et dans le *Mercure de France*. L'*Énigme* et le *Logogriphe* sont abandonnés aux provinciaux désœuvrés La Charade occupe les esprits de la capitale. On n'entend plus que *mon premier, mon second et mon tout*. Étrangers, ouvrez le premier *Mercure*, et, si vous l'ignorez, vous verrez ce qu'est une charade. Je ne vous l'expliquerai point.

Mercier terminait son chapitre par cette exclamation qui était vraie en 1788:

Heureux Parisiens, vous savez rire à peu de frais! Bon peuple, que les plaisirs sont innocents [1]!

1. *Le Tableau de Paris*, par Sébastien Mercier, chapitre CI, *Charades*.

Depuis que ces lignes ont paru, bien des choses sont tombées que l'on croyait indestructibles : la Charade est encore debout et l'Énigme et le Logogriphe, et aussi l'Anagramme, dont Mercier ne parle pas et dont le continuateur de Richelet avait dit en 1759: « Il faut être sot pour s'amuser des Anagrammes et pis que sot pour en faire [1]. » On n'en a jamais tant fait que depuis 1789, et toutes n'ont pas été faites par des sots. Dans les *Actes des Apôtres*, on en retrouverait d'assez spirituelles ; celle-ci par exemple, qui a pour titre : *Anagramme — Épigramme sur deux chefs de parti très connus* :

>Deux insignes chefs de parti
>D'intrigue ici tiennent bureau ;
>Chacun à l'autre est assorti :
>Même audace et voix de taureau.
>L'on pourrait faire le pari
>Qu'ils sont nés dans la même peau,
>Car, retournez *abé Mauri*,
>Vous trouverez *Mirabeau* [2].

Celle-ci encore tirée du chapitre LXVI :

>Ces jours passés, un fougueux démocrate,
>Que l'Anagramme en tout temps transporta,
>   Du vilain mot *Aristocrate*,
>A quelques lettres près, *Iscariote* ôta.

---

1. *Dictionnaire français*, de Richelet, édition donnée par l'abbé Goujet en 1759. Trois vol. in-folio.
2. *Actes des Apôtres*, ch xxviii. Montlosier (*Mémoires*, II, 351) dit que cette épigramme était attribuée au marquis de Champcenetz, qui fut guillotiné le 23 juillet 1794 (5 thermidor an II). — L'éditeur des *Actes des Apôtres*, Michel Wobert, libraire au Palais-Royal, fut également guillotiné le 20 mai 1794 (1er prairial an II).

Un gros monsieur, habillé d'écarlate,
Dit en courroux: « Quel butor est-ce là ?
« J'ai trouvé bien mieux que cela ;
« On en conviendra, je m'en flatte ;
« Car, sans ôter un iota [1],
« Démocrate *me décrota.* »

L'auteur du *Nouveau Dictionnaire français, pour servir à l'Histoire de la Révolution de France,* relevait, de son côté, en ces termes, l'Anagramme dont triomphaient les *patriotes :*

Les beaux esprits se sont évertués à trouver l'Anagramme d'*aristocrate*, et ils en ont fait *iscariote*, qui est juste à deux lettres près ; les journaux à la mode, c'est-à-dire l'*Observateur*, la *Chronique*, les *Annales* de Mercier [2], ont répété à l'envie cette absurdité, ce qui n'a surpris personne. Les aristocrates n'ont pas eu la peine de chercher d'Anagramme pour définir leurs adversaires ; ils ont pris un mot bien commun, bien juste, celui d'*Enragés*, qui n'a pas besoin de commentaire [3].

Aux Anagrammes en vers les *Actes des Apôtres* ne se faisaient pas faute de joindre des Anagrammes en prose, dans le genre de celles-ci :

***

---

[1]. *Actes des Apôtres*, ch. LXVI.
[2]. L'*Observateur*, par Feydel ; — la *Chronique de Paris*, par Condorcet, Rabaut-Saint-Etienne, Noël, etc. ; — les *Annales patriotiques et littéraires*, par Mercier et Carra.
[3]. *Nouveau dictionnaire français, composé par un aristocrate, pour servir à l'histoire de la Révolution de France.* Juin 1790. V° *Anagramme.*

Des membres du club des Impartiaux[1] qui rendent justice aux bonnes intentions de M. Malouet, mais qui trouvent que son adresse n'égale pas toujours sa droiture, ont imaginé de retourner M. Malouet, et, sans trop d'inversion, on a trouvé que le substantif *Malouet* renfermait l'adjectif **Vote mal**[2].

* * *

Un franc picard, marchant sur les traces de l'anonyme célèbre qui retrouva dans *frère Jacques Clément — c'est l'enfer qui m'a créé,* — a osé entreprendre la dislocation de l'*Assemblée Nationale* et y a trouvé : *Nation lézée la blâme*[3].

C'est encore aux *Actes des Apôtres* que l'on doit l'Anagramme du général *de Lafayette*, très exacte, celle-là, dans tous les sens : *Déilé fatale*[4].

Un décret ayant fixé le nouveau costume des juges, le *Journal général de la Ville et de la Cour* en prit texte pour écrire l'entrefilet suivant :

Le décret qui a organisé la coiffure de nos futurs magistrats ayant laissé à désirer quelques explications sur l'article du *panache*, nous nous empressons de faire part à nos lecteurs d'une note extraite des œuvres posthumes d'un étymologiste allemand. Le mot pa-na-che, composé de trois syllabes, est un dérivé du mot *chenapan*, dont il est l'anagramme très exact. Suivant une ancienne chronique, on appelait ainsi de prétendus prud'hommes, se disant experts en fait de justice[5].

---

1. Sur le *Club des Impartiaux*, voir les *Mémoires* de Malouet, t. II, ch. XIII.
2. *Actes des Apôtres*, ch. XLIX.
3. *Ibid.*
4. *Ibid.*
5. *Journal général de la Ville et de la Cour, ou le Petit Gautier,*

C'est au mois d'octobre 1790, que le *Petit Gautier* publiait ces lignes. Les événements devenaient de jour en jour plus terribles : d'honnêtes royalistes s'obstinaient à demander des consolations à l'Anagramme. L'un découvrait, dans d'*Orléans*, l'*Asne dor;* — un second, *bélître* dans *liberté* [1] ; — un troisième, et non le moins heureux des trois, parvenait à lire dans *serment civique, qui jure ment sec.* Un autre enfin trouvait, dans Révolution française, *la France veut son Roi.*

L'anagramme était donc surtout arme d'aristocrate, — pauvre épée de salon, fleuret boutonné, qui ne tenait guère contre les bâtons ferrés, les piques et les fourches des sans-culottes. Ceux-ci, d'ailleurs, ne dédaignaient point, à l'occasion, de se servir de l'arme de leurs adversaires. Au mois de mars dernier, une *Société patriotique* a décerné un prix à l'auteur de l'anagramme suivante sur les mots la *République française : Punira le fol qui se cabre* [2].

Depuis le 10 août, comprenant, peut-être un peu tard, que l'anagramme était devenue un anachronisme, les royalistes y ont renoncé à peu près complètement. Cependant la *Feuille du matin* qui, jusqu'au jour de sa disparition forcée, en avril 1793, a déployé autant d'esprit que de courage [3], en publiait encore de loin

---

n° du 21 octobre 1790. — Il a eu plusieurs rédacteurs, parmi lesquels *Journiac de Saint-Méard* qui, échappé aux massacres de Septembre, écrivit la célèbre brochure intitulée : *Mon Agonie de trente-huit heures.*

1. *Anagrammeana*, poème par l'Anagramme d'Archet (Hécart). — *Anagrammatopolis* (Valenciennes), l'an XIV de l'ère épigrammatique. In-18, tiré à 50 exemplaires (Catalogue de la bibliothèque de Guilbert de Pixérécourt, p. 103, n° 789).

2. *Moniteur* du 26 mars 1793.

3. Sur la *Feuille du Matin* et son principal rédacteur Pierre-Ger-

en loin. En voici une que j'emprunte à son numéro du 6 mars 1793 :

Une personne qui s'est amusée à décomposer le mot *Jacobin* y a trouvé deux mots, dont l'un est CAIN, l'autre JOB[1].

Deux jours plus tard, le journal de Parisau insérait le *rébus* suivant :

« Un aristocrate qui fait le bel esprit nous a donné à deviner ce *rébus :*

```
           ꟻEU                           ꟻEU
                    ƎNÔЯT
                 ET — AT
                                        ⋮⋮⋮
       RELIGION  CITOYENS =             ⋮⋮⋮
                                        ⋮⋮⋮
                 FRAN  CE  SANS  E. Q.  ⋮⋮⋮
                 PEUPLE
           ꟻEU           JUSTICE         ꟻEU
```

« Nous lui répondrons que cette méchanceté de sa façon signifie :

« *État* divisé ; *citoyens* barbares ; *France* sans écus ; *peuple* souffrant ; *justice* à bas ; *religion* de côté ; *gloire* effacée ; *trône* renversé ; *feu* aux quatre coins de la France[2]. »

Si l'anagramme et le rébus ont à peu près disparu, certains journaux, le *Mercure français*[3], en particulier,

---

main *Parisau*, voyez *Paris en 1793*, par Edmond Biré, chapitre XIV. Parisau fut guillotiné le 22 messidor an II (10 juillet 1794).
1. *La Feuille du matin*, n° LXXI, 6 mars 1793.
2. *Ibid*, 8 mars 1793.
3. Le *Mercure de France,* où Mallet du Pan avait publié, de 1789

continuent à publier des charades, des logogriphes et des énigmes.

Le 19 janvier 1793, le *Mercure* donnait à ses lecteurs cette *Énigme* à deviner :

> Je suis le terme du malheur
> Et je mets le comble au bonheur.
> Attaché constamment au char de la Fortune,
> J'aime Amphytrite et j'abhorre Neptune.
> Avec Zéphyr, je caresse la fleur,
> Je supporte le froid ainsi que la chaleur.
> Tantôt sur la sombre verdure,
> Tantôt à l'ombre des vergers,
> Je folâtre avec les bergers.
> Je suis dans les trésors qu'enferme la nature,
> Je voltige aussi dans les airs,
> Et je me trouve presque au bout de l'univers[1].

Mais c'est encore aux charades que vont, comme en 1788, les préférences des abonnés du *Mercure*. Chaque samedi leur en apporte une nouvelle qui, à défaut d'autre mérite, a du moins celui de n'avoir aucun rapport avec l'événement du jour.

Le 24 avril, Marat, acquitté par le Tribunal révolutionnaire, est porté en triomphe à la Convention. Le *Mercure français* propose à ses lecteurs la charade suivante :

> Mon premier est un animal
> Dont tu seras la nourriture.

à 1792, de si remarquables articles, avait changé de rédacteurs à la suite du 10 août et modifié son titre : il était devenu le *Mercure français*.

1. Le mot de l'énigme est la lettre R. — N° 77.

Mon second un autre animal
Qui trouve partout sa pâture.
Mon tout encore un animal
Dont la grande progéniture
Pour bien des gens est un régal [1].

Le 10 mai, la Convention prend possession du château des Tuileries. Le *Mercure* soumet cette charade à la sagacité de ses abonnés :

A l'indigent quand ta main bienfaisante,
Belle Iris, offre mon premier,
Alors sur ta bouche charmante
On voit éclore mon entier [2].

Le 31 mai, le tocsin sonne à tous les clochers, le rappel bat dans toutes les rues. Le *Mercure* juge le moment favorable pour éditer la charade ci-après :

Dans les jardins l'on trouve mon premier.
Dans les jardins l'on trouve mon dernier.
Dans les jardins l'on trouve mon entier [3].

Le *Tribunal criminel extraordinaire* est en permanence. Tous les jours tombent de nouvelles têtes. Vingt-sept accusés sont à la veille de comparaître devant le terrible tribunal, prévenus d'avoir pris part à la *conspiration de Bretagne*. Nul doute que la plupart d'entre eux ne soient envoyés à l'échafaud [4]. Le *Mer-*

---

1. *Mercure français*, n° 91, 27 avril 1793. Le mot de la charade est *Verrat*.
2. *Ibid.*, n° 93, 11 mai 1793. Le mot de la charade est *Souris*.
3. *Ibid.*, n° 96, 1ᵉʳ juin 1793. Le mot de la charade est *Chou-fleur*.
4. Le procès de la *Conspiration de Bretagne*, commencé le 12 juin, se termina, le 18, par la condamnation à mort de M. de La-

cure publie une *charade* dont le mot est *Cure-dent*, et un *logogriphe* qui commence tranquillement ainsi :

Une tête de moins fait grande différence...

Mais il faut le donner en entier :

Une tête de moins fait grande différence.
Entier, je suis doué de force et de puissance.
A quelque chose près, j'égale un fier taureau.
Tête à bas, je produis un poisson, un oiseau,
Et pour tout dire enfin, insecte et vermisseau[1].

Puisqu'il y a des gens, en l'an de grâce 1793, qui s'amusent à composer et à publier ces choses, il faut bien croire qu'il y en a d'autres qui s'amusent à les deviner, à répéter comme au temps où Mercier écrivait son chapitre : *mon premier, mon second* et *mon tout*. Malgré cela, il m'étonnerait beaucoup que Mercier fût tenté de s'écrier comme autrefois, sous le règne du *tyran : Heureux Parisiens, vous savez rire à peu de frais ! Bon peuple, que tes plaisirs sont innocents !*

J'écrivais ces lignes afin d'oublier, ne fût-ce qu'un instant, les angoisses de l'heure présente. Mais tout nous y ramène, tout, même la charade, même le rébus. Le *logogriphe* ne se rattache-t-il pas maintenant

---

guyomarais, et de onze de ses coaccusés, parmi lesquels trois femmes, Mme de la Guyomarais, Mme Desclos de la Fauchais, sœur du jeune et héroïque Desilles blessé à mort dans les troubles de Nancy en 1790, et Mlle Thérèse Moellien de Fougères.

1. *Mercure français*, n° 97, 8 juin 1793. — Le mot du logogriphe est *Bœuf*.

aux souvenirs de la tour du Temple et du martyre de Louis XVI ? Voici une anecdote que je tiens de la bouche même du fidèle Cléry.

Le vendredi 18 janvier, le lendemain du vote qui avait prononcé contre Louis la peine de mort, ses conseils ne parurent pas à la Tour [1]. Ce fut pour le roi une grande douleur de ne pas les avoir près de lui en un pareil moment. Un ancien *Mercure de France* étant tombé sous sa main, il y lut un *logogriphe* qu'il donna à Cléry à deviner. Cléry en chercha le mot inutilement. « Comment ! lui dit son maître, vous ne le trouvez pas ? Il m'est pourtant bien applicable en ce moment. Le mot est *Sacrifice*... Mais, ce ne sont plus là des livres qu'il convient que j'ouvre maintenant. Allez me chercher dans la bibliothèque le volume de l'*Histoire d'Angleterre* qui contient le récit de la mort de Charles Ier [2]. »

---

[1]. M. de Malesherbes vit Louis XVI le 17 janvier pour la dernière fois. Les 18, 19 et 20 janvier, il se présenta au Temple, mais sans pouvoir être admis.

[2]. *Journal de ce qui s'est passé à la Tour du Temple pendant la captivité de Louis XVI, roi de France*, par J.-B. Cléry, p. 93.

IV

L'ABBÉ ROYOU

Vendredi 21 juin 1793.

Il y a aujourd'hui un an que l'abbé Royou est mort. Il a été mon professeur à Louis-le-Grand, et son souvenir m'est resté cher. Ce matin, en mémoire de mon maître, j'ai rouvert l'*Ami du Roi*, j'ai feuilleté ces pages où il a mis le meilleur de son âme et de son talent, et où il revit tout entier : *Defunctus adhuc loquitur*.

Il était né à Quimper en 1743 [1]. Successivement chapelain de l'ordre de Saint-Lazare et professeur au collège Louis-le-Grand, collaborateur de Geoffroy et de Fréron à l'*Année littéraire*, il fut nommé, en 1789, secrétaire de l'Assemblée électorale du clergé. Après avoir rédigé le *Journal de Monsieur*, il fonda avec Montjoie et plusieurs des anciens rédacteurs de l'*An-

---

1. La *Biographie universelle* de Michaud, la *Biographie générale* de Didot, le *Grand dictionnaire universel* de Larousse, le *Dictionnaire* de Bouillet, celui de Dezobry et Bachelet, etc., font naître l'abbé Thomas Royou vers 1741. La *Biographie bretonne* de M. P. Levot le fait naître le 25 janvier 1743. M. Trévédy, qui a pris la peine de rechercher l'acte de baptême de Thomas Royou, nous apprend qu'il est né à Quimper le 15 juin 1743. — C'est également à M. Trévédy que nous sommes redevables de la vraie date de la naissance de Fréron, le célèbre rédacteur de l'*Année littéraire*, beau-frère de l'abbé Royou. Tous les biographes le font naître en 1719 : il est né le 20 janvier 1718 (*Fréron et sa famille*, par J. Trévédy, ancien président du tribunal de Quimper, 1889).

née *littéraire, l'Ami du Roi, des Français, de l'ordre et surtout de la vérité.* Le premier numéro parut le 1ᵉʳ juin 1790. Le succès fut très vif dès le début; il était dû principalement aux comptes rendus des séances de l'Assemblée nationale, rédigés par l'abbé Royou. Celui-ci cependant cessait sa collaboration au bout de deux mois; le 6 août, il quittait le journal, dont ses co-propriétaires, le libraire Briand et l'imprimeur Crapart, entendaient se réserver tous les bénéfices. Resté seul à la tête de la rédaction, Montjoie ne tardait point à se retirer à son tour, et pour les mêmes motifs que l'abbé Royou. Ces incidents ne laissaient pas d'amuser fort les *patriotes*, et il semblait que l'*Ami du Roi* n'y dût pas survivre. Bien loin qu'il en ait été ainsi, le 1ᵉʳ septembre 1790, il n'y avait pas moins de trois *Amis du Roi* : celui de Montjoie, celui de l'abbé Royou [1], celui dont Crapart et Briand continuaient la publication. Tous les trois avaient même titre, même format, et à peu près les mêmes caractères. Crapart et Briand furent bientôt obligés de baisser pavillon et de se réunir à Montjoie; la fusion des deux feuilles eut lieu le 6 novembre 1790 [2]. Bien que l'*Ami du Roi* Crapart-Montjoie se soit soutenu jusqu'au 10 août 1792, pour tous cependant, amis et ennemis, le véritable, le seul *Ami du Roi* a été celui de l'abbé Royou. Il n'a cessé d'être menacé, traqué, poursuivi.

1. Montjoie et l'abbé Royou publièrent tous les deux leur premier numéro le même jour, le 1ᵉʳ septembre 1790.
2. Sur les trois *Amis du Roi*, voyez *Bibliographie des journaux*, par M. Deschiens, p. 92-93; *Histoire des journaux et des journalistes de la Révolution française*, par Léonard Gallois, II, p. 293 et suiv.; *Histoire politique et littéraire de la Presse en France*, par Eugène Hatin, VII, p. 124 et suiv.

A l'époque de la fuite du roi, le 21 juin 1791, les presses de Royou ont été brisées. Les journaux *patriotes*, et, à leur tête, la *Chronique de Paris*, de Condorcet, applaudirent à cette expédition, regrettant seulement que l'abbé s'en fut tiré à si bon compte.

Voici quelques extraits de la *Chronique* de ce temps-là :

Nous invitons tous les patriotes à donner la chasse à tous les papiers aristocratiques... Il ne faut souffrir la circulation ni de l'*Ami du Roi*, ni de *Mallet du Pan,* ni de la *Gazette de Paris*, ni des *Actes des Apôtres,* ni de *Gautier,* etc. etc. [1].

— Nous renouvelons la motion de donner la chasse aux papiers aristocratiques... Mallet du Pan a fui comme un roi. Royou a été arrêté et conduit au Comité des recherches [2].

— On nous a trompés sur le compte du pape Royou : il a caché son innocence au fond d'une cave. Nous avons de fortes raisons de croire que son journal se distribue la nuit. Nous invitons tous les membres du corps administratif, tous les patriotes, à poursuivre le libelle du corsaire et des autres forbans de l'aristocratie. Nous ne devons plus souffrir qu'aucun de ces poisons soit mis dans la circulation ; il est du devoir du département de donner à la poste l'ordre de n'en laisser partir aucun [3]...

— L'*Ami du Roi* a paru hier matin. Nous répéterons sans cesse que les principes ne sont nullement applicables aux circonstances..., et qu'il y a non pas même un faux héroïsme, mais de l'imbécillité à souffrir ses ennemis, ou du moins à les laisser agir hostilement au milieu de vous [4].

1. *Chronique de Paris,* 23 juin 1791.
2. *Ibid.*, 24 juin.
3. *Ibid.*, 27 juin.
4. *Ibid.*, 30 juin.

En reparaissant, le 29 juin, Royou écrivait ces lignes, dont l'événement devait faire une prophétie :

..... Je n'ai donc rien redouté pour moi, et d'ailleurs le sacrifice de ma vie est fait depuis longtemps. Il n'y a que celui de mes opinions qu'on ne m'arrachera jamais... Malgré le mauvais état de ma santé, je sens aujourd'hui qu'il m'est impossible de suspendre plus longtemps mes travaux, à moins d'y renoncer entièrement ; et je suis incapable d'une pareille lâcheté. *Défenseur zélé et constant de la monarchie, je veux m'ensevelir sous les ruines du trône, et c'est en combattant pour lui que la mort me saisira* [1].

Au mois de juillet suivant, au lendemain de la répression des factieux au Champ de Mars [2], un mandat d'arrêt fut lancé contre Marat, qui avait excité le peuple « à arracher le cœur de l'infernal *Motier* [3], à brûler dans son palais le monarque et ses suppôts, à empaler les députés sur leurs sièges et à mettre le feu à leur antre [4] ».

Pour se faire pardonner sa poursuite contre Marat [5], le Comité des recherches lança également un mandat d'arrêt contre Royou. Cette fois encore, prévenu à temps, il parvint à s'échapper, ce dont la *Chronique de Paris* ne peut se consoler. Je lis dans son numéro du 24 juillet :

Hier, la garde nationale s'est rendue chez l'*Ami du Roi*

---

1. L'*Ami du Roi*, 29 juin.
2. 17 juillet 1791.
3. Le général Lafayette.
4. L'*Ami du peuple*, n° 524, 20 juillet 1791.
5. « Madame Roland s'indigne — en 1791 — que « *les feuilles de Marat soient déchirées par les satellites de Lafayette.* » *Étude sur Madame Roland et son temps*, par C.-A. Dauban, p. 100.

Royou, rue Saint-André-des-Arts. *Par malheur*, il était absent ; mais pour laisser des preuves non équivoques de la visite qu'elle lui avait faite, elle a emporté tous ses papiers, dont elle a chargé une voiture entière, dans l'intention de les lui mettre sous les yeux à la première entrevue qu'ils auraient ensemble.

Le soir, le bruit a couru que le loyal abbé avait été pris ; nous n'avons pas eu le temps de nous assurer du fait [1].

Et dans son numéro suivant :

L'abbé Royou n'a point été arrêté ; mais, au défaut du frère, on a eu sa sœur, Mme Fréron, co-propriétaire du journal de l'*Ami du Roi* [2].

Après une interruption forcée d'une quinzaine de jours, l'*Ami du Roi* fut repris, le 6 août, par Corentin Royou, frère de l'abbé [3]. « Les feuilletons aristocratiques, disait la *Chronique*, continuent avec la même audace ; l'*Ami du Roi* reparaît sous le nom de l'*avocat*

1. *Chronique de Paris*, 24 juillet 1791.
2. *Ibid.*, 25 juillet. — Madame Fréron, veuve du célèbre critique de l'*Année littéraire*, fut écrouée à l'Abbaye, le 23 juillet 1791. Elle quitta la France en 1792, et passa en Pologne, où elle fut chargée de l'éducation de deux jeunes filles des familles de Radzivill et de Poniatowski. Elle mourut à Quimper le 29 juin 1814. Voy. *Fréron et sa famille*, par J. Trévédy.
3. Jacques-Corentin *Royou*, avocat, journaliste, auteur dramatique et historien, né à Quimper, le 2 mars 1749, mort à Paris *en* 1828. Au 18 fructidor, il fut déporté à l'île de Ré. Il a composé une *Histoire ancienne*, une *Histoire romaine*, une *Histoire des Empereurs romains*, et une *Histoire du Bas-Empire* (en tout 16 vol. in-8) ; une *Histoire de France*, en 6 volumes ; deux tragédies, *Phocion* et la *Mort de César*, une comédie en vers, *le Frondeur*, jouée avec succès au Théâtre-Français en 1819. En 1815, sur la demande de la noblesse de Bretagne, il avait été justement anobli (Ordonnance du 16 décembre). Il avait épousé l'une des filles de Fréron, l'auteur de l'*Année littéraire*. Voy. *Fréron et sa famille*, par J. Trévédy.

Royou, en attendant que le *pape* sorte des catacombes où, à l'exemple des premiers fidèles, il est allé cacher son *innocence* [1]. »

L'amnistie qui suivit l'acceptation de la Constitution par le roi [2] permit à l'abbé Royou de reprendre la direction de son journal. Le 3 mai 1792, il était de nouveau menacé d'arrestation. Obligée de poursuivre Marat, qui provoquait l'armée à l'assassinat de ses chefs [3], l'Assemblée législative, pour tenir la balance égale, décréta « qu'il y avait lieu à accusation contre les feuilles périodiques publiées sous les noms de Marat et de Royou [4] ».

Pour la troisième fois, l'abbé Royou fut obligé de se cacher, d'interrompre la publication de son journal. Il ne devait pas la reprendre. Altérée par l'excès du travail, sa santé était depuis longtemps chancelante ; elle ne résista pas à ce nouveau coup. Il mourut le 21 juin 1792 ; le *défenseur zélé et constant de la monarchie* n'avait pu survivre à la journée du 20 juin [5]. Il fut inhumé presque en secret dans le

---

1. *Chronique de Paris*, 9 août 1791.
2. Le 13 septembre 1791. *Moniteur* du 14 septembre.
3. « J'ai prédit, il y a plus de six mois, que les trois généraux, tous également bas valets de la cour, trahiront la nation et livreront nos frontières... Mon unique espoir est que l'armée ouvrira enfin les yeux, et qu'elle sentira que ses chefs sont les premières victimes à immoler au salut public. » *L'Ami du peuple*, n° 646, 30 avril 1792.
4. Séance du 3 mai 1792. *Moniteur* du 5 mai.
5. Peltier dit, au tome II de son *Dernier Tableau de Paris*, p. 201 : « Je ne parle point dans cette énumération (celle des journaux supprimés à la suite du 10 août), de l'*Ami du Roi*, par les frères Royou. Cette feuille, qui réunissait à une grande pureté de principes, une grande force de dialectique, de saillie et de sarcasme, avait été supprimée depuis trois mois, et son courageux auteur, décrété d'accusation, avait succombé sous le poids de ses travaux et de ses dou-

cimetière de la paroisse de Saint-Jacques du Haut-Pas [1].

Samedi 22 juin 1793.

Lorsqu'on parcourt, comme je viens de le faire, les quatre volumes de l'*Ami du Roi*[2], lorsqu'on se reporte à ces années 1790, 1791, 1792, on ne peut se défendre d'admirer la ténacité, l'indomptable énergie de l'abbé Royou. Chaque jour amène pour son parti un nouvel échec, un désastre nouveau; les assaillants sont de plus en plus nombreux, de plus en plus redoutables : il tient bon cependant; s'il est forcé parfois de quitter le champ de bataille, il ne tarde pas à y reparaître ; plus augmente pour lui la certitude d'une irrémédiable défaite, plus son ardeur s'accroît, plus grandissent sa résolution et son courage.

Grâce à Dieu, ce n'est pas le courage qui a fait défaut aux écrivains royalistes. Ni le mépris du danger, ni le mépris de la mort ne leur ont manqué. Peltier[3],

---

leurs le lendemain même du 20 juin. Il rendit le dernier soupir en apprenant les outrages faits au Roi. Ainsi l'on nous peint le soldat d'Alexandre se précipitant dans le bûcher de son maître, pour ne pas lui survivre. »

1. « Thomas Royou (l'abbé), décédé le 21 juin 1792 chez l'abbé Ermès, rue Saint-Jacques, n° 15. Relevé sur le certificat de radiation de la liste des émigrés, le 4 fructidor an IV. » Et une autre main a écrit : « Inhumé le 22 juin dans le cimetière de la paroisse de Saint-Jacques-du-Haut-Pas. » (*Notes fournies par M. de Royou, petit-neveu de l'abbé, petit-fils de l'historien Corentin Royou.* (Communiqué par M. J. Trévédy.)

2. L'*Ami du roi* paraissait tous les jours en 4 pages in-4°, sur deux colonnes, à l'imprimerie de la veuve *Fréron*, rue Saint-André-des-Arts.

3. Peltier, poursuivi après le 10 août, parvint à gagner l'Angleterre. Il a rédigé successivement les *Actes des Apôtres*, le *Courrier de l'Europe* et le *Courrier de Londres* (1794-1795), *Paris pendant*

Champcenetz, Mallet du Pan, Suleau, de Rozoy, Gautier, Parisau, tous ont joué leur tête, et si Royou est mort à la peine, Suleau a été massacré, de Rozoy est monté sur l'échafaud[1]. Mallet du Pan a pu écrire dans une brochure récemment publiée à Bruxelles : « J'ai acquis, au prix de quatre ans écoulés sans que je fusse assuré en me couchant de me réveiller libre ou vivant le lendemain, au prix de trois décrets de prise de corps, de cent quinze dénonciations, de deux scellés, de quatre assauts *civiques* dans ma maison[2] et de la confiscation de toutes mes propriétés en France, j'ai acquis, dis-je, les droits d'un royaliste, et comme à ce titre il ne me reste plus à gagner que la guillotine, je pense que personne ne sera plus tenté de me le disputer[3]. »

Si donc l'abbé Royou n'avait eu que cette qualité —

---

les années 1795 à 1802, l'*Ambigu, variétés atroces et amusantes, journal dans le genre égyptien* (de 1800 à 1819). La collection de l'*Ambigu* se compose de 59 volumes. Avec les 11 volumes des *Actes des Apôtres*, les 2 du *Courrier* et les 35 du *Paris*, cela forme 107 volumes, dont les neuf dixièmes sont presque exclusivement l'œuvre de Peltier. « Je ne sache pas, dit M. Eugène Hatin (*Histoire de la presse en France*, VII, 604), que les annales de la presse offrent un autre exemple d'une pareille fécondité, et en même temps d'une pareille ténacité dans les principes. » Peltier est mort à Paris, le 31 mars 1825.

1. François Suleau, rédacteur des *Actes des Apôtres*, du *Réveil de M. Suleau*, du *Journal de M. Suleau*, a été massacré le 10 août 1792 ; sa tête mise au bout d'une pique fut promenée dans les rues de Paris (*François Suleau*, par M. Auguste Vitu). — De Rozoy, rédacteur de la *Gazette de Paris*, a été guillotiné le 25 août 1792. — Guillotinés également Champcenetz et Parisau. — Peltier, Mallet du Pan et Gautier n'échappèrent à l'échafaud que par l'exil.

2. Mallet du Pan logeait rue Taranne.

3. *Considérations sur la nature de la Révolution de France et sur les causes qui en prolongent la durée*, par Mallet du Pan. — Bruxelles, mars 1793.

qui lui est commune avec presque tous ses confrères de la presse monarchique — la vaillance, je me bornerais à saluer son nom et sa mémoire ; il convient, je crois, d'aller plus loin, de le mettre à sa vraie place, au premier rang des journalistes de la Révolution, à côté de Chénier et de Rivarol, de Mallet du Pan et de Camille Desmoulins.

Quel grand poète est André Chénier, ses amis seuls le savent ; ce que nul n'ignore, c'est l'éclat, la vigueur, la haute raison, l'éloquence avec lesquels, dans le *Journal de Paris*, il a défendu la vérité, la justice et l'honneur. Malheureusement — qu'on le doive attribuer à son indolence naturelle, ou au découragement, ou au mépris — il n'a composé que de trop rares articles, assez pour montrer qu'il pouvait être le premier des journalistes, pas assez pour s'emparer de ce rôle et le garder [1].

D'André Chénier à Camille Desmoulins, quelle distance et quelle chute ! Le talent ne manque pas à Desmoulins, ni l'esprit, ni la verve. Son style est vif, alerte, mordant. Il n'a pas l'indignation de l'honnête homme, il a la rage du sectaire, et la rage aussi est une muse. Camille est un pamphlétaire beaucoup plus qu'un journaliste. Le journaliste, celui-là, du moins, qui est digne de ce nom, suit les événements, heure par heure, les étudie et en tire chaque matin la leçon qu'ils lui paraissent renfermer. Le vrai journaliste est quelque chose comme un historien au jour le jour. Le pamphlétaire, au contraire, s'adresse, non à l'intelli-

---

1. Voy. *Œuvres en prose* de André Chénier, édition L. Becq de Fouquières. — *André Chénier, homme politique*, par Sainte-Beuve, *Causeries du Lundi*, t. IV.

gence de ses lecteurs, mais à leurs passions. Ne lui demandez ni bonne foi, ni sincérité, ni logique ; le mensonge, voilà son élément ; la calomnie, voilà son triomphe. A ce métier, Camille Desmoulins a sali, a déshonoré les dons exquis et rares qu'il avait reçus en partage. Pour grandir, le talent a besoin de s'appuyer sur un fond d'honnêteté, d'avoir la conscience pour support. Ce n'est pas le vers seulement, c'est aussi la prose qui se sent des bassesses du cœur. Camille est resté ce qu'il était au collège, *ingeniosus nebulo*. Les jeux de l'écrivain, au milieu des orages de la Révolution, me rappellent ceux de l'écolier de Louis-le-Grand, le lendemain des jours de pluie. Les pieds dans le ruisseau, il lance dans toutes les directions des lazzis, des injures — et de l'eau sale. Il excite le rire des uns, la colère des autres, jusqu'au moment où il sort enfin du ruisseau couvert de boue des pieds à la tête [1].

Rivarol est doué, comme Camille, d'un esprit étincelant, d'une verve moqueuse, dont les *Actes des Apôtres* témoignent à chaque page. S'il eût borné là cependant sa contribution au journalisme, il n'y aurait pas lieu de lui assigner une des premières places parmi les publicistes de notre temps. Mais il a donné au *Journal Politique-National* de l'abbé Sabatier, à partir du 12 juillet 1789, une série d'articles qui sont peut-être ce que la littérature politique a produit de plus remarquable depuis le commencement de la Révolution. Il y raconte ce qui s'est passé depuis la réunion des

---

[1]. Sur Camille Desmoulins, cf. Sainte-Beuve, *Causeries du Lundi*, t. III ; — Cuvillier-Fleury, *Portraits politiques et révolutionnaires*, t. I ; — *Camille Desmoulins et Roch Marcandier*, par Édouard Fleury ; — *Camille Desmoulins*, par Jules Claretie.

États généraux jusqu'au lendemain des journées d'octobre. Les vues élevées, les aperçus profonds, les traits incisifs, les pages éloquentes abondent dans ces *Tableaux de la Révolution*, dont l'histoire devra un jour faire son profit, et qui n'ont qu'un tort, celui d'avoir été interrompus trop tôt [1].

Mallet du Pan est resté plus longtemps sur la brèche, il n'a abandonné la partie qu'en 1792. Pendant trois ans, du mois de mai 1789 au mois d'avril 1792, il a inséré, dans le *Mercure de France*, des articles excellents, d'une justesse, d'une clairvoyance étonnantes. Ses analyses des débats de l'Assemblée constituante sont des modèles de discussion lumineuse et impartiale. Il serait parfait s'il n'était Génevois. L'arme qu'il manie est d'une trempe admirable, elle pourrait fendre le rocher sans se briser ; mais elle n'est pas comme l'épée de Roland, qui apparaissait dans la mêlée toute resplendissante d'éclairs [2].

J'arrive à l'abbé Royou.

L'abbé Royou a été un vrai journaliste. Tandis qu'André Chénier ne servait qu'en volontaire et à ses heures, que Mallet du Pan, Camille Desmoulins et Rivarol ne descendaient dans la lice qu'une fois par semaine, la lutte pour l'abbé Royou était de tous les

---

1. Sur Rivarol, voir *Rivarol et la société française pendant la Révolution et l'Émigration*, par de Lescure ; Sainte-Beuve, *Causeries du Lundi*, t. III, et *Chateaubriand et son groupe littéraire sous l'empire*, t. II.

2. Sur Mallet du Pan, voyez *Mémoires et Correspondance de Mallet du Pan* recueillis et mis en ordre par *M. A. Sayous*, 2 vol. in-8 ; *Mémoires de Malouet* (seconde édition), t. II ; Sainte-Beuve, *Causeries du Lundi*, t. IV ; H. Taine, *Introduction à la Correspondance inédite de Mallet du Pan avec l'empereur d'Autriche* (1794-1798), publiée par André Michel.

jours. Il ne quittait jamais le harnois de guerre. Lorsqu'il a déposé les armes, ce n'était pas pour se reposer, c'était pour mourir. Pendant plus d'un an, il a rendu compte, chaque matin, des séances de l'Assemblée constituante. Mallet du Pan en donnait une analyse raisonnée ; Royou en reproduisait la physionomie. Il y mettait, certes, de la passion, du parti pris ; mais, pour être souvent poussé au noir, le tableau n'en était pas moins ressemblant ; pour être peu flattés, les portraits n'en n'étaient pas moins criants de vérité. Dans son journal, comme dans la salle du Manège, la tribune était debout, les orateurs s'y succédaient avec leurs gestes, leurs attitudes, les éclairs de leur regard et les éclats de leur voix. On avait sous les yeux les combattants, on entendait le cliquetis des armes, on sentait l'odeur de la poudre. Qui voudra connaître ces ardentes et terribles séances devra les chercher là et non ailleurs. Les écrivains révolutionnaires s'attachaient, dans leurs comptes rendus, à peindre l'Assemblée non telle qu'elle était, mais telle qu'il était utile à leurs desseins de la montrer. Garat disait un jour devant moi que, si les séances de la Constituante avaient été fidèlement retracées, avec leur vrai caractère et leur véritable physionomie, la cause de la Révolution en eût souffert un sérieux dommage. « Pour moi, ajoutait-il, je me suis fait un devoir, dans mes articles du *Journal de Paris*, d'arranger ces séances, de faire un tableau de ce qui n'avait été qu'un tumulte, de disposer les lumières et les ombres de manière à produire l'effet que je voulais obtenir. Je flattais de mon mieux les portraits de nos législateurs : de leurs cris, je faisais des mots, de leurs gestes furieux des attitudes¹. » — Ce tumulte, ces cris, ces gestes furieux, voilà ce que l'histoire retrouvera dans le *journal* de l'abbé Royou.

Il a peint avec la même fidélité les séances de la Législative, du 1ᵉʳ octobre 1791 au 2 mai 1792.

A côté de ces larges et copieux comptes rendus de nos deux Assemblées, on trouve dans l'*Ami du Roi* des articles pleins de verve, des tableaux d'histoire pleins d'éclat. Camille n'a pas de plus mordante satire que la *Lettre de l'abbé Royou à M. de Loménie* DÉCARDINALISÉ, *moitié de gré, moitié de force, mais toujours* ARCHEVÊQUE *de Sens, malgré lui, malgré la Constitution*². Rivarol n'a pas de pages plus éloquentes que le *Tableau des mouvements de la capitale depuis le départ du roi jusqu'à son retour* ³.

Je l'aimai tout-puissant, malheureux je l'adore.

---

1. Lettre de Garat à Condorcet, citée dans les *Mémoires* de Mallet du Pan : « Vingt fois, écrivait Garat, en sortant, pour les décrire, de ces séances qui se prolongeaient si avant dans la nuit, et perdant dans les ténèbres et dans le silence des rues de Versailles ou de Paris les agitations que j'avais partagées, je me suis avoué que, si quelque chose pouvait arrêter et faire rétrograder la Révolution, c'était un tableau de ces séances retracé sans précaution et sans ménagement... Ah ! Monsieur, combien j'étais éloigné de le faire ! »

2. L'*Ami du roi*, n° du 2 avril 1791. — Loménie de Brienne avait prêté le serment à la Constitution civile du clergé, le dimanche 23 janvier 1791, dans l'église cathédrale de Sens. Le 30 janvier, il écrivit à Rome pour se justifier. Le pape Pie VI lui répondit en termes énergiques. Le cardinal Zelada, secrétaire d'État, donna connaissance de ce bref à l'abbé Maury, qui s'empressa de le répandre... Le cardinal refusa de se soumettre, et, le 26 mars 1791, il renvoya au pape son chapeau. (*Histoire de l'Église catholique en France*, par Mgr Jager, XIX, 346.)

3. L'*Ami du roi*, n° portant la date du 23 juin 1791. — En reparaissant à la fin de juin après une suspension forcée de quelques jours, Royou donna quelques numéros doubles pour remplacer ceux

Ce vers servait d'épigraphe au *Tableau des mouvements de la capitale*. A partir du 1er juillet 1791, il n'a pas cessé d'être reproduit en tête de chacun des numéros de l'*Ami du roi*.

Des articles de l'abbé Royou je détache, au hasard de la lecture, quelques passages.

Voici en quels termes, le 7 avril 1791, il parle de Mirabeau, qui vient de mourir :

... Les deux partis se sont donc réunis pour décider qu'on accorderait à Honoré Riquetti les honneurs dus aux grands hommes. Ainsi ce personnage fameux, dont la conduite et les destinées feront époque dans l'histoire, a trouvé, par sa mort, le secret de se concilier, sinon l'estime, du moins les regrets de tout le monde. De son vivant, odieux aux royalistes par le mal qu'il leur avait fait, aux factieux républicains par le mal dont il les menaçait, suspect à tous par la dissimulation de son caractère et l'instabilité de ses principes, il emporte les regrets de tous. Les uns qui ne craignent plus ses menaces, ne paraissent plus se souvenir que de ses bienfaits; les autres semblent lui avoir pardonné les maux dont il les avait accablés, en faveur du projet qu'il avait formé de *rétablir la tranquillité;* en sorte que c'est un problème, s'il est plus sincèrement regretté de ceux qu'il a persécutés que de ceux qu'il a servis; et, tandis que sa vie était regardée comme une calamité, sa mort a paru exciter un deuil universel [1].

Le 14 avril, sous l'impression des scènes hideuses dont les monastères de femmes venaient d'être le théâtre, il écrivait cet article :

---

dont il était redevable au public. L'*Ami du roi* daté du 23 juin est un de ces numéros doubles.

1. L'*Ami du roi*, n° du 7 avril 1791. — Mirabeau était mort le 2 avril.

... Dans les différents quartiers de la capitale, à la même heure, une foule innombrable de femmes, parmi lesquelles se trouvaient, dit-on, beaucoup d'hommes déguisés, s'est portée dans les monastères et les communautés de filles...

Les asiles de la pudeur furent forcés et violés, comme l'avait été l'hôtel de Castries, dont l'invasion et la spoliation avait été publiquement projetée et annoncée la veille au Palais-Royal... Des vierges sacrées de tout âge, la jeunesse timide, la vieillesse infirme, des adolescentes, des octogénaires, des dames respectables, recluses volontaires, furent mises toutes nues, battues de verges, poursuivies dans cet affreux état de nudité, à travers les cours et les jardins, terrassées, meurtries de coups, accablées d'injures plus cruelles que la violence, que la mort même... Ces pieuses filles de Saint-Vincent, dont la pureté angélique est un phénomène, dont l'humilité profonde, l'ingénue simplicité, le dévouement héroïque sont un sujet d'étonnement pour la terre et d'admiration pour les anges mêmes, ces filles élevées par leur courage au-dessus de leur sexe, par leurs vertus au-dessus de l'humanité, dont les jours sont partagés entre l'instruction des pauvres et le soulagement des malades, et les nuits consacrées moitié à la prière, le reste à la composition des remèdes ; ces héroïnes, dont les plus rudes travaux ne peuvent épuiser les forces, en qui aucune humiliation, aucun service, si bas qu'il soit, ne peut exciter un dégoût ni une répugnance, elles sont à leur tour fustigées, ensanglantées par les mains mêmes de ces femmes, de ces hommes dont elles avaient si souvent nourri la misère, couvert la nudité, soigné les plaies... Les gardes nationaux eurent la douleur de voir épuiser sur ces filles innocentes, sur ces vierges saintes, tout ce que la rage d'une soldatesque effrénée pourrait se permettre dans une ville prise d'assaut ; et plusieurs heures se passèrent dans ces tourments, insupportables pour des hommes en qui l'amour des lois et de l'ordre, le respect des mœurs, de la religion et de l'humanité, ne sont pas entièrement détruits.

Enfin, quand la rage de ces bourreaux de vierges sacrées fut épuisée, après plusieurs heures de violences exercées dans une sécurité parfaite, on fit sonner la retraite, et les profanateurs des couvents, comme les *tapissiers* de l'hôtel de Castries [1], défilèrent à travers les haies de soldats, sans être troublés dans leur marche triomphale [2].

A l'apothéose de Voltaire, décrétée par l'Assemblée constituante, l'abbé Royou répondait, le 1er juin 1791, par un article dont j'extrais ce qui suit :

Quand Voltaire, encore vivant, fut couronné à Paris en plein théâtre, lorsqu'un parterre soldé l'adora publiquement comme le dieu de la scène française, ce culte excessif et fanatique avait du moins quelque fondement ; le temple où il recevait de pareils hommages avait réellement été embelli par ses talents ; il n'était pas étrange de voir de jeunes enthousiastes, des acteurs et des actrices fléchir le genou devant l'auteur d'*Alzire* et de *Mahomet ;* mais que les législateurs d'une grande nation, qu'un aréopage de graves sénateurs fasse un grand homme de ce héros de théâtre et canonise l'auteur de *la Pucelle ;* qu'il chasse la patronne de Paris du temple que la piété de la nation lui avait élevé, pour y placer l'ennemi public de la religion chrétienne, c'est une profanation scandaleuse et un odieux sacrilège, fait pour mettre le comble à l'indignation des honnêtes gens...

Et plus loin :

Il faut convenir que Voltaire est un des hommes à qui la

---

1. A la suite d'un duel entre M. de Castries et Charles de Lameth qui fut légèrement blessé, l'hôtel de Castries avait été entièrement dévasté par le peuple, le 13 novembre 1790. La garde nationale avait laissé faire et n'avait arrêté aucun des émeutiers. *Révolutions de Paris*, VI, 250.

2. *L'Ami du roi*, 14 avril 1791.

majorité de l'Assemblée doit le plus de reconnaissance ; il a été son précurseur, il lui a pour ainsi dire aplani la route... Quand on a convoqué les États généraux, il y avait longtemps que les pamphlets et les facéties de Voltaire avaient gâté l'esprit et corrompu le cœur de la jeunesse, répandu dans tout le royaume le venin de l'impiété, introduit l'égoïsme, l'orgueil et l'ignorance, abâtardi et dégradé le caractère moral de la nation..... Aux yeux de tout homme de sens, de tout philosophe impartial, Voltaire est le plus grand fléau qui ait existé en Europe ; c'est le séducteur le plus dangereux, l'ennemi le plus redoutable de la société et de l'humanité, puisqu'il est démontré que la religion et les mœurs sont les premières bases de la prospérité publique : ce n'est pas ici une déclamation, mais une démonstration géométrique, à laquelle M. Gossin [1] ni aucun démagogue ne peut rien opposer de raisonnable. L'Assemblée qui ose, à la face de la nation, consacrer, dans le premier temple de la capitale, la mémoire d'un homme dont le nom seul alarme la pudeur, se déshonore elle-même, elle déshonore la nation dont elle est l'interprète et prouve à toute l'Europe à quel point elle est incapable de donner des lois à un grand empire, puisqu'elle ignore combien l'abus des talents est méprisable et criminel, et quelle est l'influence de la religion et des mœurs sur le gouvernement.

Un Lacédémonien, diffamé par ses vices, ayant fait une proposition utile au bien public, les Ephores ordonnèrent à un homme vertueux de proposer la même chose, regardant un bon conseil comme souillé, parce qu'il avait passé par une bouche impure, et craignant d'affaiblir le mépris et la haine du peuple pour tout homme sans mœurs. Qu'importe qu'un écrivain ait fait de belles tragédies, des vers harmonieux et

---

[1]. M. Gossin, lieutenant-général du bailliage de Bar, député aux États-Généraux. C'est lui qui proposa de tranporter à Sainte-Geneviève les cendres de Voltaire. *Moniteur* de 1791, n° 151.

de la prose élégante, qu'importe même qu'il ait débité quelques sentences utiles, quelques maximes d'humanité, si ce brillant coloris, cette morale de parade ne servent qu'à masquer le poison de l'impiété et de la licence ; cet écrivain n'est point un grand homme, c'est un méprisable charlatan et une peste publique.

Voici la fin de l'article :

La canonisation de Voltaire n'en a pas moins été décrétée. Nous allons voir incessamment les reliques de ce saint personnage déposées en grande pompe à Sainte-Geneviève, et je ne désespère pas que, dans les calamités publiques, on ne les porte solennellement dans les processions pour désarmer la colère du ciel.

Tout serait à citer dans ses articles sur le voyage de Varennes et le retour du roi, à Paris. Voici, par exemple, ce qu'il écrit dans son numéro du 4 juillet 1791 :

Quelle affreuse révolution s'est opérée dans l'esprit et le cœur des Français ! Qu'on se rappelle ce voyage du roi à Cherbourg, fait aussi le 21 *juin* 1786[1]. Alors aussi les citoyens de tout sexe, de tout âge, de toute condition, accouraient sur son passage ; mais c'était pour jouir du bonheur de le voir. Les mères montraient à leurs enfants ce bon père ; elles les instruisaient à le bénir ; les vieillards retrouvaient de la force et de l'agilité pour participer au bonheur commun ; il fallut que le roi descendît de sa voiture pour laisser baiser ses vêtements et la trace de ses pieds. Le jour de son départ fut un jour de deuil : on eût dit que cette contrée n'était peuplée que d'orphelins, tous privés d'un père adoré, nouvellement

---

1. L'arrestation du roi à Varennes eut lieu le **21 juin 1791**, entre onze heures et minuit.

descendu dans la tombe. Après l'avoir vu, les vieillards disaient en s'en retournant : « Nous pouvons mourir à présent, nos yeux ont vu le bon roi. » Mais quand il partit, ils voulurent le revoir encore, baiser encore une fois ses vêtements ; ils crièrent : *Arrête, ou nous mourons,* et le bon roi redescendit, mêla ses larmes à celles de son peuple chéri. A son arrivée, la terre était jonchée de fleurs ; à son départ, elle fut arrosée de pleurs. Son arrivée fut un triomphe, son départ parut une calamité publique.

Français ! voilà les jours de votre gloire ; voici celui de votre opprobre.

Aujourd'hui tous accourent aussi sur son passage, hommes, femmes, vieillards, enfants ; mais c'est pour insulter à sa douleur, pour jouir de son humiliation. Les airs ne retentissent que de cris d'imprécations, ou, quand les signaux et les ordres sont entendus, il règne partout un silence plus farouche encore que la fureur. La terre n'est plus couverte de fleurs ou de tapis, elle est hérissée de baïonnettes. Ce n'est plus un triomphateur et un père, c'est un roi captif qu'on va voir ; et dès que la fureur est assouvie, on se précipite au-devant des courriers pour jouir plutôt du plaisir d'apprendre que le prétendu fugitif est remis à ses geôliers et rentré dans sa prison.

Est-ce ce roi chéri, surnommé depuis quinze ans par une acclamation universelle *Louis le Juste et le Bon,* dont je viens de parler ? Est-ce ce peuple sensible, renommé dans l'univers depuis des siècles par son amour pour ses rois poussé jusqu'à l'idolâtrie, est-ce lui que je viens de peindre ? Est-ce le même peuple, celui de 86 et celui de 91, celui du voyage de Cherbourg et celui du voyage de Montmédy ? Louis le Juste et le Bon a-t-il changé depuis, ou bien le caractère aimant et sensible des Français est-il dénaturé ?

Après avoir passé en revue les actes de Louis XVI depuis 1786, il termine ainsi :

Et toi, divine Providence, qui avais formé le cœur de ce monarque pour le bonheur de ses sujets, veille sur ses jours pour ta gloire même ; car s'il reste plus longtemps victime de la fureur qui le poursuit, comme on a calomnié sa bonté, on blasphèmera de même tes décrets impénétrables, et l'on dira même avec une apparence de raison :

La faute en est aux dieux qui le firent si bon[1] !

Le 1ᵉʳ octobre 1791, l'Assemblée législative remplace la Constituante. Dès le 5 octobre, l'abbé Royou tire l'horoscope de l'Assemblée nouvelle. « Que peut-on attendre de cette nouvelle législature ? Rien. Que peut-on en redouter ? Tout. » Après avoir indiqué que le salut de la nation est attaché au rétablissement de l'autorité royale, il montre que la Législative, dans les conditions où elle a été élue, ne voudra pas relever le trône et que, si elle le voulait, elle ne le pourrait pas. Elle sera dominée par les clubs, qui ne cesseront de dominer le royaume qu'à l'instant où il cessera d'exister :

Quelques-uns, dit-il, ont pensé que nos nouveaux législateurs pourraient nous ramener à la Monarchie en prenant la route directement opposée, en essayant d'établir sans déguisement une république ; que le peuple, qui aime son souverain, qui le croit encore roi, se jetterait entre ses bras paternels, lorsqu'il ne pourrait plus douter qu'on veut lui ravir son sceptre. Vaine espérance ! la législature actuelle fera comme la précédente ; elle maintiendra, elle continuera d'organiser la république, mais sans la déclarer ; elle achèvera de miner, de ruiner les faibles étais qui soutiennent encore le trône, et qui s'écrouleraient bien d'eux-mêmes. Elle accélèrera sa chute. Elle donnera bien à ses décrets une tournure,

---

1. *L'Ami du Roi*, 4 juillet 1791.

une direction encore plus républicaine, s'il est possible ; elle effectuera bien la chose, mais elle n'osera pas prononcer le mot, à moins que quelque événement imprévu ne la pousse et ne la précipite en quelque sorte dans cette démarche. Elle va donc suivre et prolonger le fil de la révolution. Ainsi nous ne devons en rien attendre d'utile ni d'avantageux. — Mais, me dira-t-on, qu'en pouvons-nous appréhender ? quel mal reste-t-il à faire ? beaucoup [1].

Ces courts extraits ne peuvent donner d'ailleurs qu'une idée très affaiblie, très insuffisante, du talent de l'abbé Royou, de l'intérêt de ses articles, fort étendus d'ordinaire et où la verve se soutient d'un bout à l'autre.

Et c'est cet écrivain que les beaux esprits de la Révolution ne manquaient jamais d'affubler d'une paire d'oreilles d'âne. Les caricatures pleuvaient sur lui comme grêle. J'en ai ici plusieurs sur ma table.

Dans son numéro du 2 mai 1791, l'abbé Royou publia le bref du pape, du 13 avril, qui déclarait nulles, illégitimes et sacrilèges, les élections faites selon les formules de la Constitution civile du clergé, pour les sièges épiscopaux, pour les églises cathédrales ou paroissiales [2]. Grande fut la colère des Jacobins. Une *Société patriotique* fabriqua un mannequin qui repré-

---

1. *L'Ami du Roi*, 5 octobre 1791.
2. C'est le bref *Caritas*. Il portait en outre que tous ceux qui avaient prêté purement et simplement le serment civique seraient suspens de l'exercice *de tout ordre*, à moins qu'ils ne l'aient rétracté dans le délai de quarante jours. — *Mémoires pour servir à l'histoire ecclésiastique pendant le* xviiie *siècle*, par. M. Picot, VI, 87. — Le 10 mars 1791, Pie VI avait adressé aux évêques de l'Assemblée nationale un premier bref, où il posait les principes en vertu desquels devait être condamnée la Constitution civile du clergé. — Picot, VI, 81.

sentait le pape dans ses grands habits pontificaux, tenant d'une main son bref, de l'autre un poignard; sur sa poitrine, un écriteau avec cette inscription : *Fanatique*. On transporta le mannequin dans le jardin du Palais-Royal ; un membre de la Société lut un réquisitoire dans lequel, après avoir dénoncé les intentions criminelles de Joseph-Ange Braschi, dit Pie VI, il concluait à ce que son effigie fût brûlée et les cendres jetées au vent. Le même réquisitoire, associant à Pie VI l'abbé Royou, portait, à l'égard de ce dernier, qu'il serait représenté par une liasse de son libelle périodique, et que l'*Ami du Roi*, après avoir été imbibé dans la fange, serait également réduit en cendres. Ainsi fut fait. Les feuilles de l'*Ami du Roi* et l'effigie du pape furent brûlées aux acclamations des spectateurs [1].

Plusieurs journaux se firent une fête d'*illustrer* leur texte par des images reproduisant la scène du Palais-Royal. La gravure des *Révolutions de France et de Brabant* représente un bûcher, sur lequel est monté le pape, son bref à la main. Autour du bûcher sont rangés les auteurs du *Mercure de France*, des *Actes des Apôtres*, du *Journal de Paris*, du *Journal de la Cour et de la ville* et de l'*Ami du roi*. Une sirène avec un rabat et des oreilles d'âne en papier personnifie l'abbé Royou. Le ciel entr'ouvert donne passage à la foudre qui va allumer le bûcher et à une main qui déroule cette inscription : *Attendez tous un sort pareil* [2].

---

1. *Révolutions de Paris*, VIII, 186, n° 95. Ce numéro est accompagné d'une gravure représentant l'*Effigie du pape Pie VI, brûlée au Palais-Royal, le 4 mai* 1791.
2. *Révolutions de France et de Brabant*, par Camille Desmoulins, n° 76, 7 mai 1791.

C'est par ces lâches provocations que l'honnête Camille, qui avait sans cesse à la bouche le mot de liberté de la presse, poussait la populace à *brûler* les journaux de ses adversaires : n'était-ce pas assez que ses feuilles pussent paraître, et aussi sans doute celles du misérable qu'il appelait le *divin* Marat ?

Les *Révolutions de France et de Brabant* représentaient l'abbé Royou — le maître de Camille ! — avec des oreilles d'âne. C'est sur un âne que je le retrouve dans une autre caricature intitulée : *Triomphe de MM. Royou, Crapart, Montjoie, Peltier, de Rosoy*, etc. Elle est ainsi décrite par un des confrères de l'abbé Royou, par Gorsas, proscrit aujourd'hui, mais qui était alors à la tête des proscripteurs :

Le champion du *clergé-protestant*, teint bourgeonné-cramoisi, œil fauve et vairon, nez crochu, le regard oblique et louche du bouc de Virgile, est guindé sur un âne, la face tournée contre la queue. Son chef *tricornu* est couvert d'une mître de papier couleur de feu ; sur le devant est un crucifix et un poignard en sautoir ; sur le derrière, des flammes et des diablotins croisés ; son col est décoré du collier de l'ordre de quatre pouces de haut ; ses mains sont dévotement jointes, au moyen d'un nœud de corde ; ses épaules nues paraissent mouchetées, tachetées. Ses culottes et sa chemise sont composées de lambeaux sur lesquels on lit: *AMI DU ROI*, et au-dessous : *Aux armes! des torches! des poignards! des roues! des couteaux! du sang!* Crapart et Montjoie marchent talon en avant, tenant, l'un la queue de l'âne à sa *naissance* et l'autre à l'*extrémité*. Jean-Héron Peltier, *perché sur ses longs pieds, emmanché d'un long col*, et tirant la langue d'une aune, *longe* arrière de l'âne. Un *bonnet vert* pare sa tête, sur laquelle s'entrelace un chiffre composé de ces six lettres E. S. C. R. O. C. De fausses lettres de change sortent de ses poches. Du Rosoy marche à reculons à ses côtés et lui est joint par un *licou*. Il a un habit couleur mixte-poème-des-Sens-et-Richard III [1]. Chacun porte au cou le collier de l'ordre *idem* de quatre pouces, et sur le dos un écriteau, sur l'un desquels on lit : *Gazette de Paris* et sur l'autre : *Actes des Apôtres*. Leurs mains attachées derrière le dos aboutissent par des courroies au poitrail de l'âne, auquel dit âne ils font *post-face* et qui les traîne en sens inverse. Viennent après les dames de la halle, dont les mains sont armées de branches de bouleau ; elles en frappent en cadence un tambour de peau d'âne écorché (qu'on prendrait pour le dos de l'abbé Royou). Suivent une foule d'abbés en crêpe et pleureuses, avec un pied de *quatorze pouces* de nez. Tous les barbets de Paris accourent et clabaudent autour du cortège, qui s'avance au son des cornes à bouquins, des flûtes à l'oignon et des galoubets de danseurs d'ours [2].

Dans une autre caricature, qui porte pour titre : *Les deux font la paire*, l'abbé Royou n'est plus sur un âne, il est devenu l'Ane lui-même, un âne bien nourri, avec des oreilles démesurées. L'épine dorsale est très marquée. Un ample rabat auquel pendent les *insignes* de l'ordre de Saint-Lazare recouvre le poitrail du quadrupède. Une espèce de marmiton à grosse tête, à visage luisant, à large bedaine, marche derrière en se dandinant et touche avec une plume d'oie l'animal chargé de deux énormes boîtes remplies de

1. De Rosoy, rédacteur de la *Gazette de Paris*, était auteur d'un poème en six chants, publié en 1766 : *Les Sens*, d'une tragédie de *Richard III*, jouée en 1781, etc.
2. *Courrier de Paris dans les 83 départements*, par Gorsas, n° du 14 janvier 1791. Gorsas ajoute : « Nous engageons tous nos abonnés à se procurer cette jolie gravure. »

chiffons de papier noirci. C'est *Geoffroy l'ânier*[1] conduisant *dom Royou*[2].

Tandis que les caricaturistes révolutionnaires faisaient ainsi leur office, les feuilles jacobines, dont l'abbé Royou était la *bête noire*, le poursuivaient sans relâche de leurs calomnies et de leurs outrages. Un exemple seulement pour indiquer le ton de la polémique de ses adversaires. Un journal du 2 mars 1791, après l'avoir appelé *animal immonde*, ajoute « notre bon ami Grégoire est nommé évêque de Blois. Voilà matière à sottises pour le *foutu polisson* de Royou, à qui le diable casse le cou. Ainsi soit-il [3]. »

1. *Geoffroy* (Julien-Louis), professeur de rhétorique au collège de Navarre et au collège Mazarin, collaborateur de l'*Année littéraire*, du *Journal de Monsieur* et de l'*Ami du Roi*, le même qui tiendra, quelques années plus tard, dans le *Journal des Débats*, le sceptre de la critique.
2. *Révolutions de Paris*, VIII, 458. — N° du 10 juin 1791.
3. *Véritable Duchêne*. — 46ᵉ *lettre bougrement patriotique du Père Duchêne* :

Castigat bibendo mores

avec cette signature : *le plus véritable des véritables Père Duchêne, marchand de fournaux* à Paris, de l'imprimerie de Châlons; rue du Théâtre-Français, 1791. L'auteur des *Lettres bougrement patriotiques du Père Duchêne* (au nombre de 400) n'était pas Hébert, mais Lemaire. — En tête du journal d'Hébert, à son origine, était gravée une vignette représentant le père Duchêne, une pipe à la bouche et une carotte de tabac à la main : sous la vignette on lisait cette légende : « *Je suis le véritable Père Duchêne*, foutre ! » qui peut être considérée comme le véritable titre. Cependant chaque numéro avait comme sous-titre un intitulé variable ; tantôt c'était : « La grande joie », tantôt : « La grande colère du *Père Duchêne*. » Au bas de la dernière page on voit deux étoiles ou croix de Malte. — Plus tard le *Père Duchêne* de la vignette apparaît encore la pipe à la bouche ; mais, cette fois, il porte moustaches, deux pistolets sont passés à sa ceinture, et il brandit une hache sur la tête d'un abbé qui implore à mains jointes sa pitié. Enfin, plus tard encore, les deux étoiles sont remplacées par deux fourneaux, et chaque numéro porte la signature autographiée d'Hébert.

Que l'*Ami du Roi*, devant de telles attaques, devant la guerre à mort faite à tout ce qui lui était cher, se soit laissé aller de son côté à exercer de vives représailles, cela n'est point pour surprendre. Ses violences de langage sont assez rares, au demeurant, et il ne serait pas juste de le confondre sur ce point avec d'autres feuilles royalistes, telles que les *Actes des Apôtres* et le *Petit Gautier*. Si l'abbé Royou a partagé trop souvent les exagérations de la pointe du côté droit, il n'était pas de ceux qui repoussaient le concours des *monarchiens*, des royalistes constitutionnels. Comme eux, il était partisan des deux Chambres. « On sait, écrivait-il dans son numéro du 23 mai 1791, on sait avec quelle force de raisonnement les membres les plus éclairés de l'Assemblée, les Mounier, les Bergasse, les Lally-Tolendal, ont réclamé la division du corps législatif en deux Chambres; » il déplore la faute que la Constituante a commise en rejetant « cet établissement si sage et si nécessaire qui aurait fait le bonheur de la France ».

On rencontre pourtant encore force gens qui appellent l'abbé Royou le *Marat du royalisme*. L'abbé Royou était un *Marat* comme Louis XVI était un *Néron!*

Quoi de plus faux, d'ailleurs, que cette assimilation que certains voudraient établir entre les paroles de colère et de vengeance échappées à un journaliste *aristocrate* et les excitations à la révolte, au pillage et à l'assassinat publiées chaque jour par les feuilles de Prudhomme, de Camille Desmoulins, de Fréron, de Gorsas, de Carra, d'Hébert et de Marat? Les violences des *Actes des Apôtres*, du *Petit Gautier*, de la *Gazette* de *Paris*, de l'*Ami du Roi*, amusaient quelques honnêtes gens *durant l'heure de leur chocolat*, et c'était tout [1]. Les événements ont assez fait voir que les égorgeurs n'étaient pas du côté des royalistes. N'est-ce pas Camille Desmoulin, qui a fait observer, avec une satisfaction qu'il ne cherchait point à dissimuler, que *les poignards aiguisés par les aristocrates* se retournaient toujours contre eux et que les aristocrates *seuls* étaient massacrés? Et Mirabeau lui-même ne s'est-il pas chargé de répondre à ceux qui affectent de mettre sur la même ligne les excès de plume et de langage des *aristocrates* et ceux des *patriotes*? « *Vous n'avez rien à craindre des aristocrates*, disait-il un jour à ses partisans. ILS NE PILLENT POINT, NE BRULENT POINT, N'ASSASSINENT POINT; que peuvent-ils donc contre vous? Laissez-les se perdre en vaines déclamations, leur sort est décidé [2]. »

Paris et les départements se sont disputé l'honneur d'envoyer à la Convention Nationale tous les journalistes qui ont flatté les passions populaires, attisé le feu de la révolte, prêché le *pillage*, *l'incendie* et *l'assassinat*, Marat et Camille Desmoulins, Brissot et Fabre

---

1. Parlant de ses lecteurs et de ceux des autres journaux royalistes, Mallet du Pan a dit, dans le *Mercure de France*, du mois d'août 1791 : « Ils paraissent considérer un auteur, dans les circonstances où nous sommes, comme un serviteur qu'ils ont chargé de défendre leurs opinions, et qui doit monter à la tranchée pendant qu'ils dorment ou se divertissent. Ils trouvent commode qu'un homme s'occupe tous les huit jours, au risque de sa vie, de sa liberté, de ses propriétés, de leur faire lire quelques pages qui amusent leurs passions *durant l'heure du chocolat.* »

2. *Mémoires secrets pour servir à l'histoire de la fin du règne de Louis XVI*, par Bertrand de Moleville, I, 273.

d'Eglantine, Robert et Audouin, Gorsas et Louvet [1]. Carra, condamné à deux ans de prison pour vol avec effraction [2]; Carra, qui, dans son journal et au club des Jacobins, avait demandé que l'on plaçât « un PRINCE ANGLAIS sur le trône constitutionnel de France [3], » — Carra a été nommé député par six départements! Et l'abbé Royou, coupable de défendre les vrais intérêts de la nation, a vu ses presses brisées, sa liberté menacée, sa tête mise à prix; il est mort au fond d'une retraite ignorée. Ses amis n'ont pu lui apporter à son heure dernière les suprêmes consolations. C'est seulement il y a quelques jours que j'ai appris les circonstances de sa mort et le lieu de sa sépulture.

Un jour, dans sa classe de Louis-le-Grand, l'abbé Royou traduisait et commentait devant nous une page de la *Vie de Phocion*, celle où Plutarque raconte que les ennemis de ce bon citoyen ayant fait décréter par le peuple que son corps serait banni et porté hors du territoire de l'Attique, et que nul Athénien ne donnerait du feu pour honorer d'un bûcher ses funérailles, pas un de ses amis n'osa toucher à son corps. Un certain Conopion, qui gagnait sa vie à ces sortes de besognes, le transporta au-delà des terres d'Éleusis et le brûla. Une femme de Mégare recueillit avec soin les ossements, les porta la nuit dans sa maison et les

---

1. *Journal d'un bourgeois de Paris pendant la Terreur*, par Edmond Biré, ch. IV : *les journalistes à la Convention*.
2. Voy. *Œuvres de François de Pange*, publiées par L. Becq de Fouquières, p. 203.
3. Voir l'article d'André Chénier sur le *Parti Jacobin*, publié le 11 mai 1792, dans le 66° supplément du *Journal de Paris*. — Voy. aussi le *Moniteur* du 25 octobre 1793.

enterra sous son foyer. « O mon cher foyer ,dit-elle, je dépose en ta garde ces reliques d'un homme de bien, et te prie que tu les conserves fidèlement pour les rendre un jour au sépulcre de ses ancêtres, quand les Athéniens viendront à recognoistre la faulte qu'ils ont failte en cet endroit[1]. »

Comme la bonne femme de Mégare, j'ai déposé dans ces humbles pages les *reliques* de mon vieux maître. Le jour viendra-t-il jamais où « les *ATHÉNIENS* reconnaîtront la faulte qu'ils ont failte en cet endroit » ? Ce jour-là le nom de l'abbé Royou sera entouré de respect et d'honneur.

1. Plutarque, *Vie de Phocion*, traduction d'Amyot.

V

LA CONSTITUTION DE 93

Mercredi 26 juin 1793.

Depuis deux jours nous avons une nouvelle Constitution.

L'Assemblée Nationale avait consacré plus de deux ans à préparer et à discuter la Constitution de 1791. La Convention a mis tout juste quinze jours à préparer et à discuter la Constitution de 1793. Aussi bien il s'agissait avant tout de faire vite. Ne serait-ce pas la meilleure preuve que si, jusque-là, la Convention n'avait pu mener à bien l'œuvre pour laquelle elle avait été nommée, c'était uniquement parce qu'elle en avait été empêchée par les *traîtres* et les *conspirateurs*, par Brissot et les députés de la Gironde?

Dans sa séance du 29 mai dernier, la Convention avait décrété que le Comité de salut public s'adjoindrait cinq membres pour arrêter les bases du projet de Constitution. Le lendemain le Comité fit connaître qu'il avait choisi Hérault-Séchelles, Ramel, Couthon, Saint-Just et Mathieu [1]. En réalité ce sont ces cinq députés qui ont seuls préparé et rédigé l'acte constitutionnel. Le 31 mai, les 1er et 2 juin et jours suivants, les membres du Comité de salut public avaient d'autres

---

1. *Moniteur du* 31 *mai* 1793.

soucis [1]. Quant à Hérault-Séchelles et à ses quatre collègues, ils ne paraissent eux-mêmes s'être mis sérieusement à l'œuvre que vers le 7 juin. Ce jour-là, en effet, Hérault-Séchelles écrivit au citoyen Desaunays, garde des livres imprimés et des manuscrits à la Bibliothèque nationale [2], la lettre suivante :

Citoyen,

Chargé, avec quatre de mes collègues, de présenter pour lundi un plan de Constitution, je vous prie, en leur nom et au mien, de nous procurer sur-le-champ les *LOIS DE MINOS*, qui doivent se trouver dans un recueil de lois grecques. Nous en aurons un besoin urgent [3].

Deux jours après, dans la soirée du dimanche 9, Hérault-Séchelles et ses quatre collègues soumettaient au Comité de salut public, le projet qu'ils

---

[1]. Les membres du Comité du salut public, étaient Cambon, Barère, Danton, Guyton-Morveau, Treilhard, Lacroix, Bréard, Delmas et Robert Lindet. — Ce dernier était alors en mission. Delmas était malade.

[2]. Le personnel de la *Bibliothèque nationale*, au mois de juin 1793, était ainsi composé : BIBLIOTHÉCAIRES : *Chamfort*, de l'Académie française ; *Carra*, député à la Convention. — GARDE DES MÉDAILLE ANTIQUES ET PIERRES GRAVÉES : *Barthélemy*, de l'Académie française et de celle des inscriptions et belles-lettres. — GARDE DES LIVRES IMPRIMÉS ET MANUSCRITS : *Desaunays*. — SOUS-GARDE DES IMPRIMÉS : *Caperonnier* et *Van Praët*. — SOUS-GARDES DES MANUSCRITS : *Parquoy* ; *Girey-Dupré* ; *de Keralio* ; *Venture* ; *Lenglès* et *Leroux-Deshauterayes*. — GARDE DES PLANCHES GRAVÉES ET ESTAMPES : *Bonnieu*. — LIBRAIRE : *Debure aîné*. — GRAVEUR : *Saint-Aubin*. (*Almanach National* pour 1793, p. 332.)

[3]. M. Challamel (*Histoire-Musée de la République française*, I, 438) a donné le *fac-simile* de la lettre de Hérault-Séchelles. — Taine, *la Révolution*, t. III, p. 8.

avaient élaboré [1], et le lendemain matin, le Comité l'adoptait avec quelques légères modifications. Le même jour, Hérault-Séchelles en donnait lecture à la Convention, et celle-ci décidait, sur la proposition de Robespierre, que la discussion commencerait dès le lendemain.

Cette discussion a occupé onze séances, celles des 11, 12, 14, 15, 16, 17, 18, 19, 20, 23 et 24 ; mais il s'en faut bien qu'elle les ait remplies entièrement. Le plus grand nombre des articles — et il y en a cent cinquante-neuf — a été adopté sans débats. En réalité, les esprits étaient ailleurs. Ses auteurs étaient les derniers à prendre au sérieux cette comédie de constitution. On ne s'est jamais moqué du peuple avec plus d'effronterie.

Nos gens inscrivent dans leur Acte constitutionel un article ainsi conçu : *Les députés ne peuvent être recherchés, accusés, ni jugés en aucun temps pour les opinions qu'ils ont énoncées dans le sein du Corps législatif* [2]. Et le jour même où ils votent cet article, le 15 juin, ils décrètent d'accusation le *député* Duchastel [3]. Deux jours plus tard, le 17, sur la proposition de Ramel, l'un des auteurs de la Constitution, ils décrètent « que le département de l'Allier fera transférer sans délai à Paris, sous bonne et sûre garde, J.-P. Brissot, *député à la Convention nationale*, arrêté dans la ville de Moulins [4] ». Le 17 également, un décret d'accusation est

---

1. Registre des délibérations et arrêtés du Comité de salut public (*Archives*, 434 à 71).
2. Article 43.
3. *Moniteur* du 17 juin 1793.
4. *Moniteur* du 19 juin 1793. Brissot avait été arrêté le 10 juin.

rendu contre un autre *député*, Barbaroux [1]. Le 23, de nouvelles mesures de rigueur sont votées contre les « *députés* détenus ». Sur la proposition de Chabot, on décide qu'ils seront très étroitement resserrés sous la garde de deux gendarmes, et ne pourront communiquer avec qui que ce soit [2]. Ce même jour 23, le décret d'arrestation lancé contre le *député* Brissot est transformé en décret d'accusation [3]. Enfin, le 24, précisément dans la séance qui voit se terminer la Constitution et sans doute pour en fêter l'achèvement, la Convention a voté un décret portant que les députés jusqu'ici détenus dans leur domicile « seront transférés dans des *maisons nationales*, qui seront désignées par le ministre de l'intérieur, autres que les prisons publiques, où ils seront gardés séparément à vue et ne pourront communiquer avec personne [4] ». En vertu de ce décret, Vergniaud et vingt de ses collègues vont donc être — non pas jetés en prison — mais enfermés dans des *maisons nationales :*

Comme en termes galants ces choses-là sont mises !

La nouvelle Constitution dit encore: *Le gouvernement est institué pour garantir à l'homme la jouissance de ses droits naturels et imprescriptibles. Ces droits sont la LIBERTÉ, la sûreté* [5]... — Et plus loin : *La loi doit protéger la LIBERTÉ publique et individuelle contre l'oppression de ceux qui gouvernent* [6]. — Et dans un

1. *Moniteur* du 20 juin 1793.
2. *Moniteur* du 25 juin.
3. *Ibid.*
4. *Journal des débats et décrets*, n° 280, séance du 24 juin.
5. *Déclaration des droits de l'homme et du citoyen*, art. 1 et 2.
6. *Déclaration des droits*, art. 9.

de ses derniers articles : *La Constitution garantit à tous les Français l'égalité, la LIBERTÉ, la sûreté* [1]... — Les membres de la Convention votent, avec une unanimité touchante, avec un sérieux imperturbable, ces articles en faveur de la liberté individuelle ; mais ils n'éprouvent aucune gêne lorsqu'entre deux votes ils reçoivent une communication du genre de celle-ci, lue à la séance du 21 :

Les administrateurs du département de police de la commune de Paris font passer l'état suivant des détenus dans les maisons de justice, d'arrêt et de détention du département de Paris, à l'époque du 19 juin.

Conciergerie, 325 ; Grande-Force, 331 ; Petite-Force, 108 ; Sainte-Pélagie, 131 ; Madelonnettes, 80 ; Abbaye, 60 ; Bicêtre, 214 ; Salpétrière, 45 ; Chambre d'arrêt, à la Mairie, 39 ; total 1,342 [2].

Et maintenant est-il besoin de s'arrêter longuement à cette soi-disant constitution, à cette œuvre déclamatoire et vide, faite pour être affichée sur les murs, pour être lue dans les sociétés populaires, mais qui ne tient pas debout ? Elle est inexécutable au premier chef. Bonne ou mauvaise, une constitution suppose un gouvernement, une autorité : la Constitution du 24 juin supprime toute autorité, tout gouvernement. L'autorité réside en effet tout entière dans le Corps législatif. Or, le Corps législatif se compose d'une Chambre unique nommée pour une année seulement [3]. Il y a bien un *conseil exécutif*, composé de vingt-

---

1. Acte constitutionnel, art. 122.
2. *Moniteur*, du 23 juin 1793.
3. Articles 39 et 40.

quatre membres; mais ce sont de simples *agents administratifs*, de simples commis nommés par le Corps législatif : « Ces agents ne forment point un conseil, ils sont séparés, sans rapports immédiats entre eux. Ils n'exercent aucune autorité personnelle [1] ». Ce conseil exécutif est *renouvelé par moitié tous les ans.* [2]

Cette instabilité, cette mobilité perpétuelle est d'ailleurs la caractéristique de la Constitution.

Les municipalités, les administrations de district et de département sont renouvelées tous les ans par moitié [3].

Les juges de paix sont élus tous les ans par les Assemblées primaires [4].

Les arbitres civils — appelés à remplacer les juges d'autrefois — sont élus tous les ans par les Assemblées électorales. De même pour les juges au criminel [5]. De même pour les membres du tribunal de cassation [6].

Ainsi donc, chaque année, du haut en bas de l'échelle, tout le personnel politique, administratif ou judiciaire est maintenu ou changé au gré du peuple. Ses pouvoirs ne se bornent pas là. Le peuple délibère sur les lois [7]; il vote par *oui* ou par *non* sur les projets du Corps législatif, qui sont imprimés et envoyés à toutes les communes de la République sous ce titre :

1. Art. 68.
2. Art. 64.
3. Art. 8.
4. Art. 95.
5. Art. 97.
6. Art. 100.
7. Art. 10.

Loi proposée[1]. Si, au bout de quarante jours, dans la moitié des départements plus un, le dixième des Assemblées primaires de chacun d'eux a dit non, le projet n'est pas accepté ; le corps législatif est alors tenu de convoquer toutes les Assemblées primaires[2], et c'est à elles qu'appartient le dernier mot. Il suffit également du vœu exprimé à cet effet, dans la moitié des départements plus un, par le dixième des Assemblées primaires, pour que le Corps législatif soit tenu de convoquer toutes les Assemblées primaires de la République, à l'effet de savoir s'il y a lieu de reviser l'acte constitutionnel et d'élire une Convention nationale[2].

En résumé, le peuple est tout, peut tout, fait tout. Je ne sais pas si le citoyen Desaunays aura pu procurer à Hérault-Séchelles les *Lois de Minos ;* mais, à leur défaut, il eût pu lui envoyer le *Traité de la Sagesse* de Pierre Charron, et notre conventionnel y aurait trouvé cette page, qu'il eût sagement fait de méditer :

« Le peuple est une bête étrange, à plusieurs têtes, et qui ne se peut bien décrire en peu de mots : inconstant et variable, sans arrêt non plus que les vagues de mer, il se meut, il s'accroit, il approuve et repousse en un instant même chose ; il n'y a rien plus aisé que le pousser en telle passion que l'on veut. Léger à croire, recueillir et ramasser toutes nouvelles, surtout les fâcheuses, tenant tous rapports pour véritables et assurés, avec un sifflet ou sonnette, on l'assemble

---

1. Art. 19 et 58.
2. Art. 59.
3. Art. 115. — Sur la Constitution de 1793, lire les belles et fortes pages de Taine, *la Révolution*, t. III, p. 7-11.

comme les mouches au son du bassin. Sans jugement, raison, discrétion; son jugement et sa sagesse, trois dés à l'aventure; il juge brusquement et à l'étourdie de toutes choses, et tout par opinion et par coutume, ou par plus grand nombre; allant à la tête comme les moutons, qui courent après ceux qui vont devant. »

Œuvre de montre et de parade, cette Constitution n'est qu'une comédie : Hérault-Séchelles, son metteur en scène, n'est-il pas un des plus parfaits acteurs de la troupe qui donne ses représentations dans la *salle des Machines*, sur le théâtre des Tuileries[1]? Neveu du maréchal de Contades et cousin de la duchesse de Polignac, il n'était sans doute pas plus républicain qu'il ne convient, lorsqu'il était nommé par le roi avocat général au Parlement et que la reine lui remettait une écharpe qu'elle avait brodée elle-même. C'est un homme d'esprit, je le veux bien, mais qui, dans sa société intime, ne se repose des impiétés que par des obscénités[2]. Toujours très soigné dans sa toilette, ce singulier sans-culotte, le jour où il a donné lecture de son rapport sur l'acte constitutionnel, avait une redingote-lévite de bazin anglais doublée de taffetas bleu. Il était coiffé[3]. C'est l'Alcibiade de cette république dont Marat est le Diogène. Tandis qu'il lisait son rapport avec des intonations savantes, avec un

1. Sur la salle de la Convention aux Tuileries, voy. *Paris en* 1793, par Edmond Biré, ch. xxv, et *Journal d'un Bourgeois de Paris pendant la Terreur*, ch. vii.
2. Au témoignage de Bellart, qui l'avait connu (*Œuvres complètes* de Bellart, t. VI, p. 124).
3. Sur Hérault de Séchelles, v. *ILLYRINE*, ou *l'Ecueil de l'inexpérience* (Paris, an VI), roman historique par Madame de G... (Giroust de Morency, pseudonyme de madame Quillet.)

art étudié où se reconnaissait l'élève de Mlle Clairon[1], chacun se montrait dans l'une des tribunes publiques, la belle *Suzanne*, qu'il avait amenée lui-même à la séance et fait mettre en bonne place — Suzanne Giroust, femme Quillet, qui a profité de l'abolition des titres de noblesse pour échanger son nom bourgeois contre le nom aristocratique de *Madame de Morency*. La Morency a le tort de laisser traîner ses billets. Un collectionneur de mes amis m'a fait cadeau de celui que lui écrivait Hérault-Séchelles, à la fin de novembre dernier, au moment de partir en mission pour le Mont-Blanc[2]. Le voici :

C'est du Comité, les chevaux mis aux voitures, que je vous écris, chère et belle ; je pars à l'instant pour le Mont-Blanc, avec une mission secrète et importante. Ce voyage durera trois mois au moins. Ainsi, charmante Suzanne, nous voilà séparés pour longtemps ; j'emporte avec moi votre portrait, que j'ai dans mon portefeuille.

Vous me dites que vous avez de la propension à la jalousie. Il n'y a pas un être plus affecté que moi de cette maladie, voilà pourquoi je ne puis conserver une maîtresse. Sainte-Amaranthe, que vous trouvez si belle et qui l'est en effet, est la plus perfide des femmes ; et elle est si bien connue pour telle, qu'on ne la nomme que *perfide Amaranthe*[3]. C'est

---

1. *Réflexions sur la Déclamation*, par Hérault-Séchelles. C'est là qu'il dit avoir pris des leçons de déclamation de Mlle Clairon pendant quelque temps, p. 82-86.

2. *Moniteur*, du 30 novembre 1792. Séance de la Convention du 29. Les Commissaires envoyés dans le département du Mont-Blanc sont : Hérault-Séchelles, Simon, Grégoire et Jagot.

3. Sur madame de Sainte-Amaranthe, voyez dans le *Camille Desmoulins* de M. Jules Claretie, pages 437 et suivantes, les extraits d'une brochure *rarissime* : *la Famille Sainte-Amaranthe*, par madame A. R... Paris, 1864, in-8.

elle qui a su cependant me conserver le plus longtemps, malgré mes défauts.

Mais où m'égarai-je? Adieu, Suzanne. Allez quelquefois à l'Assemblée en mémoire de moi. Adieu. Les chevaux enragent, et l'on me croit nationalement occupé, tandis que je ne le suis qu'amoureusement de ma très chère Suzanne.

SÉCHELLES [1]

Voilà une lettre que je piquerai en tête de mon exemplaire de la *Constitution de* 1793.

---

1. V. *ILLYRINE*, t. III, p. 252, 257, 258, 280. — Sur Hérault de Séchelles cf. Vatel (*Charlotte de Corday et les Girondins*, III, XXVII et suiv.). — Claretie (*Camille Desmoulins*, p. 217-235). — Berryer père (*Souvenirs*, I, p. 177-187). — Charles Monselet (*Les Originaux du siècle dernier*, chapitre x : *La Morency*).

VI

VIVE... !

Jeudi 27 juin 1793.

Ne pourrait-on pas écrire sur deux colonnes l'histoire de nos enthousiasmes et de nos palinodies ?

Vive le Roi ! 1789.	A bas Capet ! 1792.
Vive Louis XVI ! 1789.	A bas Louis-le-Dernier ! 1792.
Vive notre bon Roi ! 1789.	A bas le gros Veto ! 1792.
Vive le Père du peuple ! 1789.	A bas l'égorgeur du peuple ! 1792.
Vive le Restaurateur de la Liberté ! 1789.	A bas le Tyran ! 1792.
Vive la Reine ! 1789.	A bas l'Autrichienne ! 1792.
Vive le Dauphin ! 1789.	A bas le petit Louveteau ! 1793.
Vive le duc d'Orléans ! 1789.	A bas Égalité ! 1793.
Vivent les États-Généraux ! 1789.	Vive la Convention ! 1792.
Vivent les Communes ! 1789.	Vive la Commune ! 1793.
Vive le Tiers-État ! 1789.	A bas le Négociantisme ! 1793.
Vive la Nation ! 1789.	Vivent les Sans-Culottes ! 1793.
Vive la Loi ! 1789.	Vive la Terreur ! 1793.
Vive la Liberté ! 1789.	Vive le Tribunal révolutionnaire ! 1793.

Vivent les Droits de l'homme ! 1790.	Vive la Guillotine ! 1793.
Vive Necker ! 1789.	A bas Necker ! 1789.
Vive Mirabeau ! 1789.	A bas Mirabeau ! 1792.
Vive Barnave ! 1789.	A bas Barnave ! 1793.
Vive Bailly ! 1789.	A bas l'assassin du Champ de Mars ! 1791.
Vive Lafayette ! 1789.	A bas le brigand Mottier ! 1792.
Vive la Fédération ! 1791.	A bas les Fédéralistes ! 1793.
Vivent les curés patriotes ! 1791.	A bas les Églises et pas de bon Dieu ! 1793.
Vive la Constitution de 91 ! 1791.	Vive la Constitution de 93 ! 1793.
Petion ou la mort ! 1792.	Mort à Petion ! 1793.
Vive Manuel ! 1792.	Mort à Manuel ! 1793.
Vive le 10 août ! 1792.	Vive le 31 mai ! 1793.
Vive Vergniaud ! 1792.	A bas les Girondistes ! 1793.
Vive Buzot ! 1791.	A bas les Buzotins ! 1793.
Vive Roland ! 1792.	A bas les Rolandistes ! 1793.
Vive Brissot ! 1792.	A bas les Brissotins ! 1793.

Il serait facile de prolonger cette liste en partie double. Je me borne à citer les cris qui sont aujourd'hui à la mode, et à les inscrire dans la première colonne, laissant à l'avenir — à un avenir prochain — le soin de remplir la seconde.

Vive Marat !
Vive Danton !
Vive Camille Desmoulins !
Vive Hébert !
Vive Chaumette !
Vive Robespierre !
VIVE LA RÉPUBLIQUE !

VII

LE CARÊME CIVIQUE

Vendredi 28 juin 1793.

Les objets de première nécessité augmentent de prix chaque jour.

Le drap coûtait 36 livres l'aune, il y a trois ans, il en coûte 60 aujourd'hui, et l'habit que je payais 90 livres je le paie maintenant 180 [1].

Les souliers valent 12 livres la paire, au lieu de 6 livres [2].

Au mois de février, nous avons eu une émeute causée par la cherté du savon[3]. Au mois d'avril, la crainte de manquer de pain a occasionné des désordres. Le jeudi 11 avril, le bruit que la farine allait faire défaut courut dans tout Paris [4]; on y ajouta foi d'autant plus aisément que le blé était fort cher et que de là à croire qu'il était rare il n'y avait pas loin. Aussi le lendemain la foule assiégeait-elle, dès le matin, plus nombreuse, plus agitée que jamais, les portes des boulangers. La presse était si grande que plusieurs

---

1. Discours de Ducos, séance de la Convention du 30 avril 1793. (*Moniteur* du 3 mai.)
2. *Ibid.*
3. Voyez *Paris en 1793*, par Edmond Biré, ch. ix, l'*Émeute du 25 février 1793*.
4. *Révolutions de Paris*, t. XVI, p. 158.

femmes furent blessées [1]. La journée du samedi aggrava la situation. Ce jour-là est un jour de grand marché, et autrefois les boulangers de Gonesse et autres villages voisins de la capitale venaient vendre du pain à Paris. Ils n'ont garde d'y venir maintenant, le pain ne se vendant et ne pouvant se vendre chez nous que douze sous les quatre livres, tandis que chez eux il vaut seize ou dix-huit sous. Mais si les boulangers des villages qui entourent Paris n'alimentent plus notre marché, en revanche les gens de la campagne le fréquentent de plus en plus. Ils s'y portèrent en foule le samedi 13 avril. Ayant entendu dire que la farine manquait à Paris, craignant qu'elle ne manquât aussi bientôt chez eux, crainte d'autant plus naturelle que plusieurs boulangers forains avaient déjà fermé boutique, ils achetèrent chez nos boulangers du pain en grande quantité. Le samedi soir, on trouva dans les voitures et dans les coches d'eau qui partaient jusqu'à cent livres de pain à la fois [2].

Dans les jours qui suivirent, une lettre de la municipalité de Dijon envoyée à celle de Paris et à la Société des Jacobins vint accroître la panique. Cette lettre mandait qu'on avait arrêté à Dijon une vingtaine de voitures chargées de blé, venant de Paris ou des environs et n'ayant aucune destination fixe; elles devaient être suivies, ajoutait-on, d'une vingtaine d'autres [3]. A tort ou à raison, le peuple s'est persuadé qu'il y avait là, de la part des boulangers de Paris, une spéculation criminelle. On les accusa d'acheter

1. Buchez et Roux, t. XXVI, p. 39.
2. *Révolutions de Paris*, t. XVI, p. 159.
3. *Ibid.*, p. 159.

sur le carreau de la halle un sac de farine 55 livres — prix que le sac de farine n'a pas dépassé, grâce à l'indemnité payée par la Commune — et de le revendre au dehors sur le pied de 70 livres. Hébert et Chaumette, qui ne négligent aucune occasion de souffler sur le feu, ne se sont pas fait faute, en cette circonstance, de dire bien haut, en pleine séance du Conseil général, que la culpabilité des boulangers était certaine et qu'ils s'entendaient avec Cobourg et avec les contre-révolutionnaires [1]. Il faut rendre cette justice à la population de Paris que, malgré ces odieuses excitations, elle n'a pas pendu les malheureux que l'on désignait ainsi à ses colères et à ses vengeances : elle s'est bornée à se lever plus matin et à commencer plus tôt la *queue* à la porte des boulangeries.

Ce qui diminue quelque peu, il est vrai, le mérite des Parisiens, c'est qu'en dépit de leurs craintes le pain ne leur a jamais manqué et qu'ils ne l'ont jamais payé plus de 3 sous la livre. Dans les premiers jours de février, alors que la livre de pain valait partout ailleurs 7 sous et plus, on a bien essayé de la porter ici de 3 sous à 3 sous 3 deniers [2]. Mais en présence des réclamations soulevées par cette mesure dans le sein des sections, la Commune s'est empressée d'y renoncer. Voici du reste comment fonctionne le système adopté par la Commune pour l'approvisionnement de la capitale. Elle fait acheter par l'intermédiaire de son comité des subsistances toutes les farines qui se pré-

1. *Patriote français*, n° 1343.
2. Discours de Lanjuinais, séance de la Convention du 7 février 1793 (*Moniteur* du 10 février).

sentent sur le carreau de la halle, et elle les revend aux boulangers à un prix moindre. Au commencement de février la différence était déjà de 8 livres par sac et constituait une perte de 12,000 livres par jour [1]. Cette perte s'est singulièrement accrue depuis. Au mois d'avril, la différence n'était plus de 8 mais de 15 livres; la perte quotidienne était donc de près de 24,000 livres. Elle serait de plus de 100,000 livres aujourd'hui, si la loi du *maximum* n'était pas intervenue [2]. Les débats qui ont eu lieu à la Convention dans la séance du 2 mai nous ont appris, en effet, que dans la Beauce, là où le blé est le plus abondant, le prix du sac de blé s'était élevé à près de 200 livres [3].

Que la Commune prenne des mesures en vue de procurer aux Parisiens le pain à un taux modéré, rien de plus naturel; ce qui l'est moins, c'est que la dépense qui en résulte soit supportée, non par la ville, mais par l'État. C'est pourtant ce qui a lieu. La Commune prend bien, *en principe*, cette dépense à sa charge; mais dans l'application il n'en va pas de même. Elle a voté des sous additionnels sur les contributions foncières et mobilières des exercices *futurs*; mais en attendant elle a réclamé et obtenu de la Convention la faculté de puiser dans les caisses des percepteurs des deniers publics les avances nécessaires au payement immédiat des indemnités dues aux boulangers. Or on

---

1. Mortimer-Ternaux, *Histoire de la Terreur*, t. VI, p. 40.
2. Loi du 4 mai 1793 (*Moniteur* du 6 mai).
3. Discours de Chasles, député d'Eure-et-Loir, séance du 2 mai 1793 (*Moniteur* du 5 mai). — « Pour labourer — disait Ducos dans la séance du 30 avril — il faut des bœufs, ou des chevaux. Eh bien ! un cheval qui coûtait 300 livres il y a trois ans coûte aujourd'hui 1,200 et même 1,500 livres. » (*Moniteur* du 3 mai 1793.)

sait comment la Commune de Paris rembourse les avances qui lui sont faites; on sait comment elle rend ses comptes! C'est donc avec l'argent des départements que les Parisiens paient leur pain ; et, pendant ce temps, dans ces mêmes départements, le pain est hors de prix. Au mois d'avril, le pain de quatre livres se vendait 32 sous à Clermont, 36 sous à Toulouse, 40 sous à Grenoble [1]. Ces prix ont doublé depuis lors. Dans les campagnes, la plupart des habitants ne mangent plus de pain. A la date du 21 de ce mois, la municipalité de Vertamon écrivait que « tous les habitants de ce district étaient sans pain, que la plupart se nourrissaient de son et d'avoine, et étaient au moment effrayant de disputer l'herbe aux animaux [2] ».

Si la Commune assure aux Parisiens le pain à bon marché, elle n'a pu leur assurer le même avantage en ce qui est de la viande. A Paris comme en province, elle est extrêmement rare et par suite extrêmement chère. Au commencement du mois, nous avons tous lu sur les murs de la capitale une proclamation signée par les administrateurs des subsistances et indiquant les causes de cette rareté. « Des achats considérables, était-il dit dans cette affiche, ont été faits pour l'approvisionnement des armées de terre et de mer... Les entrepreneurs ne peuvent se fournir qu'en France, et

---

1. *Révolutions de Paris*, XVI, 259. Au mois d'août 1793, la livre de pain se vendait dans plusieurs départements 15 et 16 sous (Séance de la Convention du 20 août. *Moniteur* du 21).

2. *Résultat de la conférence qui a eu lieu entre le ministre de l'intérieur, les commissaires du département de Paris, de celui de Seine-et-Oise, le maire de Paris et le citoyen Garin, le 24 juin 1793, sur la loi du 4 mai précédent* (Archives nationales, dossier, F. 12, 1546).

dans les provinces mêmes où achètent habituellement les marchands qui fréquentent les marchés de Sceaux et de Passy. Une partie des départements dans lesquels les marchands ont habitude d'acheter se trouve maintenant ravagée et dévastée par les *brigands* et les fanatiques. Dernièrement encore, ceux de la Vendée se sont emparés d'un convoi de 4 à 500 bœufs. Les communications ont été interceptées entre Paris et quelques départements qui envoient à Paris. La ville de Cholet, qui nous fournit ordinairement dans cette saison 6 à 700 bœufs par marché, n'en fournit plus actuellement que 60 à 80 [1]. »

Les administrateurs des subsistances signalaient le mal : ils n'indiquaient pas le remède. Vergniaud en a présenté un dans la séance de la Convention du 17 avril. « Une autre mesure, a-t-il dit, que je vais vous soumettre vous paraîtra peut-être ridicule au premier aspect ; mais je vous prie de l'examiner avec attention. D'après les troubles intérieurs qui ont eu lieu dans les départements, d'après la consommation des armées, il est à craindre que l'année prochaine les bœufs ne soient pas en proportion avec la consommation. Ne serait-il pas nécessaire d'arrêter pendant un temps déterminé la consommation des veaux ? (On applaudit.) *La religion avait ordonné un CARÊME pour honorer la divinité. Pourquoi la politique n'userait-elle pas d'un moyen pareil pour le salut de la patrie ?* » Le renvoi de la proposition de Vergniaud au comité d'agriculture a été décrété [2].

---

1. Buchez et Roux, XXVI, 226.
2. *Moniteur* du 20 avril 1793 (séance du 17).

Dans la séance du 9 juin, la Convention s'étant occupée de nouveau de la question des subsistances, le montagnard Thuriot a repris en ces termes l'idée de Vergniaud : « Depuis six mois, l'augmentation de la viande est telle, que l'indigent ne peut plus en acheter. Je demande : 1° que vous autorisiez les administrations de département à taxer le prix de la viande, chacune dans leur arrondissement ; 2° que *les citoyens de la République observent un CARÊME CIVIQUE pendant le mois d'août*, afin que pendant cet espace de temps les bestiaux puissent grandir et se multiplier. » Gossuin, député du Nord, a appuyé Thuriot, dont les deux propositions ont été renvoyées aux comités d'agriculture et de commerce réunis [1].

Le lendemain de cette séance, le hasard me plaça, au restaurant, auprès de quatre nègres, qui raisonnaient avec bon sens et non sans esprit, l'un d'eux surtout qui habite sur la section de 92 [2] et qui était assis à ma gauche. « Il a été proposé hier à la Convention, dit l'un de mes quatre nègres, de faire faire au peuple un *carême politique*. — Ah ! bon, reprit mon voisin, nous y voilà donc arrivés ! Vous verrez qu'avant peu ils seront forcés aussi de prier le peuple pour le faire aller à la messe. »

En sortant du restaurant, je suis allé aux Tuileries. Les groupes étaient très animés contre les bouchers et en particulier contre Legendre. « Voyez Legendre ! disait-on ; il se dit *patriote*, mais oublie-t-il sa classe

---

1. *Moniteur* du 11 juin 1793 (séance du 9).
2. La section de 1792 (ci-devant *de la Bibliothèque*) tenait ses assemblées dans l'église des Filles-St-Thomas.
3. Rapport de Dutard à Garat, du 11 juin 1793. Schmidt, t. II, p. 21.

pour sa patrie ? Il est député de Paris, mais les intérêts de sa boutique de la rue des Boucheries-Saint-Germain passent pour lui avant ceux de la nation. Est-ce qu'il ne devrait pas donner à ses confrères l'exemple de livrer la viande à son vrai prix ? Il trouve plus avantageux de s'associer à leur brigandage et d'affamer le peuple. Tous ces patriotes-là sont comme les autres, ils ne cherchent qu'à s'enrichir : ils nous donnent des mots, et il faut qu'en échange nous leur donnions notre argent[1]. »

Dimanche 30 juin 1793.

La question des subsistances s'est encore aggravée depuis quinze jours. Voici ce que je relève sur mes notes quotidiennes.

13 juin. — Hier et aujourd'hui, les citoyens ont éprouvé de nouvelles et plus grandes difficultés pour se procurer du pain. Attroupements à la porte des boulangers. Dans tous les groupes, insinuations malveillantes, injures et menaces à l'adresse des magistrats chargés de l'approvisionnement de Paris ; personne ne les défend [2].

14 juin. — Les *queues* continuent à la porte des boutiques ; l'exaspération publique va croissant ; les boulangers répondent qu'ils ne peuvent plus avoir de farine à la halle [3].

---

1. Rapports de Perrière à Garat, du 11 et 12 juin. Schmidt, t. II, p. 23 et 28.
2. Rapport de Julian de Carentan à Garat, du 13 juin. Schmidt, t. II, p. 33.
3. Rapport de Perrière à Garat, du 15 juin. Schmidt, t. II, p. 51.

15 juin. — Visite à Neuilly. Tout le canton, y compris le bois de Boulogne, a l'aspect d'un désert. Rencontré seulement deux marchands de brebis, qui venaient d'Étampes : « Eh bien ! camarades, vous allez bientôt vous battre contre les émigrés, car ils s'avancent vers votre endroit. — Ma foi, reprend l'un des marchands, qu'ils viennent quand ils voudront. Les repoussera qui voudra ; pour nous ce n'est point notre affaire[1]. » A Neuilly, à Courbevoie, j'appris que les boulangers étaient revenus de la halle de Paris sans rien rapporter et qu'ils avaient en conséquence porté le pain à 16 sous les 4 livres[2].

16 juin. — Acheté une livre de sucre, que j'ai dû payer 4 livres 10 sous[3].

Le Maire vient d'informer les sections qu'hier les malveillants avaient cherché à faire manquer le pain à Paris et que, pour arriver à leurs fins contre-révolutionnaires, ils le faisaient enlever par des femmes chez les boulangers[4]. Loin de calmer les inquiétudes de la population, cette lettre de Pache n'a fait que les accroître. On s'écrase de plus en plus à la porte des boutiques ; on dit partout que la famine sera dans Paris avant quinze jours[5].

Les marchands de beurre qui, pour se rendre à Paris, traversent la ville de Caen, ont été empêchés par les habitants de continuer leur route[6].

1. Rapport de Dutard à Garat, du 15 juin. Schmidt, t. II, p. 54.
2. *Ibid.*
3. *Ibid.*
4. Rapport de Dutard à Garat, du 16 juin. Schmidt, t. II, p. 57.
5. Lettre de Latour-Lamontagne à Garat, du 16 juin. Schmidt, t. II, p 59.
6. Rapport de Dutard à Garat, du 16 juin. Schmidt, t. II, p. 57.

17 juin. — D'heure en heure la cherté des denrées augmente, la confiance dans le papier-monnaie diminue : la famine paraît inévitable. Plusieurs communes voisines de la capitale, celles de Saint-Germain et de Saint-Cloud, d'autres encore, sont venues demander des farines ; bientôt elles accourront toutes [1]. Paris pourra-t-il se refuser à ouvrir ses magasins ?

18 juin. — La difficulté de se procurer du pain est toujours aussi grande. Les premières fournées sont enlevées dès la pointe du jour ; les autres sont attendues avec une impatience fiévreuse. On peut encore avoir assez aisément des pains de deux livres, lesquels coûtent 14 sous les deux ; mais on a toutes les peines du monde à avoir un pain de quatre livres, lequel ne coûte que 12 sous. Le pain de quatre livres est le seul que demandent les gens de la campagne qui viennent s'approvisionner à Paris, le seul qu'achètent les pauvres et les peureux — deux classes qui ne laissent pas d'être nombreuses [2]. Il n'est donc pas étonnant qu'ici l'offre ne soit pas en rapport avec la demande. Les boulangers, autorisés à vendre le pain de deux livres plus cher proportionnellement que celui de quatre, se livrent-ils de préférence à la fabrication qui leur donne le plus de profit ? Je ne saurais, pour ma part, leur en faire un crime.

19 juin. — De 1 heure à 3, promenade au Palais-Égalité. Dans les groupes, une seule question à l'ordre du jour. La cherté de la viande et la friponnerie des bouchers [3].

---

1. Rapport de Dutard à Garat, du 17 juin. Schmidt, t. II, p. 60.
2. Rapport de Perrière à Garat, du 17 juin. Schmidt, t. II, p. 64-65.
3. Rapport de Perrière à Garat, du 18 juin. Schmidt, t. II, p. 74.

21 *juin*. — Ce soir, séance chez mon perruquier, qui cause volontiers et m'a raconté ce qui suit : « Je viens d'acheter une chandelle pour me coucher ; elle m'a coûté 7 sous. — 7 sous, une chandelle ! ai-je dit, 7 sous ! — Oui, 7 sous, m'a répondu l'épicier, et avant huit jours vous la paierez 8[1]. » — Comme je sortais de la boutique du perruquier, un homme m'a heurté assez violemment, et, sans souci de ma plainte, a continué son chemin en criant à pleine tête : « Autrefois, le savon ne valait que 12 sous, aujourd'hui il en vaut 40 : vive la République ! Autrefois le sucre ne valait que 20 sous, aujourd'hui il vaut 4 livres : vive la République ! Autrefois[2]... » Mon homme aurait pu continuer longtemps sa litanie ; malheureusement, il en fut empêché par cinq ou six *patriotes* qui l'arrêtèrent et le conduisirent devant le Comité révolutionnaire de la section. Qui sait si le pauvre diable ne montera pas sur l'échafaud pour avoir crié à sa façon : *Vive la République !*

Depuis la séance de la Convention du 9 juin, l'idée émise par Vergniaud le 17 avril dernier a continué à faire son chemin dans la population. C'est à peu près la seule épave du naufrage de la Gironde qui ait été recueillie par les sans-culottes. La section de l'Homme-Armé a fait part au conseil général révolutionnaire de la Commune, dans sa séance du 21 juin, d'un arrêté par lequel elle déclare qu'en considération du prix excessif de la viande, elle s'impose un *carême civique* de six semaines. Dans sa séance du 22, le conseil

---

1. Rapport de Dutard à Garat, du 21 juin. Schmidt, t. II. p. 83.
2. *Ibidem*.

général révolutionnaire a reçu communication d'un arrêté de la section de Montmartre [1], qui s'impose également un *carême civique* de six semaines et qui invite le conseil général à prendre des mesures pour empêcher la hausse du prix des légumes [2].

Cette mesure a reçu l'approbation des *Révolutions de Paris,* qui en parlent avec attendrissement. « Plusieurs sections, dit la feuille de Prudhomme, ont arrêté d'observer dans leurs arrondissements respectifs un *carême civique* pendant tout le temps que durera le prix excessif auquel sont montées les denrées de première nécessité. Cette résolution est *édifiante* assurément et digne d'un peuple républicain, capable de toutes les privations. S'abstenir de certains comestibles ou du moins en limiter la consommation, afin qu'il y en ait pour tout le monde, et que les citoyens peu aisés puissent y atteindre, mérite les plus grands éloges et des imitateurs [3] ».

Voltaire! toi qui raillais si agréablement le carême des prêtres, que dirais-tu du *carême civique?* Tu te posais cette question : « Le défaut d'appétit qu'on se sent dans la tristesse fut-il la première origine des jours de jeûne prescrits par les *religions tristes?* ». Ta question, ô Voltaire, en appelle une autre : la Religion de la République ne serait-elle point par hasard la plus *triste* de toutes?

---

1. La section du Faubourg-Montmartre tenait ses réunions dans l'église de Saint-Joseph.
2. *Mercure français,* n° du 29 juin 1793.
3. *Révolutions de Paris,* t. XVI, p. 594, n° du 22 au 30 juin 1793.

VIII

LES THÉATRES DE PARIS DE 1789 A 1791

Jeudi 4 juillet 1793.

Le 5 mai 1789, au moment de l'ouverture des États-Généraux à Versailles, il y avait à Paris quatre grands spectacles :

1° L'Opéra, sur le boulevard, à côté de la Porte-Saint-Martin [1] ;

2° Le Théâtre-Français, faubourg Saint-Germain, près le Luxembourg, à l'extrémité du terrain qu'occupait le jardin de l'hôtel Condé [2] ;

3° Le Théâtre-Italien, entre les rues Favart et Marivaux. On y jouait des comédies et des opéras co-

---

1. L'Opéra occupait, en 1789, sur le boulevard Saint-Martin, la salle construite en 65 jours, sous la direction d'Alexandre Lenoir, à la suite de l'incendie du 8 juin 1781, qui avait détruit au Palais-Royal le théâtre où les acteurs de l'Académie royale de musique donnaient leurs représentations depuis le 26 janvier 1770. Le 8 thermidor an II (26 juillet 1794), l'Opéra quitta la salle de la Porte-Saint-Martin, qui a disparu, après une existence de quatre-vingt-dix ans, dans les incendies de mai 1871.

2. La salle du Théâtre-Français, bâtie par ordre de Louis XVI, d'après les plans des architectes Peyre et de Wailly, fut incendiée dans la nuit du 18 au 19 mars 1799. Reconstruit sur ses anciennes fondations par décision du premier Consul, ce théâtre fut détruit une seconde fois par le feu le 20 avril 1818. Louis XVIII le fit rebâtir. C'est l'Odéon actuel.

miques. Malgré le nom de ce théâtre, les pièces et les acteurs étaient français [1] ;

4° L'*Opéra-Buffa*, aux Tuileries. Le comte de Provence avait accordé son patronage à une société qui se proposait de naturaliser en France la musique des *Opéra-Buffa* d'Italie [2]. En attendant la construction d'une salle nouvelle, la compagnie italienne s'établit aux Tuileries, dans la *salle des Machines*, où elle donna sa première représentation le 26 janvier 1789. On y remarquait Raffanelli, Rovedino, Mandini, Viganoni ; Mmes Baletti, Mandini et Morichelli. Jamais chanteurs plus accomplis ne s'étaient fait entendre à Paris. De l'aveu des meilleurs juges, Mme Morichelli était la perfection même [3].

Venaient ensuite six petits spectacles :

1° Les *Variétés amusantes*, au Palais-Royal, dans une salle provisoire bâtie en charpente sur le terrain du jardin des Princes [4]. MM. Gaillard et Dorfeuille, directeurs des *Variétés*, payaient à l'Opéra une redevance de 60,000 livres, et une autre de 50,000 livres aux hôpitaux. D'excellents acteurs, et, à leur tête, Beaulieu et Baroteau, attiraient la foule à ce théâtre, où les spectateurs ne se lassaient pas d'applaudir les *Jeannot*, les *Pointus* et les *Barogos*;

2° Les *Petits comédiens du comte de Beaujolais*, au

---

1. Le Théâtre Favart — ou théâtre de l'Opéra-Comique — a été brûlé le 25 mai 1887.
2. La Harpe, *Correspondance littéraire, adressée au grand-duc de Russie*, t. V, p. 265.
3. *L'Opéra-Italien*, par Castil-Blaze.
4. *Le Palais-Royal*, par J. Vatout, p. 184. L'emplacement de cette salle, ouverte le 1er janvier 1785, répondait à une partie de la cour intérieure actuelle.

Palais-Royal, à l'extrémité nord-ouest du jardin. Dans cette salle, construite aux frais du duc d'Orléans, en 1783, le directeur, le sieur Delomel, faisait représenter de petites pièces jouées à l'origine par des comédiens de bois, et un peu plus tard par des enfants qui gesticulaient sur la scène, tandis que des acteurs parlaient ou chantaient pour eux dans les coulisses;

3° L'*Ambigu-comique* ou *Théâtre du sieur Audinot*, boulevard du Temple. Les acteurs d'Audinot furent d'abord des enfants de dix ans, et leur succès a été consacré par ce vers de l'abbé Delille :

Chez Audinot l'enfance attire la vieillesse.

Aux comédiens de dix ans succédèrent des jeunes gens de quinze à dix-huit ans. Des pantomimes montées avec le plus grand soin firent courir tout Paris. Nous avons tous pleuré au *Maréchal des logis* ;

4° *Théâtre des Associés* ou *Spectacle comique du Sieur Sallé*, boulevard du Temple, à côté du cabinet de Curtius. Les *Associés* étaient obligés de faire précéder chaque représentation par *polichinelle* et les *marionnettes* [1] ; mais cette précaution prise, ils pouvaient jouer Corneille et Molière, Voltaire et Racine. Un jour, MM. de la Comédie-Française firent défense par huissier au sieur Sallé de jouer aucun ouvrage de leur répertoire. Sallé leur écrivit aussitôt la lettre suivante: « Messieurs, je donnerai demain dimanche une représentation de *Zaïre*. Je vous prie d'être assez bons d'y envoyer une députation de votre illustre Com-

---

1. *Almanach général de tous les spectacles de Paris et des provinces pour l'année* 1791, p. 200. — Froullé, éditeur.

pagnie ; et si vous reconnaissez la pièce de Voltaire après l'avoir vue représentée par mes acteurs, je consens à mériter votre blâme et m'engage à ne jamais la faire rejouer sur mon théâtre. » Lekain, Préville et quelques-uns de leurs camarades allèrent voir jouer *Zaïre* au *Théâtre des Associés :* ils rirent de si bon cœur qu'ils furent désarmés [1] ;

5° *Les grands danseurs du roi* ou *Théâtre du sieur Nicolet*, entre la salle d'Audinot et celle des Associés. On y jouait de petites pièces comiques, parodies, farces, arlequinades, pièces vraiment populaires et dont quelques-unes ont valu à Taconnet, leur auteur, le surnom de *Molière des boulevards*. Les entr'actes étaient remplis par des équilibristes, des joueurs de tambours de basque, des tourneuses qui faisaient des choses étonnantes de courage et d'adresse [2] ;

6° *Théâtre du Délassement comique*, à l'entrée du boulevard du Temple, attenant à l'hôtel de M. Foulon. Le directeur, Plancher-Valcour, était en même temps auteur et acteur. Il jouait tous les genres, depuis l'opéra comique jusqu'à la pantomime et au ballet. Les grands théâtres ayant porté plainte au lieutenant de police, M. Lenoir rendit une ordonnance enjoignant à Plancher-Valcour de ne représenter à l'avenir que des pantomimes, de n'avoir jamais que trois acteurs en scène et d'élever une gaze entre eux et le public [3].

A côté de ces théâtres, il y en avait d'autres qui n'é-

1. « De tous les théâtres du boulevard, celui des *Associés* était le plus suivi ; la société y était fort bien composée. » *Almanach* de Froullé pour 1791, p. 210.
2. Brazier, *Histoire des petits théâtres de Paris*, t. I, p. 8.
3. *Almanach des spectacles*, année 1792. — Brazier, t. I, p. 64. — Charles Monselet, *les Originaux du siècle dernier*, p. 298.

taient pas payants et sur lesquels on jouait la comédie bourgeoise : le *Théâtre de la rue de Provence*, chaussée d'Antin ; le *Théâtre des Boulevards-Neufs ; le Théâtre de l'Orme-Saint-Gervais ; le Théâtre de la rue de l'Échiquier* [1], etc.

Du 5 mai 1789 au 13 janvier 1791, époque à laquelle fut décrétée la liberté des théâtres, d'assez nombreux changements ont été apportés à l'état de choses que je viens d'indiquer.

Obligés de quitter les Tuileries, par suite de l'installation de la famille royale à Paris, au lendemain des journées d'octobre, les chanteurs italiens ont donné leur dernière représentation à la Salle des Machines le 23 décembre 1789. Du 10 janvier 1790 au 1er janvier 1791, ils ont joué dans une méchante petite salle, nommée *Théâtre des Variétés*, sise à la foire Saint-Germain [2]. Le 6 janvier 1791, ils ont pris possession de la salle construite pour eux rue Feydeau et qui reçut le nom de *Théâtre de Monsieur*. La salle de la rue Feydeau est surtout remarquable par sa coupole hardie et sonore due à MM. Legrand et Molinos, les auteurs de la coupole de la halle aux blés [3].

Les *Variétés Amusantes* ont changé leur salle en bois contre la belle salle élevée par l'architecte Louis entre le Palais-Royal et la rue Richelieu, au coin de la rue Saint-Honoré. L'ouverture du nouveau théâtre a eu lieu le 15 mai 1790 [4]. A dater de ce jour, les *Variétés*

---

1. Dulaure, *Histoire de Paris*, t. VIII, p. 405.
2. Sur la place où l'on voyait, il y a peu d'années encore, le marché du faubourg Saint-Germain, près le carrefour Bucy.
3. *La Feuille du jour*, janvier 1791. La salle de la rue Feydeau a a été démolie lorsqu'on a ouvert la rue de la Bourse.
4. *Almanach...* de Froullé, pour 1791, p. 163.

ont quitté leur ancien nom pour prendre celui de *Théâtre du Palais-Royal* [1].

Mademoiselle Montansier, directrice de tous les théâtres de la Cour, n'avait plus rien à faire à Versailles, une fois la Cour partie. Elle s'est rendue propriétaire de la petite salle que les *Beaujolais* occupaient au Palais-Royal et en a fait le théâtre *de mademoiselle Montansier* [2]. Sa troupe débuta dans cette salle le 12 avril 1790, par *les Époux mécontents*, opéra-comique en quatre actes, de Dubuisson, parodié sur la musique de Salieri.

Ayant dû céder la place à Mlle Montansier, les *Comédiens de Beaujolais* ont trouvé un asile dans la *Salle des Élèves*, que le sieur Tessier avait fait construire en 1777, sur le boulevard du Temple, en face de la rue Charlot, pour servir aux Élèves de la danse à l'Opéra. Le *Cousin Jacques* [3] a composé pour l'inauguration du nouveau *Théâtre Beaujolais* une petite pièce en un acte, *Apollon Directeur*.

Rue de Bondy, au coin de celle de Lancry, près l'Opéra, un nouveau théâtre, le *Théâtre-Français comique et lyrique*, a été ouvert au public, après la quinzaine de Pâques de l'année 1790, par le sieur Clément de Lormaison et le sieur Desnoyers. C'est sur cette scène qu'a été joué, le 7 novembre 1790, *Nicodème dans la Lune ou la Révolution pacifique*, folie en trois actes, en prose, mêlée d'ariettes et de vaudevilles, par Beffroy

---

1. La salle inaugurée le 15 mai 1790 sous le nom de *Théâtre du Palais-Royal* est aujourd'hui la salle du Théâtre Français.
2. La salle de Mlle Montansier est actuellement le *Théâtre du Palais-Royal*.
3. Beffroy de Reigny.

de Reigny [1]. Cette pièce est allée aux nues, *alle stelle*, comme disent les Italiens. Elle a été jouée 191 fois en

[1]. Louis-Abel *Beffroy de Reigny*, si célèbre alors sous le nom de *Cousin Jacques* et aujourd'hui si oublié, a droit à quelques lignes, dans ce chapitre sur les Théâtres. Il faisait lui-même les paroles et la musique de ses opéras-vaudevilles. Plusieurs des airs qu'il composait ainsi firent fortune : la ravissante chanson : *Petit à petit l'oiseau fait son nid*, est du *Cousin Jacques*. L'une de ses pièces, *Nicodème dans la lune*, a été jouée plus de cinq cents fois. Mais ce qu'il convient surtout de rappeler, c'est le courage et l'honnêteté du *Cousin Jacques* qui, au milieu de l'effervescence révolutionnaire, ne cessa de défendre la cause de la modération et de la justice. Il ne se lassait pas d'inviter les bons citoyens à se rallier au trône de Louis XVI. — Dans *le Retour du Champ de Mars*, l'une de ses deux « pièces fédératives », « on voyait le buste du Roi, fait d'après nature, porté en triomphe par des soldats, couronné par Apollon et placé par les Muses au Temple de Mémoire ». (*Almanach* de Froullé pour 1791.)

> Vivons désormais tous en frères,
> N'affligeons plus notre bon roi !
> Sous les yeux du meilleur des pères,
> Obéissons tous à la loi.
> De bon cœur comme il va sourire,
> Quand il verra tous les Français,
> En vrais amis, entre eux se dire :
> « Embrassons-nous, faisons la paix ! »

Ainsi chantait le *Cousin Jacques* dans *le Club des bonnes gens*, représenté sur le Théâtre de Monsieur, le 24 septembre 1791. Prêcher la modération et la paix, c'était un crime abominable, et les *patriotes* se devaient à eux-mêmes d'en tirer vengeance. A l'une des représentations du *Club des bonnes gens*, ils forcèrent l'orchestre à jouer *Ça ira* et à le recommencer cinq fois ; ils couvrirent de huées tous les couplets du *Cousin Jacques* et sommèrent le Directeur de promettre que la pièce ne serait plus jouée. — *Les Deux Nicodèmes ou les Français dans la planète de Jupiter*, comédie-folie en deux actes, représentée sur le théâtre de Monsieur le 21 novembre 1791, suscita également de violents orages ; elle ne put aller au-delà de la septième représentation, et l'officier municipal fut obligé de paraître dix ou douze fois sur la scène pour rétablir l'ordre. (*Moniteur* des 26 novembre et 2 décembre 1791.) — Au mois de mars précédent, *Les Capucins* ou *Faisons la paix*, comédie en prose et en deux actes, donnée au même théâtre, avaient soulevé une tempête telle que force avait

treize mois[1]. Juliet, qui remplissait le rôle de Nicodème, a beaucoup contribué, par le charme de sa voix et la perfection de son jeu, à ce succès sans précédent. Les rues de Paris ont retenti pendant longtemps de : *Colinette au bois s'en alla* et de la ronde : *L'autre jour la petite Isabelle*[2].

A côté de ces théâtres, on a ouvert, en 1790, trois *Cafés-Spectacles*, avec orchestre, chanteurs et chanteuses : le *Café des Arts*, boulevard du Mesnil-montant, entre le Café-Turc et la Galiote ; deux vastes salles, formant équerre, y reçoivent une société très mélangée ; — le *Café Goddet*, boulevard du Temple, auprès du Théâtre des Beaujolais, fréquenté, avant le 10 août,

---

été à l'auteur de descendre sur la scène et de faire baisser la toile au milieu du second acte. « Cette pièce, raconte le *Cousin Jacques* lui-même, au tome III de son *Dictionnaire néologique des hommes et des choses*, n'avait pour tout mérite que des tableaux neufs à la scène, beaucoup d'ensemble et des tirades de la plus grande force contre les partis extrêmes, ce qui les anima tous deux à tel point qu'il y eut des loges déclouées, dont les clous dorés furent jetés par poignées à la tête des gens du parterre, qui ripostèrent par l'envoi d'un sac de pommes de terre aux femmes des premières loges. Néanmoins, on vit une chose jusque-là, dit-on, sans exemple au théâtre : Vallière débita une tirade de deux pages et demie en prose, en faveur du Roi, qu'on voulut avoir *bis*, et qu'il fut obligé de répéter tout entière au milieu des applaudissements universels. » — Beffroy de Reigny est mort à Paris le 17 décembre 1811 ; il était né à Laon le 6 novembre 1757. MM. Abel Desjardins, doyen de la Faculté des lettres de Douai, et Ernest Desjardins, membre de l'Académie des inscriptions et belles-lettres, sont ses petits-fils. — Voir, sur Beffroy de Reigny, *les Originaux du siècle dernier* par Charles Monselet.

1. *Almanach...* de Froullé, *pour l'année* 1792, p. 178.
2. « Le 31 décembre 1796, écrit Barba, dans ses *Mémoires*, p. 63, on reprit au théâtre de la Cité *Nicodème dans la lune*. Cette pièce avait eu au théâtre qui faisait le coin de la rue de Lancry trois cent soixante-trois représentations jouées par Juliet, qui avait quitté l'état de traiteur pour prendre celui de comédien. » La pièce eut encore deux cents représentations au théâtre de la Cité.

par la meilleure société de Paris ; — le *Café Yon*, également boulevard du Temple, entre le Théâtre des Associés et le Café Goddet, qui attirait, chaque soir, une affluence prodigieuse de spectateurs de tout état. Au lieu d'un amphithéâtre pour l'orchestre, comme dans les autres cafés chantants, M. Yon a fait faire une espèce de petit théâtre, avec des coulisses et un fond de décoration assez agréable; on y joue des opéras-comiques tout entiers, et quelques-uns de ses acteurs ne sont pas dépourvus de talent. M. Déduit, auteur, acteur et chanteur du Café Yon, y a fait jouer près de cent fois une parodie de *Nicodème dans la Lune, Nicodème dans le Soleil*[1].

Les théâtres bourgeois dont j'ai parlé plus haut ont fermé leurs portes. Acteurs et spectateurs ont été dispersés par l'orage. Cependant je trouve encore, à la fin de 1790, cinq théâtres non payants : celui du sieur Doyen, rue Notre-Dame-de-Nazareth ; celui de la rue Saint-Antoine, chez Mareux ; celui de la rue du Renard-Saint-Merri ; celui de la rue des Martyrs, chez M. Dupré, et celui du Mont-Parnasse, sur le boulevard neuf[2].

En résumé, si je néglige les cafés-spectacles et les théâtres non-payants, je trouve qu'il a été créé de 1789 à 1791, quatre théâtre nouveaux : le *Théâtre de Mlle Montansier*, — le *Théâtre du Palais Royal*, — le *Théâtre de Monsieur* et le *Théâtre-Français comique et lyrique* de la rue de Bondy.

Voici donc quels étaient, à la veille du décret du 13 janvier 1791, les théâtres de Paris :

1. *Almanach... de Froullé, pour l'année* 1791.
2. *Almanach... de Froullé.* — *Petites Affiches,* 1790 et 1791, *passim.*

L'Opéra;
Le Théâtre-Français;
Le Théâtre-Italien, ou Opéra-Comique;
Le Théâtre de Monsieur;
Le Théâtre du Palais-Royal, rue Richelieu;
Le Théâtre de Mlle Montansier;
Le Théâtre des Beaujolais, boulevard du Temple;
Le Théâtre du sieur Nicolet;
L'Ambigu-Comique ou Théâtre du sieur Audinot;
Le Théâtre des Associés;
Le Théâtre du Délassement-Comique;
Le Théâtre-Français comique et lyrique.

J'ajouterai, pour être complet, que deux salles en bois avaient été construites, en face l'une de l'autre, sur la place Louis-XV, à l'entrée des Champs-Elysées. Elles avaient pour public les ouvriers qui travaillaient au pont Louis-XVI et quelques curieux de Chaillot [1].

1. *Almanach...* de Froullé, *pour l'année* 1791.

IX

LES THÉATRES DE PARIS DE 1791 A 1793

Mardi 9 juillet 1793.

C'est sur le rapport de Le Chapelier que fut rendu, le 13 janvier 1791, le décret de l'Assemblée nationale sur la liberté des théâtres.

Tout citoyen devenait libre d'élever un théâtre public et d'y faire représenter des pièces de tout genre, sous la seule condition de faire sa déclaration à la municipalité. Les ouvrages des auteurs morts depuis cinq ans et plus étaient déclarés propriété publique. Les entrepreneurs ou membres des différents théâtres étaient placés sous l'inspection des municipalités ; ils ne devaient recevoir d'ordres que des officiers municipaux, « qui ne pourront pas, ajoute le décret, arrêter, ni défendre la représentation d'une pièce, sauf la responsabilité des auteurs et des comédiens ».

A peine ce décret avait-il paru que spéculateurs, architectes, maçons et comédiens se mettaient à l'œuvre et que, de tous côtés, les théâtres sortaient de terre, comme autrefois les églises. Il y a eu un moment jusqu'à 78 soumissions de théâtres à la municipalité[1]. Elles n'aboutissaient pas toutes, mais un seul mois voyait quelquefois s'élever deux ou trois théâtres

---

1. *La Feuille du jour*, novembre 1791.

nouveaux. J'essaierai d'en donner la liste à peu près complète, avec la date de leur création.

Février. — Le *Théâtre de la Liberté*, à la foire Saint-Germain.

Le théâtre des *Variétés lyriques et comiques*, également à la foire Saint-Germain [1].

Mars. — Le *Théâtre de la rue Saint-Antoine*. Plusieurs acteurs et chanteurs des autres scènes de la capitale se réunissent pour donner des représentations à ce théâtre.

Le *Théâtre de la Concorde*, rue du Renard-Saint-Merri. C'est le théâtre de société dont j'ai fait plus haut mention qui se transforme en théâtre payant.

Le Vauxhall d'été se fait théâtre : on y représente des proverbes ; Dorvigny et Boyé y jouent des scènes d'imitation. Il est situé entre la rue des Marais et la rue de Bondy, au coin de l'entrée du faubourg du Temple [2].

Avril. — Une scission éclate parmi les acteurs de la Comédie-Française. Tandis que Molé, Desessarts, Fleury, Vanhove, Florence, Saint-Fal, Naudet, la Rochelle, Saint-Prix, Dupont, Larive, Dazinzourt, Champville, Mesdames Contat, Raucourt, Devienne, Mézeray, Joly, Thénard, demeurent fidèles à la scène du faubourg Saint-Germain, Dugazon, Grandménil, Talma, Mesdames Vestris, Desgarcins, Simon, Dubois, l'abandonnent pour le théâtre du Palais-Royal, qui prend à cette occasion le titre de *Théâtre-Français de la rue Richelieu.* C'est le 27 avril 1791 qu'a eu lieu l'inauguration de ce nouveau Théâtre-Français ; on donnait,

---

1. *Histoire de la société française pendant la Révolution*, par Edmond et Jules de Goncourt, p. 157.
2. Edmond et Jules de Goncourt, p. 158.

ce jour-là, la première représentation du *Henri VIII* de Marie-Joseph Chénier, avec Talma dans le rôle d'Henri VIII, Monvel dans celui de Cranmer, Mme Vestris et Mlle Desgarcins dans ceux d'Anne de Boulen et de Jane Seymour.

Les dissidents de la Comédie-Française, qui se piquent d'être *démocrates*, ont décidé que les femmes seraient admises au parquet, ce qui jusqu'alors n'avait jamais eu lieu dans les grands théâtres, ni à l'Opéra, ni chez Monsieur, ni aux Français ni aux Italiens. Cette particularité était précisément ce qui distinguait les grands spectacles des spectacles secondaires. Talma et ses camarades ont tenu à marquer, par l'adoption de cette mesure, qu'ils avaient rompu tout pacte avec l'aristocratie [1].

En ce même mois d'avril 1791, qui a vu quelques-uns des principaux acteurs de la Comédie-Française élever autel contre autel, le *Lycée dramatique* s'est ouvert au boulevard du Temple et joue, lui aussi, la tragédie. J'y ai vu représenter *Mahomet*. Il occupe l'ancienne salle des *Élèves de l'Opéra* et des *Comédiens de Beaujolais*.

En avril également a eu lieu l'inauguration d'un autre spectacle, qui attire plus de monde que le Lycée dramatique. Le 14 avril, le sieur Franconi, de Lyon, a ouvert, avec ses enfants, ses élèves et trente chevaux, ses exercices d'équitation dans l'amphithéâtre de M. Astley, rue et faubourg du Temple [2].

---

1. *Almanach...* de Froullé, *pour l'année* 1792.
2. *Moniteur*, 14 avril 1791. — MM. de Goncourt (*Histoire de la Société française pendant la Révolution*, p. 161), placent à tort au 1er novembre 1791 l'ouverture de Franconi.

Mai. — L'ancien théâtre de société de Doyen, rue Notre-Dame-de-Nazareth, devient théâtre payant, sous le nom de *Théâtre d'Émulation.* Le *Théâtre* bourgeois *du Mont-Parnasse* se transforme, lui aussi, en théâtre payant, mais sans changer son nom.

Juin. — Le *Théâtre lyrique du faubourg Saint-Germain ;* on y joue l'opéra-comique. C'est dans cette salle que la comédie italienne avait donné ses représentations, du 10 janvier 1790 au 1ᵉʳ janvier 1791.

Théâtre de Molière, rue Saint-Martin, avec une sortie sur la rue Quincampoix. La salle est vaste et agréable. Les premières loges sont ornées de glaces qui semblent doubler le nombre des spectateurs. En dépit du nom qui décore sa façade, on donne rarement à ce théâtre les comédies de Molière ; on les remplace par des pièces ultra-révolutionnaires, telles que la *Ligue des Fanatiques et des Tyrans*, par Ronsin, *Trois années de l'histoire de France*, le *Débarquement de la Sainte-Famille à Alger*, etc. Créé par le citoyen Boursault-Malherbe, qui en fut le premier directeur, ce théâtre, depuis le 2 septembre dernier, est administré par les acteurs eux-mêmes qui se sont réunis en société et ont placé à leur tête le citoyen Villeneuve, premier rôle.

Août. — *Théâtre de la rue de Louvois.* C'est le même spectacle que *les Beaujolais.* Le succès n'avait point suivi les *Comédiens de Beaujolais* du Palais-Royal au Boulevard. Ils avaient dû fermer si souvent dans le cours de l'année 1790 que c'était une manière de proverbe de dire : *Que donne-t-on ce soir aux Beaujolais ? On donne RELACHE*[1]. Désespérant de conjurer la mau-

---

1. *Almanach...* de Froullé, *pour l'année* 1791, p. 237.

vaise chance s'il ne changeait pas de salle, le directeur s'est décidé à en faire construire une, entre les rues Sainte-Anne et de Richelieu, sur l'emplacement de l'ancien Hôtel de Louvois. Ce nouveau théâtre a été ouvert, le 16 août 1791, sous le nom de *Théâtre de la rue de Louvois*. C'est la plus belle salle de Paris, à la fois vaste et commode, d'une forme simple et sans surcharge d'ornement. La décoration est riche sans être trop magnifique ; la dorure y est ménagée avec goût et le fond bleu la fait ressortir plus avantageusement. De tous les points de la salle on voit la scène. Le parquet n'est point entouré de baignoires incommodes. La salle est très favorable au chant ; on entend très distinctement tout ce qui est bien prononcé. L'architecte Brongniart mérite les plus grands éloges[1].

Théâtre du Marais, rue Culture-Sainte-Catherine, quartier Saint-Antoine. Cette salle dont l'ouverture a eu lieu le 31 août 1791, peut contenir quinze à seize cents personnes. Beaumarchais est intéressé dans l'entreprise ; aussi y joue-t-on souvent ses pièces, non seulement le *Mariage de Figaro* et le *Barbier de Séville*, mais encore *Eugénie* et les *Deux amis*. Toutes les fois que l'on donne ces deux dernières pièces, la salle est à moitié vide ; mais on assure que l'auteur dédommage le théâtre de l'insuffisance de ses recettes. C'est sur le théâtre du Marais qu'a eu lieu, le 6 juin 1792, la première représentation de *la Mère coupable*.

Octobre. — *Théâtre du Cirque-National* au Palais-Royal. Le fameux abbé Fauchet avait établi dans cette salle, qui occupe un tiers du cirque situé au milieu du jar-

---

1. *Almanach*... de Froullé *pour l'année* 1792.

din, son club, le *Cercle social*, et son journal, la *Bouche de fer*, M. Rose, le directeur du cirque, a remplacé l'abbé Fauchet et ses collaborateurs par des chanteurs et des comédiens : certains ont trouvé que la salle ne changeait pas de destination. L'ouverture du *Théâtre du Cirque National* a eu lieu le 22 octobre 1791.

Novembre. — *Théâtre de la Folie du jour*, à l'ancienne salle du sieur Nicolet, à la foire Saint-Germain.

Théâtre des Variétés du Faubourg Saint-Germain. Ouvertes au mois de février 1791, les *Variétés comiques et lyriques* avaient fermé dès le mois de juin suivant. Un nouveau spectacle, avec une direction et des acteurs différents, a pris possession de cette salle sous le nom de *Variétés* du faubourg Saint-Germain.

Décembre. — Il y avait déjà, dans le quartier Saint-Antoine, deux théâtres, celui *de la rue Saint-Antoine, dit Mareux*, et celui du *Marais*. En voici un troisième, le *théâtre de la rue Aumaire* [1].

Est-ce tout ? Non. M. Panier, l'un des anciens administrateurs du *Délassement comique*, établit, à l'Estrapade, près Sainte-Geneviève, le *Théâtre des Muses*.

Deux théâtres d'enfants s'ouvrent sur le boulevard :

Le *Théâtre des Petits Comédiens Français*, attenant au Délassement comique ;

Le *Théâtre des Petits Élèves de Thalie* près du *Lycée dramatique*.

La seule année 1791 a donc vu naître vingt et un spectacles nouveaux. « Bientôt, dit le Cousin Jacques dans un numéro de ses *Nouvelles Lunes*, bientôt on va compter dans Paris un spectacle par rue, un acteur

---

1. *Almanach* de Froullé, *pour l'année* 1792, p. 352.

par maison, un musicien par cave et un auteur par grenier. » Cette rage de spectacles a inspiré à un autre de nos écrivains cette spirituelle boutade :

> Il ne fallait au fier Romain
> Que des spectacles et du pain ;
> Mais au Français plus que Romain
> Le spectacle suffit sans pain [1].

Paris comptait, à la fin de 1791, trente-cinq théâtres — vingt-cinq de plus qu'en 1789, et il y avait dans la capitale soixante-cinq mille familles de moins [2] ! Aussi plus d'un de ces théâtres n'a-t-il eu qu'une existence éphémère. Le théâtre de *la Liberté* a fait banqueroute ; le théâtre de *la Concorde* a fait faillite deux fois ; le théâtre des *Variétés comiques et lyriques* a duré quatre ou cinq mois seulement ; le théâtre d'*Émulation* n'a vécu que deux mois. Le théâtre *des Muses* est fermé ; fermé aussi le théâtre *du Mont-Parnasse*. Au théâtre *des petits Comédiens français*, on ne joue plus tous les jours ; au théâtre des *Variétés du faubourg Saint-Germain*, et au *Lycée dramatique*, on ne joue guère que les dimanches et fêtes.

Malgré la chute ou l'insuccès de tant de théâtres, de nouvelles salles se sont encore ouvertes en 1792.

Le 12 janvier, on a inauguré le *Théâtre du Vaudeville*, dans la rue de Chartres, au coin de la Place du Château-d'Eau, en face du Palais-Royal [3]. Dans un petit opéra-comique de Desfontaines, *les Mille et un*

---

1. *Almanach* de Froullé, p. 277.
2. *Ibidem*, p. 351.
3. *Les Spectacles de Paris pour l'année* 1793, p. 295. Veuve Duchesne.

Théâtres ou la Liberté des Théâtres, joué au Vaudeville le 14 février 1792, on a beaucoup applaudi ce couplet :

> Oui, tout d'abord
> Sur votre sort je tranche :
> Ouverts vendredi,
> Tombés samedi,
> Vous serez fermés dimanche [1] !

Le Vaudeville est toujours ouvert, mais Barré, son directeur, et Desfontaines, l'auteur des *Mille et un Théâtres*, sont sous les verrous et savent maintenant à quoi s'en tenir sur *la liberté des Théâtres* [2].

L'ancien théâtre des *Variétés amusantes* avait changé son titre modeste contre un titre plus pompeux, celui de *Théâtre du Palais-Royal;* il avait congédié ses acteurs et les avait remplacés par des dissidents de la Comédie-Française. Un de nos plus célèbres architectes M. Le Noir, a eu l'idée d'offrir un asile aux comédiens, aux auteurs et aux pièces qui ont fait la fortune des anciennes *Variétés*. Il a construit une salle dans la Cité, en face du Palais, sur l'emplacement de l'ancienne église de Saint-Barthélemy. Commencée en 1791, la salle nouvelle devait porter le nom de *Théâtre d'Henri IV*. L'*Almanach des spectacles pour l'année 1792* disait à cette occasion :

> Ce spectacle, que l'on bâtit avec beaucoup d'activité, porte un nom si cher à tous les Français qu'il excitera d'abord

---

1. *Les Spectacles de Paris pour l'année 1793*, p. 306. — *Les Petites Affiches*, février 1793.
2. Voy., dans *Paris en 1793*, par Edmond Biré, les chapitres v et vii.

leur enthousiasme par son titre seul. Il n'est pas loin en effet de la statue d'Henri IV ; les deux moitiés de Paris, séparées par la Seine, l'auront à la même distance, et la Cité, est, je crois, un des sites les plus heureux pour un spectacle. Le *Théâtre d'Henri IV* devait ouvrir en janvier (1792) : mais il n'ouvrira qu'à Pâques, les acteurs qui le composent étant engagés ailleurs ne seront libres qu'à cette époque [1].

L'*Almanach des spectacles* se trompait, ce qui arrive parfois aux almanachs eux-mêmes. L'ouverture du théâtre de M. Le Noir n'a eu lieu que le 20 octobre 1792, deux mois et demi après le *dix août*. Il ne fallait plus songer au nom de *Henri IV :* le nouveau spectacle a pris le titre de *Théâtre du Palais-Variétés*.

Le titre de Théâtre des *Variétés amusantes*, abandonné par les acteurs du Théâtre du *Palais-Variétés*, a été relevé par le sieur Lazari, qui s'est installé sur le boulevard du Temple dans l'ancienne salle des *Élèves de l'Opéra*, des *Comédiens de Beaujolais* et du *Lycée dramatique* [2].

La citoyenne Montansier n'a pas voulu qu'il fût dit que l'année 1793 n'aurait pas, elle aussi, son nouveau théâtre. Non contente de celui qu'elle possède au Palais-Égalité, elle en fait construire un autre au coin de la rue de Louvois et de la rue Richelieu, presque en face du *Théâtre de Louvois;* cette nouvelle salle,

---

1. *Almanach...* de Froullé, *pour l'année* 1792, p. 280.
2. Le théâtre des *Variétés amusantes*, plus connu sous le nom de son directeur Lazari, fut incendié le 11 prairial an VI (30 mai 1798). Remplacé par un café chantant, ce théâtre ressuscita un peu plus tard sous le nom de Petit-Lazari, et fut, après 1830, la scène préférée des gamins de Paris. Il ne disparut qu'en 1863, par suite d'expropriation.

qui prendra le titre de *Théâtre National*, sera prête, dit-on, dans quelques jours [1].

Les Notes qui précèdent ne laissent pas, ce me semble, d'être instructives. Ce qui ne l'est pas moins, c'est la transformation qu'ont subie, à diverses reprises, les noms de plusieurs théâtres.

Le lendemain de la fuite à Varennes, alors que le mot *Royal* était partout remplacé par le mot *National*, le titre d'*Académie royale de Musique* disparut des affiches de notre première scène lyrique. *Opéra*, telle fut la dénomination nouvelle inscrite sur l'affiche du mardi 21 juin 1791. Louis XVI ayant accepté la Constitution le 14 septembre suivant, la Municipalité rétablit le titre d'*Académie royale de Musique* le 16 septembre. Quatorze jours après, le 1er octobre, on y substituait le titre d'*Opéra National*. Le titre d'*Académie de Musique* a fini cependant par reparaître et par prévaloir, mais bien entendu sans l'adjonction du mot *royale*.

Au mois de juillet 1789, le *Théâtre-Français* avait pris le titre de *Théâtre de la Nation*, [2] et au dessous ces mots : *Comédiens ordinaires du Roi*, lesquels d'ailleurs ont été retranchés dès le 22 juin 1791 [3].

---

1. L'ouverture du *Théâtre National, dit Montansier,* rue de Richelieu, en face de la Bibliothèque nationale, a eu lieu le 15 août 1793, avec *la Baguette magique*, prologue, *Adèle et Paulin* et la *Constitution à Constantinople*, pièce patriotique ornée de tout son spectacle et d'un divertissement. — Cette salle, où l'Opéra s'était transporté, et qui fut le théâtre de la mort du duc de Berry, le 13 février 1820, fut démolie après cet attentat.

2. *L'Académie impériale de Musique*, par Castil-Blaze, t. I, p. 518, 520.

3. On lit, à cette occasion, dans *les Contemporains* de 1789 et 1790, par l'auteur de la Galerie des États-Généraux, Paris, 1790,

Le Théâtre-Italien, rue Favart, s'appelle, depuis un an, l'*Opéra-Comique National*.

Le *Théâtre de Monsieur*, rue Feydeau, s'est appelé successivement : *Théâtre Français et Italien* (du 24 juin au 27 juin 1791) ; — *Théâtre-Français et Opéra-Buffa* (du 28 au 30 juin) ; — *Opéra-Buffa et Théâtre-Français* (du 1er au 3 juillet), et enfin, depuis le 4 juillet 1791, *Théâtre de la rue Feydeau*.

Le contre-coup du voyage de Varennes s'est également fait sentir au Théâtre des Grands Danseurs du Roi. Il s'appelle, le 25 juin 1791, *Théâtre de la Gaîté, ci-devant des Grands Danseurs* ; — le 29, Théâtre des Grands Danseurs et de la Gaîté ; — le 5 juillet, Théâtre de la Gaîté et des Grands Danseurs, titre qu'il conserve jusqu'au 17 septembre 1791. A cette date l'affiche des Grands Danseurs imite celle de l'Opéra. De même que le titre d'*Académie ROYALE de Musique* avait été rétabli à la suite de l'acceptation de la Constitution par le Roi, de même le Théâtre de la Gaîté et des Grands Danseurs redevient le *Théâtre des Grands Danseurs du Roi*. Aujourd'hui c'est le *Théâtre de la Gaîté* tout court.

Le sieur Sallé trouve, lui aussi, à la fin de 1791, que le nom de son théâtre — *Théâtre des Associés* — n'est plus à la hauteur des circonstances, et il le baptise : *Théâtre Patriotique du sieur Sallé*[1].

En cette même année 1791, le Théâtre de la Concorde éprouve le besoin de s'appeler *Théâtre de Jean-Jacques*

---

tome III, p. 272 : « *Théâtre français*, maintenant *Théâtre de la Nation*. On semble rougir du nom de Français, on l'emploie le moins que l'on peut. Bizarre et singulière manie ! »

1. *Les Spectacles de Paris pour* 1792.

Rousseau : il a du reste fait faillite sous l'un et l'autre nom.

En 1792, le Théâtre-Français de la rue Richelieu change deux fois de nom en moins de deux mois. Le 19 août 1792, il prend le titre de *Théâtre de la liberté et de l'égalité*, et, le 30 septembre suivant, de *Théâtre de la République*.

Au mois d'octobre, le théâtre de mademoiselle Montansier devient le *Théâtre de la citoyenne Montansier*[1], et le théâtre de Molière devient le *Théâtre National de Molière*. — Par contre le théâtre du *Cirque National* au Palais-Égalité est devenu le *Théâtre du Lycée des Arts*.

En écrivant ces pages je me suis laissé aller, presque sans m'en apercevoir, à un vieux et irrésistible penchant. Passionné pour le théâtre, je ne puis me défendre, même au milieu des événements terribles que nous traversons, de céder à l'attrait qui, dans les années paisibles, me poussait, chaque soir, au Théâtre-Français ou au Théâtre-Italien : en dépit de nos malheurs et de nos angoisses, je suis toujours cet amateur incorrigible que charme la voix de Mme Dugazon, la grâce de Mlle Contat, le talent de Fleury et le jeu de Baptiste aîné[2].

On se demande souvent à qui la Révolution a profité. Eh ! mon Dieu, elle a profité aux mélomanes. Ils n'a-

---

[1]. Parmi les acteurs qui composaient, au commencement de 1793, la troupe du théâtre de la Montansier, nous citerons Grammont, fougueux terroriste, guillotiné le 24 germinal an II (13 avril 1794). — Damas, qui tint depuis au Théâtre-Français une place honorable, — Volange, — Mlles Sainval aînée et Sainval cadette, — Mlle Mars aînée et Mlle Mars cadette. (*Les Spectacles de Paris pour l'année* 1793.)

[2]. En 1793, Mme Dugazon jouait à l'Opéra-Comique national, ci-devant Italien ; Fleury et Mlle Contat au Théâtre de la Nation ; Baptiste aîné au Théâtre de la République.

vaient autrefois que trois théâtres, l'Académie royale de Musique, le Théâtre-Italien de la rue Favart et l'Opéra-Buffa. Depuis que le décret du 15 janvier 1791 a permis à tous les théâtres d'aborder tous les genres, il en est jusqu'à treize où l'on représente des comédies et des drames lyriques : en voici la liste : L'Opéra-National, — l'Opéra-Comique national, ci-devant Italien, — le théâtre de la rue Feydeau, — le théâtre de Louvois, — le théâtre de la citoyenne Montansier, au palais de l'Égalité, — le théâtre national de Molière, — le théâtre du Palais-Variétés, — le théâtre de l'Ambigu-Comique — le théâtre du Lycée des Arts, jardin d'Égalité, — le théâtre Patriotique, — le théâtre français lyrique et comique, — le théâtre de la Gaîté, — le théâtre des Délassements-Comiques. Nous avons donc, sans compter l'Académie de musique, au moins douze *théâtres chantants*. On n'avait jamais tant chanté en France depuis la Fronde.

Sur toutes ces scènes, l'*Opéra-National* excepté, on joue l'opéra comique. On le joue au Boulevard et au Marais, au faubourg Saint-Antoine et au faubourg Saint-Germain. Seulement, chaque théâtre exploitant à la fois plusieurs genres, il faut trop souvent subir, pour entendre un opéra de Grétry ou de Dalayrac, une tragédie inepte, une comédie idiote, ou, ce qui est pire, une *pièce patriotique*. Le Théâtre de la rue Feydeau a eu le bon esprit de comprendre qu'à disperser ainsi ses forces sur deux ou trois genres un spectacle avait plus à perdre qu'à gagner, et que l'adoption d'un genre unique ferait beaucoup mieux son affaire et celle du public. A l'origine, on représentait à ce théâtre des opéras italiens, des opéras français et des comédies. L'année dernière, à la clôture de Pâques, le Directeur a supprimé la comédie.[1] Restaient l'opéra italien et l'opéra français. L'opéra italien n'a pas survécu au 10 août. Les chanteurs italiens sont comme les oiseaux. L'orage les fait taire. Effrayés par nos tempêtes, ils se sont envolés vers un ciel moins chargé de nuages et d'éclairs. L'opéra comique est maintenant le seul genre qui soit joué dans la salle Feydeau[2]; aussi ses représentations sont-elles très suivies. J'y vais souvent, je l'avoue : on n'est pas bourgeois de Paris pour rien. Où trouver d'ailleurs un ensemble plus parfait et des chanteurs plus accomplis que Martin, Gaveaux, Juliet et madame Scio ?

1. *Spectacles de Paris pour* 1793, p. 165.
2. *Ibid.*

X

BILAN DE QUINZAINE

Samedi 13 juillet 1793.

Samedi 29 juin. — Le directoire du département, sur la proposition du citoyen Momoro, l'un de ses membres, arrête que dans le courant du mois de juillet, pour tout délai, les propriétaires ou principaux locataires seront invités, au nom du patriotisme, au nom de la liberté, à faire peindre sur la façade de leurs maisons en gros caractères ces mots :

*UNITÉ, INDIVISIBILITÉ DE LA RÉPUBLIQUE,
LIBERTÉ, ÉGALITÉ,
FRATERNITÉ OU LA MORT.*

Arrête, en outre, qu'il sera placé au-dessus de tous les édifices publics une flamme aux trois couleurs surmontée du bonnet de la Liberté, et que tous les propriétaires sont pareillement invités à en faire placer de semblables au-dessus de leurs maisons dans le courant du mois prochain [1]...

Tandis que le directoire du département s'amuse ainsi aux bagatelles de la porte, la Convention, sur la

---

1. *Journal de Paris national*, n° 182 ; 1ᵉʳ juillet 1793. — Commune de Paris, du 29 juin.

proposition de Legendre, décrète la *peine de mort* contre tout individu qui fera circuler dans les départements une Constitution autre que celle qu'elle a adoptée [1].

Dimanche 30 juin. — Une députation de la *Société des jeunes élèves de Brutus*, qui se réunit rue des Deux-Écus, admise devant le Conseil général de la Commune, lui donne lecture de cette adresse :

« Citoyens magistrats, l'amour de la patrie embrase nos âmes ; nés, pour ainsi dire, avec la Révolution, nous avons juré de la maintenir, et nous ambitionnons la gloire de mourir en la défendant... Les sociétés populaires, tant calomniées, qui ont sauvé la République, présentent des moyens d'utilité... Remplis du désir de nous instruire, nous avons pensé à ce moyen qui peut être efficace... *Société des jeunes élèves de Brutus*, tel est le titre que nous avons choisi. Si une circonstance semblable à celle qui immortalisa ce grand homme se rencontrait, nous l'avons juré, il trouverait en chacun de nous un imitateur... Nous venons vous déclarer que nous nous assemblons rue des Deux-Écus, maison du citoyen Julliot, chef de légion. » Les *Jeunes élèves de Brutus* ont reçu du président l'accolade fraternelle [2].

Lundi 1er juillet. — Hérault-Séchelles, le principal auteur de la Constitution du 24 juin, n'entend pas que l'on touche à son œuvre. Il veut que quiconque portera sur l'arche sainte une main sacrilège soit puni du dernier supplice. Sur sa proposition, la Convention rend le décret suivant :

---

1. *Moniteur* du 1er juillet 1793. — Séance du 29 juin.
2. *Journal de Paris national,* 12 juillet 1793.

Toute personne qui fera imprimer, vendre ou distribuer un ou plusieurs exemplaires altérés ou falsifiés de la Déclaration des droits de l'Homme et du Citoyen et de l'Acte constitutionnel, dont la rédaction a été décrétée le 24 juin 1793 et présentée ensuite par la Convention nationale à l'acceptation du peuple français, sera *punie de mort* [1].

Le Comité du salut public arrête que le jeune Louis, fils de Capet, sera séparé de sa mère, et placé dans un appartement à part, le mieux défendu de tout le local du Temple [2].

Mardi 2 juillet. — Dans la soirée du 2, les commissaires de la Commune se sont répandus dans les sections pour y faire sanctionner la Constitution. Elle a été acceptée partout sans la moindre opposition.

Mercredi 3 juillet. — Le 3, les commissaires de service à la tour du Temple, les citoyens Eudes, Gagnant, Arnaud, Véron, Cellier et Devèze, sont entrés dans la chambre de la reine et lui ont notifié l'arrêté du Comité de salut public. Il était neuf heures et demie du soir [3]. Le jeune prince dormait, pendant que sa mère et sa tante réparaient les vêtements de la famille, et que sa sœur lisait un livre de prières. Il paraît que la reine a refusé de livrer son fils et a défendu contre les municipaux le lit où elle l'avait placé. Ils l'ont menacée d'employer la force, de faire monter la garde. « Tuez-moi donc d'abord ! » dit la

---

1. *Moniteur* du 2 juillet 1793.
2. Cet arrêté est signé Cambon fils aîné, — L. B. Guyton, — Jean-Bon Saint-André, — G. Couthon, — B. Barère, — Danton (Archives nationales, Armoire de fer, carton 13).
3. Procès-verbal extrait des registres du conseil du Temple. Voy. *Louis XVII*, par A. de Beauchesne, II, 63.

reine. Cette scène a duré une heure. A la fin, les municipaux ont menacé la reine de tuer son fils. Sa résistance est alors tombée. Madame Élisabeth et Madame Royale ont levé le malheureux enfant et l'ont habillé ; il ne restait plus à la reine assez de force pour les aider. Elle l'a pris et l'a remis entre les mains des municipaux qui l'ont emmené [1].

Jeudi 4 juillet. — Je trouve dans la *Chronique de Paris* le texte de l'arrêté pris par la Commune dans sa séance du 4 et renfermant les dispositions relatives à la *fête du 14 juillet* :

Le conseil général arrête qu'il se rendra, dimanche 14, à la Convention nationale, pour lui remettre le vœu du peuple de Paris sur la Constitution, et que les quarante-huit sections seront invitées d'y envoyer des commissaires pour assister à la remise des procès-verbaux qui constatent ce vœu. Le conseil désirant remplir cette auguste fonction avec toute la pompe qu'elle mérite ; mais considérant en même temps que les législateurs ont confié la Constitution aux vertus des citoyens, et que la vertu doit commander aux hommes par conviction, et non par la force des armes, a cru devoir éloigner du cortège tout appareil militaire et n'employer la force armée que pour ouvrir et fermer la marche de ce cortège, qui sera composé ainsi qu'il suit :

Un détachement de cavalerie. — Tambours. — Un détachement d'infanterie. — La statue de la Liberté, posée sur un brancard drapé aux couleurs nationales et porté par des hommes robustes, vêtus à la grecque. — Chaque section figurera dans la marche selon l'ordre numérique établi par le règlement municipal ; elle sera représentée par des députés

---

1. *Récit des événements arrivés au Temple,* par Madame Royale, p. 220 et 221 du *Journal de Cléry.*

nommés par l'assemblée générale. En avant du groupe que formera chaque section, sera portée une enseigne marquée du nom et du numéro de la section. A la suite de la vingt-quatrième section, sera porté un gros faisceau de piques réunies à leur sommet par un cercle fond azur, liseré de filets rouges et blancs, bordé de feuilles de chêne, sur lequel sera écrit : *Ville de Paris*, et d'où partiront quarante-huit rubans tricolores portant chacun le nom d'une section : les vingt-quatre autres suivront dans le même ordre que les premières. — Un groupe de femmes prises dans toutes les sections ; elles seront vêtues de blanc et porteront une ceinture aux couleurs nationales ; ce groupe sera précédé d'une bannière avec cette inscription : *Citoyennes, donnez des enfants à la patrie, leur bonheur est assuré.* — L'acte constitutionnel sera porté par une Minerve, symbole de toutes les vertus qui ont présidé à sa rédaction et à son acceptation ; cette statue sera placée sur un brancard drapé aux couleurs nationales et porté par des hommes vêtus suivant le nouveau costume français ; ce brancard sera entouré de vieillards tenant des enfants par la main.

On y distinguera la fille de Lazowski, enfant de la Commune, et le jeune Gilbert, enfant de la République. En avant de ces groupes sera une bannière sur laquelle on lira : *Heureux enfants, jouissez de ses bienfaits ; nous soupirâmes longtemps après elle.*

Grand corps de musique. — Groupe de peuple manifestant son allégresse par des danses. — Le conseil général. — Au milieu des membres du conseil seront portés, sur un brancard drapé aux couleurs nationales, les procès-verbaux des quarante-huit sections qui constatent leur vœu sur la Constitution ; ce brancard sera porté par des citoyens vêtus suivant le costume proposé par David ; il sera précédé par une bannière portant pour inscription : *Procès-verbaux des quarante-huit sections*. La marche sera fermée par un détachement de cavalerie. — Le cortège se rendra à neuf heures du matin à la maison commune ; il partira à dix heures de la place de Grève, suivra les quais, les rues du Roule, St-Nicaise, St-Honoré et la place de la Fraternité [1].

Vendredi 5 juillet. — Le 3, a commencé, devant la Convention, le défilé des sections de Paris qui ont accepté l'Acte constitutionnel. La section de Bondy a ouvert la marche ; sont venues ensuite la section de l'Arsenal, que précédaient des aveugles-nés accompagnant du chant de divers instruments le *Chant des Marseillais*, et la section de la Réunion [2].

Ces processions civiques ont continué le 4. Dix-neuf sections ont été admises ce jour-là dans l'intérieur de la salle : la section du Luxembourg, celle de la Place des Fédérés, qui est autorisée, séance tenante, à changer son nom en celui de l'Indivisibilité; celles des Gravilliers, du Muséum, de la Fraternité, de l'Unité, du Panthéon-Français, de la République, de Beaurepaire, de l'Homme-Armé, du faubourg Montmartre, des Lombards ; les trois sections du faubourg Saint-Antoine; celles de l'Observatoire, de la Halle-au-Blé, des Arcis et de Bonne-Nouvelle.

Le 5, admission de toutes les sections qui n'avaient pu être reçues la veille. J'assistais à la séance. Malgré son caractère théâtral et l'indignité de la plupart des acteurs, la scène n'a pas manqué d'une certaine grandeur. La musique et les tambours annonçaient l'entrée de chaque section ; le président de la députation donnait lecture du procès-verbal d'acceptation de l'acte constitutionnel; les citoyens juraient de le maintenir

---

1. *Chronique de Paris*, n° 187.
2. *Moniteur* du 5 juillet 1793. Séance du 3.

au prix de leur sang. Des groupes d'enfants et de jeunes filles, portant des corbeilles pleines de roses effeuillées, en jonchaient le parquet, après les avoir versées sur les législateurs. D'autres jeunes filles, coiffées du bonnet rouge remettaient au président de la Convention — c'était Thuriot — des bouquets et des couronnes de chêne, couvraient son bureau de rubans tricolores et de fleurs ; d'autres enfin lui adressaient des compliments patriotiques ; toutes ces citoyennes recevaient du président le baiser fraternel. Des groupes d'hommes portaient le livre de la loi, le buste de Lepeletier, et faisaient le serment de vivre libres ou de mourir. Ces scènes civiques étaient accompagnées des cris de *Vive la République ! Vive la Constitution !* et se terminaient par le *Çà ira*, l'*Hymne des Marseillais* et l'air : *Où peut-on être mieux qu'au sein de sa famille ?*

La section de quatre-vingt-douze (ci-devant des Filles-Saint-Thomas) a fait exécuter plusieurs strophes de l'*hymne des Marseillais* par trois de ses membres, les citoyens Chénard et Narbonne de l'Académie nationale de musique, et Vallière, du théâtre de la rue Feydeau. Le goût et la chaleur qu'ils ont mis dans leur chant ont soulevé, dans les tribunes et sur les bancs des législateurs, un enthousiasme indescriptible. A ce vers : *Amour sacré de la patrie*, tous les députés se sont levés, et, tête nue, ont écouté debout le reste du couplet. Le citoyen Chénard a chanté ensuite le couplet suivant en l'honneur des membres de la Montagne :

> Citoyens chers à la patrie,
> Nous venons vous offrir nos cœurs ;
> Montagne, Montagne chérie,
> Du peuple les vrais défenseurs ;

Par vos travaux la République
Reçoit la Constitution ;
Notre libre acceptation
Vous sert de couronne civique :
Victoire aux citoyens ! gloire aux législateurs !
Chantons, chantons ;
Leurs noms chéris sont les noms des vainqueurs.

A son tour le citoyen Vallière a chanté ces couplets :

Lorsqu'au gré de son caprice
Un tyran menait l'État,
Pour soutenir l'injustice
Il nous forçait au combat.
Quand notre sang aux batailles
Avait coulé pour les rois,
Seuls ils cueillaient à Versailles
Tout le fruit de nos exploits.

Après un long esclavage,
L'homme a reconnu ses droits,
Et maître de son courage,
S'il se bat, c'est pour les lois.
S'il survit à la victoire,
Le laurier a ceint son front.
S'il meurt au champ de la gloire,
Il survit au Panthéon.

Sots enfants de l'Italie,
Qu'un prêtre tient en ses mains,
L'ombre de Brutus vous crie
De redevenir Romains,
Allez, arrachant l'étole
De votre sacré tyran,
Rebâtir le Capitole
Des débris du Vatican.

> Sortez d'une nuit profonde,
> Peuples esclaves des rois,
> La France aux deux bouts du monde
> Vient de proclamer vos droits ;
>
> Brisez vos vieilles idoles
> Et leur culte détesté,
> En plantant sur les deux pôles
> L'arbre de la liberté [1].

Samedi 6 juillet. — Aux termes d'un arrêté du Comité de Salut public pris le 1ᵉʳ de ce mois, le jeune Capet, une fois séparé de sa mère, devait être remis aux mains d'un instituteur, au choix du Conseil général de la Commune. Le Conseil général a choisi le citoyen Simon, et, dans sa séance du 6, a fixé le chiffre de ses appointements à 500 livres par mois. Un traitement annuel de 3,000 livres est alloué à la femme Simon [2].

Le citoyen Simon est un savetier, qui demeure rue des Cordeliers, à deux pas de la maison de Marat; c'est évidemment sur la désignation de ce dernier qu'il a été choisi pour être l'*Instituteur* — c'est-à-dire le geôlier — du fils de Louis XVI.

Dimanche 7 juillet. — Le bruit s'est répandu dans Paris que le *fils de Capet* avait été enlevé de la tour et porté en triomphe à Saint-Cloud. L'agitation était très vive. Le Comité de Sûreté générale a envoyé au Temple quatre de ses membres, Chabot, Dumont, Maure et Drouet, pour constater la présence des détenus. Le choix de Drouet, de l'homme à qui est due l'arrestation

---

1. *Journal de Paris national*, 6 juillet 1793. — *Moniteur* du 7 juillet.
2. Commune de Paris. Séance du 6 juillet 1793.

de Varennes était particulièrement heureuse : c'est lui qui a eu l'honneur de rassurer la Convention. « Nous nous sommes transportés au Temple, a-t-il dit à la tribune, et dans le premier appartement nous avons trouvé *le fils de Capet jouant tranquillement aux dames avec son Mentor.* Nous sommes montés à l'appartement des femmes, et nous avons trouvé Marie-Antoinette, sa fille et sa sœur, jouissant d'une parfaite santé [1]. » Plus heureux que le petit-fils de Louis XIV, qui n'avait eu pour précepteur que Fénelon, le fils de Louis XVI a pour précepteur *Mentor* lui-même, sous la figure du savetier Simon !

Lundi 8 *juillet.* — Barère propose de transformer le palais de Versailles en école centrale et en gymnase public. « Il sera beau, dit-il, de voir dans le palais des tyrans des citoyens élevés dans la haine de la tyrannie. Les salons de Lebrun deviendront l'école de dessin, le manège celle de l'équitation, le canal celle de la natation ; tout dans ce monument peut servir à l'école nationale. Le Comité de Salut public vous propose en outre de décréter la vente du mobilier des maisons ci-devant royales. » La Convention décrète que le palais de Versailles sera transformé en gymnase et en lycée [2].

Dans la même séance, Saint-Just donne lecture, au nom du Comité de Salut public, de son rapport sur les trente-deux membres mis en état d'arrestation par le décret du 2 juin. Voici les conclusions de ce rapport :

La Convention nationale déclare traîtres à la patrie Buzot, Barbaroux, Gorsas, Lanjuinais, Salle, Louvet, Bergoeing,

1. *Moniteur* du 9 juillet 1793. Séance du 7 juillet.
2. *Moniteur* du 10 juillet 1793. Séance du 8 juillet.

Birotteau, Petion, qui se sont soustraits au décret rendu contre eux le 2 de juin dernier et se sont mis en état de rébellion dans les départements de l'Eure, du Calvados et de Rhône-et-Loire, dans le dessein d'empêcher l'établissement de la République et de rétablir la royauté.

Il y a lieu à l'accusation contre Gensonné, Guadet, Vergniaud, Mollevaut, Gardien, prévenus de complicité avec ceux qui ont pris la fuite et se sont mis en état de rébellion.

La Convention nationale rappelle dans son sein Bertrand, membre de la commission des Douze, qui s'opposa courageusement à ses violences ; elle rappelle dans son sein les autres détenus, plutôt trompés que coupables [1].

Sur la motion de Legendre, la Convention vote l'impression du rapport et des pièces. Sur celle de Fonfrède, elle décide que la discussion sur le rapport s'ouvrira trois jours après la distribution des pièces [2].

Chabot, au nom du Comité de sûreté générale, dénonce un écrit de Condorcet intitulé : *Aux citoyens français, sur la nouvelle Constitution*. Un autre membre accuse Devérité, député de la Somme, d'avoir répandu cet écrit dans son département. L'assemblée décrète que Condorcet et Devérité seront mis en état d'arrestation [3].

---

1. Le rapport de Saint-Just a été reproduit in-extenso par le *Moniteur*, dans ses numéros des 18 et 19 juillet 1793.
2. *Moniteur* du 10 juillet 1793. Séance du 8 juillet.
3. *Ibid.* — Devérité n'avait pas voté la mort du roi. Décrété d'arrestation le 8 juillet 1793, mis hors la loi le 3 octobre, il réussit à se soustraire aux poursuites dirigées contre lui. Devenu membre du Conseil des Anciens il en sortit en mai 1797. Sous le Consulat il fut nommé juge au tribunal civil d'Abbeville. — Condorcet, arrêté dans une auberge de Clamart, le 27 mars 1794 (7 germinal an II), et enfermé dans la prison de Bourg-la-Reine, devenu Bourg-Égalité, fut trouvé mort le lendemain matin. Il avait pris du stramonium combiné avec de

Mardi 9 juillet. — Garat, ministre de l'intérieur, annonce que le nombre des départements, districts et municipalités qui reçoivent avec transport l'Acte constitutionnel et qui l'acceptent, est déjà assez considérable pour que l'on puisse tenir comme certaine l'acceptation de la majorité, de la très grande majorité. L'enthousiasme est universel. « A Lille, dit-il, à peine l'Acte constitutionel fût-il arrivé que les commis de l'administration l'ont pris au milieu d'eux comme si c'eût été, non un projet, mais le pacte social destiné à faire le bonheur du peuple français; ils ont dansé autour du paquet, et l'ont porté, au milieu d'une musique militaire, au lieu des séances du département. Les citoyens en foule ont couru embrasser et le courrier qui l'avait apporté, et *le cheval lui-même*[1]. »

Garat, en terminant son rapport, a demandé que l'Assemblée, tenant compte de ces dispositions « qui se prononcent si promptement de toutes parts, » prolongeât le délai de trois jours accordé aux administrateurs rebelles pour rentrer dans leur devoir. Cet appel à l'indulgence a indigné Robespierre, qui s'est précipité à la tribune et s'est écrié :

Loin de nous des idées de faiblesse au moment où la Liberté triomphe et où la République commence à s'asseoir!...

---

l'opium, poison qu'il avait toujours sur lui, et qu'il devait à la prévoyante sollicitude de son ami Cabanis. (*Déclaration du Comité de surveillance de la commune de Clamart*, 1794, 27 mars. — *Procès-verbal de l'arrestation de Condorcet*. Musée des Archives nationales, n° 1399.) — Voy. sur le marquis de Condorcet, Sainte-Beuve, *Causeries du Lundi*, t. III; Edmond Biré, *la Légende des Girondins*, ch. II et VII, André Chénier, *Œuvres en prose*, p. 308 et 309, édition de L. Becq de Fouquières.

1. *Moniteur* du 11 juillet 1793. Séance du 9.

Il importe peu que des administrateurs, poussés par l'indignation publique, reviennent tôt ou tard à ce qu'on appelle leur devoir ; mais il importe que la *majesté du peuple soit vengée ;* son intérêt est que les plus grands traîtres ne soient pas impunis, et que, trompé et sacrifié par tant de mandataires infidèles, il trouve un garant de sa tranquillité *dans la punition de quelques scélérats.*

Ainsi, loin de partager les sentiments du ministre, je crois que *le glaive de la loi doit frapper tous les administrateurs qui ont levé l'étendard de la révolte,* et je demande qu'il ne soit donné aucune suite à la demande du ministre de l'Intérieur [1].

La motion de Robespierre a été adoptée.

Mercredi 10 juillet. — La Convention décide que le Comité de Salut public ne sera plus composé que de neuf membres, au lieu de quatorze dont il est présentement formé. Il a été procédé, par appel nominal, dans la séance du soir, au choix de ces neuf membres. Ont été nommés : Jean-Bon Saint-André, Barère, Gasparin, Couthon, Saint-Just, Hérault-Séchelles, Robert Lindet, Thuriot et Prieur (de la Marne) ; — ces deux derniers sont nouveaux dans le Comité, les sept premiers en faisaient déjà partie. Les sept membres qui n'ont pas été réélus sont Danton, Berlier, Lacroix, Delmas, Guyton-Morveau, Cambon et Ramel [2].

Jeudi 11 juillet. — Cambon, au nom de l'ancien Comité de Salut public, rend compte de ses opérations. Il dénonce un complot destiné à rétablir la royauté et

---

1. *Moniteur* du 11 juillet 1793.
2. *Registre des arrêtés et délibérations du Comité de salut public. Archives* 434 a a 71.

dont le chef serait le général Dillon. Voici les détails recueillis par le Comité :

Il y a quelques jours les officiers civils d'une section de Paris sont venus lui dénoncer qu'il y avait un projet d'aller, le 15 juillet, enlever le fils de Capet et de proclamer Louis XVII ; que, pour y parvenir, le général Dillon devait être à la tête de l'armée des conjurés avec douze autres officiers généraux ; que les auteurs de ce projet étaient cinq personnes qui en avaient conversé avec Dillon ; que ces cinq personnes se subdivisaient de manière qu'à chacune étaient attachés cinq conspirateurs subalternes ; que par ce moyen on irait dans les sections, on s'y emparerait de la majorité, sous le prétexte de combattre les anarchistes et de rétablir l'ordre ; qu'on était sûr de soixante personnes par section ; que le premier moyen que les conjurés emploieraient serait d'enclouer le canon d'alarme, de s'emparer de ceux de chaque corps de garde, de venir sur la place de la Révolution ; qu'ils viendraient ensuite sur la même place, en prenant pour prétexte de ce rassemblement le premier recrutement qui se ferait pour la Vendée ; que de là ils se diviseraient en deux colonnes : l'une irait par les boulevards enlever le petit Capet, et l'autre viendrait ici vous forcer de le proclamer roi ; que Marie-Antoinette devait être proclamée régente pendant la minorité ; que ceux qui auraient fait cette révolution formeraient sa garde privilégiée, qu'on leur donnerait des médailles avec un ruban blanc moiré, sur lesquelles serait un aigle renversé avec ces mots : *A bas l'anarchie ! Vive Louis XVII*[1] *!*

Cambon annonçait ensuite que, sur la nouvelle du prochain départ du général Miranda pour Bordeaux, foyer d'une autre conspiration, le Comité de salut pu-

1. *Moniteur* du 13 juillet 1793. Séance du 11. Rapport de Cambon.

blic avait requis la municipalité de Paris d'empêcher le départ du général, et que le maire l'avait fait mettre en état d'arrestation chez lui.

La Convention a ordonné l'impression du rapport de Cambon et rendu le décret suivant :

La Convention nationale, ouï le rapport de son Comité de salut public, approuve la conduite qu'il a tenue en chargeant le maire de Paris d'éloigner Capet, détenu au Temple, de sa mère, et de mettre en état d'arrestation le général Arthur Dillon, Esprit-Boniface Castellane, Ernest Bucher, dit l'Épinay, Edme Rameau, Louis Levasseur, sur la dénonciation qui lui a été faite d'un projet de conspiration pour rétablir la royauté.

Elle approuve aussi l'arrestation du général Miranda, ordonnée par le Comité de salut public, sur une dénonciation qui a donné lieu à des soupçons [1].

— On prépare au Luxembourg les appartements que doivent occuper les députés détenus en vertu du décret du 2 juin dernier. Les croisées de ces appartements sont à moitié murées ; elles sont de plus sé-

---

[1]. *Moniteur* du 13 juillet 1793. Séance du 11. — Le général Arthur Dillon, Bucher et Rameau furent guillotinés le 24 germinal an II (13 avril 1794), le même jour que Chaumette, le député Simond, l'ex-évêque Gobel, Grammont-Roselly, le comédien, adjudant général de l'armée révolutionnaire, le fils de Grammont, la veuve de Camille Desmoulins, la veuve d'Hébert, et neuf autres condamnés. — Le général Miranda, acquitté par le tribunal révolutionnaire le 16 mai 1793, emprisonné de nouveau au mois de juillet, relâché ensuite et enfin condamné à être transporté hors de France à la fin de 1795, échappa aux gendarmes qui le conduisaient, revint à Paris, fut compris dans la mesure de déportation du 18 fructidor (4 septembre 1797), se réfugia en Angleterre, reparut en 1803, pour intriguer contre le général Bonaparte, qui le fit arrêter et déporter une seconde fois. Il passa en 1806 dans l'Amérique méridionale, parvint en 1811

parées, à l'extérieur du bâtiment, par des cloisons qui sont appuyées sur les corniches. Toute communication d'un appartement à l'autre est ainsi rendue impossible [1].

Vendredi 12 juillet. — Le procès des Orléanais, prévenus d'un attentat sur la personne de Léonard Bourdon, représentant du peuple, s'est terminé aujourd'hui. On sait à quoi se réduit ce prétendu attentat. Le 16 mars dernier, à la suite d'un dîner patriotique, Bourdon, fort échauffé, avait parcouru les rues d'Orléans, où il était de passage, à la tête d'une bande avinée qui, sur la place de l'Hôtel-de-Ville, avait insulté la sentinelle du poste. Celle-ci ayant appelé aux armes, le poste était sorti et avait malmené assez rudement les perturbateurs. Dans la bagarre, Bourdon avait reçu deux ou trois coups de baïonnette qui lui effleurèrent la peau [2]. Vingt-six personnes ont été traduites devant le tribunal révolutionnaire comme coupables d'avoir *assassiné un représentant du peuple!* Treize ont comparu devant le tribunal; les autres étaient contumaces. Le procès a commencé le 28 juin et occupé quatorze séances. L'arrêt a été rendu le 12 juillet, à quatre heures du soir. Neuf des accusés ont été condamnés à mort; Benoît Louet, agent de change; Buis-

---

à exciter un soulèvement contre l'autorité du roi d'Espagne, tenta d'établir à Caracas un gouvernement consulaire, obtint de grands succès en 1812, puis fut pris et conduit dans les prisons de Cadix, où il mourut à la fin de 1816 (*Biographie moderne*, édition de 1816, t. II).

1. *Mercure français*, n° du 13 juillet 1793.
1. Léonard Bourdon, dans sa lettre à la Convention, datée du 16 mars, dit lui-même : « Aucun des coups que j'ai reçus n'est dangereux. Une redingote que je portais sur mon habit a paré les coups. » Voy. *Paris en* 1793, par Edmond Biré, p. 153.

sot, marchand; Gellet-Duvivier, marchand de bas; Jacquet, rentier; Poussot, rentier; Quesnel, musicien; Nonneville, commandant de bataillon de la garde nationale; Tassin-Montcourt, propriétaire; Broue de la Salle, blanchisseur de cire, commandant en deuxième du 4e bataillon de la garde nationale.

Lorsque la déclaration du jury a été proclamée, il s'est fait un grand mouvement dans la salle; la douleur était peinte sur tous les visages; les accusés se sont mis à genoux, élevant les mains au ciel, prenant Dieu à témoin de leur innocence, affirmant qu'ils ne connaissaient pas Léonard Bourdon, qu'ils ne l'avaient jamais vu. Quand les juges sont remontés à l'audience et ont prononcé la condamnation, l'auditoire a fondu en larmes [1].

Samedi 13 juillet. — A l'ouverture de la séance de la Convention, le président, Jean-Bon Saint-André, a informé ses collègues que « des parents de neuf citoyens d'Orléans, condamnés à mort par le tribunal révolutionnaire, comme auteurs et complices de l'assassinat de Léonard Bourdon, demandaient à présenter une pétition. »

Des femmes en pleurs sont introduites; elles sont accompagnées d'un homme qui paraît sous le coup d'un violent désespoir. — Les cris de *grâce! grâce!* se sont fait entendre. « Citoyens, dit un des pétitionnaires, c'est au nom de l'humanité et de la justice que nous nous présentons devant vous; on conduit au

---

[1]. *Procès de Fouquier-Tinville*, n° 21, p. 4. Déposition de Montané, qui présidait le tribunal révolutionnaire lors du procès des vingt-six orléanais. — Voy. Henri Wallon, *le Tribunal révolutionnaire de Paris*, I, 184.

supplice nos pères, nos frères, nos enfants. L'un d'eux est *père de dix-neuf enfants*, dont quatre sont dans les armées, combattant pour la république [1]. Léonard Bourdon lui-même ne nous démentira pas ; nous croyons qu'il est assez généreux pour s'unir à nous, afin d'obtenir un sursis qui donne à nos malheureux parents les moyens de prouver leur innocence. »

Léonard Bourdon se tait. Plusieurs députés demandent l'ordre du jour.

On entend des sanglots et des gémissements. Plusieurs des pétitionnaires se prosternent à genoux et prononcent des paroles entrecoupées. Deux femmes, deux mères, étendues à terre, poussaient des cris déchirants [2].

Léonard Bourdon reste impassible [3]. Cependant un membre se lève et dit :

Quoique émus de pitié, nous n'en devons pas moins suivre notre devoir... Nous gémissons comme hommes. Mais *notre humanité*, comme législateurs, *doit se porter sur la totalité de la nation*, sans cesse exposée aux convulsions des conspirations intérieures. Nous ne devons pas oublier ce que nous devons à la justice et à la représentation nationale, in-

---

1. Un autre était veuf et père de cinq enfants en bas âge (Émile Campardon *le Tribunal révolutionnaire de Paris*, I, 55).

2. Harmand, député de la Meuse à la Convention nationale, *Anecdotes relatives à quelques personnes et à plusieurs événements remarquables de la Révolution.* « Saint-Just, ajoute Harmand, se retourne vers moi, m'observe et me dit : « *Tu pleures, lâche ?* — Ma foi, lui dis-je, *il est impossible d'être témoin d'une pareille douleur sans la partager ; je n'en puis plus.* — Eh bien ! moi, reprit Saint-Just, *je me félicite de n'avoir pas encore versé de larmes depuis que je me connais.* »

3. Roussel, *Histoire secrète du Tribunal révolutionnaire*, ch. v, p. 151.

dignement violée dans la personne d'un de vos collègues, exerçant la fonction auguste de commissaire représentant du peuple français. Je demande l'ordre du jour.

Un des pétitionnaires s'écrie: « J'offre ma tête pour sauver mon cousin, père de famille respectable. »
Le président fait retirer les pétitionnaires.
La Convention passe à l'ordre du jour[1]. Dans l'après-midi, les neuf condamnés, revêtus de la chemise rouge des assassins, ont été exécutés sur la place de la Révolution.

1. *Moniteur* du 15 juillet 1793. Séance du 13.

XI

LA MORT DE MARAT

Dimanche 14 juillet 1793.

Hier, on a *assassiné* sur la place de la Révolution neuf *innocents*. Leurs femmes, leurs enfants, ont en vain demandé un sursis à la Convention : les députés ont passé à l'ordre du jour. Pas un seul n'a eu le courage d'élever la voix en leur faveur. Égratigner un conventionnel, même sans le savoir, est un crime digne de mort. La personne des députés est sacrée !

La réponse ne s'est pas fait attendre. Le même jour, sur les huit heures du soir, quand le sang des Orléanais ruisselait encore sur la place, un conventionnel était assassiné, pour de bon cette fois. Marat était égorgé, non plus par un garde du corps comme Lepeletier, mais par une jeune fille !

Depuis hier, on le pense bien, il n'est plus question d'autre chose, et on connaît maintenant dans tous ses détails le tragique événement dont le numéro 30 de la rue des Cordeliers a été le théâtre [1].

Jeudi 11, à midi, la diligence de Normandie a déposé, rue Notre-Dame-des-Victoires Nationales, la citoyenne Marie-Charlotte Corday venant de Caen. Elle s'est fait

---

[1]. La rue des Cordeliers devint plus tard la rue de l'École-de-Médecine, et la maison de Marat devint le n° 18. Elle était contiguë à celle que signalait une tourelle hexagone portant sur des soubassements voûtés. La maison de Marat a disparu comme l'hôtel où était descendue Charlotte Corday.

conduire par un commissionnaire à un hôtel dont on venait de lui remettre l'adresse, l'*Hôtel de la Providence*, rue des Vieux-Augustins. Pendant que le garçon dispose sa chambre, elle engage la conversation avec lui, lui parle de l'insurrection du Calvados et lui annonce que 60,000 hommes marchent sur la capitale; puis elle s'informe à son tour de ce que l'on dit à Paris sur le petit Marat. « Les patriotes l'estiment beaucoup, répond le garçon, mais les aristocrates ne l'aiment pas ; il est d'ailleurs malade depuis quelque temps et ne vient plus à la Convention [1]. »

La voyageuse s'est fait indiquer le Palais de l'Égalité et la rue Saint-Thomas-du-Louvre, où demeure le député Lauze Duperret[2], pour lequel elle avait un paquet d'imprimés et une lettre. Ne l'ayant pas rencontré, elle est revenue le soir et lui a demandé de l'accompagner le lendemain chez le ministre de l'intérieur, afin de retirer des pièces dont une de ses amies, la citoyenne Forbin, avait besoin pour toucher sa pension de chanoinesse qu'on ne lui payait plus.

Vendredi matin, à dix heures, Duperret est venu la prendre à l'hôtel de la Providence et l'a conduite au ministère de l'intérieur. Ils n'ont pas été reçus ; on leur a dit seulement qu'ils pourraient l'être le soir, de huit à dix heures. Dans l'intervalle, les scellés ont été mis sur les papiers de Duperret, dénoncé par Chabot comme complice de Dillon ; il courut aussitôt prévenir Mlle Corday et lui représenta que sa recomman-

---

1. Déposition de Pierre-François Feuillard, garçon de l'hôtel de la Providence.
2. « Lauze Duperret, député des Bouches-du-Rhône, rue Saint-Thomas du Louvre, n° 41. » *Almanach national* pour 1793.

dation serait désormais plus nuisible qu'utile [1]. Restée seule, la voyageuse écrivit une *Adresse aux Français*, destinée à faire connaître les motifs et le but de l'acte qu'elle se préparait à commettre.

Hier samedi, elle est sortie dès le matin, et s'est rendue au Palais de l'Égalité, où elle a lu le Jugement des neuf Orléanais, que l'on criait dans le Jardin, et où elle a acheté, pour quarante sols, un couteau à manche en bois d'ébène, fraîchement émoulu, de ceux dont on se sert pour découper. A onze heures et demie, une voiture, qu'elle avait prise place des Victoires, la descendait, rue des Cordeliers, devant la porte de l'Ami du peuple. Elle était vêtue de brun et portait un chapeau à haute forme avec cocarde noire et trois cordons noirs [2]. Elle monte au premier étage et demande à parler au citoyen Marat. Simonne Evrard, — celle qu'on appelle aujourd'hui la *veuve de Marat*, répond que l'Ami du peuple est malade et ne peut recevoir personne. Mlle Corday insiste; elle a, dit-elle, des choses fort intéressantes à lui apprendre. Simonne est inébranlable. « — Mais quand faudra-t-il revenir ? — Je ne puis vous assigner d'époque, ne sachant quand Marat sera rétabli. »

Mlle Corday se décide enfin à rentrer à son hôtel, où elle arrive vers midi, et d'où elle écrit à Marat par la petite poste [3] :

1. *Moniteur* du 16 juillet 1793. Séance du 14. Explications données par Duperret.
2 Déclaration de Catherine Evrard, sœur de Simonne Evrard, l'amie de Marat. Catherine était mariée à un imprimeur du journal l'*Ami du peuple*.
3. *Premier interrogatoire de Charlotte Corday* (*Revue rétrospective*, avril 1835).

Citoyen,

J'arrive de Caen ; votre amour pour la patrie me fait présumer que vous connaîtrez avec plaisir les malheureux événements de cette partie de la République. Je me présenterai chez vous vers une heure ; ayez la bonté de me recevoir et de m'accorder un moment d'entretien : je vous mettrai à même de rendre un grand service à la France [1].

Elle écrit un autre billet qu'elle se réserve de faire passer à Marat en cas de nouveau refus. Prévoyant bien qu'avant la nuit elle sera ou tuée ou prisonnière, elle prend son *Adresse au Français* et l'attache avec une épingle à sa robe — non plus sa robe brune du matin qu'elle a quittée, mais une robe à fond blanc, un déshabillé moucheté [2]. Sur les sept heures et demie du soir, elle prend une voiture comme le matin, et se fait de nouveau conduire chez Marat. Cette fois c'est la citoyenne Aubin, portière de la maison et l'une des plieuses de *l'Ami du Peuple*, qui la reçoit dans l'antichambre et s'oppose à ce qu'elle aille plus loin. Simonne Evrard, qui est survenue, maintient son refus du matin. Une altercation s'élève. Marat entend le bruit, croit reconnaître qu'il s'agit précisément de la personne qui vient de lui écrire ; il ordonne de la laisser entrer.

Marat était dans son bain, recouvert d'un drap, mais les épaules et les bras nus ; une planche posée

---

1. Lettre produite au procès.
2. *Récit de l'arrestation de Charlotte Corday fait aux Jacobins par le citoyen Laurent Bas, commissionnaire.* — Voy., dans *le Temps* du 26 août 1880, *la Robe de Charlotte Corday*, par Jules Claretie.

sur le travers de la baignoire lui servait de pupitre pour écrire. Simonne Evrard s'étant retirée dans le salon, il resta seul avec la visiteuse. — « Que se passe-t-il à Caen ? demanda-t-il. — Dix-huit députés, d'accord avec le département, y dirigent l'insurrection. Tout le monde s'enrôle ; quatre membres du département ont conduit une partie des volontaires à Evreux. — Quels sont leurs noms ? » — Mlle Corday les désigne et Marat prend note de leurs noms. « Je les ferai guillotiner tous à Paris. » A peine a-t-il prononcé ces mots, que Mlle Corday lui porte un coup de couteau. « A moi, ma chère amie, à moi ! » s'écrie-t-il. Simonne Evrard s'élance hors du salon, se précipite vers la baignoire et pousse un cri : « Ah ! mon Dieu, il est assassiné ! » Elle se retourne vers Mlle Corday, l'aperçoit debout contre un rideau dans l'antichambre, se jette sur elle et la saisit par la tête, en appelant au secours [1]. Sa sœur Catherine, la portière, Jeannette Maréchal, la cuisinière, le commissionnaire Laurent Bas, qui travaillait à plier les numéros du journal, accourent à ses cris. Laurent Bas saisit une chaise, en assène un coup sur la tête de Mlle Corday et la renverse [2]. Cependant Simonne Evrard est revenue vers son ami ; elle applique la main sur la blessure, mais sans pouvoir arrêter le sang qui sort à gros bouillons. Marat a les yeux ouverts, il remue la langue, mais ne profère aucune parole [3]. Le citoyen An-

---

1. Déposition de la citoyenne Evrard devant le Tribunal criminel révolutionnaire.
2. Dépositions de Laurent Bas, de Jeannette Maréchal, de Marie-Barbe Aubin et de Catherine Evrard.
3. Dépositions de Simonne Evrard et de Jeannette Maréchal.

toine de Lafondée, chirurgien-dentiste, qui demeure dans la maison, a été prévenu. Il descend aussitôt, fait une compresse pour arrêter le sang et commande en même temps de courir aux Écoles de chirurgie pour chercher du secours. Il tâte le pouls du blessé et ne lui en trouve plus. Il aide à le retirer de sa baignoire et à le transporter sur son lit, dans la pièce qui a vue sur la rue des Cordeliers par deux croisées à grands verres de bohême. Marat ne remuait plus quand est arrivé le citoyen Pelletan, chirurgien-consultant des armées de la République et membre du Comité de santé; il n'a pu que constater la mort. Il a fait remarquer que le coup avait pénétré près la clavicule du côté droit, entre la première et la seconde vraie-côte, et cela si profondément que l'index a fait écart pour pénétrer de toute sa longueur à travers le poumon blessé, et que, d'après la position des organes, il est probable que le tronc des carotides a été ouvert [1].

En un instant, un rassemblement considérable s'était formé dans la rue; la foule s'écrasait dans l'escalier, et déjà plusieurs personnes avaient pénétré dans l'appartement quand arrivèrent Guellard, commissaire de police de la section du Théâtre-Français [2], Marino et Louvet, administrateurs au département de la police à la mairie, Martin Cuisinier, commandant du poste du Théâtre-Français, avec ses hommes de garde. Il était

1. Rapport de Philippe-Jean Pelletan. *Revue rétrospective*, avril 1835. — *Pelletan* (1747-1829), chirurgien en chef de l'Hôtel-Dieu, professeur à l'École de Médecine, membre de l'Institut, également célèbre comme professeur et comme opérateur; il parlait si bien qu'on l'avait surnommé *Bouche d'or*.
2. Le Théâtre-Français occupait alors l'emplacement de l'Odéon actuel.

à ce moment sept heures trois quarts [1]. Il faisait encore jour au dehors, mais, à l'intérieur, dans l'antichambre, dans le cabinet de bain, il faisait presque nuit et on avait dû allumer des chandelles. La scène était terrifiante. Du sang partout ; il avait jailli jusqu'à terre et y formait une mare coagulée ; la baignoire apparaissait dans l'ombre du cabinet comme une énorme tache rouge et noire. Debout dans l'antichambre, pressés les uns contre les autres, les premiers accourus, voisins et gens du journal, imprimeurs, plieuses, crieurs, le visage bouleversé par la colère et la stupeur, gémissant, menaçant, hurlant. Au milieu de ces hommes aux traits convulsés, de ces femmes ivres de fureur, noires, sales, hideuses, assise sur une chaise, élégante dans sa robe claire d'été, ses longs cheveux dénoués et retombant sur ses épaules, les joues un peu pâlies mais pleines encore pourtant de fraîcheur et d'éclat, une jeune fille, belle, tranquille [2], au regard doux et fier, au front calme et pur, pareille, dans cet antre, à une jeune fée égarée parmi des sorcières, à un ange égaré parmi des démons : c'était l'assassin.

Après avoir reçu la déclaration du chirurgien Pelletan et avoir examiné le cadavre, les magistrats de police ont fait conduire la prévenue dans le salon, qui donne sur la rue des Cordeliers, et ont procédé à un premier interrogatoire.

1. Procès-verbal de l'arrestation et du premier interrogatoire de Charlotte Corday, par Jacques-Philibert Guellard, inséré dans la *Revue rétrospective*, avril 1835. En voici le début : « L'an deuxième de la République française, le samedi 13 juillet, *sept heures trois quarts de relevée.* »

2. *Journal de la Montagne*, séance du club des Jacobins du 13 juillet 1793.

Elle a dit se nommer Marie-Anne-Charlotte Corday, ci-devant d'Armont, native de la paroisse Saint-Saturnin-des-Ligneries ci-devant diocèse de Séez, âgée de vingt-cinq ans moins quinze jours et demeurant ordinairement à Caen [1]. Elle a avoué que son attentat était prémédité et qu'elle n'avait quitté Caen que pour le commettre. Son courage et son sang-froid ne se sont pas démentis un seul instant. Il s'y mêlait même par instant une sorte de malice ironique et presque de gaîté. Maure, Legendre, Chabot et Drouet, envoyés par le Comité de sûreté générale, étaient arrivés vers la fin de l'interrogatoire. A Legendre essayant de faire croire qu'elle était venue chez lui le matin, sans doute pour l'assassiner, elle a répondu : « Je ne vous connais pas d'assez grands talents pour être le tyran de votre pays; et d'ailleurs, monsieur, je ne voulais pas punir tout le monde [2]. » A Chabot, qui tendait la main vers la montre d'or trouvée sur elle, elle a dit : « Oubliez-vous que les capucins font vœu de pauvreté [3] ? »

Il était plus de minuit lorsqu'on l'a fait monter en voiture pour la conduire à la prison de l'Abbaye. Elle était accompagnée de Drouet et des deux administrateurs de police, Louvet et Marino. Une foule énorme emplissait la rue. L'agitation était telle, les cris de mort si violents et si terribles qu'à ce moment Mlle Corday s'est sentie défaillir [4]. Revenue à elle, elle a témoigné

1. Procès-verbal de Jacques-Philibert Guellard.
2. Lettre de Charlotte Corday à Barbaroux, commencée à l'Abbaye, et terminée à la Conciergerie. — Elle est exposée au Musée des Archives, vitrine 213, n°s 1367 et 1368.
3. *Charlotte Corday*, par Couet-Gironville, an IV.
4. Rapport de Drouet à la Convention nationale, séance du 14 juillet 1793.

son étonnement d'être encore en vie. Elle n'a pas tardé d'ailleurs à recouvrer son étonnante fermeté, et elle a dit à plusieurs reprises : « J'ai rempli ma tâche, d'autres feront le reste [1] ». Elle a été enfermée à l'Abbaye dans la ci-devant chambre de Brissot [2].

1. *Moniteur* du 17 juillet 1793. — *Républicain français,* du 16 juillet.
2. La première partie de sa lettre à l'Abbaye est ainsi datée : « Aux prisons de l'Abbaye, dans la ci-devant chambre de Brissot, le second jour de la préparation à la paix. »

XII

LES FUNÉRAILLES DE MARAT

Vendredi 19 juillet 1793.

Le citoyen Deschamps, chirurgien en chef de l'hôpital de la Charité, a fait, dans l'après-midi du 14 juillet, l'autopsie du corps de Marat. « Il résulte de ces opérations, dit-il à la fin de son procès-verbal, que l'instrument piquant et tranchant a été dirigé de devant en arrière, de droite à gauche et de haut en bas ; que dans le trajet qu'il a parcouru, il est entré dans la poitrine, entre la première et la seconde côte, qu'il a traversé la partie supérieure du poumon droit, ainsi que l'aorte, et qu'il a pénétré dans l'oreillette gauche du cœur [1]. » Le même jour, le corps de *l'Ami du peuple* a été embaumé, excepté la face et l'extérieur de la poitrine, « qui doivent, dit Deschamps, être exposés aux yeux de ses concitoyens [2] ». L'embaumement a présenté de grandes difficultés. La décomposition du sang a été si rapide que l'on craignait à

---

1. Procès-verbaux de l'ouverture et de l'embaumement du corps de Marat, signés de *Deschamps*, chirurgien en chef de l'hôpital de la Charité ; signés et parafés par *Bernard*, vice-président du conseil de la Commune, et *Dorat-Cubières*, secrétaire-greffier, 14 et 17 juillet 1793. — *Inventaire des autographes et documents historiques composant la collection de* M. Benjamin Fillon, 1877.

2. L'embaumement fut complété le 16, dans le jardin des Cordeliers. — Procès-verbaux ci-dessus cités.

chaque instant que les chairs ne se détachassent d'elles-mêmes. D'heure en heure, elles se putréfiaient, Aussi a-t-on été obligé d'avancer d'un jour les obsèques annoncées d'abord pour le 17 [1].

L'honneur d'organiser cette pompe funèbre revenait tout naturellement au peintre David, le plus exalté des membres de la Montagne. David est monté à la tribune, dans la séance de lundi [2], et a dit à la Convention :

> La veille de la mort de Marat, la société des Jacobins nous envoya, Maure et moi, nous informer de ses nouvelles. Je le trouvai dans une attitude qui me frappa. Il avait auprès de lui un billot de bois, sur lequel étaient placés de l'encre et du papier, et sa main, sortie de la baignoire, écrivait ses dernières pensées pour le salut du peuple. Hier, le chirurgien qui a embaumé son corps a envoyé demander de quelle manière nous l'exposerions aux regards du peuple, dans l'église des Cordeliers.
>
> On ne peut point découvrir quelques parties de son corps, car *vous savez qu'il avait une lèpre et que son sang était brûlé ;* mais j'ai pensé qu'il serait intéressant de l'offrir dans l'attitude où je l'ai trouvé, écrivant pour le bonheur du peuple [3].

Nommé commissaire pour assister à l'exposition de Marat, David, dans la séance du 16, a rendu compte de sa mission.

> En vertu du décret d'hier, a-t-il dit, je me suis rendu, avec mes collègues, Maure et Bentabole, à la section du Théâtre-

---

1. *Marat, l'ami du peuple*, par Alfred Bougeart, t. II, p. 280.
2. 15 juillet 1793.
3. *Moniteur* du 17 juillet 1793.

Français. Après avoir fait part à cette section de mes idées sur les obsèques de Marat, j'ai reconnu qu'elles étaient impraticables. Il a été arrêté que son corps serait exposé, couvert d'un drap mouillé qui représenterait sa baignoire, et qui, arrosé de temps en temps, empêcherait l'effet de la putréfaction. Il sera inhumé aujourd'hui, à cinq heures du soir, sous les arbres où il se plaisait à conduire ses concitoyens. Sa sépulture aura la simplicité convenable à un républicain incorruptible, mort dans une honorable indigence. C'est du fond d'un souterrain qu'il désignait au peuple ses amis et ses ennemis ; que mort il y retourne, et que sa vie nous serve d'exemple. Caton, Aristide, Socrate, Timoléon, Frabricius et Phocion, vous dont j'admire la respectable vie, je n'ai pas vécu avec vous ; mais j'ai connu Marat, je l'ai admiré comme vous ; la postérité lui rendra justice [1].

A l'heure où David s'exprimait ainsi, le corps de Marat reposait, dans l'église des Cordeliers, sous une estrade de quarante pieds d'élévation, ornée de tentures tricolores. A droite était la baignoire où il a reçu le coup mortel, à gauche la chemise toute rouge de son sang. Le cadavre, étendu sur un lit de parade — le même qui avait servi aux funérailles de Lazowski [2] — était découvert jusqu'à la ceinture, afin que la blessure apparût à tous les regards ; il avait une teinte verdâtre, pareille à celle d'un noyé qui a longtemps séjourné dans l'eau [3]. La tête était ceinte d'une couronne de lauriers. Au chevet du lit, deux hommes armés d'éponges imbibées de vinaigre de sen-

---

1. *Moniteur* du 18 juillet 1793.
2. *Mercure français*, n° du 20 juillet 1793. Voir *Paris en 1793*, par Edmond Biré, ch. XXIII, *Les funérailles de Lazowski*.
3. *Souvenirs de la Terreur*, par Georges Duval, t. III, p. 361.

teur ne cessaient d'arroser le corps et le drap qui le recouvrait en partie, pendant que, dans toute l'étendue de l'église, on brûlait continuellement des parfums [1]. En dépit de ces précautions, l'odeur était insupportable, et les dévots de Marat eux-mêmes abrégeaient le plus possible leurs stations.

L'inhumation devant avoir lieu dans le jardin des Cordeliers, à quelques pas seulement de l'église, il avait été décidé que le cortège ferait un long détour: on tenait à donner au peuple une seconde édition des funérailles de Michel Lepeletier.

Sur la proposition de Chabot [2], la Convention avait décidé qu'elle assisterait en corps aux obsèques de Marat. Je dois noter ici, en passant, une circonstance qui a le double avantage de peindre au vif le vrai caractère de Robespierre et de jeter une note gaie au milieu de ces scènes lugubres. Ce pauvre Robespierre est jaloux de Marat assassiné, comme il était jaloux de Marat vivant. Il ne peut se consoler des honneurs qu'on lui rend, et il aurait bien voulu qu'on l'enterrât sans pompe et sans bruit. Dimanche [3], au club des Jacobins, Bentabole ayant demandé qu'on accordât à l'*Ami du peuple* les honneurs du Panthéon, cette motion a été adoptée avec le plus vif enthousiasme. On vit alors Robespierre monter à la tribune. « Je n'aurais pas demandé la parole, dit-il, si le droit d'entretenir

---

1. G. Duval, *loc. cit.*
2. Et non de David, comme le dit Louis Blanc, d'après Buchez et Roux. — *Histoire de la Révolution*, t. IX, p. 93. — *Histoire parlementaire*, t. XXVIII, p. 343. — Voy. le *Moniteur* du 17 juillet 1793.
3. 14 juillet 1793.

la société ne m'était en quelque sorte dévolu dans ce moment ; si je ne prévoyais que les *honneurs du poignard* me sont aussi réservés, que la priorité n'a été déterminée que *par le hasard*, et que ma chute s'avance à grands pas. » Voilà donc qui est entendu : il est bien vrai que Marat a été tué, mais Robespierre aurait pu l'être, et il réclame pour lui le profit et l'honneur du coup de couteau... qu'il n'a pas reçu. « L'on réclame pour Marat, a continué Robespierre, les honneurs du Panthéon ! Et que sont-ils ces honneurs ? Que sont ceux qui gisent dans ces lieux ? Excepté Lepeletier, je n'y vois pas un homme vertueux. Est-ce à côté de Mirabeau qu'on le placera, de cet homme qui ne mérita de réputation que par une profonde scélératesse ? Voilà donc les honneurs qu'on sollicite pour l'*Ami du Peuple ?* » — « Oui, a interrompu ici Bentabole, oui, et qu'il obtiendra malgré les jaloux ! » — Robespierre a poursuivi en ces termes : « Ce n'est point aujourd'hui qu'il faut donner au peuple le spectacle d'une pompe funèbre ; mais quand, enfin victorieux, la République affermie nous permettra de nous occuper de ses défenseurs, toute la France alors le demandera, et vous accorderez sans doute à Marat les honneurs que sa vertu mérite, que sa mémoire exige. Savez-vous quelle impression attache au cœur humain le spectacle des cérémonies funèbres ? Elles font croire au peuple que les amis de la liberté se dédommagent par là de la perte qu'ils ont faite et que dès lors ils ne sont plus tenus de les venger ; satisfaits d'avoir honoré l'homme vertueux, ce désir de la vengeance s'éteint dans leur cœur, l'indifférence succède à l'enthousiasme et sa mémoire court les risques de l'oubli. — Il faut donc que la municipalité écarte, pour le moment, une fête funèbre, qui d'abord semblait être chère à nos cœurs, mais dont les effets, comme je l'ai démontré, peuvent devenir funestes [1]. »

C'est décidément un excellent homme que Robespierre et un ami précieux ! Il a tellement peur que Marat ne soit trop vite oublié, qu'il veut que l'on commence par l'oublier tout de suite. Il veut, afin de pouvoir l'honorer *plus tard*, qu'on ne lui rende en ce moment aucun honneur !

Robespierre en a été pour ses frais d'éloquence et de jalousie, et force lui a été de se joindre, mardi soir, à ses collègues de la Convention. Ils étaient du reste au grand complet. Avant six heures, tous étaient rendus à l'église des Cordeliers. Les Girondins — ceux qui ne sont pas encore en prison — ont rivalisé d'exactitude avec les Montagnards [2].

Il était environ sept heures quand le convoi est sorti de l'église [3].

La bière était portée par douze hommes, dont quel-

---

1. *Journal des débats et de la correspondance de la Société des Jacobins*, n° 449. *Le Républicain français*, n° 245.
2. Champagneux, l'ami de Madame Roland, l'éditeur de ses Mémoires, alla la voir à Sainte-Pélagie le jour des funérailles de Marat. « Je m'étais acheminé, dit-il, pour voir la citoyenne Roland à Sainte-Pélagie. Je rencontrai le cortège sur la route, et je remarquai qu'il y manquait fort peu de députés. Quelques-uns, à la vérité, paraissaient avoir honte d'assister aux obsèques de ce provocateur aux crimes, mais leur présence n'en imposait pas moins au public... Il me serait difficile de peindre la fureur de Madame Roland pendant la description que je lui fis des hommages rendus à Marat, et de *la lâcheté des représentants dont la probité* lui avait inspiré, jusqu'alors, quelque espérance. L'accablement succéda à ses premiers transports. — Je ne sortirai d'ici, dit-elle, que pour aller à la mort. »
3. *Mercure français*, n° du 20 juillet 1793.

ques-uns peut-être, le 24 avril, avaient porté le fauteuil de Marat triomphant. Elle était escortée par des jeunes filles vêtues de blanc, et par de jeunes garçons tenant à la main des branches de cyprès ou brûlant des parfums dans des cassolettes. Venaient ensuite la baignoire et le billot célébré par David.

Derrière la bière, le billot et la baignoire, marchaient les membres de la Convention, ayant à leur tête, le président Jean-Bon Saint-André[1]; puis la municipalité et le conseil général de Paris, les membres des administrations et des tribunaux, les jurés du tribunal révolutionnaire, le club des Cordeliers en masse, une députation nombreuse du club des Jacobins, les comités révolutionnaires, et enfin le peuple rassemblé sous les bannières des sections.

Le cortège a traversé d'abord la rue des Cordeliers, passant devant la maison mortuaire, dont la porte était couverte d'inscriptions en prose et en vers. J'ai retenu celle-ci :

> Peuple, Marat est mort ; l'amant de la patrie,
> Ton ami, ton soutien, l'espoir de l'affligé,
> Est tombé sous les coups de la horde flétrie ;
> Pleure, mais souviens-toi qu'il doit être vengé.

Les citoyennes, qui étaient en majorité ce jour-là[2], comme au 24 avril, poussèrent devant la maison de Marat, de véritables hurlements de douleur, accompagnés de cris de vengeance et de mort, qui ont dû réjouir l'ombre de l'*Ami du peuple*.

---

1. Et non Thuriot, comme le dit encore par erreur M. Louis Blanc, continuant à copier ici MM. Buchez et Roux.
2. *Révolutions de Paris*, t. XVI, p. 683.

Au sortir de la rue des Cordeliers, le convoi a pris la rue des Fossés-Saint-Germain, la rue de Thionville [1], le Pont-Neuf, le quai de la Mégisserie, le Pont-au-Change, le pont Saint-Michel, la place Saint-Michel et celle du Théâtre-Français [2].

La nuit était venue, et le cortège était à peine au milieu de sa route. Les flambeaux allumés çà et là, loin de suffire à dissiper l'obscurité, ne faisaient que rendre les ténèbres visibles. Les silhouettes des hautes maisons se découpant sur le ciel noir, le reflet des torches, cette foule en désordre déroulant à travers les rues ses anneaux tour à tour éclatants de lumière ou plongés dans l'ombre, le silence succédant soudain aux chants et aux clameurs, le bruit du tonnerre roulant dans le lointain, tout cela formait un ensemble lugubre et terrible.

Minuit sonnait aux clochers de la ville, lorsque la tête du cortège arriva dans le jardin des Cordeliers [3], dont la porte, tendue d'une tenture aux trois couleurs et illuminée avait cette inscription : *Temple de la liberté* [4]. Sous les arbres du jardin, dont les feuilles tremblaient au vent de la nuit, un tertre avait été préparé pour servir de tombe à *l'Ami du Peuple*. Il était formé de blocs de pierre simulant un entassement de rochers granitiques. Dans une ouverture préparée entre deux de ces blocs, s'ouvrait une sorte de souterrain fermé par une grille en fer. Au-dessus du bloc d'entrée était placée une urne funé-

---

1. Ci-devant rue Dauphine.
2. Aujourd'hui, place de l'Odéon.
3. *Journal de la Montagne,* n° 48.
4. *Mercure français,* n° du 20 juillet 1793.

raire qui contenait le cœur de Marat, et sur le tertre s'élevait une pyramide triangulaire avec cette épitaphe : *Ici repose Marat, l'Ami du peuple, assassiné par les ennemis du peuple, le 13 juillet 1793.*

La foule s'est rangée en silence autour de la tombe, et le Président de la Convention a pris le premier la parole. Il a annoncé que le temps arriverait bientôt où Marat serait vengé. Après ce discours et ceux des principales autorités, le défilé a commencé. Chaque section, précédée de sa bannière, s'arrêtait un instant devant la tombe, le président de la section prononçait une allocution, et le cortège reprenait sa marche. « O Marat ! s'est écrié le citoyen Léchard, ô Marat, ombre illustre et chérie, tes bienfaits seront toujours présents à notre souvenir... Quoi ! Marat pour toujours serait descendu dans l'empire des morts ? Non, un homme tel que toi sera immortel ; ta mémoire ornera la postérité, fera la gloire de la patrie, et si tu n'es pas au Panthéon, c'est que ta place est dans le cœur de tous les Français. » — « Que le sang de Marat, a dit à son tour l'orateur de la section de la République [1], que le sang de Marat devienne une semence d'intrépides républicains. Oui, nous imiterons ta mâle énergie ; oui, nous écraserons les traîtres avec la massue de la loi ; oui, nous vengerons ta mort à force de courage, à force de haine pour les traîtres, à force de vertus républicaines. Nous le jurons sur ton corps sanglant, sur le poignard qui te perça le sein. Nous le jurons [2] ! » — Et le défilé continue. Il a duré toute la

---

[1]. La section de la République, ci-devant du Roule, tenait ses assemblées dans l'église des capucins Saint-Honoré.
[2]. *Marat, l'ami du peuple,* par Alfred Bougeart, t. II, p. 284.

nuit. — Pendant toute la nuit, les hommes armés de piques, les femmes traînant leurs enfants, se sont pressés autour de la tombe et de ces objets sinistres, la baignoire, le billot, la chemise sanglante. Ils ont fait, devant le cadavre, le serment de venger leur *Ami*. Dans cette nuit d'orage, à la lueur des torches et des éclairs, au bruit de la foudre et du canon, l'âme de Marat a passé dans leur âme. La Terreur peut venir, ses hommes sont prêts.

XIII

LA MORT DE MADEMOISELLE DE CORDAY

Samedi 20 juillet 1793.

Les funérailles de Marat ont eu lieu dans la soirée de mardi. Mercredi matin à huit heures, Mlle de Corday a comparu devant le tribunal révolutionnaire.

Elle était vêtue d'une robe mouchetée, à fond blanc [1], avec un ample fichu croisé sur le sein, et coiffée d'un bonnet à papillons [2], d'où s'échappaient ses longs cheveux châtains négligemment épars sur ses épaules. Sa jeunesse, sa beauté [3], le calme de son

---

1. Voy. ci-dessus, page 128.
2. D'après le tableau dessiné pendant l'audience même par le peintre Hauer, et au bas duquel on lit : *Marie-Anne-Charlotte Corday, ci-devant d'Armont, âgée de vingt-cinq ans, moins trois mois ; à l'instant où elle s'aperçoit qu'un des auditeurs est occupé à la dessiner, elle tourne la tête de son côté.*
3. On lit dans la *Note sur le procès et la condamnation de Charlotte Corday*, rédigée par Chauveau-Lagarde et publiée au tome III de l'ouvrage du vicomte de Ségur intitulé : *Les Femmes, leur condition et leur influence dans l'ordre social* : « Aucun peintre, du moins à ma connaissance, ne nous a retracé fidèlement la ressemblance de cette femme extraordinaire. On a bien pu rendre sa nature assez forte et pourtant légère, ses longs cheveux négligemment épars sur ses épaules, ses yeux ombragés par de grandes paupières, et la forme ovale de son visage ; mais il n'eût pas été possible à l'art de peindre sa grande âme, respirant tout entière dans sa physionomie. »
— Harmand, de la Meuse, député à la Convention, a tracé, de son côté, dans ses *Anecdotes relatives à la Révolution*, ce portrait de Charlotte Corday : « Mlle Corday était d'une taille moyenne, plutôt forte-

attitude, la fermeté de ses réponses ont produit sur le public une telle impression que les maratistes, en majorité pourtant dans la salle, ont à peine osé interrompre ; seules, quelques mégères ont essayé, à certains moments, de couvrir par leurs hurlements la voix de l'accusée, — voix enfantine, qui avait, dans cette affaire, quelque chose de saisissant et de tragique.

Mlle de Corday ne niait rien, ni l'attentat, ni aucune des circonstances qui l'ont accompagné ; elle reconnaissait l'avoir longuement prémédité. Elle ne cherchait d'ailleurs aucunement à se justifier. L'affaire aurait donc pu être expédiée en quelques minutes. Si le président Montané, si Fouquier-Tinville y ont mis plus de formes ; s'ils l'ont interrogée longuement, s'ils ont tenu à entendre un assez grand nombre de témoins, c'est évidemment qu'ils espéraient arracher à

---

ment que faiblement constituée, le visage ovale, les traits beaux, grands, mais un peu forts, l'œil bleu et pénétrant et tenant un peu de la sévérité de ses traits; le nez bien fait, la bouche belle et bien garnie, les cheveux châtains, les mains et les bras dignes de servir de modèle ; ses mouvements et son maintien respiraient la décence et les grâces. » — En regard de ce portrait, plaçons celui que nous ont laissé les rédacteurs du *Répertoire du Tribunal révolutionnaire* : « Cette femme, qu'on nous a dit fort jolie, n'était point jolie ; c'était une *virago* plus charnue que fraîche, sans grâce, malpropre, comme le sont presque tous les philosophes et beaux esprits femelles. Sa figure était dure, insolente, érysipélateuse et sanguine... Elle avait vingt-cinq ans ; c'est être, dans nos mœurs, presque vieille fille ; et surtout avec un maintien hommasse et une stature garçonnière... Elle était sans vergogne et sans pudeur... » La duchesse de Nemours raconte, dans ses *Mémoires*, que « Saint-Eglan (tué dans les troubles de la Fronde) avait des cheveux extrêmement blonds ou extrêmement noirs, selon qu'on tenait pour ou contre le Cardinal ». De même, Charlotte Corday était belle ou laide, selon qu'on tenait pour ou contre Marat.

l'accusée une phrase, un mot, qui leur auraient permis de rattacher à l'événement du 13 juillet une vaste conjuration, de montrer les députés de la Gironde, ceux qui sont sous les verroux comme ceux qui sont en fuite, inspirant, préparant le crime, armant eux-même le bras qui a frappé l'Ami du peuple.

Leur attente a été trompée. Pas une seule des réponses de Mlle de Corday ne pourra être tournée contre ses amis.

« Qui vous a engagé à commettre cet assassinat ? — Les crimes de Marat. »

« Comment pouvez-vous faire croire que vous n'avez pas été conseillée, lorsque vous dites que vous regardiez Marat comme la cause de tous les maux qui désolent la France, lui qui n'a cessé de démasquer les traîtres et les conspirateurs ? — Il n'y a qu'à Paris que l'on a les yeux fascinés sur le compte de Marat : dans les autres départements, on le regarde comme un monstre [1]. »

Cependant Montané ne se tient pas pour battu ; il revient à la charge :

« Quels sont ceux qui vous ont engagée à commettre cet assassinat ? — Personne ; c'est moi seule qui en ai conçu l'idée. »

Une quatrième fois, Montané lui pose sa question :

« Cet acte a dû vous être suggéré ? — On exécute mal ce qu'on n'a pas conçu soi-même [2]. »

Le président cherche alors à en tirer quelques ren-

---

1. *Bulletin du tribunal révolutionnaire.*
2. *Note de Chauveau-Lagarde, op. cit.*

seignements sur la conduite et sur les desseins des députés réfugiés à Caen.

« Que font les députés transfuges ? — Ils ne se mêlent de rien, ils attendent que l'anarchie cesse pour reprendre leur poste. »

« A quoi s'occupent-ils ? — Ils font des chansons, des proclamations pour rappeler le peuple à l'union. »

« N'avez-vous point assisté aux conciliabules des députés transfuges à Caen ? — Non. »

On a donné lecture d'une lettre écrite par Mlle de Corday à son père, quelques heures avant de paraître devant le tribunal. Cette lettre est ainsi conçue :

« Adieu, mon cher papa, je vous prie de m'oublier, ou plutôt de vous réjouir de mon sort ; la cause en est belle. J'embrasse ma sœur que j'adore de tout mon cœur ainsi que tous mes parents ; n'oubliez pas ce vers de Corneille :

Le crime fait la honte et non pas l'échafaud [1]. »

On assure que Mlle de Corday est l'arrière-petite-fille de Corneille [2]. Son aïeul n'eût pas désavoué quelques-unes de ses réponses :

« Qui vous inspira tant de haine ? — Je n'avais pas

---

[1]. *Bulletin du tribunal révolutionnaire.* — Ce vers est de Thomas Corneille, dans le *Comte d'Essex*, acte IV.

[2]. D'après Louis Blanc (IX, 74) et Michelet (V, 243), Charlotte Corday aurait été l'arrière-petite-*nièce* de Pierre Corneille. Elle était réellement l'arrière-petite-*fille* de l'auteur de *Cinna*. (Lepan, édition des Œuvres de P. Corneille, 1817.) — Prudhomme, *Femmes célèbres*, 1826. — Taschereau, *Vie de Corneille.* — Ballain, *Maison et généalogie de Corneille*, 1833. — Ch. Vatel, *Charlotte de Corday et les Girondins*, 1872.

besoin de la haine des autres, j'avais assez de la mienne. »

« En tuant Marat, qu'espériez-vous ? — Rendre la paix à mon pays. »

« Croyez-vous donc avoir tué tous les Marat ? — Celui-là mort, les autres auront peur peut-être [1]. »

Après une déposition qui la chargeait, le président lui ayant dit : « Que répondez-vous à cela ? — Rien, sinon que j'ai réussi. »

Et à côté de ces nobles et fermes réponses, elle en a eu d'autres où se trahissaient l'attendrissement et la pitié.

Pendant la déposition de Simonne Evrard, cette femme ayant éclaté en sanglots, Mlle de Corday, pour couper court à cette scène pénible, s'est hâtée de dire : « Oui, c'est moi qui l'ai tué. »

Quand un huissier lui a présenté le couteau dont elle s'est servie pour tuer Marat, elle a détourné les yeux et, le repoussant de la main, elle a dit d'une voix entrecoupée : « Oui, je le reconnais, je le reconnais. »

Le président a fait remarquer qu'elle avait plongé le couteau dans la gorge de Marat *perpendiculairement*, pour être bien sûre *de ne pas le manquer*, car si elle eût frappé *horizontalement*, le coup n'eût pas été mortel. Fouquier-Tinville est revenu sur cette observation, ajoutant : « Il faut que vous vous soyez bien exercée à ce crime ! » — « Oh ! le monstre ! s'est-elle écriée, il me prend pour un assassin [2] ! »

---

1. *Note* de Chauveau-Lagarde.
2. *Note* de Chauveau-Lagarde. Le *Bulletin* du tribunal révolutionnaire fait répondre à Charlotte Corday : « Non assurément. »

En dehors de ces deux ou trois mouvements de sensibilité, Mlle de Corday a conservé pendant toute l'audience le même calme, la même sérénité d'âme et de visage. S'étant aperçue qu'un peintre cherchait à reproduire ses traits, elle s'est tournée de son côté, afin de mieux se prêter à son dessein. Dans sa lettre à son père, elle avait écrit : « J'ai pris pour défenseur Gustave Doulcet ; un tel attentat ne permet nulle défense, c'est pour la forme. » En l'absence de Doulcet [1], c'est Chauveau-Lagarde, nommé d'office par le président au commencement de l'audience, qui a porté la parole. Il n'a point essayé une défense impossible, inutile à coup sûr, et que l'accusée sans doute eût désavouée. Il s'est borné à ces courtes observations :

« L'accusée avoue de sang-froid l'horrible attentat qu'elle a commis ; elle en avoue de sang-froid la longue préméditation ; elle en avoue de sang-froid, toutes les circonstances les plus affreuses ; en un mot, elle avoue tout, se glorifie de tout, et ne cherche à se justifier de rien. *Voilà toute sa justification.* Ce calme imperturbable de la part d'une jeune femme de son âge, et cette abnégation sublime de soi-même, pour ainsi dire en face de la mort, ne sont pas naturels ; ils prennent leur source dans le fanatisme politique qui lui a mis le poignard à la main ; c'est à vous, citoyens jurés, de peser cette considération dans la balance de la justice [2]. »

---

1. Doulcet de Pontécoulant, député du Calvados à la Convention, était né à Caen en 1764 ; il n'avait donc que quatre ans de plus que Charlotte Corday. Il ignorait qu'elle l'eût choisi pour défenseur. Comme il le manda au président du tribunal révolutionnaire par une lettre datée du 20 juillet, il n'avait reçu celle de Mlle de Corday que le samedi 20, et décachetée. Sénateur sous l'Empire, pair de France sous la Restauration et la monarchie de juillet, il a laissé des *Souvenirs historiques*, publiés en 1862.
2. *Note* de Chauveau-Lagarde, *loc. cit.*

A mesure qu'il parlait, un air de satisfaction brillait sur le visage de Mlle de Corday [1]. Chauveau-Lagarde l'avait défendue comme elle voulait l'être.

Les jurés ont été unanimes pour la condamnation [2]. Ni ce verdict, ni l'arrêt de mort prononcé par le président n'ont paru la troubler. Elle a seulement demandé à être conduite par les gendarmes auprès de son défenseur, et lui a dit avec beaucoup de douceur et de grâce : « Monsieur, je vous remercie bien du courage avec lequel vous m'avez défendue d'une manière digne de vous et de moi. Ces Messieurs (et en disant cela, elle s'était tournée vers les juges), ces Messieurs me confisquent mon bien... Mais je vais vous donner un plus grand témoignage de reconnaissance ; je vous prie de payer pour moi ce que je dois à la prison, et je compte sur votre générosité [3]. »

L'exécution a eu lieu dans la soirée. Une foule immense encombrait les quais ; des huées formidables ont accueilli la condamnée, lorsqu'elle est montée sur la charrette devant le guichet de la Conciergerie, revêtue de la chemise rouge des assassins. Au moment où le cortège s'est mis en marche, un orage violent a éclaté.

---

1. *Note* de Chauveau-Lagarde.
2. Les douze jurés étaient Jourdeuil, Fallot, Ganney, Leroy, Brochet, Chrétien, Godin, Thoumin, Brichet, Sion, Duplain et *Fualdès*. — Leroy, dit *Dix-Août*, a été guillotiné, avec Fouquier-Tinville, le 18 floréal an III (7 mai 1795.). Fualdès a été assassiné à Rodez, le 19 mars 1817, dans des conditions qui lui ont valu de devenir aussi célèbre que Charlotte Corday. Voir, dans la *Revue des Questions historiques*, de janvier 1867, l'excellent travail de M. Léon de la Sicotière sur *Charlotte Corday et Fualdès*.
3. *Note* de Chauveau-Lagarde : « Ses dettes ne montaient qu'à *trente-six livres* assignats, que j'ai payées le lendemain au concierge de l'Abbaye. »

Quel spectacle! Ce ciel en feu, ces cris de mort, ces huées sauvages, auxquels répondaient d'en haut les grondements du tonnerre; ces éclairs qui sillonnaient la nue et dont la chemise rouge de la victime faisait pâlir l'éclat; et, debout sur l'infâme charrette, promenant sur les hideuses mégères qui l'insultaient un regard calme et dédaigneux, cette jeune femme qui allait mourir et dont nulle crainte n'altérait le visage, cette jeune fille qui avait trempé ses mains dans le sang et que les plus honnêtes gens ne pouvaient se défendre d'admirer, malgré son crime... Qui a vu cette scène terrible et sublime en conservera éternellement le souvenir.

Il a fallu deux heures à la charrette, tant les flots de la foule étaient épais, pour gagner la place de la Révolution [1]. On a dit qu'arrivée au pied de l'échafaud, à la vue de l'instrument du supplice, Mlle de Corday avait pâli un instant; ce qui est certain, c'est qu'au moment où elle est apparue au haut de cet escalier dont nul ne redescend les marches, son teint avait repris son éclat, son front avait repris sa sérénité [2].

---

1. « Pendant deux heures, depuis son départ jusqu'à l'arrivée à l'échafaud, elle garda la même fermeté, la même douceur inexprimable... » Adam Lux, cité par M. Chéron de Villiers, dans son livre sur *Marie-Anne-Charlotte de Corday d'Armont*, p. 416. — Adam Lux, député extraordinaire de Mayence, fut guillotiné le 4 novembre 1793 (et non le 5, comme l'écrit Louis Blanc). Cet enthousiaste de Charlotte Corday « est allé à la mort avec un sang-froid vraiment incroyable; il parlait, il souriait et semblait regarder la mort sans appréhension. Monté sur l'échafaud avec fermeté, avant d'être frappé du glaive de la loi, il embrassa ses exécuteurs. » *Le Glaive vengeur*, par Du Lac, p. 127.

2. Cabanis, d'après le témoignage d'un médecin de ses amis, témoin oculaire. *Magasin encyclopédique*, de Millin, t. V, p. 155.

Quand le valet du bourreau a découvert ses épaules, elle a rougi [1], et pour abréger, elle a posé elle-même sa tête sous le couperet [2], comme l'enfant qui va dormir met, le soir, sa tête sur l'oreiller.

Des cris de *Vive la Nation! vive la République!* ont retenti. La hache venait de tomber. Un misérable, un charpentier maratiste, a saisi la tête pour la montrer au peuple et l'a souffletée deux ou trois fois [3]...

La foule s'est écoulée lentement. L'orage avait depuis longtemps cessé.

Le soleil se couchait maintenant derrière les arbres des Champs-Élysées. Était-ce une illusion? Il me semblait que ses rayons n'avaient jamais eu plus d'éclat et qu'ils mettaient comme des taches de sang aux murailles des Tuileries, aux fenêtres de cette salle de la Convention où Marat siégeait hier, où siègeront demain Barère et Danton, Robespierre et Saint-Just [4] !

1. Beaulieu, *Biographie universelle.*
2. *Chronique de Paris*, n° du 19 juillet 1793.
3. *Révolutions de Paris*, t. XVI, p. 684. — *La Chronique de Paris*, n° du 19 juillet 1793. L'auteur de cette infamie était « le citoyen Legros, l'un des aides pour l'exécution ». Lettre de Roussillon à la *Chronique de Paris*. Roussillon n'était pas *juré* au tribunal révolutionnaire, comme le dit M. Louis Blanc, d'après Buchez et Roux. Dans le procès de Charlotte Corday, il avait siégé comme *juge*, avec Foucault et Ardouin. Foucault fut guillotiné le 7 mai 1795.
4. M. Michelet, qui a d'ailleurs écrit sur la *Mort de Charlotte Corday*, des pages admirables, place cette mort au 19 *juillet*, au lieu du 17. M. Thiers la place au 15. (*Histoire de la Révolution*, t. V, p. 90.)

XIV

ANDRÉ DE CHÉNIER ET Mlle DE CORDAY

Samedi 27 juillet 1793.

On continue à ne parler que de Marat et de Mlle de Corday. Un de mes amis me montrait hier, presque comme une relique, une carte pareille à celle que Mlle de Corday a laissée, le 12 juillet, au député Duperret, pour lui faire connaître l'hôtel où elle était descendue. Elle est ainsi conçue :

Madame GROLLIER
TIENT L'HOTEL DE LA PROVIDENCE
Rue des Vieux-Augustins, n° 19, près la place de la Victoire-Nationale [1]

ON Y TROUVE DES APPARTEMENTS MEUBLÉS A TOUS PRIX

A PARIS

Ce matin mon ami m'a emmené rue des Vieux-Augustins [2]. L'*Hôtel de la Providence* forme l'angle de cette rue et de la rue Soly [3]. C'est une haute maison avec des balcons de fer aux fenêtres du premier étage.

---

1. Place Notre-Dame-des-Victoires.
2. La rue des Vieux-Augustins, devenue rue d'Argout, a disparu en partie en 1880, pour l'agrandissement de l'hôtel des Postes de la rue Jean-Jacques-Rousseau.
3. Ruelle disparue également lors de la reconstruction de l'Hôtel des Postes. — Balzac a placé dans la rue Soly le début de son *Histoire des Treize*.

La chambre occupée par Mlle de Corday est la chambre n° 7, ayant vue sur la rue, avec antichambre. Nous l'avons visitée. En voici l'ameublement : une commode surmontée d'un trumeau, un secrétaire, une bergère de satin, un fauteuil et deux chaises en tapisserie, tenture des murs également en tapisserie, rideaux et couvre-pied en damas cramoisi [1].

Ce petit pèlerinage m'a vivement intéressé. Cependant, si grande que soit mon admiration pour Mlle de Corday, pour la fermeté de son attitude en face de ses juges, pour la sublimité de son courage en face de la mort, je ne suis pas de ceux qui approuvent l'acte qu'elle a commis. Ni Deparis tuant Le Peletier, ni Mlle de Corday assassinant Marat, ne sont mes héros. Laissons le poignard aux bandits de la Commune et de la Convention, laissons le crime aux criminels. Imitons plutôt, si nous avons assez de cœur pour cela, imitons ces Vendéens qui, là-bas, combattent pour leur Dieu et pour leur Roi, ces paysans qui obéissent librement aux chefs qu'ils se sont choisis, quand nous obéissons lâchement à un signe de Robespierre; pour qui l'insurrection est vraiment le plus saint des devoirs, parce qu'ils se sont insurgés, non contre le trône, mais contre l'échafaud ; qui défendent leurs prêtres proscrits, qui adorent leur Dieu outragé.

Je dois dire d'ailleurs que tous mes amis professent, à l'endroit de Mlle de Corday, un enthousiasme qui n'admet ni restrictions ni réserves. A leurs yeux (et je ne saurais, encore une fois, partager cette manière de

---

1. Jules Claretie, *Une Maison historique.* — *La Robe de Charlotte Corday* (le Temps, 26 août 1880).

voir), tous les moyens étaient bons pour délivrer Paris et la France d'un monstre tel que Marat. Marat ne devait pas mourir de la main du bourreau, puisqu'aussi bien aujourd'hui les honnêtes gens seuls meurent sur l'échafaud. Force était donc qu'un homme de cœur se dévouât et se fit l'exécuteur des hautes œuvres de Dieu ; les hommes manquant, une femme est venue qui a fait justice. Cette thèse, André de Chénier l'a développée, devant Beaulieu et devant moi, avec son habituelle éloquence. Je ne l'avais pas vu depuis le jour où nous nous étions rencontrés, en février dernier, chez Mme Pourrat, à Luciennes [1]. Il habite maintenant à Versailles [2], et il n'a quitté sa retraite que pour visiter les lieux consacrés désormais pour lui par le souvenir de Mlle de Corday : la maison de la rue des Vieux-Augustins, le jardin Égalité, la maison de la rue des Cordeliers. la prison de l'Abbaye, la Conciergerie et la place de la Révolution. Elle lui a inspiré une Ode, dont il a bien voulu me laisser prendre copie. J'en reproduirai ici quelques strophes :

> La Grèce, ô fille illustre ! admirant ton courage,
> Épuiserait Paros pour placer ton image
> Auprès d'Harmodius, auprès de son ami ;
> Et des chœurs sur ta tombe, en une sainte ivresse,
> Chanteraient Némésis, la tardive déesse,
> Qui frappe le méchant sur son trône endormi.

[1]. Voir, dans *Paris en 1793*, par Edmond Biré, le chapitre IV: *Un cocher de fiacre.* — Sur madame Pourrat, Cf. Lacretelle, *Testament philosophique et littéraire*, t. I, p. 355; et L. Becq de Fouquières, *Étude sur la vie d'André Chénier*, en tête des *Œuvres en prose d'André Chénier* (Charpentier et Cie, éditeurs, 1879).

[2]. André Chénier a passé l'année 1793 à Versailles, au numéro 69 de la rue Satory.

Mais la France à la hache abandonna ta tête.
C'est au monstre égorgé qu'on prépare une fête
Parmi ses compagnons, tous dignes de son sort.
Oh ! quel noble dédain fit sourire ta bouche,
Quand un brigand, vengeur de ce brigand farouche,
Crut te faire pâlir aux menaces de mort !

C'est lui qui dut pâlir, et tes juges sinistres,
Et notre affreux sénat et ses affreux ministres,
Quand, à leur tribunal, sans crainte et sans appui,
Ta douceur, ton langage et simple et magnanime,
Leur apprit qu'en effet, tout puissant qu'est le crime,
Qui renonce à la vie est plus puissant que lui.

. . . .

Belle, jeune, brillante, aux bourreaux amenée,
Tu semblais t'avancer sur le char d'hyménée ;
Ton front resta paisible et ton regard serein.
Calme, sur l'échafaud, tu méprisas la rage
D'un peuple abject, servile et fécond en outrage,
Et qui se croit encore et libre et souverain.

La vertu seule est libre. Honneur de notre histoire,
Notre immortel opprobre y vit avec ta gloire ;
Seule, tu fus un homme, et vengeas les humains !
Et nous, eunuques vils, troupeau lâche et sans âme,
Nous savons répéter quelques plaintes de femme ;
Mais le fer pèserait à nos débiles mains.

Un scélérat de moins rampe dans cette fange.
La Vertu t'applaudit ; de sa mâle louange
Entends, belle héroïne, entends l'auguste voix.
O Vertu, le poignard, seul espoir de la terre,
Est ton arme sacrée, alors que le tonnerre
Laisse régner le crime et te vend à ses lois [1].

---

1. *Œuvres poétiques de André Chénier*, avec une notice et des notes, par *M. Gabriel de Chénier*, t. III, p. 253.

Je ne sais s'il est bien vrai, comme on le prétend, que Mlle de Corday descende de Corneille; ce qui est sûr, c'est que, depuis *Polyeucte* et *Cinna*, personne en France n'a fait d'aussi beaux vers qu'André de Chénier Marie-Joseph [1], ne lui en déplaise, ne sera dans la postérité que *Thomas* Chénier.

Sur cette question de la parenté de Mlle de Corday avec Corneille, André de Chénier est intraitable. Il ne veut pas admettre qu'elle puisse être seulement son arrière-petite-nièce; il faut absolument qu'elle soit son arrière-petite-fille. « Les misérables! me disait-il encore hier, ils ont égorgé, dans la même semaine, la descendante de Corneille et le descendant de Malherbe. Samedi dernier [2], trois jours après le supplice de Mlle de Corday, ils ont guillotiné le jeune Louis de Malherbe, âgé de vingt ans. Vainement a-t-il attesté qu'il était sorti de France pour prendre les eaux d'Aix-la-Chapelle, par ordonnance de la Faculté, et que Dampierre, consulté par lui pour savoir s'il était dans le cas prévu par les lois contre les émigrés, lui avait dit qu'il pouvait rentrer en France. Vainement son défenseur a-t-il rappelé qu'il était l'arrière-petit-fils du poëte Malherbe et le dernier de son nom [3]. — Décidé-

---

1. C'est sur le rapport de Marie-Joseph Chénier que la Convention décréta, dans sa séance du 5 frimaire an II (25 novembre 1793), que « le corps de Mirabeau serait retiré du Panthéon-Français et que celui de *Marat* y serait transféré ». — Cette apothéose de Marat a été votée par la Convention nationale *à l'unanimité*. (*Moniteur* du 27 novembre 1793.)

2. Le samedi 20 juillet 1793.

3. *Bulletin* du Tribunal révolutionnaire, 1re partie, n° 74. « Malherbe en montant sur l'échafaud, a crié à diverses reprises : *Vive Louis XVII! je meurs pour Louis XVII!* Mais le peuple indigné

ment, a repris André, après un silence, la République n'aime pas les poètes. » Et se levant pour prendre congé : « Les temps sont venus, a-t-il dit, qu'avait annoncés le vieux Malherbe, dans son Ode *sur l'attentat commis en la personne du Roi* :

> Que direz-vous, races futures,
> Si quelquefois un vrai discours
> Vous récite les aventures
> De ces abominables jours ?
> Lirez-vous, sans rougir de honte,
> Que notre impiété surmonte
> Les faits les plus audacieux
> Et les plus dignes du tonnerre
> Qui firent jamais à la terre
> Sentir la colère des cieux [1] ? »

de ces croassements impies n'a répondu que par le cri souverain, le cri vertueux : *Vive la République ! Vive la Convention nationale !* » *Le Glaive vengeur*, par Du Lac, p. 98.

1. M. de Latour a publié, en 1842, les *Poésies de Malherbe*, avec un commentaire inédit par André Chénier.

D'après M. Louis Blanc (IX, 73) et M. Michelet (V, 243), Charlotte de Corday n'aurait été que l'arrière-petite-nièce de Pierre Corneille. C'est une erreur. Elle était bien réellement l'arrière-petite fille de l'auteur de *Cinna*. Pierre Corneille avait eu six enfants. Sa fille aînée, *Marie*, née le 10 janvier 1642, épousa en secondes noces *Jacques-Adrien de Farcy*, président des trésoriers de France ; elle eut de ce mariage deux filles, dont l'une, *Françoise*, mariée le 22 octobre 1701, à *Adrien de Corday*, eut pour fils *Jacques-Adrien de Corday*, né le 7 avril 1704 ; Jacques-Adrien de Corday épousa, le 22 août 1729, *Renée-Adélaïde de Belleau de la Motte.* Il eut de ce mariage huit enfants; son 3ᵉ fils *Jacques-François de Corday d'Armont*, lieutenant au régiment de la Fère, fut le père de *Marie-Anne Charlotte de Corday.* (Voir le *Tableau généalogique de la famille Corneille*, à la fin de la *Notice biographique de Pierre Corneille*, dans *les Grands écrivains de la France*, édités chez Hachette par M. Ad. Régnier. — Voir aussi ci-dessus, page 132, note 2.)

XV

CŒUR DE MARAT !

Lundi 29 juillet 1793.

J'admire vraiment la justice distributive de la Révolution. Elle a eu des hommes — les Brissot, les Guadet, les Buzot, les Vergniaud, les Barbaroux, les Roland — qui lui ont sacrifié jusqu'à leur honneur; qui, pour elle, n'ont reculé devant rien, pas même devant le crime, mais qui ont mis du moins à son service de grands talents et quelque courage : elle les jette en prison et se prépare à les traîner à l'échafaud. Marat est un misérable qui sue le crime et la lâcheté; il est à la fois ridicule et odieux; c'est un monstre, à moins que ce ne soit un fou. Vivant, sa vraie place était dans un cabanon de Bicêtre. Il meurt, et la République lui dresse des autels.

Les femmes se sont prononcées les premières en faveur du culte nouveau. Dès le 20 juillet, la Société des Républicaines révolutionnaires, séante à la Bibliothèque des ci-devant Jacobins, demande l'érection d'un obélisque à la mémoire de Marat sur la place de la Réunion [1], en face du Palais-National [2]. Le 24, une

---

1. Place du Carrousel.
2. Palais des Tuileries. — *Inventaire des Autographes de la collection de Benjamin Fillon*, n° 556. *Délibération de la Société des Républicaines, relative à l'érection d'un OBELISTE à la mémoire de Marat sur la place du Carrousel.*

députation de ces citoyennes se rend à la Commune, qui applaudit à leur civisme [1] et arrête qu'il sera élevé aux dépens des vrais sans-culottes un obélisque de granit en l'honneur de l'Ami du peuple et qu'on y gravera le titre de ses ouvrages. En attendant le granit, une collecte faite par les patriotes a permis de dresser provisoirement sur la place de la Réunion un obélisque en bois [2].

Le 25 juillet, un artiste, le citoyen Beauvallet, fait hommage à la Convention d'un buste de Marat. L'Assemblée décrète qu'il sera placé dans le lieu de ses séances, à côté de ceux de Brutus, de Dampierre [4] et de Lepeletier [3]. La Commune a mis son portrait dans la salle du Conseil général, auprès de celui de Passavant, ce brave grenadier de la garde nationale qui se serait, assurent les patriotes, brûlé la cervelle le 17 juillet 1791, pour ne pas survivre au *massacre* du Champ de Mars [5]! Pas une section, pas une société populaire, qui ne veuille avoir, elle aussi, son buste ou au moins son portrait de Marat. Il est partout, à la manufacture des Gobelins, comme à la Société des Patriotes de l'un et de l'autre sexe, à la Trésorerie générale comme à la Société populaire des Amis de la liberté [6]. Les théâtres

---

1. *Moniteur* du 27 juillet 1793.
2. *Journal de la Montagne*, 2 août 1793.
3. Le général Dampierre mortellement blessé à l'attaque des bois de Ruisme et de Saint-Amand, le 8 mai 1793.
4. *Moniteur* du 27 juillet 1793. — Beaulieu, *Les Souvenirs de l'histoire ou le Diurnal de la Révolution de France pour l'an de grâce* 1797, jeudi 25 juillet 1793.
5. *Marat, l'Ami du peuple*, par Alfred Bougeart, II, 293.
6. *Inventaire des Autographes de la collection de B. Fillon*, n° 556. — *Inauguration des bustes de Marat et de Lepeletier*, 86 pièces originales, la plupart adressées à Palloy, 1793.

ne resteront pas en arrière; le théâtre Molière, aujourd'hui Théâtre des sans-culotes, a donné le signal [1].

La Commune, sur la demande de la Société des Cordeliers, a arrêté que la rue où il est mort porterait le nom de *rue Marat*, et que la rue de l'Observance prendrait celui de *place de l'Ami du peuple* [2]. L'ancienne section du Théâtre-Français, devenue après le 10 août la section de Marseille, a quitté ce dernier nom pour devenir la *section de Marat* [3].

A l'Hôtel des Invalides, un des corridors s'appelle maintenant *corridor de Marat*. Il est parallèle au *corridor d'Ankastroom*, l'assassin du roi de Suède [4]. Marat aux Invalides! Le nom de ce hideux et lâche sycophante associé à ces glorieux souvenirs, inscrit en ce lieu où tout parle d'honneur et de courage! Le souvenir de Marat mêlé à ceux de Condé, de Luxembourg et de Turenne! Il ne se peut guère imaginer de profanation plus odieuse. Eh! citoyens, portez, si vous le voulez, le corps de Marat au Panthéon; mais de grâce, ne souillez pas de son nom les murs des Invalides!

Le 26 juillet, une députation des Cordeliers est venue annoncer à la Convention nationale, présidée, ce jour-là, par Danton, qu'elle avait arrêté, d'élever, le dimanche suivant — 28 juillet — dans le lieu de

---

1. *Inventaire des Autographes de la collection de B. Fillon*, n° 556.
2. *Moniteur* du 28 juillet 1793.
3. Voir dans le *Journal d'un bourgeois de Paris pendant la Terreur*, par Edmond Biré, le chapitre intitulé : *Les 48 sections de Paris*.
4. Beaulieu, *Essais historiques sur les causes et les effets de la Révolution de France*, III, 36.

ses séances, un autel au *cœur de Marat*. La Convention a décrété qu'une députation de vingt-quatre de ses membres assisterait à cette cérémonie [1].

Hier dimanche, la fête a eu lieu [2]. Elle a commencé dans le jardin du Luxembourg où un reposoir, richement décoré, était dressé à l'entrée de la grande allée, du côté des parterres. Le cœur de Marat y avait été déposé ; il était enfermé dans une urne magnifique, provenant du Garde-Meuble. La Société des Cordeliers avait été autorisée à y choisir un des plus beaux vases, « pour que les restes du plus implacable ennemi des rois fussent renfermés dans des bijoux attachés à leur couronne [3] ».

Les sociétés populaires, les autorités constituées, et à leur tête vingt-quatre membres de la Convention et douze membres de la Commune, une foule énorme de patriotes, et, parmi eux, beaucoup de femmes, avec leurs enfants à la main ou dans leurs bras, emplissaient le jardin et se pressaient autour du reposoir.

Un orateur est monté sur une chaise et a lu un discours, dont voici le début : « *O cor Jesus ! ô cor Marat ! Cœur sacré de Jésus ! cœur sacré de Marat ! vous avez les mêmes droits à nos hommages !* » Puis, comparant les travaux et les enseignements du Fils de Marie à ceux de l'Ami du peuple, l'orateur a montré que les Cordeliers et les Jacobins étaient les Apôtres du nouvel Évangile, que les Publicains revivaient dans les

---

1. *Moniteur* du 28 juillet.
2. *Mercure français*, n° 105, 3 août 1793.
3. *Nouvelles politiques nationales et étrangères*, n° 212, 31 juillet 1793.

Boutiquiers et les Pharisiens dans les Aristocrates. *Jésus-Christ est un prophète*, a-t-il ajouté, *et Marat est un Dieu*. « Ce n'est pas tout, s'est-il écrié en finissant, je puis dire ici que la compagne de Marat est parfaitement semblable à Marie : celle-ci a sauvé l'enfant Jésus en Égypte ; l'autre a soustrait Marat au glaive de Lafayette, l'Hérode des temps nouveaux [1]. »

Un autre frère Cordelier, le citoyen Brochet, a pris ensuite la parole. Après avoir rendu hommage au talent de l'orateur qui l'avait précédé, il a manifesté sa surprise de voir que l'on osait assimiler Jésus au divin Marat. Son discours a été le développement de ce thème que Jésus avait créé la superstition et le fanatisme, monstres odieux que Marat avait détruits : « Jésus a défendu les rois ; Marat a eu le courage de les écraser. *Il ne faut jamais nous parler de ce Jésus ;* ce sont là pures sottises, fadaises misérables qui ont mutilé la liberté dès son berceau. La philosophie seule doit être le guide des républicains, ils n'ont d'autre Dieu que la liberté [2]. »

Des applaudissements frénétiques ont accueilli cette harangue. Le commandant de la force parisienne s'est alors avancé et a offert de fournir gratuitement des cyprès, des œillets et des roses pour orner la tombe de Marat [3].

La soirée s'avançait ; on a retiré du reposoir, où il était exposé comme un Saint-Sacrement, le cœur de Marat, et on l'a porté processionnellement du Luxembourg aux Cordeliers, au chant des hymnes nouveaux,

---

1. *Révolutions de Paris*, n° 211, du 20 juillet au 3 août 1793.
2. *Ibid.*
3. *Ibid.*

le *Ça ira*, l'*Hymne des Marseillais* et la *Carmagnole*. L'urne renfermant la précieuse relique a été suspendue à la voûte de la salle des séances du club, et le président, les yeux levés vers cette urne sainte, a prononcé ces paroles : « *Restes précieux d'un dieu !* serons-nous donc parjures à tes mânes : tu nous demandes vengeance, et tes assassins respirent encore ! Réveillez-vous, Cordeliers ! Il est temps. Courons venger Marat, Courons essuyer les larmes de la France éplorée [1]. »

1. *Journal de la Montagne*, n°. 63,

Le citoyen Brochet, l'orateur du 28 juillet, était juré au tribunal révolutionnaire ; il avait, le 17 juillet, condamné à mort Charlotte Corday. Dans sa déposition lors du procès de Fouquier-Tinville, le greffier Pâris, le même qui, depuis l'assassinat de Lepeletier par un de ses homonymes, se faisait appeler *Fabricius*, désigne Brochet comme un des jurés *solides*, un des *faiseurs de feux de file*. On devait tirer au sort les juges et les jurés, mais Pâris nous apprend « qu'au lieu d'un tirage, c'était un triage ». Cela se pratiquait surtout dans les grandes affaires (celles d'Hébert, de Danton, etc.). Cumulant trois fonctions, officier de la force armée, membre du comité révolutionnaire et juré, Brochet se donnait le triple plaisir d'arrêter, d'interroger et de condamner (Wallon, *La Terreur*, II, 253). — Dans la séance des Jacobins du 2 octobre 1793, renchérissant sur Hébert, qui demandait l'exécution immédiate de Brissot et de ses complices, « en quelque nombre qu'ils fussent », le juré Brochet réclamait la suppression des formalités ordinaires de la justice pour la poursuite des conspirateurs. « Tout acte d'accusation, s'écriait-il, ne tend qu'à *allonger la courroie* et à soustraire au couteau national les têtes qui devraient déjà être tombées. Il existe un plan de conspiration qui a commencé à la journée de Vincennes, s'est prolongé à celles du Champ de Mars, de Varennes, et dure encore. C'est aux complices et aux fauteurs de ces journées, de *mille autres conspirations*, que doivent s'étendre les mesures de salut. En cette occasion, les réduire et les circonscrire, ce serait commettre un crime ; il faut que tous les coupables, *jugés à la fois, périssent en même temps et de la même manière.* » (*Moniteur* du 6 octobre 1793.) — Poursuivi en même temps que Fouquier-Tinville et plusieurs anciens juges, jurés et substituts du Tribunal révolutionnaire, Brochet fut acquitté le 17 floréal an III (6 mai 1795). Réincarcéré sur la demande de de sa section et remis en liberté à la suite du 13 vendémiaire an IV (5 octobre 1795), il s'établit alors épicier. Sous le Consulat, il fut compris dans le décret de déportation rendu au lendemain de l'attentat du 3 nivôse an IX (24 décembre 1800); il fut condnit à Oléron ; puis embarqué en 1804 ; il mourut dans la traversée. Il avait cinquante-deux ans.

XVI

LA DISTRIBUTION DES PRIX DE L'UNIVERSITÉ

Dimanche 4 août 1793.

Qui de nous n'a gardé comme un de ses plus chers souvenirs celui de ces distributions de prix qui avaient lieu, avec tant de solennité, dans cette vieille salle de la Sorbonne, dont les échos redisaient chaque année les noms des meilleurs et des plus heureux d'entre nous? Sous les yeux de nos parents, nous allions recevoir des mains de nos maîtres ces couronnes, objets de nos jeunes et pures ambitions. De quel cœur nos condisciples applaudissaient ceux qui avaient soutenu l'honneur de leur cher collège [1] ! Quelles belles luttes entre *Louis-le-Grand* et *Mazarin!* Quelles noble rivalités entre *Navarre* et *Montaigu!* Au sortir de la Sorbonne, lorsque nous nous répandions par les rues de la ville, comme il nous semblait que les passants eux-

---

1. Avant 1789, il y avait à Paris dix collèges de plein exercice, dont voici les noms : Collège de *Louis-le-Grand*, situé au haut de la rue Saint-Jacques ; — collège *des Quatre-Nations ou Mazarin*, sur le quai de Conti ; — collège *du Plessis*, rue Saint-Jacques, au-dessus de la place Cambrai ; — collège *d'Harcourt*, rue la Harpe, près la place Sorbonne ; — collège *de Lisieux*, rue Saint-Jean-de-Beauvais ; — collège *des Grassins*, rue des Amandiers ; — collège *de la Marche*, rue de la Montagne-Sainte-Geneviève ; — collège *de Navarre*, au haut de ladite rue ; — collège *de Montaigu*, rue des Sept-Voies ; — collège *du Cardinal-le-Moine*, rue Saint-Victor.

mêmes se réjouissaient de nos succès ; que tous, le marchand sur le pas de sa porte, le cocher sur son siège, la grande dame au fond de son carrosse, la jeune fille qui se retournait en riant, prenaient part à notre bonheur et s'associaient à notre triomphe ! Et le soir, à la table présidée par l'aïeul, quelle franche gaieté ! Quelle joie sans mélange ! Pour nos pères et nos mères, comme pour nous-mêmes, quelle douce et charmante fête ! et comme l'avenir nous apparaissait plein de promesses et radieux d'espérances !

J'ai tenu à assister une fois encore à la distribution des prix de l'Université. Elle a eu lieu aujourd'hui à 5 heures du soir ; combien différente, hélas ! de celles dont j'avais été autrefois témoin ! Elle a été célébrée, non plus à la Sorbonne, mais au Club de la rue Saint-Honoré, dans la salle des Jacobins ! Les invitations avaient été faites, non par le Recteur, au nom de l'Université, mais par le Procureur général syndic, au nom du Directoire du département.

Sur l'estrade, autour du citoyen Dufourny, président du département [1], avec les officiers de l'Université, ayant à leur tête le citoyen René Binet, faisant fonctions de recteur [2], ont pris place les Administrateurs du département, une députation de la Convention nationale, le tribunal de cassation, tous les corps admi-

---

1. Sur *Dufourny-de-Villiers* et son rôle dans la révolution du 31 mai, voyez *Paris en* 1793, chapitre XXXI. Après le 9 thermidor, Dufourny fut décrété d'arrestation comme terroriste.
2. *René Binet* (1732-1812), connu par ses traductions d'*Horace*, de *Virgile*, de *Valère-Maxime*, etc.; auteur d'une *Histoire de la décadence des mœurs chez les Romains et de ses effets dans les derniers temps de la République*.

nistratifs et judiciaires, l'Assemblée électorale, les commissaires des sections. Les juges du Tribunal révolutionnaire sont au grand complet ; mais leur président, le citoyen Montané, brille par son absence. La Convention nationale l'a décrété d'arrestation, il y a quatre jours [1]. A son défaut, Fouquier-Tinville est là, avec son front étroit et blême, ses cheveux noirs et unis, son visage grêlé, ses yeux chatoyants, ronds et petits [2]. Et au demeurant, il faut nous féliciter de sa présence et de celle de son premier substitut Fleuriot-Lescot : le tribunal ne siégeant pas aujourd'hui, la cérémonie ne sera pas troublée par le bruit des charrettes traversant la rue Saint-Honoré pour se rendre à la place de la Révolution, par les cris et les huées de la foule insultant les victimes !

Le citoyen Dufourny a ouvert la séance par un discours, dont voici les principaux passages :

Enfants de la patrie, le jour de gloire est arrivé !... Que vos âmes, enfants de l'égalité, ne s'effrayent donc pas de ce que vos fronts seront un moment ceints de couronnes : car ces couronnes ne sont point celles de l'orgueil ni celles de la tyrannie, ce sont les couronnes de l'émulation, des talents qui ont fondé, illustré et défendu la République...

Les livres qui vous seront distribués vous instruiront de vos devoirs d'hommes et de citoyens: ils seront accompagnés d'un exemplaire de la Constitution ; vous l'étudierez pour la défendre ; vous la méditerez pour la développer...

..... Qui d'entre vous, purs comme la nature, a jamais distingué dans son camarade le fils d'un sans-culotte, et s'il l'a

---

1. Dans la séance du 30 juillet 1793.
2. *Le Nouveau Paris,* par Sébastien Mercier, ch. CLII.

distingué, n'est-ce pas, enfants généreux, pour l'en aimer davantage?

Les citoyens et les citoyennes qui remplissaient toutes les tribunes de la salle ont fréquemment interrompu l'orateur par leurs applaudissements. Il a dû répéter plusieurs fois des phrases qu'on ne lui donnait pas le temps d'achever. « J'invite le président de la députation de la Convention nationale, a-t-il dit en finissant, à vous présenter en son nom notre espoir, nos suffrages et les couronnes. »

Le doyen de la députation de la Convention monte au fauteuil, et Dufourny reprend:

Jeunes citoyens, vous avez tressailli au nom d'enfants de la patrie. Vos transports annoncent que vous êtes dignes d'un si beau nom. Le vieillard qui vous préside n'est pas seulement recommandable par son âge, il l'est aussi par ses vertus; il a donné depuis longtemps l'exemple de l'adoption; il n'avait pas d'enfants, il en a choisi un [1].

L'assemblée et surtout la jeunesse ayant demandé à grands cris le nom de celui qui venait d'être appelé à la présider, Dufourny a dit que ce vénérable citoyen avait été l'un des premiers défenseurs de la liberté dans l'illustre district des Cordeliers; qu'il était député de Paris, habitant immuable de la Montagne, et se nommait Boucher Saint-Sauveur.

Dufourny, l'un des membres les plus exaltés du club des Jacobins et l'un des principaux auteurs de la révolution du 31 mai; Boucher Saint-Sauveur, l'ami de Danton, le député régicide, *l'habitant immuable de la*

---

1. Département de Paris, 1793, *Procès-Verbal de la distribution des Prix de l'Université.*

Montagne, voilà les hommes qui président aujourd'hui aux fêtes de la jeunesse ; voilà les modèles qu'on lui propose, les guides qu'on lui donne! *Enfants de la patrie, le jour de gloire est arrivé !* Sous le règne du *tyran* Louis XVI nous étions couronnés par Malesherbes ; vous allez être couronnés par Fouquier-Tinville !

Le citoyen Crouzet, principal du collège du Panthéon, ci-devant de Montaigu [1], donne lecture d'un poème français sur la liberté. Dufourny prend de nouveau la parole pour proposer de demander à la Convention que le poème de Crouzet soit imprimé aux frais de la Nation et envoyé dans toute la République. Boucher Saint-Sauveur s'engage à appuyer cette demande auprès de ses collègues, et il est ensuite procédé à la distribution des prix. Binet appelle les noms des lauréats, et chacun d'eux, après avoir été embrassé par le doyen de la députation de la Convention nationale, reçoit une couronne de chêne et un exemplaire de la Constitution.

En rhétorique, le prix d'honneur, premier prix de discours latin, a été remporté par Ambroise-Georges-Joseph Gautier, du collège de Navarre [2] ; le second prix, par Jean-Louis Grandmaison, du collège d'Harcourt.

Le premier prix de discours français a été décerné à

---

1. Aujourd'hui collège Henri IV.
2. Joseph Gautier fit ses premiers pas dans la carrière du barreau sous les auspices de M. Berryer père, et se plaça bientôt au nombre des avocats distingués de la capitale. Dans le procès de Georges et de Pichegru, il défendit Coster-Saint-Victor. On cite comme un phénomène au palais le succès qu'obtint Gautier, quand il gagna douze causes de suite, devant la même Chambre de la Cour. Il mourut le 23 janvier 1829. — Voir *Notice sur la vie d'A.-G.-J. Gautier*, par M. Dupin aîné. — *Biographie universelle*. Supplément, t. 65, v. **Gautier**.

l'élève Lorin, du collège de Lisieux, et le second, à l'élève Grandjean, du collège des Quatre-Nations.

Rentré chez moi, j'ai rouvert mes listes de distributions de prix du Concours général. En tête de chacune de ces brochures, rédigées en latin, se lit l'inscription :

Alma studiorum Parens, primogenita Regum Filia,

UNIVERSITAS PARISIENSIS

Amplissimo V. D. N..... Rectore In Scholis Sorbinicis congregata ad solemnem Præmiorum litterariorum distributionem athletas suos hoc ordine coronat et remuneratur.

Parmi ces jeunes *athlètes* plus d'un est devenu célèbre. Au-dessous des noms fameux de la Harpe et de l'abbé Delille, je trouve ceux de Chauveau-Lagarde, le défenseur de Charlotte Corday, d'Andrieux, l'auteur des *Étourdis*, de Collin d'Harleville, l'auteur du *Vieux Célibataire*, de Beffroy de Reigny, l'auteur de *Nicodème dans la lune* et du *Club des bonnes gens*. Combien se disputaient alors ces palmes innocentes qui devaient se retrouver bientôt sur un autre champ de bataille, ardents à la lutte, brûlants de haine, et dans ces guerres plus que civiles — *plus quam civilia bella* — se battant, non plus pour la victoire, mais pour la vie.

Voici les noms de Robespierre, de Gouy d'Arcy, de Boufflers, membres de l'Assemblée constituante, d'Hérault-Séchelles, Camille Desmoulins, Gorsas, membres de la Convention.

Maximilien Robespierre a été l'un des plus brillants élèves du collège Louis-le-Grand, où il est entré au commencement de l'année scolaire 1769-1770 et d'où il est sorti en 1776. Dans la même classe que lui, et son rival souvent heureux, était le futur *Cousin Jacques*, le spirituel et inoffensif Beffroy de Reigny [1]. Le jeune Maximilien, boursier de l'abbé de Saint-Waast, est ainsi désigné sur les *Listes* du concours général : *Ludovicus Franciscus Maximilianus Maria Isidorus DE ROBESPIERRE, Atrebas, e collegio Ludovici Magni.* En quatrième (année 1772), il obtient le second prix de thème latin et le 6e accessit de version latine ; — en seconde (année 1774), le 4e accessit de vers latins et le 4e accessit de version latine ; — en rhétorique (année 1775), le second prix de vers latins, le second prix de version latine et le 3e accessit de version grecque. En 1776, il redoubla sa rhétorique ; mais moins heureux parmi les *vétérans* que parmi les *nouveaux* (*inter recentiores*), il n'eut qu'un 4e accessit de version latine [2].

---

1. « Je ne crois pas, écrit Beffroy de Reigny, qu'il y ait beaucoup de Français qui aient étudié Robespierre avec autant d'attention que moi ; nous fûmes camarades d'études et rivaux pour les premières places en rhétorique. Le hasard voulut même que je l'emportasse sur lui, ce qu'il ne me pardonna jamais. » Voir, sur Beffroy de Reigny, les *Originaux du siècle dernier* par Charles Monselet, et ci-dessus, page 85.

2. On trouve, dans le Recueil des délibérations du collège Louis-le-Grand, page 211, la décision suivante :

« Du 19 janvier 1781.

« Sur le compte rendu par M. le principal des talents éminents du *sieur de Robespierre*, boursier du collège d'Arras, lequel est sur le point de terminer son cours d'étude, de sa bonne conduite pendant douze années, et de ses succès dans le cours de ses classes, tant aux distributions des prix de l'Université qu'aux examens de philosophie et de droit ;

« Le bureau a unanimement accordé audit *sieur de Robespierre* une gratification de la somme de six cents livres ; laquelle lui sera payée par M. le grand maître des deniers du collège d'Arras, et ladite somme sera allouée à M. le grand maître dans son compte en rappor-

Camille Desmoulins, — *Camilla Benedictus DESMOULINS, Guisius, e Collegio Ludovici Magni*, était de trois classes au-dessous de Robespierre. Il a remporté, lui aussi, de nombreuses couronnes : en cinquième (année 1774), le second prix de version latine; en quatrième (année 1775), le second prix de thème ; en rhétorique (année 1778), le 9e accessit d'amplification française.

Un peu plus âgé que Robespierre et Camille Desmoulins, Joseph Gorsas, — qui est aujourd'hui *hors la loi* de par Camille Desmoulins et Robespierre, a fait ses études au collège du Plessis-Sorbonne [1]. Il dut se contenter, en quatrième (année 1769) du 3e accessit de version latine. Comme Gorsas, ont passé au collège du Plessis, Vergniaud, à qui M. Turgot avait procuré une bourse, La Fayette, Chaumette, et, si je ne me trompe, le baron Anacharsis Cloots. Vergniaud ne figure pas parmi les lauréats du concours général, ce qui s'explique de reste. Il n'a fait que sa philosophie au collège du Plessis, et cette faculté, non plus que les mathématiques, n'est pas admise à participer au tournoi universitaire.

De tous les *athlètes* couronnés par l'Université depuis 1747, époque où fut institué le concours général, le plus brillant et le plus fort, le mieux doué, à coup sûr, est mon ami André de Chénier, l'auteur de l'*Avis au peuple français sur ses véritables ennemis*, des éloquents articles du *Journal de Paris* et de poésies admi-

---

tant expédition de la présente délibération et la quittance dudit *sieur de Robespierre.* »

[1]. Situé entre les rues Chartrière, Fromental et Saint-Jacques, au long du collège des Jésuites ou collège Louis-le-Grand.

rables, qui, le jour où elles seront publiées, le mettront au premier rang des poètes de la France. L'année même où Camille Desmoulins obtenait, en rhétorique, le 9ᵉ accessit d'amplification française, André de Chénier remportait le premier prix, en même temps que le 1ᵉʳ accessit de vers latins. Il était élvèe du collège de Navarre : *Andreas Maria DE CHÉNIER, Constantinopolitanus, ex Regiâ Navarrâ.*

Si faible, si petite qu'ait été ma part dans ces luttes du concours général, et bien que je n'aie obtenu que deux accessits, dans la classe de seconde, au concours de 1777, je ne puis me défendre d'une véritable émotion, chaque fois que j'assiste à la distribution des prix entre les élèves de Navarre et des Quatre Nations, du Plessis et de Louis-le-Grand. Louis-le-Grand ! A ce nom que de souvenirs ! Comment l'entendre sans voir se lever, dans ma pensée, les espoirs et les amitiés de ma jeunesse, sans voir repasser devant mes yeux mes professeurs et mes camarades, ceux dont la main presse encore la mienne, et ceux qui depuis...

Lors de mon entrée au vieux collège, sur le fronton duquel se lisait alors l'inscription : *Collegium Ludovici Magni in quo Academiæ œdes Alumnique, et collegium Dormano-Bellovacœum, ex munificentia Ludovici XV, regis dilectissimi,* 1764[1], notre principal était l'abbé Poignard, docteur en théologie. Il fut remplacé en 1778 par l'abbé Bérardier, si bon, si spirituel, si tolérant, qui a célébré, à Saint-Sulpice, le 29 décembre 1790,

---

1. Emond, Histoire du collège Louis-le-Grand, ch. XXIX.

le mariage de Camille Desmoulins[1]. Député du clergé de Paris aux États-Généraux, l'abbé Bérardier, à la suite de la constitution civile du clergé, a refusé le serment, et, particulièrement désigné à la vindicte populaire, il a failli périr lors des massacres de septembre[2].

Le préfet d'études était l'abbé Audrein, prédicateur d'un talent remarquable, député du Morbihan à la Législative et à la Convention; il n'a pas imité la fidélité de l'abbé Bérardier, et il est aujourd'hui vicaire épiscopal de l'évêque constitutionnel de Vannes[3].

Nous avions pour professeur de philosophie l'abbé Royou, devenu depuis si célèbre, et dont j'ai eu souvent, dans ce journal, occasion de parler.

Des élèves de l'abbé Royou, plus d'un était destiné à faire du bruit dans la politique et dans les lettres : Robespierre, Desmoulins, Loustallot, rédacteur des *Révolutions de Paris*, François Suleau, Stanislas Fréron, neveu de l'abbé Royou, rédacteur de l'*Orateur du Peuple* et député de Paris à la Convention nationale. Je retrouve encore, à Louis-le-Grand, dans les années qui ont précédé la Révolution, le général Dumouriez[4], Duport-Dutertre, ministre de la jus-

---

1. « Enfin, écrit Camille Desmoulins, le 3 janvier 1791, j'ai été marié avec Lucile le mercredi 29 décembre. Mon cher Bérardier a fait la célébration à Saint-Sulpice. »

2. L'abbé Bérardier est mort le 12 floréal an II (1ᵉʳ mai 1794).

3. Devenu plus tard évêque de Quimper, Audrein, qui avait voté la mort de Louis XVI, fut assassiné, le 19 novembre 1800, par une bande de Chouans.

4. Dans les feuilles de distribution de prix de Louis-le-Grand, je relève ces deux succès obtenus en troisième par Dumouriez : à la distribution des prix du 26 mai 1751 (petite tragédie), le 2ᵉ prix de version latine; à celle du 4 août 1751, le 2ᵉ accessit *solutæ orationis græcæ*.

tice, du 22 novembre 1790 au mois de mars 1792, décrété d'accusation après le 10 août; Lebrun-Tondu, ministre des affaires étrangères, du 10 août 1792 au 21 juin 1793; Nicolas Lullier, procureur-syndic de la commune, qui a eu l'honneur d'être appelé, le 14 juillet dernier, à remplacer Marat sur les bancs de la Convention[1]; Noël, couronné par l'Académie française en 1788 pour l'*Éloge de Louis XII*, et en 1790 pour l'*Éloge du maréchal de Vauban*, fondateur de la *Chronique de Paris* et premier commis au département des affaires étrangères; Picard, dont les *Visitandines*, le *Conteur* et le *Cousin de tout le monde* annoncent un véritable auteur comique; Lesur, né à Guise, comme Camille Desmoulins, qui a fait représenter au Théâtre-Français l'*Apothéose de Beaurepaire;* Auguste de Piis, ancien secrétaire du comte d'Artois, auteur de contes en vers, de chansons, de parodies et de vaudevilles, sans parler d'un poème en quatre chants, l'*Harmonie imitative de la langue française;* Luce de Lancival qui, après avoir été, à 22 ans, professeur de rhétorique au collège de Navarre, a quitté l'enseignement pour la carrière ecclésiastique, s'est fait remarquer par son éloquence dans la chaire, a rompu ses vœux depuis la Révolution et paraît maintenant vouloir se tourner vers le théâtre.

Hier soir, le principal de Louis-le-Grand, le citoyen Champagne, réunissait à sa table les lauréats de la veille et quelques-uns des anciens élèves du collège. Il a fait de son mieux pour animer le repas, mais sans

---

[1]. Lullier avait été nommé, au mois de septembre 1792, premier suppléant à la députation de Paris.

pouvoir y réussir. Pouvions-nous oublier que si François Suleau n'avait pas répondu à l'appel, c'est parce qu'il avait été massacré le 10 août; que son cadavre avait été haché à coups de sabre et que sa tête avait été promenée dans les rues de Paris au bout d'une pique [1]? Et Boufflers, l'un de nos anciens, membre de l'Assemblée constituante et l'un des quarante de l'Académie française? Obligé, pour sauver sa tête, de chercher un asile à l'étranger. Duport-Dutertre? Décrété d'accusation à la suite du 10 août, il attend, dans les prisons de la République, le jour où il comparaîtra devant le tribunal révolutionnaire [2]. Lebrun-Tondu? En état d'arrestation chez lui, rue d'Enfer, depuis le 2 juin, il attend, lui aussi, le moment où il sera traduit devant le terrible tribunal [3]. L'abbé Royou? Menacé dans sa vie et dans ses biens, réduit à se cacher, il est mort de douleur le 21 juin 1792, à la suite de l'envahissement des Tuileries. Et n'étaient-ils pas aussi morts pour nous, ces autres absents, Robespierre, Fréron, Lullier, Camille Desmoulins? J'ai trouvé du moins quelque douceur à serrer la main du *Cousin Jacques*, de cet aimable Beffroy de Reigny, esprit original, courageux et charmant, qui a publié, entre le 20 juin et le 10 août, le *Conservateur ou Jour-*

1. Auguste Vitu, notice sur *François Suleau*.
2. Duport-Dutertre fut guillotiné le 8 frimaire an II (28 novembre 1793), le même jour que Barnave.
3. Lebrun quitta sa maison de la rue d'Enfer le 26 frimaire an II (16 décembre 1793), et se cacha rue de la Liberté, 117 (ancienne rue d'Harcourt), chez le citoyen Desenne, traiteur. Arrêté le 3 nivôse (23 décembre 1793), par Héron, agent du Comité de sûreté générale, sur les indications fournies par le citoyen Arthur, fabricant de papier, rue des Piques, il fut guillotiné le 7 nivôse (27 décembre 1793).

nal des honnêtes gens, et qui, doué d'une faculté singulièrement précieuse par le temps qui court, celle d'oublier la terre et de vivre dans la lune, a trouvé moyen de composer, en pleine Terreur, au bruit des charrettes roulant vers l'échafaud, la ravissante chanson : *Petit à petit l'oiseau fait son nid.*

A la fin de la soirée, je suis resté seul avec M. Champagne[1], qui m'a parlé, les larmes aux yeux, de ce vieux collège qu'il aime avec passion, qu'il a connu si brillant et dont il conduit aujourd'hui les funérailles. Après avoir compté autrefois jusqu'à trois mille élèves, Louis-le-Grand en compte à peine aujourd'hui une centaine. On sait qu'il n'a jamais eu de pensionnaires payants; des dotations considérables subvenaient à l'entretien des boursiers. Ces dotations ont été saisies, et ni l'Assemblée législative ni la Convention ne se sont préoccupées de remplacer ces revenus. Si M. Champagne peut encore conserver quelques élèves, s'il peut les nourrir, c'est en sacrifiant ses ressources personnelles et en arrachant, à force de sollicitations et de ruses incessantes, quelques faibles et précaires secours, tantôt au ministère de l'Intérieur, tantôt à la Commune de Paris, tantôt à la section du Panthéon.

Notre pauvre collège n'a pas seulement perdu ses élèves, il a perdu jusqu'à son nom. La Révolution avait en 1792, changé son nom de *Collège Louis-le-Grand* en celui de *Collège des Boursiers*; en 1793, elle a changé ce dernier nom en celui de *Collège de l'Égalité.*

En me quittant, M. Champagne m'a confié que la

---

1. *Notices sur M. Champagne*, par M. Dacier. — Biographie universelle, supplément, article sur *Champagne*, par M. Durozoir, professeur d'histoire au Collège Louis-Le-Grand.

plus grande partie des bâtiments va être convertie en prison. Une seule cour et ses dépendances sur la rue St-Jacques seront conservées pour les études [1]. Tous les collèges ne sont-ils pas d'ailleurs à la veille d'être supprimés? Robespierre, dans la séance du 13 juillet, a donné lecture à la tribune de la Convention, au nom du comité d'instruction publique, du plan d'éducation rédigé par Michel Lepeletier. « Avec la mémoire de ses vertus, a dit Robespierre, Michel Lepeletier a légué à sa patrie un plan d'éducation que le *génie de l'humanité* semble avoir tracé. En l'écoutant, vous sentirez plus douloureusement la perte que vous avez faite et l'univers aura une preuve de plus que les plus implacables ennemis des rois sont les *plus tendres amis de l'humanité.* » Or Lepeletier et après lui Robespierre et le comité d'instruction publique veulent bannir, au nom de la *sainte loi de l'Égalité*, le travail intellectuel, les études littéraires : « Les garçons, est-il dit dans le plan de Michel Lepeletier, doivent être exercés à *travailler la terre, employés dans les manufactures*, ou *conduits sur les grandes routes pour y ramasser des cailloux.* »

Les collèges supprimés! les études, les classes, où des maîtres pieux nous formaient à l'amour des belles-

---

[1] « Là, entouré de huit boursiers et de professeurs dont le nombre dépassait celui de leurs élèves, Champagne persista à tenir collège, nourrissant ses élèves qu'il appelait ses *enfants* au moyen de ses ressources personnelles et des faibles secours qu'il parvenait à recueillir... Chaque jour des agents de l'autorité se présentaient pour achever la spoliation de l'établissement; mais Champagne déploya, pour sauver la maison confiée à ses soins, plus de ruse et de stratagèmes qu'on n'en imaginait pour la détruire. » *Notices sur M. Champagne*, par M. Durozoir, professeur au Collège Louis-le-Grand, et par M. Dacier, membre de l'Académie des inscriptions et belles-lettres.

lettres, — *humaniores litteræ !* — converties en cachots et servant de vestibule au Tribunal révolutionnaire et à l'échafaud[1], voilà où nous en sommes moins d'un an après le renversement de la Royauté, dix mois après la proclamation de la République !

1. De même que Louis-le-Grand, le collège du Plessis fut converti en prison. « Le Plessis, a écrit l'un des prisonniers, autrefois l'école de l'enfance, était alors celle du malheur et de la mort. La plupart des prisonniers y avaient passé cette première jeunesse qui ne connaît que les peines légères de ses jeux contrariés ou de ses goûts astreints. Dans cette même cour où ils avaient exercé une gaieté folâtre, compagne de nos premiers ans, ils attendaient un acte d'accusation. On ne descendait qu'à l'heure du repas; trois heures de promenade, vingt et une de cachot... Le Plessis était la prison la plus dure de Paris, elle était administrée par Fouquier-Tinville, et immédiatement sous sa discipline; on était gouverné avec la plus extrême barbarie : on n'en sortait ordinairement que pour aller à la mort. » — On lit dans une autre relation du temps : « Cet ancien collège était devenu, pour ainsi dire, l'entrepôt général de la Conciergerie ; on y versait, dans le temps du triumvirat, une multitude de victimes de tout âge et de tout sexe, que les cachots de la Conciergerie ne pouvaient contenir, et cependant on faisait sortir tous les jours de cette dernière prison un grand nombre de victimes pour les envoyer à la boucherie. Le Plessis était aussi le rendez-vous des accusés des départements, qui y arrivaient en foule, de sorte que la maison ne fut plus assez grande pour contenir les personnes qu'on y faisait refluer; on fut obligé de percer les murs qui touchaient à l'ancien collège de Louis-le-Grand, et *ces deux édifices ne formèrent plus qu'une seule et même Bastille.* » *Suite des Anecdotes sur la maison d'arrêt du Plessis.* — *Histoire des prisons,* par Nougaret. — Fouquier-Tinville fut enfermé dans la prison du Plessis. « Transféré, dit *la Vedette,* au ci-devant collège du Plessis, il avait été réduit, pour sa sûreté, à ne jamais ouvrir sa porte ni ses fenêtres; le 23 du mois de frimaire (le 13 décembre 1794), il sollicita de prendre l'air dans la cour, mais les cris des détenus lui firent craindre d'être mis en pièces ; le lendemain, il voulut ouvrir sa fenêtre ; les imprécations le forcèrent à la fermer sur-le-champ. »

XVII

LA VENDÉE

Jeudi 8 août 1793.

La Convention vient d'ordonner que la garnison de Mayence [1] sera transportée en poste dans la Vendée.

On compte sur cette armée, composée de vrais soldats et commandée par de vrais généraux, Haxo, Beaupuy, Kléber, Aubert-Dubayet, pour mettre un terme aux déroutes sans nombre que les *brigands* ont infligées depuis plusieurs mois aux bataillons des *volontaires* parisiens.

Il est bien difficile, ou plutôt il nous est impossible ici, à Paris, de savoir la vérité sur cette guerre, qui se passe cependant si près de nous et qui dure depuis plus de quatre mois. Les *brigands* n'ont point de journaux ; leurs lettres, s'ils en écrivaient, ne pénètreraient point dans la capitale ; nous n'avons donc, pour contrôler les récits et les appréciations des feuilles révolutionnaires (les seules qui existent), que les renseignements, nécessairement très incomplets et toujours suspects, des volontaires qui sont allés en Vendée et en sont revenus.

Je réunis ici un certain nombre de notes prises à diverses dates et qui ont trait surtout à la levée des *bataillons de Paris pour la Vendée*.

---

[1]. Elle avait capitulé le 23 juillet 1793, sous la condition de rentrer en France sans pouvoir servir contre les armées de la coalition.

Lundi 29 *avril* 1793. Séance du conseil général de la Commune... A neuf heures et demie du soir, le Maire annonce qu'il sort du Comité de salut public; que les affaires de la Vendée vont de plus en plus mal; que le comité l'a instamment prié d'aviser avec les sections et la Commune de Paris aux moyens de porter de prompts secours à ceux de nos frères qui combattent contre les *brigands.* Le Comité de salut public regarderait comme très essentiel d'adopter les vues du département de l'Hérault. Chaumette prend la parole: « Il faut, dit-il, que les prêtres fanatiques nous servent d'holocaustes !... Il faut que nous soyons ce que nous étions au 10 août. — Du sang, citoyens, du sang ! il faut couper les bras pour sauver le corps! » Toute sa harangue est sur ce ton, il termine en donnant lecture d'un projet d'adresse aux Parisiens.

Sur le réquisitoire du procureur-général-syndic, le conseil général arrête que tous ses membres seront convoqués pour demain neuf heures du matin; que des commissaires se transporteront dans les sections et leur déclareront que déjà la section de Bon-Conseil a adhéré à l'énergique arrêté du département de l'Hérault; que le conseil général attend d'elles que, sous huit jours, la guerre civile n'existe plus, et que, sous huit jours, les Parisiens reviendront vainqueurs. Le conseil arrête en outre que l'adresse de Chaumette sera imprimée dans la nuit et que la proclamation en sera faite demain dans tous les carrefours de Paris [1].

---

1. *Histoire parlementaire de la Révolution française,* par Buchez et Roux, XXVI, 207. — *Tableaux de la Révolution française, publiés sur les papiers inédits du département et de la police secrète de Paris,* par Adolphe Schmidt, I, 164.

De vifs applaudissements ont accueilli le discours et l'adresse de Chaumette ainsi que l'arrêté de la Commune. Au fond, point d'enthousiasme, peu de confiance, nul désir de partir. Mon voisin de gauche me demande: « Combien de lieues compte-t-on d'ici la Vendée? — Soixante. — Ah! Ah! ils ne sont pas encore à Paris. » — « Je partirais bien, me dit mon voisin de droite, un garde national, c'est très bien de partir!... Mais si nous partons et si, profitant de notre absence, les départements voisins se donnent rendez-vous à Paris, 6,000 hommes par ci, 6,000 hommes par là, nous serons de belles gens [1] ! »

Mardi 30 *avril*. Aujourd'hui, à deux heures, deux officiers municipaux, suivis d'un haro [2], sont venus aux halles pour y publier la proclamation de la Commune. Le haro, d'une voix bêlante, a lu :

« *Adresse aux Parisiens. Enrôlement passager.*

« Citoyens, accourez, le tocsin sonne dans la Vendée; la patrie vous y appelle; portez-y votre patriotisme et vos bras. Point de grâce, point de quartier envers les rebelles [3]... » Pendant la lecture, plusieurs auditeurs se détachent et semblent peu soucieux de connaître la fin de l'adresse et les conditions de l'enrôlement.

Une femme, marchande de poisson, accueille la dernière phrase par cette exclamation: « Oh! le diable les étrangle, si *le mien* y va. » Et ses compagnes de rire [4].

Les officiers municipaux à peine partis, on s'enhardit

---

1. Adolphe Schmidt, I, 165.
2. Nom donné alors au crieur public.
3. Buchez et Roux, XXVI, 207.
4. Schmidt, I, 167.

peu à peu à parler librement. On nous demande vingt mille hommes, dit l'un ; dans peu on nous en demandera dix mille autres, puis cinq mille, si bien qu'à la fin il ne restera plus personne. Il y a à Paris au moins deux mille gendarmes : que ne les envoie-t-on, au lieu de faire partir les pères de famille? — Beaucoup de volontaires, a dit un autre, sont revenus des frontières, il en arrive tous les jours; encore hier, à la barrière de Bondy, on en a arrêté plus de soixante; ils sortent par une barrière et rentrent par l'autre ; ils volent l'argent des sections et celui de la nation : que ne fait-on partir tous ces gens-là? — D'autres enfin : « A quoi nous conduit tout cela ? Nous avons toujours été trahis et nous le serons toujours [1]. » Appréciation qui rencontre dans la foule une adhésion à peu près unanime.

Dimanche 12 mai. Le 1er mai, la Commune a pris un arrêté portant « qu'il sera formé un corps d'armée de 12,000 hommes ; que chaque compagnie, composée de 126 hommes, sera tenue d'en fournir 14 ; que ce choix se fera par un comité composé de six membres du comité révolutionnaire de chaque section et d'un membre du conseil général de la Commune ; que le choix des membres du comité de réquisition devra se porter de préférence sur les commis non mariés de tous les bureaux existant à Paris, excepté les chefs et sous-chefs, sur les clercs de notaires et d'avoués, sur les commis de banquiers et de négociants [2].

Cet arrêté a provoqué des désordres dans plusieurs

---

1. Schmidt, *loc. cit.*
2. Buchez et Roux, XXVI, 348, 352, 354, 370.

sections, notamment dans celles de Bon-Conseil, du Pont-Neuf, de Marseille et de l'Unité, ci-devant des Quatre-Nations [1].

Le samedi 4 mai, des rassemblements ont eu lieu aux Champs-Elysées et dans le jardin du Luxembourg, où cinq à six cents jeunes gens, après avoir nommé un président, ont protesté contre l'arrêté de la Commune et juré de ne lui point obéir [2].

Le dimanche, nouveaux rassemblements. Une bande de jeunes gens, au nombre de quatre cents environ, partie des Champs-Elysées, a parcouru les rues Saint Honoré, des Lombards et de la Verrerie, le quai Pelletier et le pont Notre-Dame, où quelques arrestations ont été faites. Les mêmes faits se sont renouvelés le lundi [3].

Prudhomme, dans le dernier numéro des *Révolutions de Paris*, constate en ces termes le peu de succès du recrutement :

Le recrutement pour la Vendée a produit à Paris un effet qui, au premier coup d'œil, ne semble pas tourner à la louange de cette grande ville ; on dirait qu'il n'y a plus d'esprit public. C'est à qui ne partira pas, disent les malveillants... Il fallait de prompts secours ; on demandait plusieurs mille hommes sous trois jours ; dans quinze à peine s'en trouvera-t-il quelques cents [4].

Jeudi 16 mai. L'anarchie la plus complète règne dans les 48 sections. Quelques-unes, en petit nombre, ont

1. Buchez et Roux, XXVI, 348, 352, 354, 370.
2. Buchez et Roux, p. 359.
3. Convention nationale, séance du 6 mai 1793. Discours de Robespierre.
4. *Révolutions de Paris*, XVI, 281. Du 4 au 11 mai 1793.

adhéré à l'arrêté de la Commune ; d'autres ont réclamé le tirage au sort ; l'inscription volontaire a réuni les suffrages de la majorité[1]. Malheureusement, il y a eu peu d'empressement à se faire inscrire. Dans les faubourgs, les *patriotes* ont déclaré que leur présence à Paris était plus nécessaire que jamais ; que leur devoir était de rester pour empêcher les Brissotins et les Rolandins d'escamoter la république[2]. Le faubourg Saint-Antoine a demandé que l'on commençât par faire partir les prêtres et les signataires de la pétition des huit mille et de celle des vingt mille[3].

Les sections ont fini par comprendre qu'en fait d'hommes comme en fait d'armes, l'argent était le nerf de la guerre, et que si l'on voulait avoir des *volontaires*, il fallait les payer. Une fois cette mesure adoptée, le recrutement a pu se faire ; son activité est en raison directe de la somme accordée. On lit dans le journal de Prudhomme :

Telle section a promis 200 francs à chaque homme enrôlé, telle autre 100 écus, et telle enfin jusqu'à 500 livres. Cette diversité de tarifs, fondée sur la diversité de fortunes éparses dans chaque arrondissement, en établit une grande dans la célérité du recrutement. La section pauvre qui n'offre que 200 livres n'atteint pas si vite le complet que celle qui donne cinq cents. Il y a plus : les divisions se subdivisent encore. Telle compagnie veut recruter pour elle ; et comme la rue qui la forme est plus riche que ses voisines, elle a aussi plus aisément son contingent... L'enrôlement d'aujourd'hui n'a pour objet qu'une course militaire : dans deux mois, tous

---

1. *Révolutions de Paris*, p. 284.
2. Schmidt, I, 211.
3. *Op. cit.*, p. 226.

ces soldats reviendront au sein de leurs foyers ; et ils ont jusqu'à cinq cents francs, et des sections leur promettent une pension à leur retour [1].

Ce n'est donc pas précisément l'héroïsme qui recrute les *bataillons de Paris pour la Vendée* ; aussi appelle-t-on ces pseudo-volontaires les *héros à cinq cents livres* [2].

Vendredi 14 juin. Les rebelles ont pris Saumur et Clisson. Ils menacent Angers, la Flèche, Tours, le Mans. On parle de la nécessité d'une levée de 30,000 hommes ; mais de la parole au fait, il y a loin. Beaucoup vont répétant : *levons-nous*, et personne ne se lève. Dans les sections, un orateur paraît à la tribune, énumère les périls que court la république, et se rassied, satisfait des applaudissements qui ont accueilli son discours. « Il parle bien, » dit-on de tous côtés, et cela ne va pas plus loin [3]. Les Jacobins prouvent par de vives raisons qu'ils ne doivent pas s'éloigner : « Nous sommes les lumières et les apôtres de la république : si nous partons, nous ne pourrons plus *éclairer* le peuple, surveiller les traîtres ; donc nous devons rester. »

En dehors des clubs et des sociétés populaires, le sentiment qui anime le gros de la population parisienne, — artisans et rentiers, marchands et bourgeois, se peut traduire ainsi : « S'ils viennent, nous les recevrons : ou ils nous tueront, ou ils ne nous tueront pas, mais ils ne nous tueront pas. Tandis que si nous allons à leur rencontre dans les départements, nous

---

1. *Révolutions de Paris*, XVI, 290.
2. Sur les *héros à cinq cents livres*, voir les *Volontaires de 1791-1794*, par Camille Rousset.
3. Schmidt, II. 32.

sommes sûrs d'y périr. D'ailleurs, en supposant qu'ils viennent jusqu'ici, peut-être qu'ils se contenteraient de nous piller, et nous aurions la vie sauve [1]. »

Il n'y aura donc à *se lever*, comme au mois de mai, que ceux qui seront payés pour le faire.

Dans quels rangs d'ailleurs pourrait-on bien trouver des *volontaires?* Parmi les partisans de la Gironde? Ils sont ravis de voir les embarras de leurs adversaires croître avec les succès des rebelles. Parmi les partisans de la Montagne? Ils sont bien décidés à ne pas abandonner Paris et mettent en avant que leur présence ici peut seule empêcher la faction brissotine de relever la tête. Robespierre a parlé. Il a signifié aux *patriotes* qu'ils eussent à ne pas partir. Le 12 au soir, à la tribune des Jacobins, il a tenu le langage suivant, qui a du moins le mérite d'être très clair :

J'ai reçu des détails sur les malheurs de la Vendée. J'observe que, toutes les fois que l'on nous annonce des événements de cette nature, on ne connaît qu'une seule mesure, c'est celle d'envoyer des bataillons à la boucherie... On dit toujours au peuple : partez, partez. Vous ne savez pas quel est le plan de vos ennemis; c'est de détruire la république par la guerre étrangère et par la guerre civile. On a calculé qu'au bout d'un certain temps il n'existerait plus un sans-culotte, et que le champ de bataille resterait à tous les aristocrates, à tous les escrocs, à tous les ennemis de la liberté. On a calculé qu'au moyen de quelques trahisons et de quelques trouées tous les patriotes seraient égorgés... Paris est la citadelle de la liberté ; c'est Paris qu'on attaque, et *on ne cherche qu'à dégarnir Paris pour le laisser sans défense...* Il faut

---

1. Schmidt, II, 33.

qu'il y ait une armée *à Paris*, capable d'en imposer à tous les despotes : cette armée doit être *tout le peuple de Paris* [1].

Ainsi, de par Robespierre, recommandation est faite aux *patriotes* de ne point aller se mesurer avec les Vendéens : voilà un conseil facile à suivre... et qui sera suivi.

Dimanche 16 juin. Hier, à la séance du conseil général révolutionnaire, le citoyen Millier, commissaire dans les départements soulevés, a fait son rapport, qui est publié ce matin dans les *Affiches* de la Commune. « Les paysans vendéens, dit Millier, se font bénir par leurs prêtres qui leur promettent qu'ils *ressusciteront sous trois jours*, s'ils ont l'honneur de mourir en combattant pour leur Dieu et pour leur roi. Le fanatisme fait toute leur force [2]. » Je le veux bien ; mais on m'accordera que ce fanatisme est au moins fort désintéressé, et qu'il est d'un ordre plus élevé que le mobile qui a dicté le départ des *héros à cinq cents livres*. Il me parait d'ailleurs assez difficile d'admettre que ces *paysans*, dont nos sans-culottes parlent avec un dédain si superbe, ne puisent leur courage que dans leur croyance à une prétendue résurrection *sous*

---

1. Buchez et Roux, XXVIII, 196. Une note saisie dans les papiers de Robespierre et écrite tout entière de sa main porte ce qui suit : « Les dangers intérieurs viennent des *Bourgeois* ; pour vaincre les *Bourgeois*, il faut rallier le *peuple*. Il faut que la Convention se serve du peuple ; il faut que l'insurrection s'étende de proche en proche sur le même plan ; que les sans-culottes soient payés et *restent dans les villes*. Il faut leur procurer des armes, les *colérer*, les éclairer. » *Rapport fait au nom de la commission chargée de l'examen des papiers de Robespierre et de ses complices*, par E.-B. COURTOIS, député du département de l'Aube, dans la séance du 16 nivôse an III (5 janvier 1795), p. 181

2. *Moniteur* du 18 juin 1793.

trois jours. Car enfin si leurs prêtres ont pu leur faire croire cela pendant les *trois premiers jours*, ils auront bien été forcés, dès *le quatrième jour*, de renoncer à ce moyen ; et cependant voilà trois mois que cela dure ! Depuis trois mois l'héroïsme des *brigands* ne s'est pas démenti, il va grandissant sans cesse. Décidément il y a autre chose là-dessous que le conte dont le citoyen Millier, après tant d'autres, essaie de nous berner.

5 *juillet.* Le *Journal de Paris national* publie une lettre écrite par le citoyen Prévost et datée de la Rochelle, le 25 juin. J'en extrais ce passage : « Les rebelles sont tous habillés en paysans, et *en partie ne sont armés que de bâtons*, mais HARDIS ET VALEUREUX COMME DES CÉSARS. Quand ils sont prêts à se battre, tous beuglent ou mugissent, ils *foncent sur le canon avec des bâtons* [1]. »

Pas plus que leur héroïsme, l'humanité des Vendéens ne saurait être mise en doute. Un grand nombre de *volontaires*, pris par les rebelles et relâchés par eux, sont de retour à Paris. Ils rapportent qu'ils n'ont subi aucun mauvais traitement. Les Vendéens se sont contentés de leur couper les cheveux, de déchirer les revers de leur uniforme [2], et quelquefois de couper leur habit en morceaux. Tous déclarent qu'ils ne porteront plus les armes contre la Vendée [3].

J'ai vu un laissez-passer délivré à des prisonniers. Cette cartouche est ainsi libellée :

---

1. *Journal de Paris national*, n° 186, 5 juillet 1793.
2. *Journal de Paris national*, n° 179, 28 juin 1793 : « On assure que les passe-ports dont ils sont pourvus sont signés d'Autichamp (ci-devant Marquis).
3. Schmidt, II, 89.

Domaigné, colonel-général de la cavalerie de l'armée chrétienne, permet à..... de se retirer, sous le serment par lui prêté d'être fidèle à la religion, à Louis XVII, à la monarchie française, et de ne jamais porter les armes contre l'armée chrétienne [1].

Cette conduite des rebelles est d'autant plus méritoire que, dès le premier jour, la Convention a ordonné que les prisonniers vendéens seraient, sans exception aucune, envoyés à la mort. Le 19 mars, à la nouvelle de l'insurrection, elle a rendu, sur le rapport de Cambacérès, le décret suivant :

Art. 1er. Ceux qui sont ou seront prévenus d'avoir pris part aux révoltes ou émeutes contre-révolutionnaires, et ceux qui auraient pris ou prendraient la cocarde blanche ou tout autre signe de rébellion, sont *hors la loi.*

Art. 2. S'ils sont pris ou arrêtés les armes à la main, ils seront, dans les 24 heures, livrés à l'exécuteur des jugements criminels, et *mis à mort* après que le fait aura été reconnu et déclaré constant par une commission militaire formée par les officiers de chaque division employée contre les révoltés [2].

Les *Révolutions de Paris* n'ont pu se défendre de signaler le caractère odieux de ce décret et les déplorables conséquences qu'il ne pouvait manquer de produire. « Nous savons encore, écrivent les rédacteurs de cette feuille, peu suspects de faiblesse à l'endroit des révoltés de la Vendée, nous savons que cette malheu-

---

1. *Journal de Paris national*, n° 133, 13 mai 1793. — *Domaigné*, né à Joué (Maine-et-Loire), général en chef de la cavalerie vendéenne, tué d'un coup de sabre à la prise de Saumur, le 10 juin 1793.
2. *Moniteur* du 21 mars 1793.

reuse campagne serait beaucoup moins meurtrière si, *sans pitié pour les chefs*, la loi se fût contentée de retenir en otages, dans l'intérieur de la France, les infortunés paysans pris les armes à la main, au lieu de les envoyer à la guillotine [1]. »

Barbaroux, dans un écrit qu'il vient de publier à Caen et dont quelques exemplaires ont pu pénétrer à Paris, porte sur le décret du 19 mars le même jugement : « Quelques bataillons, dit-il, devaient détruire les rebelles de la Vendée ; on nous fait porter une loi de mort, non seulement contre les chefs des révoltés, ce qui était juste, mais contre les paysans égarés par eux, et de cette manière on les pousse au désespoir [2]. »

Voilà qui est très bien dit ; mais pourquoi Barbaroux a-t-il attendu, pour le dire, d'être proscrit à son tour et mis *hors la loi?* C'est par lui et par ses amis, alors en majorité à la Convention, que le décret du 19 mars a été voté. S'il lui plaît de l'oublier, nous avons le droit de nous en souvenir.

27 *juillet* 1793. Chaque jour nous apporte de curieuses révélations sur le luxe scandaleux des généraux de la République et des représentants du peuple.

Les volontaires qui reviennent à Paris racontent que le général Santerre vit là-bas dans un luxe asiatique, qu'il a les plus belles voitures, les meilleurs cuisiniers, les plus jolies femmes [3].

Chasles, à la tribune de la Convention, parle en ces

---

1. *Révolutions de Paris*, XVI, 283.
2. *Charles Barbaroux de Marseille, député par le département des Bouches-du-Rhône à la Convention nationale, aux citoyens de Marseille.* Caen, 18 juin 1793.
3. Schmidt, II, 23.

termes du général Berruyer : « Jamais général n'a affiché un luxe aussi insolent, et l'on ne paraît devant lui qu'en pliant le genou [1]. » Ici c'est le *général-ministre* Ronsin qui se fait traîner, en compagnie de quatre courtisanes, dans un char fastueux escorté par cinquante hussards [2]. Là, ce sont des représentants du peuple voyageant dans des berlines à six chevaux, tenant les baigneurs trois heures pour se faire coiffer, et tonnant dans les hôtels, quand il n'y a pas au moins six bougies sur la table [3].

Dans une armée dont les chefs donnent de tels exemples, que peut être la discipline ?

Les administrateurs de Mayenne-et-Loire, dans une lettre lue à la Convention nationale, se plaignaient, dès le mois d'avril, des désordres de toute nature, des pillages, des viols auxquels se livraient les soldats de la République [4].

Le *Moniteur* du 1er juillet a publié une *Note sur l'état actuel des armées républicaines qui combattent les rebelles*. Son auteur, le député Carra, *ci-devant commissaire dans les armées*, après avoir fait l'éloge des troupes de ligne, confesse que la conduite des batail-

---

[1]. Séance du 24 avril 1793. *Moniteur* du 26.
[2]. *Compte rendu à la Convention nationale*, par Philippeaux. (*Bibliothèque historique de la Révolution*, 1802.) British Museum.
[3]. *Mémoires manuscrits de Mercier du Rocher*, p. 187. Voyez dans l'ouvrage de Savary, *Guerres des Vendéens et des Chouans contre la République*, t. III, p. 77, la lettre du président du district de Cholet au général Turreau, en date du 25 janvier 1794 : « Général, tes soldats se disant républicains se livrent à la débauche, à la dilapidation et à toutes les horreurs dont les cannibales ne sont pas même susceptibles. Le porteur de ma lettre te donnera tous les renseignements que tu es en droit d'attendre pour réprimer cette fureur destructive et punir les coupables. »
[4]. Séance du 24 avril 1793. *Moniteur* du 26.

lons de Paris est *répréhensible :* « Les cinq cents livres qu'on a données à chacun de ces volontaires en ont corrompu malheureusement beaucoup [1]. »

Dans son rapport au conseil général révolutionnaire, le citoyen Millier [2] s'exprime ainsi sur le compte de la légion Germanique, composée mi-partie de déserteurs étrangers et mi-partie de volontaires parisiens : « Une de nos légions nommée *Germanique* se livre aux débauches et aux plus grands excès et est suivie de quatre cents femmes [3]. »

2 août 1793. Ce matin, on a pu lire dans les *Affiches de la Commune*, une lettre adressée à un membre du conseil général par Bruslé et Lachevardière, ses commissaires en Vendée. Cette lettre, datée du 28 juillet, contient ce qui suit : « Je ne puis te rapporter tous les viols, vols et assassinats que les hommes de cinq cents livres commettent dans l'armée. Je t'en citerai quelques traits qui te feront frémir. Ils ont violé, dans les bras de sa mère, la fille du maire de Saumur, âgée de dix-neuf ans : deux domestiques de la même maison

---

1. *Moniteur* du 1ᵉʳ juillet 1793.
2. Voyez ci-dessus page 195.
3. *Moniteur* du 18 juin 1793. — « Il y a à la suite des bataillons, écrivait au Comité de salut public un commissaire près l'armée républicaine en Vendée, une fourmillière de femmes qui corrompent ou amollissent le soldat, le portent au pillage et désorganisent l'armée. » (*Correspondance inédite du Comité de salut Public*, t. I, p 427). — De son côté, Carnot écrivait du Nord : « Un fléau terrible détruit nos armées. C'est le troupeau de femmes et de filles qui sont à leur suite. Il faut compter qu'il y en a autant que de soldats. Les casernes et les cantonnements en sont engorgés, et la dissolution des mœurs y est à son comble. Elles énervent les troupes et détruisent, par les maladies qu'elles y apportent, dix fois plus de monde que le feu de l'ennemi. A Douai, où nous avons vu dans un temps la garnison réduite à 350 hommes, il y avait près de 3,000 femmes dans les casernes. » (*Op. cit.*, t. II, p. 10.)

ont subi le même sort. Ces femmes sont mortes de désespoir dans le camp de Chinon [1]. » — Ce soir, aux Jacobins, un officier a confirmé l'exactitude de ces renseignements. « Vos succès dans la Vendée, a-t-il dit, ont été courts et vos pertes réitérées. Pas un de vos généraux n'a la confiance du soldat. Ineptes, débauchés ou traîtres, telles sont leurs qualités dominantes. Les bataillons de Paris ne sont pas à la vérité tous composés de Parisiens, mais des hommes à 500 livres n'étaient pas faits pour gagner des victoires. Aussi la plupart ont fui lâchement et se sont noyés dans la Loire plutôt que de se battre. Il n'est pas de crimes dont ils ne se rendent coupables. Le vol, le viol, le pillage leur sont familiers, et c'est chez des patriotes que ces excès se commettent ! » Dans la suite de son discours cet officier a représenté les Vendéens « comme des hommes qui combattent, le scapulaire et le chapelet à la main, et qui, armés de simples bâtons, se précipitent sur notre artillerie. » — « Ces *misérables*, a-t-il ajouté, ne se battent point pour les nobles qu'ils détestent, mais pour ceux qu'ils appellent leurs bons prêtres [2]. »

Ainsi, d'un côté, des hommes qui fuient lâchement et à qui le vol, le viol et le pillage sont familiers ; — de l'autre des hommes qui, sans autre arme qu'un bâton, se jettent sur des canons et à qui leurs ennemis ne reprochent rien, si ce n'est de porter des scapulaires et des chapelets : de quel côté, je le demande, sont les vrais *misérables ?*

Aux Jacobins un orateur a signalé le mal ; aux Corde-

---

1. Buchez et Roux, *Histoire parlementaire*, XXVIII, 404. — *Mercure français*, n° 106.
2. *Histoire parlementaire*, XXVIII, 405.

liers un autre orateur a indiqué le remède, et ses paroles ont été saluées de longs et bruyants applaudissements. « Prenons enfin, a-t-il dit, des moyens vigoureux pour détruire les scélérats de la Vendée et ceux de l'intérieur. *Faisons chauffer des boulets rouges, incendions une quarantaine de villages des départements insurgés.* Cette mesure de rigueur est un acte de justice, car *les innocents qui sont au milieu des révoltés sont des lâches que nous ne devons pas épargner.* Mais il s'agit de trouver des soldats, il s'agit de forcer nos ennemis à nous suivre. Tous les bourgeois, tous les boutiquiers doivent être mis sur les rangs au 10 août. Il faut cinquante mille hommes. Eh bien, nous ferons marcher tous ces coquins ; et s'ils refusent de se mettre sur les rangs, on les alignera à coups de bâton. Nous, les plus forts, usons de nos droits. Mettons à notre tête des savetiers ; ces hommes-là sont seuls dignes de nous commander [1]. »

Barère, au même moment, tenait le même langage à la Convention. « C'est faire le bien que d'extirper le mal, disait-il dans la séance du 1er août. Louvois fut accusé par l'histoire d'avoir incendié le Palatinat, et Louvois devait être accusé ; il travaillait pour les tyrans. Le Palatinat de la République, c'est la Vendée : détruisez-la, et vous sauvez la patrie... Le Comité de salut public a préparé des mesures qui tendent *à exterminer cette race rebelle des Vendéens, à faire disparaître leurs repaires, à incendier leurs forêts, à couper leurs récoltes.* C'est dans les plaies gangréneuses que le médecin porte le fer. C'est à Mortagne, à Cholet, à

---

1. Séance du club des Cordeliers du 4 août 1793. *Journal historique et politique* du 10 août.

Chemillé, que le médecin politique doit employer les mêmes moyens et les mêmes remèdes. *Détruisez la Vendée ; vous sauvez la patrie* [1]. »

A la suite du rapport de Barère la Convention a rendu un décret qui ordonne d'incendier, de détruire, non plus seulement *une quarantaine de villages,* mais des départements entiers. Voici quelques-uns des articles de ce décret :

Art. 6. Il sera envoyé par le ministre de la guerre des matières combustibles de toutes espèces, pour incendier les bois, les taillis et les genêts.

Art. 7. Les forêts seront abattues, les repaires des rebelles seront détruits, les récoltes seront coupées par les compagnies d'ouvriers... Les bestiaux seront saisis.

Art. 14. Les biens des rebelles de la Vendée sont déclarés appartenir à la république [2].

Je ne veux faire sur ce décret qu'une seule observation : ce ne sont pas ceux qui l'ont rendu, ce sont ceux contre lesquels il est lancé que l'on appelle *les brigands !*

1. *Moniteur* du 7 août 1793.
2. Décret du 1er août 1793. *Moniteur* du 2. Ce décret fut exécuté avec une véritable sauvagerie. Ainsi que l'établit au Conseil des Cinq-Cents, le 26 janvier 1797, le représentant Luminais, les maisons, les fermes, les granges, les outils aratoires, *tout fut détruit et incendié sur une étendue de quatre à cinq cents lieues carrées.* Cette destruction, en y ajoutant le mobilier volé et les troupeaux enlevés, ne représentait pas moins d'un milliard. *Moniteur* du 29 janvier 1797. — *Tableau des pertes causées par la Révolution,* par sir Francis d'Ivernois, t. I, p. 111-112.

XVIII

LA FÊTE DU 10 AOUT

Mardi 13 août 1793.

En 1789, la France, appelée à choisir librement les hommes qui devaient porter aux pieds du trône ses doléances et ses vœux, avait élu les plus méritants et les plus dignes. Jamais peut-être assemblée politique n'avait réuni autant de talents et de lumières. Ni le courage ne lui faisait défaut, ni le génie de l'éloquence, ni la générosité des intentions. Tout cela sans doute n'a pas produit les heureux résultats que l'on était en droit d'attendre ; que dis-je ? talents, lumières, courage, éloquence, désintéressement, tout cela, par le vice d'une erreur fondamentale, d'un principe faux qui a conduit les membres des Communes à faire table rase du passé, à légiférer, non pour l'homme vrai, créé par Dieu, mais pour l'être abstrait créé par Rousseau[1], — tout cela est devenu péril, danger, maléfice. De même qu'autrefois il suffisait aux bonnes fées de toucher de leur baguette les nèfles et les noisettes pour les changer en perles et en diamants, de même il a suffi que la Révolution, la plus méchante des mauvaises fées, soufflât son esprit sur l'Assemblée nationale pour tourner à mal tous ses dons. Si

---

1. Voyez Taine, la *Révolution*, I, 277.

déplorable qu'ait été son œuvre, elle ne doit pas cependant nous faire oublier que la plupart des membres de cette Assemblée voulaient le bien, et que beaucoup ont mis au service de leurs idées un admirable talent. S'ils ont, hélas! renversé la monarchie; s'ils ont fait une révolution, alors qu'ils voulaient seulement faire des réformes, ils ont jeté du moins sur les derniers jours de la vieille France un incomparable éclat. Elle n'aura pas disparu sans laisser un grand souvenir, cette Assemblée qui a compté dans ses rangs les Mirabeau, les Maury, les Barnave, les Cazalès, les Malouet, les Clermont-Tonnerre, les Chapelier, les Sieyès, les Mounier, les Montesquiou, les Lally-Tolendal, les Thouret, les Lafayette, les Boisgelin, les Merlin de Douai, les Talleyrand-Périgord, les Bergasse, les Bailly, les Duport, les Lameth [1].

De la Constituante à la Législative, la chute est considérable; et pourtant cette seconde législature ne laisse pas de renfermer encore bien des hommes d'un vrai mérite. Au côté droit, les Jaucourt, les Beugnot, les Vaublanc, les Ramond, les Pastoret, les Hua, les Becquey, les Quatremère, les Dumas, les Girardin; au côté gauche, les Vergniaud, les Guadet, les Brissot, les Isnard, les Lasource, les Gensonné, les Condorcet.

Autant la Législative était au-dessous de la Constituante, autant la Convention est au-dessous de la Législative. On retrouve bien à la Convention quelques-uns des membres de la Constituante, mais

---

1. Voyez le remarquable ouvrage de M. F.-A. Aulard sur *les Orateurs de l'Assemblée constituante*. Un vol. in-8, librairie Hachette et Cie, 1882.

aucun homme du premier rang. Les Robespierre, les Petion, les Buzot, les Barère, qui, dans l'Assemblée nouvelle, joueront les premiers rôles, comptaient à peine à l'Assemblée nationale. Robespierre n'y brillait guère avec son organe dur, ses inflexions aigres, sa prononciation artésienne, ses déclamations sans ordre et sans méthode[1] ; à côté de Mirabeau, le *Flambeau de la Provence*, la *Chandelle d'Arras* jetait un mince éclat. Il eut un peu de succès pour la première fois, le 30 mai 1791 ; encore fut-il plus adroit qu'éloquent et retomba-t-il bientôt, après un heureux commencement, dans son *galimatias accoutumé*[2]. Aujourd'hui il règne en maître à la Convention. Depuis le 2 juin, depuis la proscription de Vergniaud, de Guadet de Gensonné, de Lasource et de Lanjuinais, elle ne compte plus qu'un seul orateur digne de ce nom, Danton, inégal, grossier, cynique, mais dont l'éloquence déclamatoire est parfois sillonnée d'éclairs, un Mirabeau de l'étal et de la rue, qui a parfois, comme Mirabeau, des cris puissants et superbes. Après lui il n'y a plus rien. Les rares hommes de talent, égarés sur les bancs de cette Assemblée qui a subi Marat et qui acclame Robespierre, les Sieyès, les Daunou, gardent un silence aussi obstiné que prudent. Merlin de Douai, ce grand jurisconsulte, que la Constituante a légué à la Convention, ne prend la parole que pour appuyer les plus lâches motions. Au fond, et dans son ensemble, la nouvelle Assemblée est incurablement médiocre. Elle a donné sa mesure dans cette Consti-

---

1. *Mémoires* de Meillan. — *Mémoires* de Durand de Maillane. — Lacretelle, *Dix années d'épreuves pendant la Révolution*.
2. *Mémoires* de Malouet, II, 135.

tution du 24 juin, qui est bien l'œuvre la plus indigeste, la plus impraticable et la plus inepte qui se puisse imaginer.

Il est pourtant une supériorité que l'on ne peut refuser à l'assemblée conventionnelle. Mieux que ses devancières, elle a compris que le peuple permettait tout à qui savait l'amuser, qu'il subirait sans révolte le pire despotisme, pour peu qu'en échange de sa liberté on lui donnât des jeux et des spectacles. Et quels jeux que l'exécution de Louis XVI et celle de Mademoiselle de Corday ! Quels spectacles que les funérailles de Michel Lepeletier et les obsèques de Marat! Quelle fête théâtrale, pompeuse, saisissante, que la fête du 10 août!

Le jour anniversaire de la chute de la royauté avait été choisi pour l'acceptation par le peuple français de la Constitution du 24 juin.

La fête a commencé dès le matin, conformément au programme rédigé par David qui, dans son rapport au nom du Comité d'instruction publique, présenté à la Convention le 11 juillet dernier, s'était exprimé en ces termes :

Les Français, réunis pour célébrer la fête de l'Unité et de l'Indivisibilité, se lèveront avant l'aurore ; la scène touchante de leur réunion sera éclairée par les premiers rayons du soleil : cet astre bienfaisant, dont la lumière s'étend sur tout l'univers, sera pour eux le symbole de la vérité, à laquelle ils adresseront des louanges et des hymnes [1].

A l'heure dite, au lever du soleil, la Convention nationale, les envoyés des sociétés primaires, les autori-

---

1. *Moniteur* du 15 juillet 1793.

tés constituées de Paris, les sociétés populaires et le peuple étaient rassemblés sur l'emplacement de la Bastille. Sur les pierres et les débris de la vieille forteresse, on lisait les inscriptions suivantes :

Un vieillard a baigné cette pierre de ses larmes. — Il y a quarante-quatre ans que je meurs. — La vertu conduisait ici. — Le corrupteur de ma femme m'a plongé dans ces cachots. — Cette pierre n'a jamais été éclairée. — Des enfans avides m'ensevelirent ici. — Je n'ai jamais été consolé. — Je ne dors plus. — Ils ont couvert mes traits d'un masque de fer. — Sartine sourit à mes maux. — Je fus oublié. — Lasciate ogni speranza, voi que entrate. — O mon ami! — Je suis enchaîné depuis quarante ans à cette pierre. — L'enfer a vomi les rois. — L'enfer a vomi les prêtres. — On écrasa sous mes yeux mon araignée fidèle. — Mes enfans! O mes chers enfans!

Au milieu des décombres de la Bastille, s'élevait la fontaine de la *Régénération*, représentée par une statue colossale de la Nature, sur la base de laquelle on lisait : *Nous sommes tous ses enfans*. De ses mamelles, qu'elle pressait de ses mains, s'épanchaient dans un vaste bassin deux sources d'une eau pure et abondante, image de son inépuisable fécondité. Le président de la Convention, Hérault-Séchelles, placé devant la statue et la montrant au peuple, a fait une première harangue :

Souveraine du sauvage et des nations éclairées, ô Nature ! ce peuple immense, rassemblé aux premiers rayons du jour devant ton image, est digne de toi : il est libre... O Nature ! reçois l'expression de l'attachement éternel des Français pour tes lois, et que ces eaux fécondes qui jaillissent de tes mamelles, que cette boisson pure qui abreuva les premiers humains, consacrent dans cette coupe de la Fraternité et de l'Égalité les serments que te fait la France en ce jour, le plus beau qu'ait éclairé le soleil depuis qu'il a été suspendu dans l'immensité de l'espace.

Le président a pris alors une superbe coupe d'agate[1], et, après l'avoir remplie de l'eau qui jaillissait de l'une des mamelles de la Nature, a fait des libations autour de la statue. Il a bu dans la coupe et l'a fait passer aux quatre-vingt-sept commissaires des assemblées primaires, doyens d'âge de leurs députations. Ils étaient appelés par ordre alphabétique, au son de la caisse et de la trompette. Une salve d'artillerie, chaque fois qu'un commissaire buvait, annonçait la consommation de cet acte de fraternité.

Quand cette première partie de la cérémonie a été terminée, une décharge générale d'artillerie a annoncé le départ du cortège. Il s'est dirigé par les boulevards dans l'ordre suivant :

En tête, les sociétés populaires réunies en masse; elles portaient une bannière sur laquelle était peint l'œil de la surveillance pénétrant un épais nuage.

En seconde ligne, la Convention nationale. Huit de ses membres portaient sur un brancard une arche ouverte, renfermant la Déclaration des Droits de l'homme et l'Acte constitutionnel. Chaque député avait à la main un bouquet d'épis de blé et de fruits. Ils marchaient

1. Dans la séance du 16 août 1795, la Convention a décrété, sur la proposition de Lakanal, que « la coupe employée dans la fête du 10 août, à la cérémonie de la Régénération, serait déposée au Muséum national, avec une inscription rappelant l'usage touchant et sublime auquel elle avait servi ». *Moniteur* du 17 août.

entourés par les commissaires des départements, liés les uns aux autres par un léger ruban tricolore et formant ainsi comme une chaîne autour de la Convention.

Les envoyés des assemblées primaires, au nombre de huit mille environ [1], portaient dans une main une pique, dans l'autre une branche d'olivier.

Après eux, il n'y avait plus aucune division de personnes et de fonctionnaires, aucun ordre tracé, aucune régularité prescrite dans la marche. Membres du Conseil exécutif ou de la Commune, municipaux avec leur écharpe tricolore, juges vêtus de noir, ayant sur la tête un chapeau à la Henri IV, orné de plumes noires, et autour du cou un ruban tricolore en sautoir [2], marchaient confondus avec la foule du peuple.

De cette foule pourtant se détachaient de distance en distance différents groupes : les élèves de l'institution des aveugles, montés sur un plateau roulant ; portés dans des barcelonnettes blanches, les nourrissons de la maison des Enfants-Trouvés ; assis sur une charrue, un vieillard et sa vieille épouse, traînés par leurs enfants ; des ouvriers imprimeurs portant une presse sur laquelle on a gravé ces mots : *Sans elle point de liberté*. Au milieu des images et des attributs des arts, des métiers, des travaux utiles, des vertus populaires, s'élevait une enseigne avec ces mots en gros caractères :

---

1. Discours de Danton, séance du 12 août 1793. *Moniteur* du 14 août.
2. *Mémoires de M. le duc de Montpensier sur son arrestation et sa captivité*, p. 271.

VOILA LE SERVICE QUE LE PEUPLE INFATIGABLE REND A LA SOCIÉTÉ HUMAINE

Un groupe militaire conduisait en triomphe un char attelé de huit chevaux blancs et contenant une urne où l'on avait déposé les cendres des héros morts pour la patrie. Autour de ce char funèbre, nul insigne de deuil, ni draperies noires, ni tambours voilés, ni branches de cyprès ; mais au contraire partout des guirlandes, des couronnes et des parfums, un cortège de parents, le front orné de fleurs, une musique militaire jouant ses plus brillantes fanfares.

A une certaine distance et fermant la marche, un détachement d'infanterie et de cavalerie, au milieu duquel roulait un tombereau chargé des attributs de la royauté et de l'aristocratie, un tombereau pareil à ceux qui conduisent les condamnés au lieu du supplice. On y lisait cette inscription :

PEUPLE, VOILA CE QUI A TOUJOURS FAIT LE MALHEUR DE LA SOCIÉTÉ HUMAINE

Le cortège est arrivé dans cet ordre au boulevard Poissonnière, où se dressait un arc de triomphe destiné à rappeler les journées des 5 et 6 octobre. Sur une des faces on lisait : *Le peuple comme un torrent inonda leurs portiques : ils disparurent.* Sur l'autre : *Comme une vile proie, elles ont chassé le tyran devant elles.* Sur un côté : *Sa justice est terrible.* Sur l'autre : *Sa clémence est extrême.* Cet arc de triomphe était surtout remarquable par des peintures représentant les têtes des gardes du corps massacrés à Versailles. Sous le portique se tenaient les *héroïnes* des 5 et 6 octobre, assises sur les affûts de leurs canons, les unes portant des branches d'arbre, les autres des trophées. S'arrêtant devant elles, le président de la Convention s'est écrié :

Quel spectacle ! la faiblesse du sexe et l'héroïsme du courage ! O liberté, ce sont là tes miracles ! C'est toi qui, dans ces deux journées, où *le sang à Versailles commença à expier les crimes des rois*, allumas dans le cœur de quelques femmes cette audace qui fit fuir ou tomber devant elles les satellites du tyran !... O femmes ! la liberté, attaquée par tous les tyrans, pour être défendue, a besoin d'un peuple de héros : c'est à vous à l'enfanter !... Les représentants du peuple souverain, au lieu des fleurs qui parent la beauté, vous offrent le laurier, emblème du courage et de la victoire : vous le transmettrez à vos enfants.

Hérault-Séchelles leur a donné l'accolade fraternelle ; il a posé sur la tête de chacune d'elles une couronne de laurier ; et le cortège a repris, au milieu des acclamations, la route des boulevards.

La place de la Révolution était marquée pour la troisième station. Sur les débris du piédestal de la statue de Louis XV on avait érigé une statue en plâtre de la Liberté. Elle apparaissait à travers l'ombrage de jeunes arbres, chênes et peupliers, dont les branches pliaient sous le poids des tributs offerts à la déesse : bonnets rouges, rubans tricolores, hymnes, inscriptions, peintures. Presque à ses pieds était un immense bûcher où gisaient les attributs de la royauté. Placé entre la statue et le bûcher, Hérault-Sèchelles a prononcé son troisième discours :

Ici la hache de la loi a frappé le tyran. Qu'ils périssent aussi ces signes honteux d'une servitude que les despotes affectaient de reproduire sous toutes les formes à nos regards ! Que la flamme les dévore !... Justice, vengeance, divinités tutélaires des peuples libres, attachez à jamais l'exécration du genre humain au nom du traître qui, sur un trône relevé par la générosité, a trompé la confiance d'un peuple magnanime !... Que la pique et le bonnet de la liberté, que la charrue et la gerbe de blé, que les emblèmes de tous les arts, par qui la société est enrichie, embellie, forment désormais toutes les décorations de la République ! Terre sainte ! couvre-toi de ces biens réels, qui se partagent entre tous les hommes, et deviens stérile pour tout ce qui ne peut servir qu'aux jouissances exclusives de l'orgueil !

Prenant alors une torche enflammée, Hérault-Séchelles a mis le feu au bûcher ; trône, couronne, sceptre, fleurs de lis, manteau ducal, écussons, armoiries, ont disparu au bruit pétillant des flammes. Dans le même instant, portant à leur cou de légères banderoles tricolores avec ces mots : *Nous sommes libres, imitez-nous!* trois mille oiseaux, comme des étincelles vivantes, se sont échappés du bûcher.

La quatrième station a eu lieu devant les Invalides. Au milieu de l'esplanade, sur la cime d'un rocher, une statue colossale représentait LE PEUPLE FRANÇAIS TERRASSANT LE FÉDÉRALISME. Elle avait pour inscription : *L'aristocratie a pris cent formes diverses ; le peuple tout-puissant l'a partout terrassée.*

Après un quatrième discours de Hérault-Séchelles, qui a couvert d'imprécations le monstre du *fédéralisme*, le cortège s'est acheminé vers le Champ de Mars, où se devait faire la dernière station. A l'entrée, deux Termes, symboles de l'Égalité et de la Liberté, ombragés par un épais feuillage, séparés et en face l'un de l'autre, tenaient un ruban tricolore auquel était suspendu un vaste niveau, le niveau national qui planait ainsi indistinctement sur toutes les têtes.

La Convention nationale, les quatre-vingt-sept commissaires des départements, les envoyés des assemblées primaires, ont gravi les degrés de l'autel de la patrie, pendant qu'un peuple innombrable se répandait dans la vaste étendue du Champ de Mars. Monté sur la plus haute marche de l'autel, ayant à ses côtés le vieillard le plus avancé en âge parmi les commissaires des départements, Hérault-Séchelles proclame le résultat des votes des assemblées primaires, le vœu unanime des quatre-vingt-sept départements en faveur de la Constitution. « Il y a un an, s'est-il écrié, notre territoire était occupé par l'ennemi : nous avons proclamé la République, nous fûmes vainqueurs. Maintenant, tandis que nous constituons la France, l'Europe l'attaque de toutes parts : jurons de défendre la Constitution jusqu'à la mort ; la République est éternelle ! »

Au moment où le président de la Convention a déposé dans l'arche, placée sur l'autel de la patrie, l'Acte constitutionel et le recensement des votes du peuple français, des salves répétées d'artillerie ont fait retentir l'air, mêlées aux cris redoublés de la foule.

Les quatre-vingt-sept commissaires des départements, qui durant la marche avaient tenu chacun une pique à la main, se rapprochèrent de Hérault-Séchelles, qui réunit toutes ces piques en un seul faisceau, noué par un ruban tricolore. Le canon tonna de nouveau pour saluer cet acte qui consacrait aux yeux du peuple l'unité, l'indivisibilité de la République.

Descendue de l'autel de la patrie, la Convention a traversé une portion du Champ de Mars et s'est rendue vers l'extrémité, au temple préparé pour recevoir les cendres des soldats morts en défendant la République.

L'urne funéraire a été transportée sous le vestibule du temple : la Convention nationale s'est répandue sous les colonnes et les portiques ; tous les spectateurs, placés au dessous, se sont découverts. Le silence s'est fait. Penché sur l'urne funéraire, que d'une main il tenait embrassée, tandis que de l'autre il portait et montrait au peuple la couronne de laurier destinée aux guerriers morts, le président a prononcé ces mots :

Terminons cette auguste journée par l'adieu solennel que nous devons à ceux de nos frères qui ont succombé dans les combats... Hommes intrépides, cendres chères et précieuses, urne sacrée, je vous salue avec respect ! Je vous embrasse au nom du peuple français. Je dépose sur vos restes protecteurs la couronne de laurier que la patrie et la Convention nationale m'ont chargé de vous présenter. Ce ne sont pas des pleurs que nous donnerons à votre mémoire... C'est en vous admirant, c'est surtout en vous imitant que nous voulons vous honorer... Chers citoyens ! guerriers magnanimes ! Nous serons dignes de vous ; nous n'aurons à recevoir que vos embrassements, vos éloges ; nous vous aurons vengés ! Nous vous raconterons que nos mains ont achevé votre ouvrage que vos armes, dont nous avons hérité, étaient invincibles, que la République triomphe, cette République qui à elle seule tient tête à tous les tyrans, à toutes les viles passions conjurées, à tous les peuples qui se déshonorent ; cette République que l'humanité a chargée de sa cause et qui doit sauver l'univers !

Un repas fraternel, des danses et des chants ont terminé la fête. A dix heures du soir, une salve d'artillerie a annoncé la représentation d'une pantomime intitulée : *le Bombardement de la ville de Lille* [1].

Je ne suis pas de ceux qui ont applaudi à cette fête ; mais il serait puéril de ne pas reconnaître que, dans son ensemble, elle a été belle et imposante, et que sa pompe théâtrale n'était pas sans grandeur. La dernière partie, celle qui a été consacrée aux soldats morts pour la patrie, m'a vivement ému. Hérault-Séchelles s'est montré à la hauteur de son rôle ; il a été éloquent par endroits, il a eu des accents que Robespierre n'eût jamais trouvés. La République ne cesse pas d'être odieuse, et l'eau qui s'épanche des mamelles de la statue de la Nature ne lavera pas les taches de sang dont elle est couverte : le 10 août, cependant, je ne fais pas difficulté de le dire, elle a eu une belle journée.

---

1. *Procès-verbal de la Fête nationale du 10 août 1793, consacrée à l'inauguration de la Constitution de la République française.* — *Président*, Hérault-Séchelles ; *ordonnateur*, David. — Fête du 10 aout. *Extrait du Rituel républicain.* — *Fête de l'Unité. Détail des cérémonies de la fête du 10 août.* — *Rapport de David, au nom du Comité d'instruction publique sur la Fédération du 10 août.* — *Le Républicain français*, n° 269.

Mercredi 14 août 1793.

Je viens d'apprendre que vendredi, la veille même de la fête, la femme de Petion a été écrouée à Sainte-Pélagie, avec son fils âgé de dix ans[1]. Il y a un an, lors de la fête de la Fédération de 1792, les envoyés des départements fraternisaient avec le peuple de Paris et se pressaient, comme cette année, au Champ de Mars, au pied de l'autel de la patrie. Le cadre était le même, et aussi les acteurs, à quelques exceptions près ; l'enthousiasme était aussi grand. Seulement, il y a un an, le peuple criait : *Vive Petion ! Vive le roi Petion !* A quelques jours de là, le 10 août 1792, maire de Paris, chargé d'assurer le maintien de l'ordre, le *roi Petion* se faisait le complice des conspirateurs et leur livrait Louis XVI. Où est Petion, aujourd'hui ? En 1792, on criait avec enthousiasme : *Petion ou la mort !* Samedi, on criait avec fureur : *Mort à Petion !* Décrété d'accusation, mis *hors la loi*, il cache au fond de je ne sais quelle retraite sa tête vouée à l'échafaud, et on choisit la *Fête du 10 août* pour jeter dans les cachots sa femme et son fils ! Lorsque Mme Petion est arrivée à Sainte-Pélagie, Mme Roland, qui y est détenue depuis le 24 juin, l'a abordée par ces paroles : « Je ne croyais guère, lorsque je fus à la Mairie, *le 10 août* 1792, partager vos inquiétudes, que nous ferions l'anniversaire à Sainte-

---

[1]. *Mémoires* de Madame Roland, p. 302 et 385. — *L'écrou de la femme Petion et de son fils à Sainte-Pélagie* donne 16 ans à ce dernier, et non 10, comme les *Mémoires* de Mme Roland. (Voir *Charlotte de Corday et les Girondins*, par Ch. Vatel, II, 277.)

Pélagie et que la chute du trône préparât votre disgrâce [1]. »

Comme Petion avait été le héros de la Fête de la Fédération de 1792, Hérault-Séchelles a été le héros de la Fête de la Fédération de 1793. Où sera Hérault-Séchelles dans un an [2] ?

---

[1]. *Mémoires* de Madame Roland, p. 302. — Madame Petion et son fils furent mis en liberté le 19 frimaire an III (9 décembre 1794.) Madame Lefebvre, belle-mère de Petion, venue à Paris pour solliciter la Convention en faveur de sa fille et de son petit-fils, admise aux honneurs de la séance le 8 septembre 1793, fut arrêtée le 9, condamnée à mort le 24 pour de prétendus *propos inciviques* et exécutée le même jour. Ch Vatel, *Charlotte de Corday et les Girondins*, II, 259. — H. Wallon, II, 191.

[2]. Hérault-Séchelles a été guillotiné le 5 avril 1794.

XIX

LENDEMAINS DE FÊTES

Jeudi 15 août 1793.

Ce matin Beaulieu est venu me voir. Je lui ai dit combien j'avais été frappé de la fête du 10 août. — « Êtes-vous devenu fou ? s'est-il écrié, et allez-vous vous mettre, vous aussi, à admirer les grandes *Machines* de David ? Où en sommes-nous, grands dieux ! si d'honnêtes gens comme vous éprouvent devant de telles parades un autre sentiment que celui de l'indignation et du mépris ? Ces bateleurs, après avoir proscrit les prêtres, se sont mis en tête d'avoir à leur tour des *fêtes religieuses*, et ils nous proposent sans rire, celui-ci d'adorer le *SOLEIL*, celui-là d'adorer la *NATURE*. David veut que nous adressions « des louanges et des hymnes à cet astre bienfaisant, dont la lumière s'étend sur tout l'univers, et qui doit être pour nous le symbole de la vérité [1] ». Hérault-Séchelles nous invite à célébrer « la *Nature*, souveraine du sauvage et des nations éclairées », à lui adresser « nos serments », à lui jurer « un attachement éternel [2] » ! — Et l'Arc de Triomphe du boulevard Poissonnière, que vous en semble ? Je ne parle pas de cette glorifi-

1. *Moniteur* du 15 juillet 1793.
2. *Procès-verbal de la Fête nationale du 10 août* 1793.

cation des journées d'octobre, de ce couronnement des rosières de l'assassinat, mais de cette monstrueuse imagination de David, décorant son arc de triomphe de peintures où sont figurées les têtes des gardes du corps massacrés à Versailles [1]. Arborer comme un trophée des têtes coupées, voilà sans doute une idée digne de *l'ami de cœur de Marat* [2], mais qui suffirait à elle seule pour voiler à mes yeux l'éclat de cette fête, objet de votre enthousiasme! — N'est-ce pas encore une idée monstrueuse d'avoir choisi, pour y élever un des *reposoirs* de cette nouvelle Fête-Dieu, l'emplacement où s'est dressé l'échafaud du 21 janvier, où ont été égorgées tant de victimes innocentes, où la veille encore coulait le sang d'un pauvre gendarme, coupable d'avoir mal parlé de la Convention, dans un café, il y a

---

1. Beaulieu, *Essais historiques sur les causes et les effets de la Révolution de France*, V, 468 : « Ce trophée digne des ogres dont nous parle la Bibliothèque bleue, existait encore à la même place plus d'un an après. Les Parisiens étaient tellement accoutumés à tous ces spectacles qu'ils n'y faisaient même pas attention. » — André Chénier a flétri, dans ses *Iambes*, cette abominable invention de David :

> O gardes de Louis, sous les voûtes royales
> Par nos ménades déchirés,
> Vos têtes sur un fer ont, pour nos bacchanales,
> Orné nos portes triomphales...
>
> . . . .
>
> Arts dignes de nos yeux! pompe et magnificence
> Dignes de notre liberté,
> Dignes des vils tyrans qui dévorent la France,
> Dignes de l'atroce démence
> Du stupide David qu'autrefois j'ai chanté!

2. « *Marat !* disait David, *ah ! celui-là, je l'ai peint du cœur.* » Mots cités par M. Jal, dans ses *Esquisses et Croquis*. — Louis Blanc, IX, 105.

deux ou trois mois ! [1] Je sais bien ce que vous allez me dire... »

La vérité est que je n'avais nul dessein de l'interrompre. Il s'animait en parlant et je trouvais qu'il était en verve. Je le laissai donc continuer.

— « Il vous a paru peut-être, a repris Beaulieu, que la quatrième station, celle des Invalides, était la plus inoffensive du monde. Ce colosse de plâtre qui « noue d'une main le faisceau des départements, » et de l'autre balance la massue qui va frapper du coup mortel le monstre du Fédéralisme, — ce dragon, qui personnifie Buzot, Brissot, Petion et qui sort fangeux d'un marais fétide, forment un groupe très laid, mais d'une signification très claire. Le peuple ne s'y est pas trompé, et lorsque Hérault-Séchelles a prononcé ces paroles : « Peuple, fais à ceux qui veulent te diviser la même guerre qu'à ceux qui veulent t'anéantir, » il ne s'est pas contenté de les applaudir, il a proféré, avec une rage furieuse, des cris de mort contre les *vingt-deux*, contre Brissot, Vergniaud et leurs collègues détenus.

« Je vous accorde que le cinquième acte a été moins odieux. Il s'est déroulé dans un cadre magnifique et avec des décors grandioses. Des deux parties dont se composait ce cinquième acte, la première a été une merveille de mise en scène. Mais cette proclamation de la loi nouvelle, faite du haut de l'autel de la patrie, comme du sommet d'un nouveau Sinaï ; cette arche sainte recevant le Recensement des votes du peuple français ; ces envoyés des assemblées primaires gravissant les degrés

---

1. Le gendarme *Jonas*, guillotiné le 7 août 1793. *Bulletin* du tribunal révolutionnaire, n° 80, Wallon, I, 269.

de l'autel pour venir affirmer le vœu de la nation ; Hérault-Séchelles s'écriant : « Jamais un *vœu plus unanime* n'a organisé une république plus grande et plus populaire ; » tout cela, vous le savez aussi bien que moi, tout cela était pure comédie.

« La scène qui a couronné la journée, celle qui vous a ému, touché jusqu'aux larmes, était-elle donc plus sérieuse que la comédie du *vœu national*, du *vote unanime* ? Certes, en cet endroit, David s'est surpassé. Ce temple funèbre, cette urne sacrée, ces *cendres chéries*, ces colonnes, ces portiques sous lesquels se promenaient, comme dans l'Elysée des poètes, les membres de la Convention nationale, cette foule immense au-dessus de laquelle on croyait voir errer les ombres des guerriers morts pour la patrie, il y avait là, je le reconnais, de quoi frapper l'imagination, exciter l'enthousiasme, attendrir le cœur. Votre émotion était excusable. Pardonnez-moi, mon ami, de ne pas l'avoir partagée. Lorsque j'ai vu Hérault-Séchelles, ce grand seigneur devenu montagnard, ce sybarite jouant au spartiate, lorsque je l'ai vu « embrasser l'urne des martyrs fondateurs, de la liberté, » l'arroser de ses larmes, je n'ai pu me défendre d'un mouvement d'indignation. Nos amis, nos frères, les meilleurs et les plus braves, meurent là-bas pour la France ; et ici des histrions comme Hérault-Séchelles et Collot-d'Herbois, des lâches comme Barère et Merlin, des gueux comme Amar et Bourdon, des aigrefins comme Delaunay et Fabre, exploitent leur héroïsme, se hissent sur leur piédestal, s'enveloppent dans les plis de leur drapeau, et nous crient : « O peuple, admire-nous ! — Aime, « bénis cette République que nous t'avons faite et

« pour laquelle les soldats donnent leur sang, pour
« laquelle les héros et les martys donnent leur vie ! »
Ils agitent devant nous le linceul des braves tombés
sur le champ de bataille, et ils disent qu'ils ont fait
un pacte avec la victoire, eux qui en ont fait un avec
la peur [1] ! Ils disent qu'ils ont créé, organisé des armées, et ils n'ont pas de plus ardent souci que de
dénoncer nos généraux, de les jeter en prison, de les
envoyer à l'échafaud. Dès le mois de mai, ils ont guillotiné le général Miaczinski et l'adjudant général
Devaux [2]. Les généraux Dillon [3] et Lamorlière sont
sous les verrous. Le général Beysser vient d'être renvoyé devant le Comité de sûreté générale, ce qui
équivaut à une arrestation [4]. Hier, le général Lescuyer
a été guillotiné [5]. Aujourd'hui commence devant le
tribunal révolutionnaire le procès du général Custine ! »

Après quelques moments de silence, Beaulieu a
continué en ces termes :

« Voyez ce qu'ils ont fait, à la veille et au
lendemain de leur Fête, ces hommes qui osent
parler de courage, de patriotisme et de liberté. Le
1ᵉʳ août, ils décrètent qu'il sera envoyé dans la Vendée
des *matières combustibles de toutes espèces* pour incendier les bois, les taillis et les genêts ; ils décrètent
que les forêts seront abattues, les récoltes coupées,
les bestiaux saisis, les repaires des rebelles détruits.

---

1. Voir ci-dessous le chapitre xxxvi : *La Peur*.
2. Miaczinski a été exécuté le 22 mai 1793, et Devaux le 23 mai.
3. Dillon a été guillotiné le 13 avril 1794.
4. *Moniteur* du 8 août 1793. Beysser a été guillotiné le même jour que Dillon, avec Chaumette, Gobel, Lucile Desmoulins et la veuve d'Hébert.
5. Le 14 août 1793. *Bulletin du tribunal révolutionnaire*, n° 81.

C'est l'incendie mis à l'ordre du jour; c'est la destruction de plusieurs départements ordonnée par mesure législative. Et parmi ces députés, qui infligent, hélas ! à nos soldats la flétrissure de leur admiration, pas un seul ne se lève pour protester ! Le décret est adopté sans discussion et à *l'unanimité* [1].

« Le même jour, la Convention décrète que les biens de toutes les personnes qui ont été mises par elle hors la loi appartiendront à la République.

« Le même jour, elle décrète que Marie Antoinette est renvoyée au tribunal révolutionnaire et sera transférée sur-le-champ à la Conciergerie.

« Le même jour encore, elle décrète que les tombeaux et mausolées des ci-devant rois, élevés dans l'église de Saint-Denis, dans les temples et autres lieux, dans toute l'étendue de la République, seront détruits le 10 août prochain.

« Et comme le premier, ces nouveaux décrets sont adoptés sans discussion et *à l'unanimité* [2], sur le rapport de Barère, sous la présidence de Danton, qui avait formulé, dans la séance précédente, aux applaudissements de l'Assemblée, la théorie de l'assassinat et des massacres en grand : « *Soyez comme la Nature ; elle voit la conservation de l'espèce ; ne regardez pas les individus* [3]. »

« La séance du 1ᵉʳ août avait été le prologue de la

---

1. *Moniteur* du 2 août 1793, séance du 1ᵉʳ.
2. *Mercure français*, n° 106. — Beaulieu, dans son *Diurnal de la Révolution de France*, parle en ces termes de la séance du 1ᵉʳ août : « En lisant les détails de cette séance, il semble voir une troupe de sauvages insensés dansant sur de superbes débris, dont une stupide ignorance leur empêche de connaître le prix. »
3. *Moniteur* du 1ᵉʳ août 1793. Séance du 31 juillet.

fête du 10, qui a eu son épilogue dans la séance du 12. Les commissaires des départements sont venus à la barre de la Convention ; leur orateur a déclaré que le moment était arrivé de *faire mordre la poussière* aux ennemis du peuple ; il a demandé la *mise en état d'arrestation de tous les hommes suspects*. Hérault-Séchelles a trouvé, pour appuyer ce vœu, des phrases harmonieuses et cadencées, comme celles qu'il avait prononcées, deux jours auparavant, lorsqu'il avait présenté à ces mêmes commissaires, rangés autour de la statue de la Nature, la coupe sainte de l'Égalité et de la Fraternité. Danton a félicité les députés des assemblées primaires d'avoir *exercé*, dans le sein de l'Assemblée nationale, *l'initiative de la TERREUR contre les ennemis de l'intérieur.* « Répondons à leur vœux, s'est-il écrié. Non, point d'amnistie à aucun traître. L'homme juste ne fait point grâce au méchant. Signalons la vengeance populaire par le glaive de la loi sur les conspirateurs de l'intérieur [1]... » Il a demandé à son tour *l'arrestation de tous les hommes vraiment suspects*. Robespierre a renchéri encore sur Danton. Il a déploré l'*indulgence* dont on faisait preuve à l'égard des conspirateurs ; il s'est plaint des lenteurs du tribunal révolutionnaire. Ce citoyen austère est assoiffé de justice : « Il faut, a-t-il dit, stimuler le zèle du tribunal révolutionnaire ; *il faut lui ordonner de juger* les coupables qui lui sont dénoncés, *vingt-quatre heures après la remise des preuves :* il faut plus, c'est de multiplier son action [2]... » Et sans cris, sans gesticulations furieuses, comme Danton, d'une voix aigrelette, avec

1. *Moniteur* du 14 août 1793. Séance du 12.
2. *Moniteur* du 14 août 1793.

des gestes cauteleux, cet homme benin s'est borné à demander ceci : qu'on poursuive avec la plus grande activité l'exécution des mesures pour s'assurer des conspirations fomentées et des trames ourdies par le gouvernement anglais ; — que lorsqu'on a arrêté un homme prévenu de conspiration, on ne le relâche pas le lendemain sur de lâches prétextes et de frivoles considérations ; que lorsqu'un comité a décerné un mandat d'arrêt, une autre autorité ne puisse en relâcher l'effet ; — que *la France, les administrations, le gouvernement, les armées* soient purgés des traîtres ; — que le tribunal révolutionnaire soit chargé de juger Custine *sous vingt-quatre heures;* — que ce tribunal poursuive sans relâche le procès des conspirateurs qui ont été mis en état d'accusation par un décret; — que les scélérats, en tombant sous la loi, apaisent les mânes de tant d'innocentes victimes [1] !

« Cela dit, ce parangon d'humanité a ajouté ces benoîtes paroles : *Je n'ai rien à dire sur les autres mesures* [2].

« Robespierre et Danton avaient parlé. La Convention a décrété que « tous les gens *suspects* seraient mis en état d'arrestation [3] ».

Beaulieu a rejeté sur la table le numéro du *Moniteur*, où se trouvent rapportés les détails de cette séance, aussi exécrable que celle du 1er août. Nous gardions tous les deux le silence. Tout à coup, Beaulieu a repris : « Et pourtant il y a encore de braves gens en notre vieux pays de France ! Si rien n'égale la lâcheté

---

1. *Moniteur* du 14 août 1793.
2. *Ibid.*
3. *Ibid.*

de ces misérables conventionnels, quel héroïsme à la frontière chez nos généraux et nos soldats ! Quel héroïsme en Vendée chez ces paysans qui meurent pour leur Dieu et pour leur Roi ! Je ne sais si vous avez lu le rapport fait par Gossuin[1], au nom de la commission chargée de réunir les procès-verbaux d'acceptation de l'acte constitutionnel. Gossuin y donne, comme la preuve la plus convaincante du vœu bien prononcé du peuple français pour la forme républicaine, ce fait que, sur *quarante-quatre mille communes* qui composent la République, la *commune de Saint-Donan*, faisant partie de l'Assemblée primaire du canton de Plourhan, district de Saint-Brieuc, département des Côtes-du-Nord, *est l'unique* qui ait demandé le fils de Capet pour roi et le rétablissement du clergé[2]. Le vrai courage, mon ami, le voilà ! Aller au feu, escalader une redoute, affronter la mitraille, c'est beau, c'est héroïque ; mais je ne sais pas s'il ne faut pas plus d'héroïsme encore, quand tout un peuple courbe la tête sous un vent de vertige et d'erreur, pour ne pas être *de la troupe*, pour ne pas *vaguer le train commun*, pour rester fidèle *quand même* à sa foi bafouée, à son Dieu proscrit, à son roi prisonnier. Oh ! les braves gens que ces Bretons de Saint-Donan ! »

1. Député du Nord.
2. *Rapport fait par Gossuin dans la séance du 9 août* 1793. — *Moniteur* du 12 août.

XX

LA JOURNÉE DU VATICAN OU LE SOUPER DU PAPE

Samedi 17 août 1793.

Il faut rendre cette justice à la Commune de Paris et à la Convention qu'elles ont compris depuis longtemps tout le parti que l'on pouvait tirer des théâtres pour *chauffer* l'esprit public. La populace de Rome rampait devant les tyrans qui lui donnaient du pain et les jeux du cirque ; la populace de Paris est aux ordres de ceux qui lui donnent du pain à trois sous et des spectacles *gratis*.

Dès le mois de mars dernier, le conseil général de la Commune a pris un arrêté, aux termes duquel la Convention était invitée à décréter :

1° Que le Comité d'instruction publique se ferait représenter le répertoire des théâtres à l'effet de le purger de toutes les pièces propres à corrompre l'esprit républicain ;

2° Que l'on s'occuperait des moyens d'établir un spectacle destiné à l'instruction du peuple ;

3° Que, dans la nouvelle salle qui devait être construite pour le théâtre de l'Opéra, il serait réservé des places gratuites pour les citoyens peu fortunés et que ces places seraient répandues dans toutes les parties de la salle [1].

1. Séance de la Commune du 31 mars 1793. Buchez et Roux, *Histoire parlementaire...* t. XXV, p. 173.

Au mois de juin, les citoyens Francœur et Cellérier, administrateurs de l'Opéra, s'étant refusés à faire représenter gratis le *Siège de Thionville*[1], la Commune a pris l'arrêté suivant :

Considérant que depuis longtemps l'*aristocratie* s'est réfugiée chez les administrateurs des différents spectacles ;

Considérant que ces *messieurs* corrompent l'esprit public par les pièces qu'ils représentent ;

Considérant qu'ils influent d'une manière funeste sur la Révolution ;

Arrête que le *Siège de Thionville* sera représenté gratis et uniquement pour l'amusement des sans-culottes qui, jusqu'à ce moment, ont été les vrais défenseurs de la liberté et les soutiens de la démocratie[2].

1. *Le Siège de Thionville*, drame lyrique en deux actes, paroles de Saulnier et Dutilh, musique de Jadin, représenté pour la première fois le 14 juin 1793 (et non le 2, comme le dit par erreur M. Welschinger, page 325 du *Théâtre de la Révolution*).

2. Cet arrêté est en date du 19 juin. Le 26, la quatrième représentation du *Siège de Thionville* fut donnée *gratis*. A peu de temps de là, le 16 septembre 1793, Francœur fut arrêté et emprisonné à la Force. On lit dans les *Mémoires* du comte Beugnot : « Francœur, l'un des directeurs de l'Opéra, faisait partie de notre chambrée... Ce pauvre Francœur, qui croyait son trône musical non moins héréditaire et solide que celui des Bourbons, en avait été de même précipité pour être mis en prison, prévenu d'avoir porté de malins obstacles à la mise en scène d'un opéra dont le sujet était la Passion de Jésus-Christ. Nous étions curieux de savoir comment l'impiété avait traité un sujet sur lequel s'était exercée plus d'une fois la pieuse simplicité de nos pères. Francœur fit venir le manuscrit. Le drame était en trois actes : l'accusation, le jugement, l'exécution.

« La terrible et dernière scène du Golgotha s'y trouvait tout entière. Il était impossible de n'en être pas bouleversé, tant il est vrai que les croyances religieuses pourraient être chez nous, comme elles étaient chez les Grecs, le ressort le plus puissant de l'art dramatique. Les Comités du gouvernement ne s'accordaient pas sur l'à-propos de la représentation. Fabre d'Églantine était pour quelque chose dans le poème ; c'en était assez pour que Collot-d'Herbois, son émule à plus

Renchérissant sur la Commune, la Convention, dans sa séance du 2 de ce mois, a rendu, sur le rapport de Couthon, un décret portant :

Art. 1ᵉʳ. La Convention nationale décrète qu'à compter du 4 de ce mois, et jusqu'au 1ᵉʳ novembre prochain, sur les théâtres indiqués par le ministre de l'Intérieur, seront représentées trois fois par semaine, les tragédies républicaines, telles que celles de *Brutus*, *Guillaume Tell*, *Caïus Gracchus*, et autres pièces dramatiques propres à entretenir les principes d'égalité et de liberté. Il sera donné, une fois par semaine, une de ces représentations aux frais de la République [1].

Ce décret n'est pas resté lettre morte aux mains de la municipalité. Il ne se passe guère de jour où on ne lise sur les affiches de plusieurs théâtres la formule réservée aux représentations gratuites :

DE PAR ET POUR LE PEUPLE

Voici, par exemple, pour m'en tenir à ces deux derniers jours, les théâtres qui ont joué gratis :

Mardi 20 *août.* THÉATRE DE LA NATION. *La liberté conquise* ou *le Despotisme renversé* et le *Bienfait anonyme.*

THÉATRE DE L'OPÉRA-COMIQUE NATIONAL, rue Favart.

---

d'un titre, fût contraire. En attendant que ces pouvoirs se missent d'accord, on avait envoyé à la Force Francœur, qui n'avait témoigné quelque répugnance à cette mise en scène que par respect pour l'honnêteté publique. »

1. Décret du 2 août 1793. *Moniteur* du 5. — Par un décret du 3 pluviôse an II (22 janvier 1794), la Convention alloua une somme de 100,000 livres pour ces représentations.

Les Rigueurs du Cloître et *le Convalescent de qualité* ou *l'Aristocrate.*

THÉATRE DE LA RÉPUBLIQUE, rue de Richelieu. *Fénelon ou les Religieuses de Cambrai*, et le *Marchand de Smyrne.*

THÉATRE FRANÇAIS COMIQUE ET LYRIQUE, rue de Bondy. *Buzot, roi du Calvados*, précédé d'*Alexis et Rosette ou les Uhlans.*

THÉATRE DU LYCÉE DES ARTS, au Jardin de l'Égalité. *La Fête de l'Arquebuse*, précédée des *Deux Chasseurs et La Laitière*, et des *Grâces.*

Mercredi 21 *août*, THÉATRE NATIONAL, rues Richelieu et de Louvois. *Brutus* suivi des *Folies amoureuses.*

THÉATRE DE LA RUE DE LOUVOIS. *Le Libérateur, le Triomphe de l'Innocence, la Fille mal gardée.*

THÉATRE DU VAUDEVILLE. *L'Abbé vert; la Bonne Aubaine; Georges et Gros-Jean*, et *l'Union villageoise.*

THÉATRE DU PALAIS-VARIÉTÉS. *Marianne et Dumont, l'Heureux Quiproquo* et le *Petit Orphée* [1].

Les mots DE PAR ET POUR LE PEUPLE sont imprimés si souvent sur les affiches, où on les met en vedette, qu'un mauvais plaisant (il en reste encore quelques-uns) racontait hier l'anecdote suivante : Un sien ami a fini par croire que ces mots sont le titre d'une pièce en vogue, et lorsqu'on lui demande : « Que donne-

---

1. Pendant le seul mois d'août 1793, les représentations *gratuites*

t-on ce soir au spectacle? » il ne manque jamais de répondre : « *De par et pour*, comme à l'ordinaire[1]. »

L'*Assomption*, le Quinze août, était autrefois une grande fête pour la France, pour la religion et pour le peuple. La République l'a célébrée cette année à sa manière.

Jeudi dernier — 15 août — Adam-Philippe-Custine, ci-devant général en chef des armées du Rhin et de la Moselle, et depuis de l'armée du Nord et des Ardennes, a comparu devant le tribunal révolutionnaire, présidé par Coffinhal, et le peuple a eu le régal de la lecture de l'acte d'accusation rédigé par Antoine-Quentin Fouquier-Tinville.

coûtèrent à l'État 168,200 livres. Cette somme fut répartie comme suit entre dix-neuf théâtres :

Le théâtre de la Nation reçut.....................	16,000 liv.
— de l'Opéra National...................	16.000
— de la République.....................	16,000
— de la rue Feydeau....................	16,000
— de la C^{ne} Montansier...............	9,000
— National............................	15,000
— du Lycée des Arts...................	8,000
— des Folies-Variétés..................	12,000
— Molière............................	4,800
— de la rue de Louvois.................	8,000
— du Vaudeville......................	8,000
— Français comique et lyrique............	6,000
— de la Gaîté........................	4,000
— de l'Ambigu-Comique.................	8,000
— Patriotique.........................	2,400
— des Délassements comiques.............	2,400
— des Variétés amusantes...............	6,000
— des Comédiens républicains............	4,800
— de Franconi........................	4,800
Total......	168,200

1. Castil-Blaze, l'*Académie impériale de Musique*, t. II, p. 33.

Le même jour, le peuple était convoqué à un autre spectacle ; on lui réservait la primeur d'une pièce où la religion et ses ministres sont traînés dans la boue.

L'affiche du théâtre de la rue de Louvois portait en tête ces mots :

DE PAR ET POUR LE PEUPLE, et au-dessous :

Première représentation de LA JOURNÉE DU VATICAN OU LE SOUPER DU PAPE, *comédie-parade en trois actes, suivie des* AMANTS A L'ÉPREUVE.

La *Journée du Vatican* a été composée et imprimée en 1790 [1] ; mais son auteur, le *patriote* Giraud, n'avait pu parvenir à la faire jouer. Nous avons fait du chemin depuis lors ; ce qui était encore impossible à cette date est aujourd'hui chose toute naturelle.

Le succès obtenu par cette indigne bouffonnerie est un signe du temps ; je dois donc me résigner à en faire l'analyse.

La pièce s'ouvre par un monologue du pape Pie VI : « Il faut que le diable se mêle des affaires de l'Église, attaquée de tous côtés ! Quel nom donner à cette Assemblée nationale ? Encore si je pouvais..... si j'osais ! Oh ! non, ils se moqueraient de mes excommunications. » *Frappant du pied.* « S'aviser de me dépouiller de mes annates ! supprimer les propriétés de l'Église, et n'avoir pas même gardé avec moi quelque apparence, ne

---

[1]. *La Journée du Vatican ou le Mariage du Pape,* comédie-parade en trois actes ; pièce traduite de l'italien d'Andrea Gennaro Chiavacchi. — Turin, de l'imprimerie aristocratique, aux dépens des réfugiés français, 1790.

me faire concourir à rien ! Mariage des prêtres, divorce, renvoi des moines, ils n'en finiront pas! »

Arrivent l'abbé Maury, Loménie de Brienne, archevêque de Sens, et Le Clerc de Juigné, archevêque de Paris, qui viennent lui demander un asile. Il les reçoit fort durement : « Vous êtes fort occupés, Messieurs, de vos intérêts personnels ; cela doit être, c'est l'esprit de l'Eglise. »

Que faire pour dissiper son ennui ? — Donner un souper, répondent à l'envi Mme de Polignac, Mme de Canisy, et Mme Lebrun, qui se sont réfugiées, elles aussi, à la cour de Rome. Allons, papa, de la gaieté, dit Mme de Polignac. — Du champagne, ajoute Mme Lebrun, c'est le père des bons mots.

— Ma foi, reprend le pape, vous avez raison.

> De tous les saints que l'on chôme
> Dans nos almanachs menteurs,
> Noé lui seul est mon homme ;
> C'est le premier des buveurs.
> Toi, dont je suis le vicaire,
> De la Vierge enfant gâté,
> Change pour nous cette eau claire
> En vin vieux point frelaté.

Le second acte nous fait assister au souper du pape, qu'entourent les membres du sacré collège. C'est en plein palais du Vatican une scène des Porcherons. Mme Lebrun-Vigée, Mme de Canisy et Mme de Polignac, en déshabillé galant, demandent sans façon aux abbés-servants gelinottes, ortolans et truffes, sablent le champagne et tutoient le Saint-Père. Le cardinal de Bernis chante des goguettes ; l'abbé Maury tient les propos les plus orduriers. L'archevêque de Paris trouve que les choses vont un peu trop loin ; il redoute le scandale et s'informe entre deux rasades : « Avez-vous des journalistes ici ? » Quant au pape il est complètement ivre.

Au troisième acte, les convives délibèrent, après boire, sur les intérêts de l'Église. Les uns réclament une bonne excommunication contre les Jacobins de France ; d'autres conseillent la guerre. « Votre marine, disent-ils, est sur un pied respectable ; on peut encore armer une galère à Civita-Vecchia. »

— La guerre ! la guerre ! répètent en chœur tous les cardinaux.

Tel n'est point l'avis du sacristain de Saint-Pierre, lequel n'est rien moins qu'un vrai sans-culotte. « Serviteur des serviteurs, dit-il, en s'adressant au souverain pontife, et vous, prêtres rouges, violets, noirs, moines barbus ou sans barbe, fétiches, santons, votre règne est fini. Le jour de la vengeance approche... »

Pendant ce temps le peuple de Rome s'est armé et entoure le palais, où il entre en criant : Liberté ! Égalité ! plus de pontife-roi ! plus d'excommunication ! plus d'inquisition ! Les enfants de Marius et de Scipion ont assez de vos saintes mômeries ; ils lèvent enfin la tête : acceptez la constitution républicaine ou retournez à Césène, votre patrie [1]. »

Le Pape accepte, pendant que les cardinaux, de leur côté, disent *Amen*. « Puisque l'empire des lois, s'écrie Pie VI, va remplacer le despotisme, que l'empire de la raison succède à celui de la superstition et des prêtres.

---

1. Pie VI (*J. Ang. Braschi*), pape de 1775 à 1799, était né en 1717 à Césène. Il mourut à Valence en 1799.

J'adopte la proposition de l'abbé Cournand[1] sur le mariage ; je veux le premier en donner l'exemple.

> Perdre en un jour la papauté,
> Le droit d'infaillibilité,
> Vraiment cela désole ;
> Mais régner par la liberté
> Sur les Romains, sur la beauté,
> C'est ce qui me console !

Les princes de l'Église applaudissent à la *conversion* de leur chef ; ils font vœu de chercher eux aussi des consolations dans le mariage. Dans une dernière scène, digne couronnement de cette œuvre immonde, le pape danse une fandango avec la duchesse de Polignac !

Et maintenant est-il besoin de dire que les acteurs, par le débraillé de leurs costumes, par le cynisme de leurs attitudes et de leurs gestes, ajoutent encore au débraillé et au cynisme de la pièce ?

Tels sont les enseignements que l'on donne au peuple, pour la plus *grande joie* du père Duchesne et des républicains ses frères. Voici le sommaire d'un de ses derniers numéros : « GRANDE COLÈRE DU PÈRE DUCHESNE *de voir que toutes les vieilles bigotes font feu des quatre pieds pour conserver leurs vieilles reliques.* Ses BONS AVIS *aux sans-culottes pour qu'ils aillent s'instruire à la comédie qui vaut mieux que les sermons des capucins.* »

---

1. L'abbé de Cournand, professeur de littérature française au Collège Royal, fut le promoteur, au club de Saint-Etienne-du-Mont, de la motion en faveur du mariage des prêtres. Ce club y consacra trois séances, qui firent presque émeute à Paris. Appuyé sur les termes du décret de l'Assemblée nationale, qui considérait le mariage comme un contrat civil, l'abbé Cournand se maria ; il épousa Mlle Dufresne.

XXI

LE SALON DE PEINTURE

Jeudi 22 août 1793.

Le 8 août, l'académicien David a donné lecture à la Convention de son réquisitoire contre les Académies, « dernier refuge de toutes les aristocraties ». Il s'est attaqué plus particulièrement à ses collègues de l'Académie de peinture, vieillards impuissants « dont la léthargique assiduité a usé tous les sièges de l'Académie, depuis le tabouret jusqu'au grand fauteuil, » ennemis de tout progrès, qui barrent la route au talent et qui montrent « enfin, dans toute sa turpitude, l'esprit de l'animal qu'on nomme *académicien* ». Battue en brèche depuis 1789, l'Académie de peinture et de sculpture n'a pas résisté à ce dernier assaut. Sa suppression a été décrétée [1].

Lorsque l'Académie de peinture était encore debout, dans les derniers mois de 1789, David, pour lui faire pièce, avait fondé la *Commune des Arts;* il suffisait, pour y entrer, d'être artiste et *patriote.* C'est elle qui a présidé cette année à l'exposition des ouvrages de peinture, sculpture, architecture et gravure, ouverte, aux salles du Louvre, le samedi 10 août.

Jusqu'en 1789, le Salon du Louvre était réservé aux

---

1. Voir *l'Institut de France et les anciennes Académies*, par M. Léon Aucoc. — Le *Moniteur*, dans le compte rendu de la séance du 8 août 1793, ne dit rien du rapport de Grégoire, du discours de David et de la suppression des Académies.

membres de l'Académie de peinture, de sculpture et d'architecture. Les artistes qui n'étaient pas académiciens ne pouvaient exposer qu'au jour de l'octave de la Fête-Dieu, deux heures seulement, le matin, et en plein air, place Dauphine[1]. Il y avait là un privilège vraiment abusif et qu'il convenait de faire disparaître, encore bien qu'il eût produit ces *Salons* que Diderot a célébrés avec tant d'enthousiasme. Abus et privilège ont été détruits par l'Assemblée constituante; elle a consacré le principe de l'exposition libre (ce qui est bien) et universelle (ce qui est peut-être exagéré). Aux termes de son décret, « pour l'exposition qui commencera le 8 septembre (1791), *tous les artistes* français ou étrangers, membres ou non de l'Académie de peinture et de sulpture, sont également admis à exposer leurs ouvrages dans la partie du Louvre destinée à cet objet ».

Le livret de cette année comprend 832 numéros : 627 pour la peinture et la gravure ; 181 pour la sculpture, 24 pour l'architecture. Les exposants sont au nombre de 348 [2].

David n'a rien envoyé. Il a bien promis de peindre la mort de Marat, comme il a peint celle de Michel Lepeletier; mais il n'a pu encore qu'esquisser son tableau. Ceux qui ont vu cette esquisse dans son atelier s'accordent à dire qu'elle est du plus grand effet et promet un chef-d'œuvre [3].

---

1. *Histoire de la Société française pendant la Révolution*, par Edmond et Jules de Goncourt, p. 347.
2. *Description des ouvrages de peinture, sculpture, architecture et gravure exposés au Sallon du Louvre, par les artistes composant la Commune générale des Arts, le 10 août 1793.*
3. C'est seulement le 14 novembre 1793 (24 brumaire an II) que Da-

A défaut de David, qui est plus souvent à la Convention que dans son atelier du Louvre, de Mme Lebrun, de Doyen et de plusieurs des ses confrères de la ci-devant Académie, qui ont émigré, je trouve sur la liste des exposants Vien, Suvée, Lethière, Bonvoisin, Taunay, Houdon, Monsiau, Boilly, Drolling, Roland, Chaudet, Duplessis, Isabey, Lagrenée le jeune, Pajou fils, Taillasson, Bosio, Carle Vernet, Charpentier, Demarne, Robert, Chancourtois, Demachy, Lespinasse.

J'ai noté, parmi les toiles les plus remarquables un *Portrait d'homme* et un *Portrait de femme* par Prud'hon, des *Portraits* de Drolling et de Gautherot, *Jésus au milieu des docteurs* par Taunay, *Orphée et Eurydice* par Lethière, *l'Intérieur de la galerie d'un palais à Rome* par Robert, la *Chasse dans le genre anglais* par Carle Vernet, la *Mort de Sénèque* par Lefevre, *l'Amour et Psyché* par Lagrenée jeune, l'*Hélène* de J.-B. Vien et l'*Endymion* de Girodet. Le tableau de Vien représente Hélène, au moment de l'incendie de Troie, poursuivie par Enée dans le temple de Vesta, où elle s'est réfugiée, et sauvée par Vénus, qui arrête le bras de son fils. Ce tableau serait le grand succès du Salon si un débutant, le jeune Girodet, n'avait exposé une toile qui ravit tous les suffrages. Elle n'a pourtant qu'un personnage, le chasseur Endymion endormi dans un bois. La lumière de la lune passant entre les branches

---

vid fit hommage à la Convention de la toile de *Marat assassiné*: La Convention décréta que « les honneurs du Panthéon seraient décernés à Marat, » et que « Les tableaux de Lepeletier et de Marat, peints par David et offerts par lui à la nation, seraient placés dans le lieu des séances des représentants du peuple. » — *Moniteur* du 16 novembre 1793.

des arbres l'éclaire et le baigne tout entier ; si doux et si caressants sont les rayons de l'astre de la nuit qu'ils semblent le souffle même de Diane, de la déesse des forêts amoureuse du jeune chasseur.

Girodet, élève de David, est âgé de vingt-six ans [1]. Il a eu le grand prix de Rome en 1789, avec sa toile de *Joseph reconnu par ses frères*. Son *Endymion* est la figure d'étude peinte que tout élève de la Villa-Médicis est tenu d'envoyer à Paris. Un autre élève de David, François Gérard [2], âgé de vingt-trois ans seulement, a exposé lui aussi une toile pleine de promesses, le *Jugement de la chaste Suzanne par le prophète Daniel*, où l'on remarque une rare délicatesse de pinceau et une grande fraîcheur de coloris.

Les sujets empruntés à l'ancien et au nouveau Testament sont plus rares qu'aux expositions précédentes. J'en ai cependant compté une vingtaine parmi lesquels trois bons tableaux de Taunay : *Abraham et*

---

1. GIRODET de Coussy, plus connu sous le nom de *Girodet-Trioson*, né à Montargis, le 5 janvier 1767, mort à Paris, le 9 décembre 1824. Ses principaux tableaux, sont, avec l'*Endymion*, *Hippocrate refusant les présents des envoyés du roi de Perse*, la *Scène du Déluge*, l'*Inhumation d'Atala*, la *Révolte du Caire*, *Pygmalion et Galatée*.

2. François GÉRARD, né à Rome, en 1770, mort à Paris, en 1837. Sous l'influence de son maître David, dont la conduite pendant la Révolution fut celle du plus hideux maratiste — *le stupide David qu'autrefois j'ai chanté*, a écrit André Chénier — Gérard eut le malheur de se laisser comprendre au nombre des jurés du Tribunal révolutionnaire. Sur la *Liste des juges et jurés* arrêtée le 28 septembre 1793, pour compléter la formation des quatre sections du Tribunal criminel extraordinaire, il est ainsi désigné : GÉRARD, *artiste, rue des Poulies, près du Louvre* (*Moniteur* du 30 septembre 1793). Cela ne l'empêchera pas de devenir, sous la Restauration, premier peintre du roi, baron, officier de la Légion d'honneur et chevalier de Saint-Michel.

les trois Anges, Ruth et Booz, Jésus au milieu des docteurs. Je citerai encore Moïse sauvé des eaux, par Lagrenée le jeune ; l'Annonciation, par Bosio ; la Mort de Joseph, par Bonvoisin ; Jésus-Christ chez Marthe et Marie, par Lélu ; l'Ensevelissement de Jésus-Christ, par le même ; Marie-Égyptienne arrivant dans le désert, par Taillasson ; la Mission des Apôtres, par Lemonnier.

La rareté des sujets religieux est compensée par l'abondance des sujets mythologiques. Jamais on ne vit tant d'Amours et tant de Psychés : L'École de l'Amour, par Dupuis-Pepin ; le Nid d'amour, par Frédéric Shall ; l'Amour et la Folie, par Monsiau ; une Marchande d'amours, par Bosio ; des Nymphes au bain visitées par un amour, par Désoria ; l'Amour et Psyché, par Lagrenée jeune ; Psyché endormie entrainée par Zéphyr, par Fougeat ; Psyché conduite au rocher, par Chevreux ; Ceyx et Alcyone, par Vallain ; Débutade traçant le portrait de son amant, par Suvée ; Hercule terrassant le lion de la forêt de Némée, par Lejeune ; Ariane abandonnée, par Neveu ; Eurydice rendue à Orphée, par Bonvoisin ; Œdipe détaché de l'arbre par un berger : les figures sont de Lethière et le paysage de Bidault.

L'Iliade et l'Énéide ont inspiré de nombreuses toiles : Achille reconnu par Ulysse, et Achille rendant Briséis aux députés d'Agamemnon, par Désoria ; Hector sur son lit funèbre, avec Andromaque et Astyanax, son fils, pleurant sa mort, par Bosio ; Vénus blessée par Diomède, Polymène immolée par Pyrrhus, Ajax frappé de la foudre et la Mort de Didon, par Lélu ; Énée retenu par Créuse, sa femme, à l'instant où il allait combattre au milieu de l'embrasement de Troie, par Bonvoisin, etc.

Mascarille travaillait à mettre en madrigaux toute

l'histoire romaine. Depuis le *Socrate prêt à boire la ciguë*, le *Brutus* et le *Serment des Horaces*, de David, on est en train de mettre en tableaux l'histoire romaine et l'histoire grecque. On peut voir, au Salon de 1793, *Socrate retirant le jeune Alcibiade d'une maison de courtisanes*, par Garnier; *Tarquin et Lucrèce*, par Tardieu; la *Mort de Virginie* et *César traversant le Bosphore*, par Lélu; *Cornélie mère des Gracques*, par Bosio; l'*Action courageuse de la femme d'Asdrubal, qui égorge ses enfants en voyant que son époux avait été lâchement se rendre au vainqueur de Carthage*, par Bonvoisin; la *Mort de Sénèque*, par Lefevre; une grande toile de Taillasson : *Pauline, femme de Sénèque, ne voulant pas survivre à son époux, s'était fait ouvrir les veines. Néron, apprenant sa résolution, envoie des ordres pour la sauver. Elle avait perdu connaissance. On arrête le sang; on la rend à la vie.* Deux tableaux lacédémoniens, l'un par Perrin, l'autre par Naigeon; le livret indique ainsi le sujet du premier : *Une assemblée spartiate délibérant si l'on ferait sortir de la ville de Sparte les femmes et les enfants à l'attaque de la ville par Pyrrhus. Une femme entre au milieu de l'assemblée et, parlant au nom de ses compagnes, offre leurs services, dans le combat pour la république.* Voici le sujet du tableau de Naigeon : *Une Lacédémonienne voyant, au siège d'une ville, son fils qu'on avait placé dans un poste tomber mort à ses pieds : Qu'on appelle son frère pour le remplacer, s'écrie-t-elle. Le sujet est l'instant où le frère arrive.*

Les deux tableaux de Naigeon et de Perrin sont très entourés. On regarde aussi beaucoup *Archimède occupé à résoudre un problème pendant le siège de Syracuse,* par Chaudet, l'un de nos plus grands sculpteurs, qui a quitté, pour la première fois, l'ébauchoir pour le pinceau.

La foule se presse surtout, et rien n'est plus naturel, autour des toiles *patriotiques : la Prise de la Bastille*, par Thévenin ; la *Fête des sans-culottes sur les ruines de la Bastille*, par Pourcelli ; la *Fédération des Français, le 14 juillet 1790*, par Demachy ; le *Siège des Tuileries par les braves sans-culottes*, par Desfonts ; la *Journée du 10 août 1792*, par Berthaud ; le *Sacrifice à la Patrie ou le départ d'un Volontaire*, par Mallet ; le *Départ pour les frontières*, par Petit-Coupray, la *Mort de Beaurepaire*, par Desfonts ; l'*Attaque d'un village*, par Berthaud : deux toiles représentant des *Haltes d'armées*, par Duplessis. Je donnerais pour ces deux petites toiles de Duplessis la plupart des grandes *Machines* du Salon, et, en particulier, la *Tempête allégorique*, par Genillon : *le Vaisseau nommé le DESPOTE se brise au pied du rocher de la Liberté et s'engloutit à l'instant où la foudre le frappe. La figure de la Liberté, fille chérie de la Nature, du haut du rocher, tient d'une main l'étendard national formé des couleurs de l'Arc-en-ciel et de l'autre embrasse le globe terrestre.*

On se bat à la frontière, on s'égorge à l'intérieur ; en sortant du Louvre, que l'on prenne par les quais ou par la rue Saint-Honoré, on est exposé à rencontrer la charrette qui traîne à l'échafaud les victimes du Tribunal révolutionnaire ; n'importe, il se trouve encore de bonnes âmes pour s'attendrir devant les toiles *sentimentales* de Trinquesse et de Garnier, — la *Bonne mère* ; — les *Soins maternels :* un enfant, debout sur une croisée, veut atteindre des raisins ; il est retenu par sa mère ; — la *Leçon des jeunes mamans :* des enfants viennent de gaspiller les fleurs du jardin où la scène se passe ; — l'*Attente de l'amant;* — l'*Entretien sentimental dans un parc,* — le *Portrait d'une femme tenant d'une main son bracelet, sur lequel est peint le portrait qui l'intéresse, et de l'autre traçant sur le sable le sentiment dont elle est agitée;* — *Paul apprenant la mort de Virginie.* Je ne sais si Bernardin de Saint-Pierre a visité le Salon et vu le tableau dont le sujet est emprunté à son roman. Louis XVI l'avait nommé Intendant du Jardin des Plantes et du Cabinet d'histoire naturelle. Aujourd'hui, grâce à la République, il n'est plus rien, pas même académicien, et il se dispose à quitter Paris pour Essonne. Il disait, l'autre jour à un de ses amis : « Je ne souhaite, au sortir d'une Intendance, que de pouvoir vivre dans une chaumière [1]. »

Ni *Paul pleurant Virginie,* ni la *Leçon des jeunes mamans,* ni la *Jeune femme traçant sur le sable le sentiment dont elle est agitée,* ne peuvent nous faire oublier longtemps la réalité. Les portraits de quelques-uns des principaux révolutionnaires sont là, de distance en distance, pour la rappeler. Voici *Sainte-Huruge,* par Ducreux ; voici, peint également par Ducreux, *Laveaux,* président du Tribunal criminel du 17 août [2]. Voici les membres de la Convention, *Dubois-Crancé,* député des Ardennes; *Quinette,* député de l'Aisne; *Hérault-Séchelles,* député de Seine-et-Oise; *Lacroix,*

---

1. *Essai sur la vie et les ouvrages de Bernardin de Saint-Pierre* par L. Aimé-Martin, p. 230.
2. Sur *Laveaux,* voyez *Journal d'un Bourgeois de Paris pendant la Terreur,* par Edmond Biré, chapitre III.

député d'Eure-et-Loir ; *Delaunay l'aîné*, député de Maine-et-Loire ; *Jean Debry*, député de l'Aisne, peints tous les six par Laneuville; *Maure*, député de l'Yonne, par Gautherot ; *Mallarmé*, député de la Meurthe, par Bonneville ; *Couthon*, député, du Puy-de-Dôme, par Ducreux. Voici, toujours par Ducreux : *Robespierre*. Le portrait du député de Paris est légèrement flatté, mais ne laisse pas d'être assez ressemblant. L'œil est profond et clair, le front vaste et un peu bombé, le nez droit légèrement en l'air, la bouche bien dessinée, le menton ferme et nettement accentué. L'hôte du menuisier Duplay n'a fait d'ailleurs, sur le chapitre de la toilette, aucune concession aux principes nouveaux : il a les cheveux poudrés et porte comme un ci-devant un jabot et des manchettes de dentelles [1] On avait eu déjà deux portraits de lui au Salon de 1791, l'un par Mme Guyard, de l'Académie de peinture, l'autre par Boze [2]. Le premier portait cette inscription *L'INCORRUPTIBLE* [3]; au bas du second, l'on avait écrit des vers sur un morceau de papier que force avait été bientôt d'allonger, les poètes faisant queue [4]. En 1793, les poètes se taisent ; l'heure n'est plus aux petits vers. Si quelques-uns en font encore, ils les réservent pour le *divin Marat*.

---

1. Il y a eu de Robespierre une assez grande quantité de portraits, dont les plus remarquables étaient ceux peints par Boze, Mme Guyard, Ducreux, David et Gérard. Le cabinet des estampes de la Bibliothèque nationale contient une quarantaine de portraits gravés. — Voir Ernest Hamel, *Histoire de Robespierre*, III, 295,
2. Catalogue du *Salon de* 1791.
3. *Révolutions de Paris*, X, 127.
4. *Feuille du jour*. Octobre 1791. — *Histoire de la Société française pendant la Révolution*, par Edmond et Jules de Goncourt, p. 337.

Hauer, le peintre qui a dessiné, à l'audience du tribunal révolutionnaire, le portrait de Charlotte Corday, a exposé une *Mort de Marat*. A la sculpture, je trouve deux bustes de l'Ami du peuple, l'un par Beauvallet, l'autre fait d'après nature, le 1er mars 1791, par Feneau.

Michel Lepeletier est mieux partagé que Marat lui-même, avec un buste-portrait, par Deseine, sourd et muet; un autre, par Fessier; un troisième, par Florion; une figure en terre représentant *Michel Lepeletier sur son lit de mort, écrivant ses dernières paroles*, par la citoyenne Desfonds, et un *Saint-Fargeau*, petit modèle allégorique, en terre cuite, par la citoyenne Charpentier.

Mais les honneurs du Salon sont pour Jean-Jacques-Rousseau. Tandis que Voltaire n'a qu'une seule statue, œuvre du sourd-muet Deseine, Jean-Jacques en a cinq ou six, en marbre, en plâtre, en terre cuite. Celle de Ricourt le montre *tenant à la main le « Contrat social » comme base de la constitution*. Un groupe de Racarit représente *le Temps et la Philosophie érigeant une statue à J.-J. Rousseau. Elle est couronnée par le génie de la Liberté*. Dans les salles de peinture, trois tableaux au moins lui sont consacrés. Voltaire était l'homme de la Constituante, où il eut siégé parmi les *Noirs* [1]. Rous-

---

1. Quand l'Assemblée constituante vint s'établir dans la salle du *Manège* des Tuileries, la destination antérieure du nouveau local fut l'origine de nouvelles dénominations données aux membres de l'Assemblée. Au *côté droit* siégeaient beaucoup d'ecclésiastiques : on baptisa les habitués de ce côté du nom de *noirs* (chevaux noirs). Les *noirs* ripostèrent en surnommant leurs adversaires les *blancs*, puis les *bais*. Ni l'un ni l'autre de ces noms ne prit faveur. Les députés du *côté droit* eurent alors l'idée d'appeler les membres du *côté gauche*

seau est l'homme de la Convention ; il aurait pris place à la Montagne.

En dépit de l'exemple donné par David, les artistes peintres sont décidément beaucoup moins républicains que les sculpteurs. La raison en est peut-être qu'en dehors du gouvernement, il n'y a plus personne pour acheter maintenant des bustes et des statues ; de là sans doute tous ces plâtres patriotiques : *la Liberté* et *l'Égalité*, par Berthélemy ; le buste du *général Dampierre*, par Collomar ; *le 10 août*, terre cuite, par Morgan ; *la Montagne*, esquisse en terre cuite, par Beauvallet ; *le Projet de colonne triomphale pour être placée sur les ruines de la Bastille*, par la citoyenne Desfonds ; *Franklin*, en pied, terre cuite, par Suzanne ; *la Liberté accompagnée de l'Union et de l'Égalité*, par le même ; un *Républicain maintenant l'Union et l'Égalité*, modèle en plâtre, par Boisot ; *Brutus jurant la mort de César*, par Dardel, *la Journée du 10 août représentée par le génie de la France qui brise le sceptre et la couronne*, par feu Van-Wayenberghe, mort le 3 juillet dernier à trente-sept ans ; *Projet de monument à la reconnaissance de l'Être suprême et de la Liberté*, par Jacob ; *le Peuple*

---

les *Enragés* : c'est ainsi qu'on nommait à Paris les chevaux de louage dont on se servait communément pour les voyages de Versailles, afin d'éviter les frais de la poste royale. Le mot *Enragés* fit fortune. — Marat ne cessait de poursuivre de ses invectives, dans l'*Ami du peuple*, les *Noirs*, les *Archi-Noirs*. De même Camille Desmoulins, dans ses *Révolutions de France et de Brabant*. J'y relève cette *annonce*, dans le n° 23, avril 1790 : « Nous prévenons Messieurs les aristocrates *noirs*, impartiaux, ci-devant nobles, gens du clergé, gens du côté droit, capucins, robinocrates enrageant, et tous autres ennemis de la Révolution... » Ailleurs, il dénonce « ces *noirs* et ces *gris* » n° 38, août 1790, et, en un autre endroit, « les *noirs* et *mulâtres* du *cul-de-sac* ». Il appelle l'éloquent Cazalès le *nègre* Cazalès. (t. III, p. 670).

souverain, statue de terre bronzée, par Milot; *la Vertu invincible de la Révolution*, par le même, à qui l'on doit de plus la statue en plâtre d'une *Prêtresse de la Liberté couronnant les époux*.

Danton brille au Salon par son absence; il a laissé la place libre à Robespierre et à Marat. On y voit seulement un *buste-portrait de la citoyenne Danton, exhumée et moulée sept jours après sa mort*.

Il est remarquable que, de toutes les œuvres républicaines dont je viens de donner la liste, pas une seule n'a pour auteur un artiste en possession d'une grande renommée. Trois statuaires de premier ordre ont cependant exposé cette année, mais tous les trois ne sont soigneusement tenus à l'écart de la politique. Chaudet, je l'ai dit tout à l'heure, a peint *Archimède à Syracuse*. Roland a envoyé un marbre admirable, une statue de *Pâris*. Houdon[1] n'a pas exposé moins de cinq ouvrages, un *Buste de femme* en bronze, un *Buste d'enfant* en plâtre, une *Vestale*, une statue du *général Washington*, et un délicat chef-d'œuvre, la *Petite Frileuse*[2].

---

1. Houdon (1741-1828). Il fut dénoncé en 1794; on ne l'accusait de rien moins que d'avoir dans son atelier une statue de sainte. Sa femme était seule au logis quand les *patriotes* du quartier vinrent pour constater le fait. « Mme Houdon s'empressa sans le moindre trouble de mettre sous les yeux de ses sinistres visiteurs la statue réputée séditieuse, et profitant de ce que celle-ci n'était accompagnée d'aucun attribut particulièrement significatif, elle la leur présenta résolûment comme une statue de la *philosophie*, caractérisée, ainsi qu'ils le pouvaient voir, par la gravité de l'expression et par la majesté de l'attitude. » Nos gens se le tinrent pour dit, si bien qu'au bout de quelques jours la sainte débaptisée sortit de l'atelier de l'artiste pour aller prendre une place d'honneur dans le vestibule de la salle des séances. — *L'Académie des Beaux-Arts depuis la fondation de l'Institut*, par le vicomte Henri Delaborde.

2. La *Frileuse* de Houdon appartient à M. Ernest Legouvé, de l'Académie française.

En résumé, malgré un certain nombre de toiles et de statues remarquables, l'Exposition de 1793 a été beaucoup moins belle que celle de 1791, et surtout que celle de 1789. Le premier Salon de la République a eu beau ouvrir ses portes toutes grandes, il est, dans son ensemble, marqué au coin de la médiocrité [1].

1. « L'Exposition de 1791 fut très remarquable. » — « La médiocrité ne doute de rien et est toujours nombreuse, témoin l'exposition de 1793. » *Essai sur les moyens d'encourager la peinture, la sculpture, l'architecture et la gravure*, par J.-B.-P. Lebrun, peintre et marchand de tableaux, adjoint à la Commission temporaire des arts ; Paris, an III, p. 6 et 7.

XXII

LES DERNIERS JOURS DE L'ACADÉMIE FRANÇAISE

Samedi 24 août 1793.

Ce pauvre Marat est mort trop tôt ; il n'a pas vu la destruction des Académies, lui qui détestait les académiciens à l'égal des prêtres et des rois. Dès 1790, il écrivait dans l'*Ami du peuple* : « L'Académie des belles-lettres, et plus encore l'Académie française, sont de purs établissements de luxe : pourquoi seraient-ils à la charge de la Nation ? J'ajouterai que la dernière est parfaitement inutile.... Est-ce donc la peine de *réduire un millier de pauvres laboureurs à mourir de faim pour entretenir dans l'opulence quarante fainéants*, dont l'unique état est de bavarder et l'unique occupation de se divertir ?... Pour le bien des sciences et des lettres, il est donc important qu'il n'y ait plus en France de corps académiques [1]. » — Dans son numéro du 16 mars 1791 : « Les Académies, écrivait-il, ne sont, aux yeux du philosophe, que des établissements de luxe, des monuments élevés à la gloriole des princes, des espèces de *ménageries* où l'on rassemble à grands frais, comme autant d'animaux rares, les charlatans ou les pédants lettrés les plus fameux [2]. »

---

1. L'*Ami du peuple*, n° CXCIV, 17 août 1790.
2. L'*Ami du peuple*, n° 401. — Il dit en un autre endroit :

L'Ami du peuple aurait donc applaudi des deux mains au décret rendu par la Convention le 8 août, « supprimant toutes les Académies et Sociétés littéraires patentées par la Nation [1] » et biffant ainsi, d'un trait de plume, l'Académie française, l'Académie des belles-lettres, l'Académie des sciences, l'Académie de peinture et de sculpture, l'Académie d'architecture, la Société d'Agriculture, l'Académie de chirurgie et la Société de médecine. C'est l'abbé Grégoire qui a fait décréter cette suppression, *au nom du Comité d'instruction publique* : ce même Grégoire qui déclarait, au mois d'août 1790, à l'Assemblée constituante, dans une discussion sur les Académies « que leur utilité était reconnue [2] ». Je ne sais vraiment pas pourquoi je note encore ces palinodies qui sont de tous les jours, de toutes les heures. N'est-ce pas le peintre David qui, dans cette campagne en faveur de la destruction des Académies, a déployé contre elles le plus d'ardeur, de violence et de haine, lui qui, en 1785, se montrait si heureux et si fier d'obtenir le titre de membre de l'Académie royale de peinture ?

De toutes ces Académies, la plus illustre était l'Académie française. Je suis en mesure d'écrire, ici, d'après des renseignements fournis par l'un de ses membres, le dernier chapitre de son histoire.

Depuis quelque temps déjà, le nombre des Académiciens était singulièrement réduit : les Quarante

---

« L'argent donné à l'Académie pour faire des expériences, les académiciens vont le dépenser à la Rapée ou chez des filles. »

1. Voir le texte du décret dans l'Introduction du volume de M. Léon Aucoc sur *l'Institut de France*.
2. Séance du 20 août 1790.

n'étaient plus guère qu'une douzaine. L'abbé de Radonvilliers et le duc de Duras, morts en 1789, M. de Guibert, mort en 1790, M. de Rulhière, mort en 1791, M. Séguier et M. de Chabanon, morts en 1792, le maréchal de Beauveau et M. Lemierre, morts, le premier au mois de mai, et le second au mois de juillet 1793, n'ont pas été remplacés. Le cardinal de Bernis, ministre du roi à Rome, et le comte de Choiseul-Gouffier, ambassadeur près la Porte-Ottomane, ont été retenus hors de France dès le commencement de la Révolution. Le duc d'Harcourt, ancien gouverneur du Dauphin, a dû chercher un asile en Angleterre, auprès des membres de cette partie de sa famille fixée dans la Grande-Bretagne depuis Guillaume le Conquérant. Le cardinal Prince de Rohan s'est retiré dans la partie de sa principauté située sur la rive droite du Rhin. L'abbé Maury, M. de Boisgelin, archevêque d'Aix, le chevalier de Boufflers, membres de l'Assemblée constituante, ont émigré à la fin de 1791. M. d'Aguesseau a été dénoncé à l'Assemblée législative en 1792 ; on est depuis lors sans nouvelle de lui ; M. de Montesquiou-Fezenzac, décrété d'accusation, a pu gagner la Suisse ; M. de Condorcet, décrété d'arrestation dans la séance du 8 juillet, est en fuite. En fuite également Sylvain Bailly, membre de l'Académie française, de l'Académie des sciences et de celle des inscriptions et belles-lettres. M. de Nicolaï, premier président de la Chambre des comptes, et M. de Roquelaure, évêque de Senlis et premier aumônier du Roi, sont en prison ; M. de Malesherbes, le défenseur de Louis XVI, M. de Loménie de Brienne, archevêque de Sens, le duc de Nivernais, M. de Florian, le comte de Bissy,

M. de Saint-Lambert, M. Marmontel, secrétaire-perpétuel de l'Académie, ont quitté Paris et se sont réfugiés à la campagne.

C'est donc tout au plus s'il reste à Paris douze académiciens, qui sont, sauf erreur, La Harpe, Chamfort, Sedaine, Target, Gaillard, de Bréquigny, l'abbé Delille, Barthélemy, Vicq-d'Azyr, Ducis, Suard et Morellet.

Jusqu'au 5 août dernier les réunions hebdomadaires de la Compagnie ont continué d'avoir lieu à peu près régulièrement ; mais on comprend que ces réunions ne devaient guère ressembler à ce qu'elles étaient avant 1789. La politique en avait banni la conversation. On n'y causait plus, on s'y querellait. Les révolutionnaires y étaient d'ailleurs en minorité, et c'était assurément la seule Assemblée dans Paris où pareille chose se pût voir. Du côté de la Révolution, Chamfort, La Harpe, Sedaine, Ducis et Target ; du bord opposé, Gaillard, l'abbé Delille, de Bréquigny, Suard, Morellet, Vicq-d'Azyr et Barthélemy, sept contre cinq [1].

Dans la séance du 5 août, ils convinrent, d'un commun accord, d'interrompre leurs assemblées. Le 24 juin précédent, Morellet avait été élu directeur et Vicq-d'Azyr chancelier [2]. Morellet aura donc eu l'honneur d'être le dernier directeur de l'Académie, et on va voir qu'il a su s'en rendre digne par son courage non moins que par sa présence d'esprit.

En exécution du décret qui ordonne l'abolition de tous les signes de la royauté et de la noblesse, couronnes, fleurs de lis, armoiries, des ouvriers reçurent

---

1. *Mémoires sur le* XVIIIe *siècle et sur la Révolution française*, par l'abbé Morellet, II, 52.
2. *Ibid.*, p. 55.

l'ordre, dans les derniers jours de juillet, de se rendre au Louvre [1] et d'en faire disparaître tous les vestiges de la *féodalité* et de *l'aristocratie royale*. Ils mutilèrent les boiseries des portes et des appartements, barbouillèrent les tableaux de Rigaud et de Lebrun qui décoraient la salle de l'Académie des inscriptions, effacèrent la figure et le nom de Louis XIV, arrachèrent les tapisseries semées de fleurs de lis [2]. La salle de l'Académie française était réservée aux mêmes outrages. Fallait-il les attendre? Ne convenait-il pas, au contraire, de les prévenir, de chercher du moins à sauver tout ce qui pourrait l'être? Morellet n'a pas hésité. Il était directeur, et, en l'absence de M. Marmontel, éloigné depuis plus d'une année, il remplissait la fonction de secrétaire. A ces deux titres il s'est cru obligé de faire tous ses efforts pour préserver de la destruction les objets confiés à sa garde.

Le mobilier de l'Académie comprenait environ quatre-vingts portraits d'académiciens; les portraits en pied de Richelieu et du chancelier Séguier; une vingtaine de bustes et quelques médailles; une bibliothèque de cinq à six cents volumes, dictionnaires, grammaires et ouvrages des membres de l'Académie; enfin les titres de la Compagnie, l'acte authentique de son établissement en 1635, la suite non-interrompue de ses délibérations, de ses assemblées, de ses élections, de ses règlements, de ses relations immédiates avec nos rois[3].

---

1. L'Académie française tenait ses séances au Louvre, depuis que Louis XIV en était devenu le protecteur, après la mort du chancelier Séguier, en 1672. *Histoire de l'Académie française*, par Paul Mesnard, p. 26.

2. *Mémoires de Morellet*, II, 55.

3. *Récit fait à la seconde classe de l'Institut, sur la manière*

Morellet commença par faire détacher des murs tous les portraits et les fit mettre en piles dans une des tribunes, fermant à clef, de la salle des assemblées publiques, qui précédait la salle de l'Académie française [1]. Cette première besogne accomplie, il n'hésita pas à emporter chez lui les Archives mêmes de la Compagnie, les titres de sa généalogie littéraire. Son précieux larcin se compose des pièces et documents ci-après, formant douze volumes in-folio :

1° Un portefeuille contenant les lettres-patentes de l'établissement de l'Académie ; divers papiers et titres, tels que ceux des fondations de prix, etc. etc. ;

2° Cinq volumes des registres de présence, de 1673 à 1793 ;

3° Trois volumes des registres proprement dits, formés des procès-verbaux de chaque séance ;

4° Un volume manuscrit des Remarques de l'Académie sur la traduction de Quinte-Curce par Vaugelas ;

5° Le manuscrit du Dictionnaire, dont la copie pour une nouvelle édition venait d'être terminée [2].

A quelques jours de là, à la suite du décret du 8 août, les scellés furent mis sur les salles du Louvre occupées

---

dont les titres et les registres de l'Académie française ont été conservés dans la Révolution, par M. l'abbé Morellet, pour être replacés dans la bibliothèque de l'Institut. Lu dans l'Assemblée publique du 6 mars 1805, à la réception de M. de Lacretelle.

1. Ces portraits furent retrouvés en 1804 et rassemblés par les soins de deux membres de l'Institut, M. Lacuée et M. Raymond, architecte du Louvre. *Mémoires de Morellet*, II, 56.

2. *Mémoires de Morellet*, II, 57. — Ce nouveau travail consistait en corrections faites à la marge d'un exemplaire de l'édition de 1762, ou recueillies sur des papiers séparés ; elles étaient, pour la plupart, de Duclos, d'Olivet, d'Alembert, Arnaud, Suard, Beauzée. — Morellet, II, 60.

par les Académies [1] ; il va sans dire qu'aucun des officiers des compagnies dont on saisissait les propriétés ne fût appelé à cette opération. Un soir, Morellet vit arriver chez lui le suisse de l'Académie ; ce brave homme était chargé de le prévenir que, le lendemain, des commissaires devaient venir lever les scellés. Il ne manqua pas de se rendre au Louvre et se trouva en présence de Dorat-Cubières, secrétaire-greffier de la Commune [2], et du grammairien Domergue [3], aussi

---

1. Séance du 12 août (*Moniteur*, n° 226). Sur la proposition de Lacroix, la Convention décrète que les scellés seront apposés sur les appartements des diverses Académies. Voyez le texte du décret du 12 août, page CCVI de l'*Institut de France* par Léon Aucoc.

2. Michel, chevalier de *Cubières* (frère du marquis de Cubières, écuyer de Louis XVI), connu sous le nom de Palmezeaux et plus encore sous celui de *Dorat-Cubières*, était né à Roquemaure, le 30 septembre 1752. Il mourut à Paris le 23 août 1820. Le nombre de ses ouvrages ne s'élève pas à moins de 77. Sa muse banale a célébré tous les événements et tous les crimes de la Révolution. Il demanda des autels pour Marat et rima le *Calendrier républicain*. « Cubières, dit Mme Roland, dans ses *Mémoires*, p. 336, fidèle à ce double caractère d'insolence et de bassesse qu'il porte au suprême degré sur sa répugnante figure, prêche le sans-culottisme comme il chantait les Grâces, fait des vers à Marat, comme il en faisait à Iris, est sanguinaire sans fureur, comme il fut apparemment amoureux sans tendresse. Il se prosterne humblement devant l'idole du jour, fût-ce Tantale ou Vénus. Qu'importe, pourvu qu'il rampe et qu'il gagne du pain ? »

3. Urbain Domergue (1745-1810), fut nommé, dès la création de l'Institut, membre de la section de grammaire et fit partie de la commission chargée de reviser le *Dictionnaire de l'Académie*. Il fut ensuite professeur de grammaire générale à l'École centrale des Quatre-Nations et professeur d'humanités au Lycée Charlemagne. Ses principaux ouvrages sont la *Grammaire française simplifiée* (1778-1792) et la *Grammaire générale analytique* (1798). Il vivra surtout par cette épigramme de Lebrun :

> Ce pauvre Urbain, que l'on taxe
> D'un pédantisme assommant,
> Joint l'esprit du rudiment
> Aux grâces de la syntaxe.

hostiles l'un que l'autre à l'Académie française. Nos deux commissaires traitèrent le plus démocratiquement du monde le malheureux Directeur, lui dirent que le Dictionnaire de l'Académie ne valait rien, que le plan était vicieux, l'exécution défectueuse, qu'il fallait en ôter tout ce qui était contraire à l'esprit républicain ; ils terminèrent en réclamant la copie que l'Académie préparait pour la nouvelle édition. « J'en ai quelques cahiers chez moi, répondit Morellet ; d'autres se trouvent chez mes anciens confrères ; je vais les assembler et je remettrai le tout à la première injonction que je recevrai du Comité d'instruction publique. » Dorat-Cubières et Domergue se contentèrent de sa réponse, et il se retira. Peu de jours après, il a reçu du citoyen Romme, président du Comité d'instruction publique, l'ordre d'envoyer le manuscrit du Dictionnaire, ce qu'il s'est empressé de faire [1]. Quant aux registres et autres manuscrits, ils ne lui ont point été réclamés [2].

L'Académie française a péri en même temps que la Royauté. Elle renaîtra avec elle. Pellisson ne s'est pas trompé, lorsqu'il a écrit, à la fin de son *Histoire de l'Académie française jusqu'en* 1652 : « La fortune de l'Académie suivra vraisemblablement celle de l'État. »

1. « Ce manuscrit faillit être perdu, et ce fut Garat qui le tira de la poussière du Comité d'instruction publique, où il était oublié depuis trois ou quatre ans. » *Morellet*, II, 60.
2. *Mémoires de Morellet*, II, 59.

La Révolution a supprimé l'Académie française. Elle a proscrit les académiciens ; à peu d'exceptions près, tous eurent à subir l'exil, la prison ou l'échafaud. Émigrés et proscrits : le cardinal de Bernis, le comte de Choiseul-Gouffier, le duc d'Harcourt, le cardinal de Rohan, l'abbé Maury, M. de Boisgelin, le chevalier de Boufflers, M. d'Aguesseau, M. de Montesquiou-Fezenzac, l'abbé Delille, M. Suard. — Emprisonnés : M. de Roquelaure, La Harpe, l'abbé Barthélemy, Chamfort, Loménie de Brienne, Florian, le duc de Nivernais. — Guillotinés : Bailly, Malesherbes, Nicolaï. Condorcet s'empoisonna pour n'être pas traîné à l'échafaud. M. de Loménie de Brienne n'échappa également au supplice que par le poison. « Traîné « d'abord dans une prison de Sens, dit l'abbé Morellet dans « ses *Mémoires* (II, p. 113), on l'avait ensuite, à la fin de « février 1794, remis chez lui, avec des gardes qui ne le per- « daient point de vue. Son frère vient de Brienne le voir : là « il est arrêté, et l'on arrête en même temps l'archevêque, « les trois Loménie, ses neveux, dont l'un son coadjuteur, et « Mme de Canisy, sa nièce. L'archevêque est indignement « traité par les exécuteurs de cet ordre, venant du comité de « sûreté générale. Le lendemain, son frère, partant avec des « commissaires pour voir mettre les scellés à Brienne, entre « dans sa chambre et le trouve mort. On dit qu'il s'était « empoisonné pendant la nuit avec du *stramonium* et de « l'*opium* combinés. Les exécuteurs des ordres du comité, « ajoutant encore à la cruauté de leur mission, voulurent « s'en prendre à son neveu, l'abbé de Loménie, de ce qu'ils « ne pouvaient l'amener vivant à Paris ; ils prétendirent que « l'archevêque avait dû ne rien cacher à son neveu, et, chose « incroyable, si la Révolution française n'avait pas épuisé « tous les genres de barbarie, ils forcèrent l'abbé de Lomé- « nie d'assister à l'ouverture du cadavre et de signer le pro- « cès-verbal. » Le comte de Loménie de Brienne, ancien ministre de la guerre et frère de l'archevêque de Sens ; ses trois neveux, l'abbé Martial de Loménie, François de Loménie, colonel de chasseurs, Charles de Loménie, chevalier de Saint-Louis et de Cincinnatus ; sa nièce, Mme de Canisy,

furent guillotinés tous les cinq, le 21 floréal an II (10 mai 1794).
— Arrêté une première fois et menacé de l'être une seconde,
Chamfort essaya de se tuer dans son appartement de la Bibliothèque nationale ; il se tira un coup de pistolet, se fracassa le haut du nez et se creva l'œil droit ; il saisit un rasoir, se mit la gorge en lambeaux, sans pouvoir se la couper, se porta ensuite plusieurs coups vers le cœur ; et se sentant défaillir, tâcha, par un dernier effort, de se couper les deux jarrets et de s'ouvrir les veines. Il survécut quelques mois à ses blessures et mourut le 13 avril 1794. — Florian, enfermé dans la prison de Port-Libre, en sortit après la chute de Robespierre et mourut peu de semaines plus tard, le 13 septembre 1794. « On sait, dit La Harpe, au tome IX de son
« *Cours de Littérature*, p. 464, qu'échappé *en thermidor*
« aux bourreaux révolutionnaires, il passa de la prison dans
« son lit de mort, où il fut emporté en peu de jours par une
« fièvre chaude, suite des angoisses et des horreurs de la si-
« tuation dont il sortait. Dans son délire continu, son ima-
« gination sensible, et frappée sans remède, l'entourait de
« tous les monstres de la Révolution. Il sera toujours compté
« au nombre de ses victimes sinon, de celles qu'elle a *tuées*,
« au moins de celles qu'elle a *fait mourir ;* ce qui est la
« même chose devant Dieu et devant les hommes. » Ce que
La Harpe dit de Florian, on le peut dire aussi d'un autre académicien, Vicq-d'Azyr. Ancien médecin de Marie-Antoinette, il s'attendait à chaque instant à être arrêté, traduit devant le tribunal révolutionnaire, conduit à l'échafaud. Point de repos, point de sommeil. La guillotine était sans cesse présente à son imagination terrifiée. Il mourut, le 20 juin 1794, à l'âge de quarante-six ans. Dans le transport de la fièvre, il ne cessait de parler du tribunal révolutionnaire ; il croyait voir Bailly, Malesherbes, Lavoisier, tous ses amis immolés, l'appeler sur l'échafaud : « Ce délire d'un mourant, a dit Lémontey, montra au jour ce qu'était alors en France le sommeil des gens de bien. »

XXIII

LA PRÉSIDENCE DE ROBESPIERRE

Lundi 26 août 1793

Robespierre l'aîné a été nommé, dans la séance de jeudi[1], président de la Convention ; c'est la première fois qu'il est appelé au fauteuil[2]. Il est membre du Comité de salut public depuis le 27 juillet[3]. Il cumule avec ces fonctions celle de président de la société des Jacobins[4]. Il est donc aujourd'hui le personnage le plus important de la République, son représentant le plus autorisé. Quelles sont ses idées ? quel est son programme ? Qui a entendu ses derniers discours à la Convention et aux Jacobins sait à quoi s'en tenir à cet égard.

D'après lui, tous nos maux sont dûs à une cause unique : la *trahison*. L'*unique* remède qui les puisse guérir, c'est la *guillotine*. De son discours du 11 août aux Jacobins, j'extrais les passages suivants :

Des circonstances particulières m'ont mis à même de connaître des vérités terribles... Les revers de nos armées, l'audace de nos ennemis, tout cela tient à la même cause, à la scélératesse, à la *trahison*... Les ennemis extérieurs n'au-

1. 22 août.
2. *Moniteur* du 24 août 1793.
3. *Moniteur* du 30 juillet 1793.
4. Ernest Hamel, *Histoire de Robespierre*, III, 107.

raient jamais entamé notre territoire ; je dis plus, ils n'auraient jamais pensé à y porter leurs armes, s'ils n'eussent compté sur les *traîtres* que vous nourrissez... Leurs succès ne sont dûs ni à leur courage ni à leurs talents ; toujours la *trahison* les leur fit obtenir ; c'est *elle* qui leur fit occuper nos villes: toutes nos places fortes, *toutes* ont été *livrées*...

Dumouriez a disparu : les hommes superficiels ont cru que la *trahison* était déconcertée. Non, il avait des successeurs...

Custine a amoncelé dans Mayence les canons, les munitions de toute espèce, et tout a été donné aux Autrichiens. Sa trahison est la même...

Dumouriez, Custine, sont tous deux agents de la faction anglaise ; mais ils ont bien des complices parmi nous.

Le camp de César... vient d'être livré presque sans combat. Il vient d'être *livré* par le général Kilmaine [1]...

Dumouriez fugitif commande encore nos armées. Un Anglais comme lui, Custine, suivit ses plans, ses conseils, tout ce qu'il en savait, et se fit un devoir religieux de ne s'en écarter en rien ; de là la *trahison* de Mayence. Un autre Anglais, Kilmaine, en fit autant à Palliancourt, et bientôt il en fera de même à Cambrai...

Kilmaine est remplacé en ce moment par un général que je crois pur (Houchard [2]). Cependant nous avons tant de raisons de nous défier de *tous*, que je suspends mon jugement jusqu'à ce que l'événement l'ait justifié...

Ce qui a si longtemps causé nos malheurs, c'est l'*impunité*.. Qui ne frémit pas, lorsqu'il pense que l'assassin de tant de nos frères, de tant de milliers de patriotes, de tant de femmes, d'enfants, de vieillards, que Custine vit encore ? Quel est le scélérat qui, voyant son impunité, ne briguera

---

1. Le général Kilmaine fut destitué et jeté en prison ; il ne recouvra la liberté qu'après le 9 thermidor.
2. Le général Houchard a été guillotiné le 25 brumaire an II (15 novembre 1793).

pas l'honneur de servir la royauté contre les *pauvres sans-culottes* qui n'ont point d'assassins à payer, de coupe-jarrets à soutenir ? Et que ne vous sera-t-il pas permis de redouter en voyant un tribunal, que le peuple avait investi de sa confiance, en possession d'une foule de preuves contre Custine, rester dans l'inaction et ne pas juger ce grand coupable ? Custine vit encore, et sa tête est plus ferme sur ses épaules que la mienne, que celle de tous les patriotes !...

C'est avec cette lenteur des anciens parlements que procède maintenant le Tribunal révolutionnaire ; c'est avec ces formes chicanières et insidieuses qui distinguèrent toujours notre barreau ; encore le parlement jugeait-il en quatre jours l'homme convaincu d'un meurtre. Et cet homme qui, depuis quatre ans, *assassina trois cent mille Français*, n'a point à redouter une preuve qui le condamne. Il est innocent, l'*assassin de nos frères!* Il *assassinera toute la race humaine*, et bientôt il ne restera que les tyrans et les esclaves !

Savez-vous quels moyens emploient nos ennemis pour l'arracher à la juste vengeance du peuple ? On ne résiste point aux pleurs d'une femme intéressante ; des femmes se jettent aux pieds du premier venu pour implorer sa grâce. Et nous autres, sans-culottes, nous n'avons point de femmes qui nous arrachent à la mort, lorsque les conspirateurs de Lyon nous poussent par centaines sous le couteau de l'assassin.

Voilà l'homme qu'épargnera votre tribunal révolutionnaire !

Tous les chefs des conspirateurs, Stengel, Miranda [1], plusieurs autres, excepté Miaczinski, le moins coupable de tous, et celui peut-être à qui on aurait dû pardonner après avoir immolé les autres à la justice vengeresse des lois, tous ont échappé [2]...

---

1. Les généraux Miranda et Stengel, traduits devant le tribunal révolutionnaire, avaient été acquittés, le premier le 16 mai, et le second le 28 mai 1793.
2. Buchez et Roux, *Histoire parlementaire de la Révolution française*, XXVIII, pages 453 et suivantes.

Après avoir poussé les généraux sous le couteau de la guillotine, Robespierre y pousse à leur tour les journalistes, — ces journalistes dont aucun ne le combat, puisque aussi bien la liberté de la presse n'existe plus, mais dont quelques-uns ont l'audace de ne point célébrer son génie et ses vertus :

Il faut aussi que les journalistes *qui sont si évidemment les complices de Londres et de Berlin ;* ces hommes *stipendiés par nos ennemis,* qui cachent l'art d'épouvanter le peuple sous l'air de soigner ses intérêts avec plus de zèle; qui trouvent le moyen, par de prétendues vérités, de porter dans son sein la défiance, la terreur et la consternation ; il faut, dis-je, que ces hommes soient punis : il faut qu'on les enchaîne [1].

Et l'homme qui tient ce langage est le même qui a toujours professé que la liberté de la presse était un *droit inviolable et sacré,* qu'elle devait être *illimitée et absolue,* que *le droit de manifester ses opinions, soit par la voie de l'impression, soit de toute autre manière, était une conséquence si évidente de la liberté de l'homme que la nécessité de l'énoncer supposait ou la présence ou le souvenir récent du despotisme* [2].

Après les généraux et les journalistes, les *aristocrates ;* et pour Robespierre les indigents, les mendiants eux-mêmes sont des *aristocrates,* pour peu qu'on les puisse soupçonner d'admirer modérément l'*Incorruptible :*

---

1. Discours de Robespierre au club des Jacobins, séance du 11 août. Buchez et Roux XXVIII, p. 457.
2. *Déclaration des droits de l'homme et du citoyen,* présentée par Robespierre à la Société des Jacobins, le 21 avril 1793, article IV. *Journal du club des Jacobins,* n° 399.

Qu'ils soient punis aussi ces *conspirateurs* qui voient avec une horrible satisfaction arriver le moment où le peuple, obligé de se répandre sur une grande surface, leur permettra de se réunir et de conspirer ouvertement! *Que pas un d'eux n'échappe*, et si les patriotes doivent marcher tous, que les *aristocrates* soient tenus dans les chaînes.

Il est une *classe d'hommes d'autant plus dangereuse, qu'ils sollicitent la pitié*. Il faut enfermer cette foule de gens qui parcourent les rues de la ville, offrant partout l'image de la famine, de l'*indigence* et de l'*aristocratie*; car ces hommes sont payés pour séduire le peuple et le rendre dupe de sa crédulité et de sa compassion.

La *trahison* est partout, dans l'état-major de nos armées, comme dans les bureaux de nos journaux; tout le monde *conspire*, depuis les aristocrates jusqu'aux mendiants. Mais ce n'est pas tout : on conspire au sein même de la Convention; il y a des *traîtres* jusque dans le Comité de salut public. Robespierre a gardé pour la fin cette révélation :

La plus importante de toutes mes réflexions allait m'échapper... Appelé, contre *mon inclination*, au Comité de salut public, j'y ai vu des choses que je n'aurais jamais osé soupçonner. J'y ai vu, d'un côté, des membres patriotes faire tous leurs efforts, quelquefois vainement, pour sauver leur pays, et d'un autre côté *des traîtres conspirer jusqu'au sein même du Comité*, et cela avec d'autant plus d'audace, qu'ils le pouvaient avec plus d'impunité. *Depuis que j'ai vu de plus près le gouvernement, j'ai pu m'apercevoir de tous les crimes qu'on y commet chaque jour.*

Le peuple se sauvera lui-même... Il faut que nous fassions un feu roulant sur nos ennemis extérieurs, et *que nous écrasions tous ceux du dedans* [1].

1. *Histoire parlementaire...*, XXVIII, 458. MM. Buchez et Roux ont

Le 12 août, Robespierre reproduit, à la tribune de la Convention, ses dénonciations de la veille ; il demande que *la France, les administrations, le gouvernement, les armées soient purgés des traîtres*[1]. Le 14 août, nous le retrouvons à la tribune des Jacobins. On a réclamé la levée en masse. Il la déclare inutile. « Ce ne sont pas, dit-il, les hommes qui nous manquent, mais bien les vertus des généraux et leur patriotisme ». Et il ajoute aussitôt : « Il est une classe d'hommes qu'il faut spécialement surveiller et à qui nous devons attribuer en grande partie les maux qui nous désolent... »

— « Propose donc tes moyens ! » lui crie un membre.

A ces mots, Robespierre, qui avait relevé ses lunettes sur son front, s'est tourné du côté de l'interrupteur ; ses joues étaient livides, un mouvement convulsif agitait ses membres. Il a rabaissé ses lunettes sur ses yeux [2] et il a repris de sa voix la plus aigre [3] :

reproduit ce discours de Robespierre d'après le *Républicain français*, n° 271, et le *Journal de la Montagne*, n° 272.

1. Voir ci-dessus le chapitre : *les Lendemains de fêtes*.
2. Souvenirs personnels de J. Fiévée, en tête de sa *Correspondance avec Bonaparte, premier consul et empereur pendant onze années* (1802-1813).
3. « Sa taille était un peu au-dessous de la médiocre. Il avait dans les mains, dans les épaules, dans le col, dans les yeux un mouvement convulsif ; sa physionomie, son regard étaient sans expression ; il portait sur son visage livide, sur son front qu'il ridait fréquemment les marques d'un tempérament bilieux... Les inflexions aigres de sa voix frappaient désagréablement l'oreille : il criait plutôt qu'il ne parlait. Le séjour de la capitale n'avait pu vaincre entièrement la dureté de son organe ; dans la prononciation de plusieurs mots il laissait deviner l'accent de sa province. » *Histoire de la Conjuration de Maximilien Robespierre*, par Montjoie. Paris, an IV, p. 59.

Des moyens! quel est l'homme assez hardi pour soutenir que ce ne sont pas là des moyens? Les agents de la faction anglaise se fourrent jusque dans les sociétés les plus pures. Leur nouveau système est d'atténuer le mérite des propositions, et de décourager le peuple, en lui persuadant que son salut est devenu impossible. Je les accuse de tourner en dérision les *moyens simples*, présentés par les amis de la liberté, pour sauver la patrie, et de servir puissamment par cette conduite les desseins criminels des rois sur notre liberté.

Ce n'est point assez de déclarer la guerre à Georges et à tous ces hommes qu'on appelle potentats : si l'on n'y comprend *leurs complices*, si l'on n'enchaîne les hommes qu'ils paient pour favoriser leurs projets, la République ne sera pas sauvée.

Ce sont les *journalistes*, ces hommes qui consacrent leur existence à calomnier le peuple et les patriotes, à empoisonner l'esprit public, dont la plume mercenaire et assassine distille tous les jours le poison le plus séducteur.

Ce sont ces hommes d'autant plus dangereux qu'ils se parent quelquefois du masque d'un patriotisme outré, qu'il faut punir, dont il faut arrêter les entreprises criminelles.

Je résume mes propositions:

Destituer les généraux, et empêcher les intrigants et leurs ci-devant courtisans de les remplacer;

Substituer aux administrations actuelles des hommes honnêtes, qui, avant même le talent de gérer, aient le désir de sauver la chose publique;

Tomber sur tous ces journalistes odieux, dont chaque trait de plume est un crime à ajouter aux autres, et dont l'existence devient tous les jours plus pernicieuse à la société[1].

---

1. *Le Républicain français*, n° 274.

Hier soir, toujours aux Jacobins, Robespierrre est revenu sur les moyens à employer pour sauver le pays.

Il faut, a-t-il dit, faire une guerre éternelle aux *agents de Pitt et de Cobourg* qui infectent nos villes et nos départements. Du haut de la montagne, je donnerai le signal au peuple, et je dirai : *Voilà tes ennemis ; frappe !*

J'ai suivi les *formes avocatoires* dont s'est entortillé le tribunal révolutionnaire. Il lui faut des mois entiers pour juger un Custine, l'*assassin du peuple français*. Dans vingt-quatre heures, ses antagonistes seraient écrasés, si la tyrannie pouvait renaître pendant ce temps-là seulement. La liberté doit aujourd'hui user des mêmes moyens ; elle tient le *glaive vengeur* qui doit enfin délivrer le peuple de ses plus acharnés ennemis : *ceux qui le laisseraient reposer seraient coupables.*

Il ne faut pas qu'un tribunal établi pour faire marcher la révolution la fasse rétrograder par sa *lenteur criminelle ;* il faut qu'il soit actif autant que le crime ; il faut qu'il soit toujours au niveau des délits. Il faut que ce tribunal soit composé de dix personnes qui s'occupent seulement à rechercher le délit et à appliquer la peine ; il est inutile d'accumuler des jurés et des juges, puisqu'il n'existe qu'une seule sorte de délit à ce tribunal, celui de haute trahison, et qu'*il n'y a qu'une seule peine qui est la mort ;* il est ridicule que des hommes soient occupés à chercher la peine qu'il faut appliquer à tel délit, puisqu'il n'en est qu'une, et qu'elle est applicable *ipso facto* [1]...

Ainsi, traduire devant le tribunal révolutionnaire les généraux, les journalistes, les aristocrates, les suspects ; — débarrasser ce tribunal des *formes avoca-*

---

1. *Le Républicain français*, n° 285.

toires; — le mettre en demeure d'avoir à condamner les coupables *dans une époque déterminée et toujours très prochaine* [1], voilà tout le système de Robespierre, toute sa politique. C'est bien lui, et non le malheureux Custine, qui mérite d'être appelé *l'assassin du peuple français*. Sa vraie place à lui aussi serait à Bicêtre : la Convention nationale lui décerne les honneurs de la Présidence !

1. Discours de Robespierre du 25 août 1793. Buchez et Roux, XXVIII, 478.

XXIV

LE PROCÈS DE CUSTINE

Jeudi 29 août 1793.

Commencé le 15 août, le procès du général Custine a duré 13 jours; il s'est terminé le 27, à neuf heures du soir.

Adam-Philippe Custine, ci-devant général en chef des armées du Rhin et de la Moselle, et depuis de celles du Nord et des Ardennes, a été déclaré coupable d'avoir entretenu des manœuvres et intelligences criminelles avec les ennemis de la République, tendant soit à faciliter leur entrée sur le territoire français, soit à leur livrer des places et magasins appartenant à la France; — manœuvres et intelligences qui ont eu en particulier pour résultat de faire tomber au pouvoir des ennemis les villes de Francfort, Mayence, Condé et Valenciennes.

Que le général Custine soit un traître, personne ne le croit, excepté bien entendu les *Jacobins* enragés et les *Patriotes* affolés qui n'admettent pas que nos échecs puissent être dûs à une autre cause que la trahison. Tous ceux à qui reste encore une lueur de bon sens savent bien que Custine, ancien député de la noblesse du bailliage de Metz aux États-généraux, ne pouvait songer à trahir la République, étant de ces gentils-hommes qui, soutiens naturels de la monarchie, au lieu de rester dans son camp, l'ont abandonnée, et, arrivés sur l'autre rive, ont coupé le pont derrière eux.

Il va sans dire que, malgré la longueur des débats et le grand nombre des témoins, pas une preuve n'a été fournie de la prétendue trahison du général.

Une seule pièce a été produite contre l'accusé. Maribon-Montaut, représentant du peuple près les armées du Rhin et de la Moselle, a déposé qu'un agent de Custine, le sieur Boze, était venu, pendant le siège de Mayence, demander une entrevue au général Doyré, qui y commandait ; qu'au lieu d'une, il y en eut deux, et que, dans une de ces conférences, il fut remis de la part de Custine un billet portant invitation de livrer la place aux Prussiens.[1]

Ce billet, daté du 9 avril dernier, était aux mains de Fouquier-Tinville, qui l'a mis sous les yeux des jurés.

Custine a répondu : « Je n'ai point écrit ce billet, je ne l'ai point dicté, je ne l'ai point signé ; enfin je déclare que je ne le connais pas[2]. »

Outre que l'invraisemblance d'un semblable écrit saute aux yeux et qu'il eût été l'acte d'un fou plus encore que d'un traître, les vérificateurs experts d'écriture, les citoyens Harger et Blin, ont déclaré que la signature Custine, apposée sur le billet, était imitée d'après une signature de l'accusé, mais qu'elle portait tous les signes de la contrefaction, qu'elle était plus maigre et plus allongée que la signature de comparaison[3].

Parmi les autres chefs d'accusation, trois seulement

---

1. Buchez et Roux, *Histoire parlementaire...*, XXIX, 263.
2. *Histoire parlementaire...*, XXIX, 328.
3. *Ibidem.*

présentaient un caractère de gravité. On reprochait à Custine d'avoir dégarni Strasbourg d'une grande partie de son artillerie, — d'avoir fait de même plus tard pour Lille, — d'avoir, il est vrai, entassé les canons dans Mayence, mais d'avoir laissé cette ville sans vivres suffisants.

En ce qui touche Strasbourg, un des témoins, assurément peu suspect, le représentant Merlin (de Thionville) a présenté lui-même la justification du général. « C'est à tort, a-t-il dit, qu'il est avancé dans l'acte d'accusation que Custine a tiré des remparts de Strasbourg l'artillerie qu'il a jetée à Mayence. La vérité est qu'il l'a tirée du parc d'artillerie de ladite ville, mais non des remparts, que d'ailleurs il n'y avait point trop d'artillerie à Mayence et que la moitié est en ce moment hors d'état de servir par l'usage fréquent que la garnison en a fait [1].

Relativement à Lille, Custine a répondu qu'il s'était fait délivrer par le général Favart, commandant la place, non 76 bouches à feu, comme le prétend l'acte d'accusation, mais 41 seulement; qu'il en restait encore plus qu'il n'en fallait pour défendre la ville ; que d'ailleurs ce n'était que d'après l'avis d'un homme de l'art qu'il avait donné l'ordre de transporter ces bouches à feu au camp de la Madeleine pour le fortifier. Ces explications de l'accusé n'ont pas été contredites [2].

Relativement à Mayence, plusieurs témoins ont établi que le reproche fait à Custine de l'avoir démunie de vivres était sans fondement.

1. *Histoire parlementaire...*, XXIX, 270.
2. Buchez et Roux, p. 325.

Nicolas Haussmann, député à la Convention, a déposé avoir eu à Mayence, au mois de janvier dernier, une conférence avec l'accusé sur les subsistances de cette ville ; qu'au mois de mars il y avait trente mille sacs de farine ; que la mauvaise volonté de Beurnonville a seule empêché Mayence de recevoir tout ce dont elle avait besoin avant le blocus [1].

Simon Lépaux, officier au 29e régiment d'infanterie, a déclaré que chaque soldat avait toujours eu dans Mayence, jusqu'au dernier moment, deux livres de pain et une bouteille de vin chaque jour [2].

Un autre officier, Daniel Schramm, après avoir disculpé Custine au sujet de la prise de Francfort, a ajouté : « Quant à Mayence, la viande seule y a manqué ; si les fourrages y ont fait défaut, c'est par la rentrée de mille cinq cents chevaux qui ne devaient pas y être. Le pain et le vin y ont abondé jusqu'au dernier moment, les moulins y ont toujours été en activité et il n'y en a eu que trois de détruits [3] ».

Après avoir remporté de brillants succès, Custine a subi des revers ; il a commis des fautes militaires, mais elles ne peuvent faire oublier ni ses services, ni ses talents, ni son intrépidité. Et puis n'était-il pas dans le vrai lorsqu'il répondait à un témoin, qui critiquait ses opérations : « Si la guerre se faisait aussi aisément qu'on en parle, il n'y a pas de doute qu'on ne perdrait pas une bataille, on les gagnerait toutes [4]. »

Pendant ces treize longues journées Custine s'est

---

1. *Histoire parlementaire...*, 332.
2. *Ibidem.*
3. *Ibid.*
4. *Ibid.*, t. XXIX, 289.

défendu pied à pied, répondant à tout et à tous avec une présence d'esprit, une lucidité, une habileté rares. A la fin des débats, il a parlé pendant une heure et demie. Tronson Ducoudray, qui a ensuite présenté sa défense sur les faits étrangers à la partie militaire, n'a déployé ni plus de talent ni plus d'éloquence.

Pendant la délibération des jurés, Custine avait été emmené hors de la salle. Lorsqu'il est rentré pour entendre lire sa sentence, le silence qui régnait dans l'auditoire, les bougies qu'il n'avait point encore vu allumées depuis le commencement des débats, tout cela parut faire sur lui une vive impression. S'étant assis, il promena ses regards sur l'assistance.

Le président Coffinhal lui a fait connaître la déclaration du jury, affirmative sur les trois questions posées. Chose extraordinaire, et qui montre bien à quel point l'accusation était dénuée de fondement, un juré sur la première question, deux sur la seconde, trois sur la troisième, avaient répondu *non* [1].

Après que Fouquier-Tinville a eu réclamé l'application de la loi, Coffinhal a dit à l'accusé qu'il pouvait, soit par lui-même, soit par l'organe de ses défenseurs, faire des observations sur les réquisitions de l'accusateur-public.

Custine, ne voyant plus à leur place ni Tronson Ducoudray, ni son autre conseil, qui avaient quitté la salle après la déclaration du jury : « Je n'ai pas de défenseurs, a-t-il dit ; ils se sont évanouis. Ma conscience ne me reproche rien : je meurs calme et innocent [2] »

Il a entendu le prononcé de son jugement avec une

1. *Histoire parlementaire...*, XXIX, 336.
2. *Histoire parlementaire*, p. 337.

grande fermeté, indifférent aux bruits du dehors, aux claquements de mains, aux cris de vengeance et de mort de la foule qui se pressait aux portes [1].

Il était à ce moment neuf heures du soir [2].

On a conduit le condamné dans la chambre du greffe, où il s'est couché, après avoir écrit une lettre à son fils [3] et demandé un prêtre [4]. L'abbé Lothringer, vicaire de l'évêque du département de Paris, est arrivé presque aussitôt, et le général s'est confessé. Sa confession a duré jusqu'à près de onze heures et comme l'abbé Lothringer se retirait, il l'a prié de revenir à six heures du matin [5].

A six heures, il a repris la suite de sa confession qui s'est terminée seulement à sept heures et demie. Après être resté quelques instants en prière, il s'est fait servir à déjeuner et a invité l'abbé à aller dire pour lui la messe des agonisants. Au moment où ce dernier allait sortir, le général a demandé s'il n'était

1. Ceux des jurés qui n'avaient pas voté la mort faillirent être mis en pièces par la populace. *Le Tribunal révolutionnaire de Paris*, par Emile Campardon, I, 91. — *Biographie universelle*, article *Fualdès* (par Weiss).

2. *Histoire parlementaire....*, XXIX, 335.

3. M. A. Bardoux (*Madame de Custine*, p. 63) donne le texte de cette lettre, mais la date du 28 *août, dix heures du soir*. Elle est du 27 août, l'exécution de Custine ayant eu lieu le 28 au matin.

4. Voici le texte de la lettre écrite à l'évêque de Paris par le commis-greffier du tribunal révolutionnaire, non « le 28 août, le lendemain de la condamnation, » comme le dit encore par erreur M. Bardoux, mais le 27 août, quelques instants après la condamnation : « Citoyen, vous êtes prié d'envoyer au citoyen Custine, qui vient d'être condamné à mort et doit être exécuté demain, à neuf heures du matin, un ministre du culte Il désire l'avoir tout de suite. C'est ce qu'il vient de faire dire — Wolf, *C. Greffier*. »

5. *Interrogatoire de l'abbé Lothringer* (Archives nationales, carton W 285, dossier 131).

pas possible qu'il reçût le bon Dieu et les saintes huiles. L'abbé Lothringer lui a exprimé le regret de ne pouvoir les lui donner, ajoutant que le désir et l'intention de les recevoir suffisaient, parce que Dieu prenait l'intention pour le fait.

Quand le prêtre est revenu, sa messe dite, il a récité avec Custine les sept psaumes de la pénitence et les litanies des Saints ; puis, après un léger repos, il s'est remis à genoux avec le général et a dit avec lui les prières des agonisants. Le concierge est entré, avec une lettre écrite à Custine par sa belle-fille, et non cachetée ; Custine n'a pas voulu la lire, disant que cela augmenterait sa douleur, et il l'a remise à son confesseur, qu'il a chargé d'écrire à sa bru pour la consoler, et à sa fille[1] pour lui envoyer une mèche de ses cheveux.

A neuf heures, Custine est monté dans la charrette. L'abbé Lothringer était à ses côtés ; pendant le trajet de la Conciergerie à la place de la Révolution, il lui a lu des passages d'un livre de piété et lui a fait embrasser plusieurs fois le crucifix. Le général portait une redingote nationale[2] ; il tenait les yeux levés au ciel. Arrivé au pied de l'échafaud, il s'est mis à genoux, a récité la strophe : *O crux, ave, spes unica*[3] ! a regardé tour à tour le ciel, le crucifix, la guillotine, a embrassé son confesseur et lui a demandé sa bénédiction. A ce moment des rires ont éclaté parmi la foule, et elle a crié trois fois : *Ah ! le lâche*[4] !

1. Adélaïde-Anne-Philippine de Custine, mariée le 9 mars 1790 au marquis de Brézé. (Voir Bardoux, p. 17).
2. *Moniteur* du 4 septembre 1793.
3. Interrogatoire de l'abbé Lothringer.
4. *Le Glaive vengeur*, p. 102.

Un instant après, la tête du *lâche*, qui avait pris Worms, Spire, Kœnigstein et Francfort, roulait dans le panier.

L'abbé Lothringer a été arrêté et conduit à l'Abbaye; les scellés ont été mis sur ses papiers [1].

La belle-fille de Custine a été écrouée à Sainte-Pélagie [2].

1. *Moniteur* du 4 sepetmbre 1793.
2. *Ibidem*. — Voyez l'intéressant volume consacré par M. Bardoux à *Madame de Custine* (Delphine de Sabran), née à Paris le 18 mars 1770, morte à Bex, en Suisse, le 25 juillet 1826. Elle avait épousé, au mois de juillet 1787, Armand-Louis-Philippe-François de Custine, fils du général. Traduit devant le tribunal révolutionnaire le 3 janvier 1794, François de Custine fut condamné à mort. Il n'avait que vingt-cinq ans et demi. M. Wallon a publié (II, 322) la lettre qu'il écrivit à sa femme, quand déjà la charrette et le bourreau attendaient.

XXV

LE JUGE DE PAIX BUOB

Mardi 3 septembre 1793.

J'aime à enregistrer dans ce *Journal* les dévouements inconnus, les martyres ignorés. Ce m'est une joie triste et douce de saluer les noms de ces hommes courageux et modestes, plus soucieux du devoir que de la renommée, qui ont fait le sacrifice de leur vie, non en pleine lumière, excités, soutenus par des visages hostiles et peut-être par des regards amis, mais obscurément, dans l'ombre, sans autres témoins que leurs bourreaux, leur conscience et Dieu.

Tel fut le juge de paix Buob, égorgé à l'Abbaye le 3 septembre 1792. Ma pensée se reporte vers lui en ce jour, anniversaire de sa mort. J'en veux parler tout à mon aise.

Valentin Buob était né à Colmar d'une famille distinguée[1]. Son frère a occupé en cette ville les fonctions de Steittmester. Fixé de bonne heure à Paris, il était, au moment où éclata la révolution, l'associé de M. Duvernoy, banquier, dont la maison avait une assez grande importance[2].

Le 16 août 1790, l'Assemblée constituante décréta

---

1. BIOGRAPHIE MODERNE, *ou Galerie historique, civile, militaire, politique et littéraire.* Deuxième édition, 1816, t. I, p. 209.
2. *Almanach royal*, année 1789, p. 653.

qu'il y aurait, dans chacune des 48 sections de Paris, un juge de paix, élu au scrutin individuel et à la pluralité absolue des suffrages par les citoyens actifs de la section réunis en assemblée primaire. La durée de leurs fonctions était fixée à deux ans[1]. M. Buob, qui demeurait rue Basse, porte Saint-Denis, n° 7[2], fut élu par la *Section de la rue Poissonnière*[3]. Il ne tarda pas à se signaler comme l'adversaire le plus énergique des factieux. A plusieurs reprises, et notamment au mois de juillet 1791, il essaya d'arrêter la publication du *Père Duchesne* et menaça Hébert de la prison, s'il continuait ses abominables calomnies.

Dans les premiers jours de mars 1792, le sieur Guérin, maître maçon, qui habitait la même maison que Buob et qui était l'un de ses assesseurs[4], se présenta à son prétoire, où il fit la déclaration suivante : « Sortant hier de chez moi dans l'après-midi, j'ai entendu crier dans la rue par un colporteur la *Grande colère du père Duchesne contre madame VETO, qui lui a offert une pension sur la liste civile pour endormir le peuple et le tromper, afin de rétablir la noblesse et de ramener l'ancien régime.* La curiosité m'a fait acheter cette feuille, et je n'ai pu résister au sentiment de la plus

---

1. *Almanach royal de* 1791. — *Juges de paix et assesseurs des 48 sections de Paris.*
2. *Almanach royal de* 1792, p. 377.
3. La *Section de la rue Poissonnière* comprenait la rue Poissonnière et celle Sainte-Anne, à droite, jusqu'à la barrière ; les murs de la barrière Sainte-Anne à la barrière Saint-Denis ; la rue du faubourg Saint-Denis, à droite, jusqu'à la porte Saint-Denis ; le boulevard, à droite, jusqu'à la rue Poissonnière, et tout l'intérieur. Les assemblées de la section se tenaient dans l'église Saint-Lazare. *Almanach royal de* 1792, p. 377.
4. *Almanach royal de* 1792. p. 377.

vive indignation. Je vous la dénonce, Monsieur le juge, comme contraire aux bonnes mœurs et constituant un véritable scandale. »

Buob fit comparaître devant lui l'imprimeur, le sieur Tremblay, lequel déclara que l'auteur était le sieur Hébert, demeurant rue Saint-Antoine, vis-à-vis le petit Saint-Antoine, maison d'un papetier.

Assignation fut aussitôt lancée contre le rédacteur du *Père Duchesne*. Buob lui fit observer que ses feuilles tendaient toutes à pousser le peuple à la révolte; qu'elles provoquaient au mépris des autorités les plus légitimes et semaient les soupçons sur les démarches les plus innocentes ; que, par leurs excitations au meurtre, par leur odieux cynisme, elles étaient un danger public, en même temps qu'un objet de scandale pour les citoyens paisibles et amis de la loi.

Hébert se reconnut l'auteur du numéro saisi et de tous ceux auxquels il faisait suite, ajoutant que ses discours et ses écrits n'avaient jamais eu d'autre objet que d'éclairer le peuple ; que l'Assemblée législative elle-même applaudissait à son zèle, puisqu'elle lui avait accordé dans le lieu de ses séances, *par un décret,* un emplacement spécial pour lui et trois de ses coopérateurs.

Le fait n'était que trop vrai. L'Assemblée législative, dominée par Brissot, Vergniaud et les autres députés de la Gironde, protégeait hautement l'abject folliculaire. Cela n'était pas pour arrêter le courageux magistrat. Il ordonna que Tremblay serait relaxé, mais que Hébert serait conduit au dépôt du Comité central. Malheureusement les autres autorités étaient loin d'être aussi énergiques que le juge de paix de la section de la rue Poissonnière. A peu de jours de là, Hébert, rendu à la liberté, faisait paraître son numéro 116, avec ce titre :

L'arrestation du père Duchesne par les ordres de madame VETO. Son procès et interrogatoire devant le juge BRID'OISON. Sa GRANDE JOIE d'avoir vu tous les braves sans-culottes prendre sa défense et s'armer de piques pour le délivrer des griffes des mouchards. Grand jugement par lequel il est reconnu comme un brave bougre, et qui ordonne de lui rendre la liberté[1].

Cette poursuite contre Hébert valut à Buob les injures de toute la presse révolutionnaire, et en particulier des journaux *brissotins*, lesquels d'ailleurs, jusqu'au 2 septembre *inclusivement*, n'ont pas cessé de faire cause commune avec les feuilles d'Hébert et de Marat. Le Girondin Gorsas écrivait, le 1ᵉʳ janvier 1793, dans le *Courrier des départements :* « Nous ne rappelons pas au citoyen Hébert que, dans le temps où le comité central avait lancé un mandat d'amener contre lui, nous le vengeâmes de la persécution par un article qu'il y avait assurément du courage à publier à cette époque, et dans lequel *nous traînâmes dans la fange BUOB, le plus ardent de ses ennemis*[2]. »

Le dimanche 15 avril 1792, la municipalité de Paris, ayant à sa tête le *vertueux* Petion, avait décerné les honneurs du triomphe aux soldats Suisses du régiment de Châteauvieux, libérés des galères où ils avaient été

---

1. *Histoire de la presse en France,* Eugène Hatin, VI, 511.
2. LE COURRIER DES DÉPARTEMENTS, *par Ant. Jos. Gorsas, député à la Conv. nat.* tome IV, p. 3, chez l'auteur rue Tiquetonne, n° 7.

envoyés, deux ans auparavant, comme rebelles et meurtriers. Brissotins et Jacobins, Petion et Robespierre, Vergniaud et Collot-d'Herbois, s'étaient unis pour honorer les émeutiers de Nancy et les assassins de Desilles,

> Ces héros que jadis sur les bancs des galères
> Assit un arrêt outrageant,
> Et qui n'ont égorgé que très peu de nos frères
> Et volé que très peu d'argent [1].

Cette fête odieuse avait atteint le but que se proposaient ses auteurs et qui était de familiariser de plus en plus le peuple avec les idées de révolte, de dénoncer à son indignation la prétendue tyrannie du roi. Ce fut M. Buob qui eut l'idée d'opposer à la fête des *Suisses de Collot-d'Herbois* [2] une fête en l'honneur du maire d'Étampes, mort le 3 mai 1792, pour la défense des lois et de la Constitution. Il en parla à M. Bertrand de Moleville [3], qui entra aussitôt dans ses vues et soumit le projet au roi. Celui-ci ne se borna pas à l'approuver, il suggéra les moyens de rendre la fête plus imposante. « Cette fête, dit-il à M. Bertrand, est très

---

1. André Chénier, *Hymne sur l'entrée triomphale des Suisses de Châteauvieux*. Publié le 15 avril 1792, le jour même de la fête, dans le *Journal de Paris*.

2. Que la nuit de leurs noms embellisse ses voiles,
    Et que le nocher aux abois
    Invoque en leur galère, ornement des étoiles,
    Les Suisses de Collot-d'Herbois,

    (*Hymne* d'André Chénier.)

3. Tous les historiens, sans exception, je crois, écrivent Bertrand de Molleville. La véritable orthographe est *Moleville*. (*Papiers de Bertrand de Moleville*, Collection G. Bord.)

bien imaginée, et elle produirait encore un meilleur effet si la motion venait des sections ou de la municipalité[1] ». M. Buob se charga de faire présenter cette motion, dans les sections et dans le Conseil de la Commune, comme le vœu de tous les bons citoyens. Des fonds, fournis par le roi, passèrent pour le produit de la souscription de deux cents donateurs anonymes, et la fête fut célébrée, non sans éclat, le dimanche 3 juin 1792[2].

A cette date, M. Bertrand de Moleville n'était plus ministre. Appelé au ministère de la marine le 7 octobre 1791, il avait dû se retirer devant l'hostilité de l'Assemblée législative au mois de mars 1792. Le roi, qui connaissait son dévouement, lui avait continué sa confiance et l'avait chargé de surveiller une agence d'information, une sorte de police officieuse, primitivement imaginée et mise en train par Alexandre de Lameth. Il s'agissait, au moyen d'un certain nombre d'agents soigneusement choisis, *d'observateurs* intelligents et sûrs, autant que possible, d'étudier l'esprit public et de l'éclairer.

Les *observateurs* étaient d'abord au nombre de 35; mais leur chiffre ne tarda pas à être porté à 60[3]. Les uns assistaient aux séances de l'Assemblée législative; d'autres fréquentaient le club des Jacobins et celui des

---

1. *Mémoires secrets pour servir à l'histoire de la dernière année du règne de Louis XVI, roi de France*, par Ant. Fr. Bertrand de Moleville, ministre d'État à cette époque, II, 138. — Londres 1797.

2. Sur la fête en l'honneur de Simoneau, maire d'Étampes, qui fut appelée la *Fête de la Loi*, voir Mortimer-Ternaux, *Histoire de la Terreur*, I, 97 et suiv.

3. Voy. le *Rapport* de Dufriche-Valazé *sur les crimes du ci-devant roi, dont les preuves ont été trouvées dans les papiers recueillis par le Comité de surveillance de la commune de Paris*, pages 23 et suivantes.

Cordeliers; d'autres enfin se mêlaient aux groupes du Palais-Royal et des Tuileries, parcouraient les cafés et les guinguettes. Ils appuyaient par des applaudissements les motions constitutionnelles et royalistes ; ils huaient, ils sifflaient ceux qui présentaient des mesures contraires aux intérêts du roi ou à la Constitution. Les plus intelligents, ceux qui maniaient le mieux la parole, étaient chargés de combattre les motions *jacobites* dans les groupes et dans les cafés. Le soir venu, chacun d'eux faisait le rapport de ce qu'il avait vu et entendu, et ces rapports, centralisés par un officier de la garde nationale, très dévoué au roi, M. Gilles [1], étaient remis à M. Bertrand de Moleville, qui donnait alors ses instructions pour la journée du lendemain. La nuit était d'ordinaire consacrée par les *observateurs* à afficher des placards constitutionnels ou royalistes, selon les circonstances.

Les frais montaient à 8,000 livres par mois [2].

Il parut à M. Bertrand que si les *observateurs* étaient investis de commissions à l'effet de découvrir et d'indiquer aux tribunaux le nom et la demeure des principaux chefs d'émeute, le profit serait grand pour la paix de la rue et la sécurité du trône. Le roi approuva l'idée ; restait à trouver, parmi les juges de paix du département de la police, un homme sur lequel on pût compter d'une manière absolue. M. Bertrand n'eut pas un instant d'hésitation. L'homme était tout trouvé. C'était le juge de paix de la section de la rue Poissonnière. Cependant l'ancien ministre ne

---

[1]. Sur M. Gilles, voir *Journal d'un Bourgeois de Paris pendant la Terreur*, par Edmond Biré, chapitre XVIII.
[2]. *Mémoires secrets...*, II, 137.

crut pas devoir laisser soupçonner tout d'abord à M. Buob que le roi avait connaissance du plan relatif aux *observateurs*. Il commença par lui dire que le roi, instruit du zèle et de l'activité qu'il déployait dans l'exercice de ses fonctions relatives à la police de la ville, l'avait chargé de lui en témoigner sa satisfaction. M. Buob lui répondit qu'en effet le Tribunal de police correctionnel, dont il faisait partie [1], était bien intentionné et rendait de vrais services, mais qu'il était à regretter que, faute de ressources suffisantes, il ne pût en rendre davantage. « Vous ne manquerez point d'argent, reprit M. Bertrand, si je puis vous obtenir la confiance d'une association de riches citoyens qui, pour leur propre sûreté, ont fait un fonds considérable, afin de soudoyer un certain nombre d'individus chargés de les tenir au courant de tout ce qui se passe dans la capitale. Je ne doute pas qu'à ma recommandation ils ne consentent à mettre ces individus sous vos ordres. » — « Oh! mais, dit M. Buob, il n'est pas possible d'avoir dans ces gens-là la même confiance que dans ceux qui servent depuis longtemps la police et pour lesquels malheureusement nous manquons de fonds. » — « Eh bien! répliqua M. Bertrand, je proposerai à la société d'accorder cent livres de gratification pour la découverte de chaque personnage séditieux. L'argent sera payé dès que le criminel aura été convaincu. »

A cette interrogation de M. Buob : « Est-ce que le roi ne pourrait pas prendre cela sur la liste civile? »

---

[1]. Le Tribunal de police correctionnel était composé de neuf membres, pris parmi les 48 juges de paix, servant par tour. Il tenait ses séances au Palais. — *Almanach royal de* 1792, p. 530.

son interlocuteur répondit aussitôt : « Je me garderai bien de le proposer. M. de Laporte[1], qui est d'une exactitude rigoureuse, ne manquerait pas d'inscrire cet article sur son registre, et les suites pourraient devenir aussi désagréables pour vous que préjudiciables pour le roi. »

Là se termina ce premier entretien[2]. Il ne tarda pas à produire ses fruits. Avant la fin de juillet, cinquante-huit des plus violents d'entre les séditieux étaient arrêtés, traduits devant le tribunal de police correctionnel, condamnés les uns à trois ans, les autres à deux ans de détention dans la prison de Bicêtre.

M. Bertrand eut bien vite fait de donner toute sa confiance à M. Buob. Aussi son premier soin, lorsque Carra, au mois de mai 1792, le dénonça au club des Jacobins, comme le chef d'un prétendu *comité autrichien*, fut-il d'aller consulter le courageux juge de paix. D'après son conseil, il porta l'affaire au tribunal de police correctionnel et présenta une plainte au juge de paix de la section de Henri IV, Étienne de la Rivière[3], qui était le plus intelligent et le mieux disposé des membres du tribunal. La Rivière n'hésita pas, en effet, à faire comparaître Carra, qui déclara tenir tous les détails qu'il avait donnés de la bouche

---

1. M. de Laporte, intendant de la liste civile depuis 1790. Il fut condamné à mort par le *Tribunal criminel du 17 août* et guillotiné le 24 août 1792. Le *Bulletin du Tribunal du 17 août* rend hommage à la fermeté qu'il garda jusque sur l'échafaud. — Archives nationales, W 242, dossier 2.

2. *Mémoires secrets...* par Bertrand de Moleville, II, p. 135-140.

3. Il demeurait cour de la Sainte-Chapelle. *Almanach royal de 1792*, p. 389.

même de MM. Basire, Merlin et Chabot, tous trois membres de l'Assemblée nationale et de son comité de surveillance. Le 19 mai, le juge de paix lançait contre les trois députés un mandat d'amener et les envoyait prendre chez eux par la gendarmerie à six heures du matin. Le 20, après un discours du girondin Guadet, la Rivière fut décrété d'accusation et traduit devant la Haute-Cour nationale d'Orléans.

Après le 20 juin, M. Buob, assisté de son collègue de la section de l'Observatoire, M. Bosquillon, commença une instruction contre les auteurs de cette journée. Ni l'un ni l'autre de ces deux magistras n'ignorait qu'en ouvrant une telle procédure, il appelait sur sa tête la vengeance des pires malfaiteurs et des plus misérables bandits, appuyés alors non seulement par Robespierre et Danton, mais encore par Brissot, Vergniaud et tous les députés de la Gironde. C'est le girondin Mazuyer qui dénonça au peuple et à ses vengeances les magistrats coupables de faire leur devoir. « Je dénonce à l'Assemblée, s'écriait-il, dans la séance du 12 juillet 1792, le comité des juges de paix, ce *tribunal de sang* établi aux Tuileries... [1] »

Si désespérée que parût la situation, M. Buob estimait qu'il fallait lutter jusqu'au bout. En même temps qu'il informait contre les auteurs du 20 juin, il soumettait à M. Bertrand de Moleville une série de mesures relatives aux tribunes de l'Assemblée. L'ancien ministre de la marine en entretint le roi; mais celui-ci ob-

---

1. Le 29 ventôse, an II (19 mars 1794), un autre tribunal composé, celui-là, non plus de royalistes mais de républicains, enverra Mazuyer à l'échafaud, sur la simple constatation de son identité.

jecta que l'expédient de gagner les tribunes n'était pas praticable. Il rappela que, durant la première Assemblée, semblable essai avait coûté à la liste civile trois millions dépensés en pure perte. M. de Laporte, présent à l'entrevue, dit qu'en effet, dans l'espace de huit à neuf mois, il n'avait pas été dépensé moins de deux millions cinq cent mille livres pour cet objet; qu'à la vérité il y avait de graves raisons de croire que ceux qui avaient été chargés de la distribution de cet argent s'en étaient approprié la plus grande partie ; mais comment se garantir, dans une affaire de cette nature, contre le retour du même inconvénient ?

M. Bertrand ne se tint pas pour battu, et à quelques jours de là, comme il ne lui était plus possible de pénétrer aux Tuileries, il fit parvenir à Louis XVI une note contenant tout le détail du plan élaboré par M. Buob. En voici les principales dispositions:

On remplira les deux premiers bancs des tribunes de 262 personnes, payées conformément au tarif suivant : 1° pour le chef, qui sera *seul* dans le secret, 50 livres par jour ; 2° pour le sous-chef, choisi par le premier, 25 livres par jour; 3° pour dix adjudants, choisis également par le chef et dont chacun devra fournir 25 hommes qu'il conduira tous les jours à l'Assemblée, 100 livres, soit 10 livres à chaque adjudant; 4° pour 250 hommes, à 50 sols chacun par jour, 625 livres ; — soit une dépense totale de 800 livres par jour.

Le chef devait se placer au milieu du premier banc d'une galerie et le sous-chef au même endroit de la galerie opposée. Les chefs ne devaient être connus que des cinq adjudants placés dans chaque tribune. Le sous-chef devait recevoir l'ordre par un signal de son chef, qui n'était entendu que de lui, et en faire un autre qui n'était entendu que des adjudants. Ceux-ci devaient faire à leur tour un signal, chacun aux 25 hommes qu'il commandait. Les dix adjudants et les 250 hommes à leurs ordres devaient être engagés au nom de Petion, maire de Paris, sous prétexte de protéger la Constitution contre les aristocrates et les républicains. Une personne ayant la confiance du roi communiquerait le plan à un officier des gardes licenciés[1] et lui fournirait l'argent et les instructions nécessaires. Cet officier se mettrait en rapport avec un homme sûr, et c'était ce dernier qui choisirait le chef appelé à diriger toute l'opération.

Une dernière disposition avait trait aux mesures à prendre pour éviter d'être trompé. On devait pour cela envoyer tous les jours dans chaque tribune cinq hommes qui observeraient tout ce qui se passerait, et qui, après avoir compté à peu près le nombre de ceux qui hueraient ou applaudiraient, viendraient faire leur rapport à M. Buob.

Le roi renvoya ce plan sans l'approuver. Lorsqu'il en fut informé par M. Bertrand de Moleville, M. Buob s'écria : « Le roi peut dire de ce plan tout ce qu'il voudra ; je n'en reste pas moins convaincu qu'il n'y a que ce plan ou quelque autre de la même espèce qui puisse le sauver, lui et sa famille. Je le sauverai donc à mes risques et périls et quand même je devrais ne jamais recevoir une obole de la liste civile [2]. »

---

[1]. La garde constitutionnelle du roi avait été licenciée par un décret de l'Assemblée législative, rendu le 29 mai 1792 sur la proposition de Guadet et à la suite d'un discours de Vergniaud.

[2]. *Mémoires secrets..*, II, 280.

Il se mit aussitôt en mesure de réaliser son projet. Le premier et le second jour, les chefs se bornèrent à empêcher les applaudissements et les huées ; ils mirent en avant, pour motiver leur intervention, la nécessité d'entendre distinctement les discours. Le troisième jour, on applaudit les orateurs constitutionnels, mais avec modération, sans faire trop d'éclat. Même conduite le quatrième jour ; toutefois les applaudissements à l'adresse des constitutionnels furent un peu plus vifs. Les membres de l'Assemblée ne laissèrent pas de trouver cela fort étrange ; ils regardaient fréquemment les tribunes avec un air de surprise. Mais ce fut bien autre chose le cinquième jour : les agents de Buob ne se contentèrent pas d'applaudir : ils firent entendre des huées contre les motions inconstitutionnelles et les orateurs jacobins. L'Assemblée cette fois fut tout à fait décontenancée ; elle croyait à quelque méprise. Le sixième jour, applaudissements et huées continuèrent, mais avec beaucoup plus de violence. Le côté gauche, qui ne reconnaissait plus *ses* tribunes, protesta contre leur intervention ; le tumulte devint tel que le président dut lever la séance. Interrogé par certains députés, quelques-uns des hommes de Buob déclarèrent qu'on les avait engagés au nom de Petion. On court chez le Maire, on lui demande une explication. Petion proteste qu'il n'est pour rien dans cette affaire. Ce jour-là, par extraordinaire, Petion ne mentait pas.

Informé de cette soudaine et complète métamorphose des tribunes, Louis XVI en devina la cause ; il écrivit à M. Bertrand qu'il croyait qu'on les avait payées, mais que la chose avait été poussée trop loin, et qu'il fallait réserver cette ressource pour une occasion plus urgente. Il le chargeait en même temps de transmettre à M. Buob l'ordre formel de renoncer à son entreprise [1].

M. Buob obéit; mais son esprit inventif et son infatigable dévouement se mirent aussitôt en quête d'autres moyens de servir une cause qui lui était plus chère que la vie. Bertrand de Moleville ne s'épargna pas, de son côté, pour seconder les efforts du vaillant juge de paix. Ils apprirent que les Jacobins avaient résolu de tenter une nouvelle insurrection et qu'ils en avaient fixé la date au 29 juillet. Trois cents hommes devaient s'assembler devant l'hôtel de la Mairie, sous prétexte de garder Petion, mais en réalité pour l'empêcher de se rendre au château; pendant ce temps les *patriotes* du faubourg Saint-Antoine marcheraient sur les Tuileries et y extermineraient les *conspirateurs*. Instruits de ce projet dès le 19 juillet, M. Bertrand et M. Buob crurent que le meilleur moyen de le déjouer était d'en porter les détails à la connaissance de tous les citoyens. Ils firent distribuer à profusion de petites brochures, dont les titres étaient de nature à piquer la curiosité publique: *Horrible complot contre Petion,* — *Nouvelles conspirations contre la représentation nationale,* — *Les faux sans-culottes démasqués* [2], etc. Plus encore que les brochures, la populace dévorait les placards collés sur les murailles. Ceux qui, à ce moment, attiraient le plus son attention étaient *l'Ami des Citoyens*, par Tallien, imprimé sur papier jaune, et *la Sentinelle*, par Louvet, imprimé sur du papier rose [3]. M. Bertrand

1. *Mémoires secrets...*, II, 283.
2. *Mémoires secrets...* III, 8.
3. Eugène Hatin, *Histoire de la Presse en France*, VI, 242.

rédigea un placard, en tout semblable à *la Sentinelle* : même format, même papier, mêmes caractères, même violence de langage. Le plan de la nouvelle conjuration y était entièrement dévoilé. Le tout fut intitulé : *La Sentinelle, n° 42*; des agents choisis par M. Buob la collèrent sur le n° 41, que Louvet avait donné la veille. Chaque afficheur était soutenu par une escouade de vigoureux gaillards, armés de solides gourdins. Des rixes éclatèrent sur plusieurs points; un des agents de Buob eut trois dents fracassées. Les Jacobins finirent par avoir le dessus, mais leur complot n'en était pas moins éventé; force leur fut d'ajourner à une date ultérieure l'insurrection fixée d'abord au 29 juillet. Le 4 et le 9 août, Buob et M. Bertrand réussirent encore à faire placarder et à faire lire deux fausses *Sentinelles* : « Peuple de Paris ! disait celle du 4, l'intérêt de tes ennemis est d'exciter un mouvement sur le Château. Le tien est de seconder de tous tes moyens l'active surveillance de ton digne Maire et de tes magistrats; le tien est *d'empêcher qu'on enlève Louis XVI*. Mais en même temps garde-toi de céder aux conseils égarés ou perfides qui t'inviteraient à te porter en armes aux Tuileries ». L'affiche du 9 août contenait des conseils dans le même sens et insistait sur le complot tramé pour envahir les Tuileries et enlever le roi [1].

Éclairer le peuple sur les projets des factieux ne suffisait pas pour les déjouer. Le 1er août 1792, les *Mar-*

1. Eugène Hatin, *op. cit.*, t. VI, p. 248. D'après M. Hatin, « le but de la Cour, en contrefaisant *la Sentinelle*, était *d'entraîner à la guerre civile.* » Il s'agissait tout au contraire de prévenir la guerre civile !

seillais étaient arrivés à Paris. L'attaque du Château était imminente. Besoin était d'avoir sous la main des hommes en état de le défendre. Comment y parvenir? Toujours infatigable, toujours prêt, Buob proposa d'établir, dans une maison du Carrousel, sous le nom de *Club national*, une réunion dont feraient partie les officiers et les soldats de la garde nationale sur lesquels on pourrait compter, ainsi qu'un certain nombre de citoyens dévoués au roi. On devait leur adjoindre sept à huit cents auxiliaires choisis parmi les ouvriers de la manufacture de papier, presque tous zélés royalistes. Les principaux de ces ouvriers devaient seuls être dans le secret, et deux d'entre eux devaient venir tous les matins au Club et y passer la journée, afin d'être en mesure, dès que les circonstances l'exigeraient, d'avertir leurs camarades; il leur était alloué 5 livres par jour. Les ouvriers ordinaires savaient seulement qu'ils auraient à se joindre à la garde nationale pour maintenir l'ordre dans Paris. Leur paie était fixée à 2 livres les jours où on les emploierait, à 10 sols lorsqu'on ne les dérangerait pas de leur travail. Ils devaient porter des bonnets rouges et être armés de piques. On n'était admis dans l'association qu'à la suite d'un scrutin et si l'on réunissait une majorité des trois-quarts.

Le roi approuva ce plan et dit à M. Bertrand d'en faire les frais, qui se montaient à cent pistoles par jour [1], y compris les rafraîchissements donnés à très bas prix pour attirer les soldats en plus grand nombre. Les piques, les bonnets rouges, les bancs, les chaises, etc.,

---

1. La pistole valait dix francs.

coûtèrent neuf mille francs. En quatre jours, tout fut prêt [1]. Malheureusement, il était trop tard. On touchait au 10 août...

Dans la soirée du 9, M. Bertrand de Moleville, convaincu que le Château serait attaqué avant le point du jour, et empêché de s'y rendre par un abcès qu'il avait à la jambe, pria M. Buob de le tenir informé, heure par heure, de la marche de l'insurrection. Le 10, sur les onze heures du matin, M. Buob le fit avertir que Manuel, le procureur de la Commune, venait d'être investi du droit de surveillance sur les maisons de ceux dont le dévouement au roi était connu ; que son nom et celui de M. de Montmorin étaient en tête de la liste, et que, pour échapper aux espions, il n'avait pas un instant à perdre. Il réussit à se cacher ; décrété d'accusation par l'Assemblée, le 16 août, il échappa pendant deux mois à toutes les recherches, et, le 19 octobre, il put s'embarquer à Boulogne pour l'Angleterre.

M. Buob avait songé à sauver son ami ; quant à lui, il refusa de quitter son poste. Le 12 août, une bande de scélérats, de ceux qu'il avait fait mettre à Bicêtre, envahit sa maison ; ils se saisirent de lui et le traînèrent à l'Abbaye.

Le 3 septembre, le second jour des massacres, M. Buob et son collègue Bosquillon comparaissaient ensemble devant le *tribunal* présidé par Maillard et qui tenait ses assises entre les deux guichets de la prison. « Vous êtes accusés par le peuple, leur dit Maillard, de vous être réunis à des collègues aussi in-

---

1. *Mémoires secrets...*, II, 306.

fâmes que vous, pour former au château des Tuileries un comité secret destiné à venger la Cour de la journée du 20 juin et à en punir les auteurs. — Il est vrai, répondit Bosquillon, que je me suis trouvé à ce comité; mais je défie qu'on me prouve que j'aie participé à aucun acte arbitraire[1]. » Buob dédaigna de répondre à ces bandits déguisés en juges. *A la Force! à la Force!* crièrent avec fureur les acolytes de Maillard; et celui-ci répète : *A la Force!* Cette formule, on le sait, était une sentence de mort. Au moment où les deux victimes franchissaient le seuil du guichet, les assassins se précipitent sur elles. Bosquillon est assommé sur place. Buob, très grand et très vigoureux, terrasse les misérables qui veulent l'égorger, s'échappe de leurs mains et se sauve dans les lieux d'aisance, où il est suivi par le nommé Bourre, ancien garde-française, sergent de la garde parisienne soldée. Une lutte s'engage entre ces deux hommes; Bourre, armé d'un coutelas, en porte plusieurs coups à Buob qui l'a saisi à la gorge et va l'étrangler, lorsqu'arrivent d'autres assassins qui achèvent le malheureux juge de paix [2]. Quelques instants après, dans le cabaret du citoyen Lévêque, le sergent Bourre, les mains tâchées de sang et les vêtements couverts de matières fécales, se vantait de la belle expédition qu'il venait de faire [3].

1. *La vérité tout entière sur les vrais acteurs de la journée du 2 septembre* 1792, par Felhémési (Méhée fils), p. 32.
2. Le registre d'écrou de l'Abbaye porte cette mention : *Le 3 septembre, jugé par le Peuple et sur le champ mis à mort* : n° 11, Buob, juge de paix.
3. Voy., dans l'*Histoire de la Terreur*, par M. Mortimer-Ternaux, t. II, et p. 611 suiv., les procès des septembriseurs. Bourre fut condamné à vingt ans de fers, le 24 floréal an IV (13 mai 1796.)

Buob était au premier rang des hommes de cœur que les révolutionnaires honoraient de leur haine. Ils se réjouirent de sa mort et ne ménagèrent pas les applaudissements à ses assassins. « Un peuple libre, disaient les *Révolutions de Paris* dans un article intitulé *la Justice du peuple*, un peuple libre, ainsi que le corps humain, *doit sa santé politique au retranchement de ses membres gangrenés*. Le sang coulait, et chacun de ceux qui avaient des armes semblaient *se disputer l'honneur de concourir à ce grand acte de justice*... Les députés, du nombre desquels était Chabot, ne purent rien obtenir; le *sang impur* des traîtres à la patrie ne discontinuait point de couler. On s'adressa d'abord aux *coupables bien connus*, tels que Montmorin [1], Thierry [2], Buob, Bosquillon et tout l'état-major suisse [3]. »

Quelques jours auparavant, le nom de Buob avait retenti devant le *Tribunal criminel du 17 août*. Le premier accusé, traduit devant ce tribunal, Collenot d'Angremont avait été activement mêlé à l'opération conçue par Buob pour influencer les tribunes. Voici dans quels termes le *Bulletin du Tribunal du 17 août* résume l'accusation portée contre Collenot :

Louis-David Collenot, dit d'Angremont, était ci-devant secrétaire de l'administration de la garde nationale, à la maison commune, et depuis, commandant en chef de la *bande assassine*, divisée par détachements et brigades; chaque brigade était composée de dix hommes. Les brigadiers

---

1. M. de Montmorin, ex-ministre des affaires étrangères.
2. Thierry de Ville d'Avray, premier valet de chambre de Louis XVI.
3. *Révolutions de Paris*, n° du 8 septembre 1792, t. XIII, p. 422.

recevaient dix francs par jour ; les sous-brigadiers cinq livres, et chaque soldat deux livres dix sols.

C'étaient ces brigades qui, avec des signes et des mots d'ordre pour se reconnaître, tombaient dans les derniers temps sur les patriotes zélés, les traînaient au corps de garde, et déposaient contre eux ; et ceci se faisait de complicité avec les Buob, les Bosquillon, les Menjaud, les Fayel [1], les Dossonville, les Mingot, les Laborde, juges et officiers de paix... On porte à quinze cents le nombre des enrôlés dans cette *clique infernale*. Les registres s'étant trouvés parmi les papiers de d'Angremont, on en a arrêté une assez grande quantité... Sous les derniers ministres, *cette horde* était dans la plus grande activité [2].

Collenot d'Angremont fut condamné à mort le 21 août. Le *Bulletin du Tribunal* rapporte ainsi son exécution : « Tout étant prêt vers neuf heures du soir, c'est-à-dire cinq heures après son jugement, il fut conduit sur la place du Carousel, au milieu des huées. Lorsqu'il monta sur l'échafaud, des claquements de mains se firent entendre ; après l'exécution qui eut lieu à la lueur des flambeaux, l'exécuteur montra sa tête sanglante au peuple, qui, en témoignant la satisfaction qu'il avait d'avoir un ennemi de moins, a dû glacer d'effroi les conspirateurs. »

Le tribunal du 17 août avait transformé en une

---

1. Buob et Bosquillon furent massacrés le 3 septembre 1792 à l'Abbaye. Fayel, juge de paix de la section du Roi-de-Sicile, mourut sur l'échafaud le 19 décembre 1793. Étienne de la Rivière, juge de paix de la section de Henri IV, fut égorgé à Versailles, le 9 septembre 1792, avec les prisonniers de la haute-cour. Menjaud, ancien notaire, juge de paix de la section des Tuileries, fut traîné de prison en prison, mais échappa à la guillotine. C'est par erreur que Bertrand de Moleville dit qu'il fut tué le 10 août.

2. *Bulletin*, n° 1.

bande assassine les hommes que Buob avait organisés pour applaudir les orateurs constitutionnels et pour huer les motions des orateurs jacobins. De même les soixante *observateurs*, placés sous la direction de M. Gilles et formant la contre-police de M. Buob, ont été transformés, à la Convention, dans le procès de Louis XVI, en une légion de sicaires, en une armée véritable. Le 8 novembre 1792, Dufriche-Valazé, député de l'Orne et l'un des principaux membres du parti de la Gironde, donna lecture, au nom de la commission extraordinaire des Vingt-Quatre de son *Rapport sur les crimes du ci-devant roi, dont les preuves ont été trouvées dans les papiers recueillis par le comité de surveillance de la commune de Paris.* Dans ce rapport, tout rempli d'odieuses et mensongères accusations, se trouvait ce passage :

Le nommé Gilles, dont nous n'avons pu retrouver les traces [1], était chargé de l'organisation d'une troupe de 60 hommes, et dans les deux mois de mai et juin derniers, il a reçu pour cette troupe une somme de 72,000 francs, et les reçus, car il y en a deux, portent que c'est pour l'organisation de 60 hommes... Que veut dire cette troupe mystérieuse, cette superfétation militaire? — Ici, nous invoquons contre Louis Capet la Constitution, à l'ombre de laquelle il a toujours dit qu'il se rangeait. Elle attribue au Corps législatif, titre III, chapitre III, art. 1, le droit de statuer annuellement, après la proposition du roi, sur le nombre d'hommes et de vaisseaux dont les armées de terre et de mer seront composées. Cependant la législature n'avait aucune connais-

---

1. M. Gilles avait quitté la France après le 10 août et s'était réfugié à Londres.

sance de l'existence de cette troupe. Son établissement est donc un crime. Elle était salariée par la liste civile. Son existence prouve donc des projets hostiles. Il est donc constaté par titres qu'on enrôlait secrètement pour le compte du ci-devant roi, et si nous n'avons de preuves écrites de la main de ces traîtres que pour une compagnie de 60 hommes, ce n'est pas une raison de supposer qu'il n'y ait jamais eu que ce nombre d'enrôlés. Je raisonne bien différemment et je dis : la levée de 60 hommes seulement eut été un acte totalement inutile et qui ne valait pas la peine de s'exposer au châtiment rigoureux porté dans le code pénal, art. 3 de la deuxième section. L'existence certaine de ces 60 hommes atteste donc qu'il y en avait bien d'autres dans le même cas. Tous ont été convaincus par les reçus de Gilles : c'est le premier anneau de le chaîne; et tout découle si nécessairement de ce fait, qu'à la suite il ne serait plus question que d'offrir des indices.[1] »

Les détails que j'ai donnés plus haut montrent à quoi se réduisait *la grande Conjuration* découverte par le député Dufriche-Valazé. Ils sont confirmés par un écrit publié, au mois de novembre 1792, sous ce titre : *Mémoire à la Convention nationale, par la citoyenne LAUCHARD, épouse de Jean-Baptiste GILLES, contenant des éclaircissements importants sur un des chefs d'accusation contre Louis Capet*[2].

Les auteurs des massacres de Septembre avaient savamment préparé leur crime. La passion chez eux n'excluait point le calcul. S'ils frappaient un grand coup, ils n'entendaient point négliger les petits profits.

1. *Rapport* de Dufriche-Valazé, p. 23.
2. In-4, 8 pages. — Voir, sur l'*affaire Gilles*, le *Journal d'un Bourgeois de Paris pendant la Terreur*, par Edmond Biré, chapitre XXIII.

Chaque détenu, avant de franchir le guichet, au-delà duquel était la mort, était obligé de déposer entre les mains du concierge de la prison ses papiers, son argent et ses bijoux. C'est ainsi que M. Buob avait remis au concierge de l'Abbaye sa montre, sa chaîne et une *agate* montée en bague. Ces objets ne furent pas perdus. Les membres du comité de surveillance de la Commune de Paris, qui avaient organisé l'affaire, jugèrent que leur peine méritait un salaire. A la fois escrocs et assassins, ils s'approprièrent les effets de leurs victimes. A quelques mois de là, dans les *Révolutions de Paris* du 1er décembre 1792, on lisait l'entrefilet suivant :

La Commune s'occupe, ainsi qu'elle l'a promis, de faire rendre les comptes du Comité de surveillance. Le rapporteur pour la reddition de ces comptes a déclaré à la Commune que dans le nombre des objets précieux *qui se trouvent manquer*, tels que bijoux, argenterie, louis, etc., on comptait trois montres d'or, une agate montée en bague et un autre bijou, lesquels effets, a dit le rapporteur, *sont entre les mains de Sergent, député de Paris* à la Convention et alors présent. *Sergent est convenu du fait,* à l'exception d'une montre qu'il a dit ne pas avoir, et a déclaré que son intention était de payer les effets au prix auquel ils auraient été portés. Ce disant, on a remarqué qu'il *avait au doigt l'agate réclamée*. Cette petite circonstance a affligé les patriotes, qui aimaient à voir dans le citoyen Sergent un homme probe autant que délicat[1].

Sergent, — Sergent-*Agate*, comme on l'appelle ! — siège aujourd'hui à la Convention ; il est député de Paris. Se souvient-on encore de M. Buob ? Pour moi,

1. *Révolutions de Paris*, XVI, 444. — Voir, dans *Ombres et*

je garderai le souvenir de ce courageux défenseur de Louis XVI, de ce modeste et vaillant juge de paix, qui a fait si généreusement son devoir et qui est mort victime de son dévouement à la plus auguste des infortunes.

vieux murs, par M. Auguste Vitu, le chapitre intitulé : *Le lendemain du massacre*.

1. Sergent est mort seulement en 1847. Comme il avait épousé la sœur du général Marceau, il se faisait appeler *Sergent-Marceau*.

XXVI

PAMÉLA ET LE THÉATRE DE LA NATION

Vendredi 6 septembre 1793.

Le décret du 13 janvier 1791 sur la liberté des spectacles, après avoir dit, dans son article 6, que « les entrepreneurs ou les membres des différents théâtres seront, à raison de leur état, sous l'inspection des municipalités », ajoutait que « *les officiers municipaux ne pourront pas arrêter ni défendre la représentation d'une pièce*, sauf la responsabilité des auteurs et des comédiens ».

Ceci se passait sous le *tyran* Louis XVI. Le 2 août dernier, la Convention a rendu un décret dont l'article 3 est ainsi conçu : *Tout théâtre qui se permettrait de faire représenter des pièces tendant à réveiller la surperstition de la royauté sera fermé, et les directeurs en seront poursuivis et punis selon toute la rigueur des lois.*

De quelle singulière façon les républicains entendent la liberté, nous l'avons pu voir ici une fois de plus. Les rédacteurs des *Révolutions de Paris* qui, en 1791, trouvaient le décret de la Constituante beaucoup trop restrictif[1], reprochent aujourd'hui au décret de la Convention de n'être pas assez rigoureux. Ils ne peuvent se consoler de la faiblesse du législateur, qui n'a pas

---

1. *Révolutions de Paris*, n° 79, 15 janvier 1791, t. VII, p. 63 et suivantes.

prononcé la peine de mort contre les directeurs et les auteurs coupables de faire jouer des pièces contre-révolutionnaires. « L'article 3, écrivent-ils dans leur numéro 211, traite d'un délit d'une gravité telle *que la peine de mort s'ensuit*, et cependant il n'en fait pas mention. Pourtant une provocation au royalisme sur le théâtre a des conséquences bien plus graves que quand elle sort de la bouche de quelques motionnaires au milieu d'un petit groupe[1]. »

En attendant que le citoyen Prudhomme et ses collaborateurs aient la joie de voir traduire au Tribunal révolutionnaire les auteurs et les acteurs qui *se permettent de représenter des pièces tendant à réveiller la superstition de la royauté*, il a du moins la satisfaction de les savoir sous les verroux. Le théâtre de la Nation vient d'être fermé ; ses actrices, ses acteurs, à l'exception d'un seul, viennent d'être arrêtés. *Paméla ou la Vertu récompensée*, comédie en cinq actes et en vers de François de Neufchâteau, a été la cause ou le prétexte de cette mesure, qui n'a guère moins ému la ville que l'arrestation des *vingt-deux*.

C'est le 1er août que *Paméla* a été jouée pour la première fois[2]. Admirablement interprétée par Fleury, Molé, Dazincourt, Dupont, Saint-Fal et Dublin, ainsi

---

1. *Révolutions de Paris*, t. XVII, p. 64.
2. *Paméla*, le premier des trois grands romans de Richardson, a paru en 1740. Boissy et La Chaussée le transportèrent au théâtre, mais sans grand succès, si bien que Godard d'Aucour put faire représenter aux Italiens, en 1743, une critique de leurs pièces sous le titre de *la Déroute des Pamélas*. Voltaire fut plus heureux dans *Nanine*, où il s'est inspiré également de l'œuvre de Richardson et qui est la moins mauvaise de ses comédies. La pièce de François de Neufchâteau n'est qu'une adaptation assez habile de la *Paméla Nubile* de Goldoni.

que par Mlle Lange et Mlle Mézeray, elle obtint un succès très vif, et le nom de l'auteur fut proclamé par Fleury au milieu des applaudissements de la salle entière. Nul spectateur ne s'avisa de voir dans les vers du citoyen François de Neufchâteau un péril pour le République. Ainsi en fut-il aux représentations qui suivirent. Chaque soir le public faisait fête à la beauté, à la grâce de Mlle Lange, si bien que la coiffure qu'elle portait mit en vogue *les chapeaux à la Paméla*. L'affiche du 29 août annonçait la neuvième représentation. A cinq heures et quart l'ordre arriva de ne pas donner la pièce. Que s'était-il donc passé? Les argus de la Commune et du Comité de salut public, aidés par les journaux *patriotes*, avaient fini par découvrir que *Paméla* était une pièce entachée d'*aristocratie* au premier chef. Aimable et touchante, ornée de toutes les vertus, Paméla était *noble*. Pareille monstruosité se pouvait-elle souffrir, et n'y avait-il pas là une insulte à la Nation? Si le public fut étonné, en apprenant l'interdiction de la pièce, le pauvre François de Neufchâteau le fut encore bien davantage, car nul n'est plus éloigné que lui de faire la leçon aux gens, quand ils sont les plus forts. Rien n'égale l'empressement avec lequel il fit disparaître tous les passages dont s'était effarouchée la pudeur du Comité de salut public. La lettre qu'il écrivit à ce sujet au *Moniteur* vaut d'être reproduite :

« Paris, 1er septembre 1793, l'an II de la République.

Jeudi, à cinq heures et quart, les représentations de ma pièce de *Paméla* ont été suspendues *par un ordre du comité de salut public de la Convention nationale*, et il n'y eut point de spectacle ce soir au Théâtre-Français. Je n'ai su que le jeudi soir, bien avant dans la nuit, quels étaient les motifs de l'arrêté du Comité. J'ai changé sur le champ ce qui en 1793 avait paru prêter à des allusions que je n'avais pas pu prévoir, lorsque je composai ma pièce en 1788 et que je la lus au *Lycée* en 1789 et 1790. Le vendredi matin, le Comité a vu et approuvé mes changements. Un nouvel arrêté a donné main levée de la suspension. Il fallait aux acteurs le temps d'apprendre les corrections avec lesquelles cette pièce reparaîtra demain lundi. Je me suis rendu aux désirs de plusieurs patriotes qui paraissaient fâchés que *Paméla* se trouvât noble. *Elle sera donc roturière*, et sans doute elle y gagnera. Il est vrai que l'auteur y perd. Ce changement détruit une seconde comédie en cinq actes et en vers, que j'étais tout prêt à donner d'après la *Paméla Maritata* italienne [1], et qui remplissait mieux l'objet que l'on avait en vue. Mais je ne voulais pas laisser le moindre doute sur mes sentiments bien connus. La liberté est ombrageuse ; un amant doit avoir égard aux scrupules de sa maîtresse, et j'ai fait d'ailleurs aux principes de notre révolution tant d'autres sacrifices d'un genre un peu plus sérieux que celui de deux mille vers n'est pas digne d'être compté [2]. »

1. Goldoni a tiré du roman de Richardson deux comédies, *Paméla Nubile* et *Paméla Maritata*. C'est la première que François de Neufchâteau a imitée. La seconde a été mise à la scène par Pelletier-Volméranges et Cubières-Palmezeaux, sous le titre de *Paméla mariée,* ou *le Triomphe des épouses*, drame en trois actes, en prose, représenté pour la première fois *sur le théâtre de l'ancien Opéra, Porte-Saint-Martin*, le 19 germinal an XII (9 avril 1804). On était à la veille de l'Empire. Cubières et Pelletier avaient pu, sans crainte des censeurs, restituer à Paméla ses titres de noblesse. — Cet excellent Pelletier-Volméranges ne manquait guère, lorsqu'il faisait imprimer ses pièces, *le Peintre par amour, le Devoir et la Nature*, etc., d'ajouter immédiatement après le titre : *représentée AVEC SUCCÈS, à Paris...*

2. *Moniteur*, an 1er, 1793, n° 245. — *Journal des spectacles*, septembre 1793.

Lundi, 2 septembre, la pièce reparut donc sur l'affiche, et cette fois Paméla — la servante Paméla — était bien et dûment *roturière*. Elle n'était plus fille, comme la veille, du comte d'Auspingh, mais du capitaine Auspingh, lequel faisait sonner bien haut sa roture :

> Et je prouvai du moins qu'un simple roturier
> Peut de Mars, comme un autre, obtenir le laurier [1].

Lord Bonfil, en annonçant à sa sœur, milady Laure, qu'il épousait Paméla, lui montrait avec orgueil le vieux soldat qui allait devenir son beau-père, et il s'écriait :

> Paméla paysanne
> Doit faire enfin rougir l'orgueil qui la condamne.
> Vous voyez ce vieillard qui lui donna le jour :
> Il n'est point noble [2] !

Quoiqu'il en soit de ces changements, la représentation de lundi marchait à merveille, lorsque, vers la fin du IVe acte, le père de Paméla prononça ces deux vers :

> Ah ! les persécuteurs sont les plus condamnables,
> Et les plus tolérants sont les plus raisonnables. [3]

« Point de tolérance politique ! c'est un crime ! » s'écrie un patriote en uniforme. La salle entière se lève contre l'interrupteur [4], qui se retire, l'injure et la menace à la bouche. Quelques instants après, le citoyen

---

1. Acte IV, scène XII.
2. Acte V, scène X.
3. Acte IV, scène XII.
4. *Les Spectacles de Paris*, 1794.

Julian, de Carentan — c'est le nom de ce digne patriote, mi-partie de mouchard et de jacobin [1] — était à la tribune du club de la rue Saint-Honoré, où il dénonçait la pièce et l'auteur, les spectateurs et les comédiens. La *Société* décide sur-le-champ qu'il y a lieu de provoquer, de la part de la Commune et du Comité du Salut public, la fermeture du théâtre et l'arrestation des acteurs, coupables de *travailler à corrompre l'esprit public par la représentation de pièces aristocratiques*. Dès le mardi matin, le journal du citoyen Rousselin, la *Feuille du Salut public*, faisait suivre la lettre de François de Neufchâteau des lignes suivantes :

J'ignore si les sacrifices faits par le citoyen François à la Liberté, *quand elle n'existait pas*, peuvent l'excuser d'avoir, *quand la République a consacré son existence*, offert aux valets de l'aristocratie, toujours déguisés en *honnêtes gens*, un nouveau point de ralliement sur le théâtre dit de la Nation ; mais je sais qu'un patriote vient d'être insulté, à la représentation, dans une salle où les croassements prussiens et autrichiens ont toujours prédominé, où le défunt

---

[1]. Dragon *Julian*, de Carentan, avait été attaché à la police secrète du ministère de l'intérieur, sous Garat, en qualité de « Commissaire observateur sédentaire pour la ville et le département de Paris ». Adolphe Schmidt a publié le texte de ses rapports (*Tableaux de la Révolution française publiés sur les papiers inédits du département et de la police secrète de Paris*, t. I, p. 143 et suiv.). Au mois de septembre 1793, il était secrétaire du Comité de salut public et venait à ce titre de remplir une mission auprès de l'armée des Pyrénées. Le 10 août précédent, il avait été chargé par le Comité de porter deux millions à l'armée de Mayence, en marche vers Orléans. Dans le compte qu'il rendit à la trésorerie, il se trouva un déficit de 138,000 livres. Un dépôt de 14,000 livres à lui confié disparut également. Il finit par être destitué, arrêté, et sur un rapport de Guffroy, au nom du Comité de sûreté générale, renvoyé devant le tribunal criminel du département de Paris. (Séance de la Convention du 7 ventôse an III. — 25 février 1795.)

Veto trouva les adulateurs les plus vils, où le poignard qui a frappé Marat a été aiguisé lors du faux *Ami des lois*. Je demande en conséquence

Que ce sérail impur soit fermé pour jamais;

Que, pour le purifier, on y substitue un club de sans-culottes des faubourgs; que tous les histrions du Théâtre de la Nation, qui ont voulu se donner les beaux airs de l'aristocratie, dignes par leur conduite d'être regardés comme gens très suspects, soient mis en état d'arrestation dans les maisons de force; qu'enfin le citoyen François de Neufchâteau veuille bien donner à sa philosophie une pente un peu plus révolutionnaire.

On criait encore par les rues *la Feuille du Salut public*[1] que déjà sa demande était convertie en décret. A dix heures du matin, on arrêtait François de Neufchâteau et tous les acteurs et actrices du Théâtre de la Nation. Dans l'après-midi, Barère annonçait à la Convention dans les termes suivants, la mesure prise par le Comité de salut public:

Le Comité a pris cette nuit des mesures pour raviver l'esprit public... Le théâtre de la Nation, qui n'était rien moins que national, a été fermé. Cette disposition est une suite du décret du 2 août, portant qu'il ne serait joué sur

1. *La feuille du Salut public*, dont le 1ᵉʳ numéro avait paru le 1ᵉʳ juillet 1793, prit, le 14 germinal an II (3 avril 1794), le titre de *Feuille de la République*, et finit le 20 ventôse an III (10 mars 1795). Son principal rédacteur était Alexandre *Rousselin-Corbeau*, dit de *Saint-Albin* (1773-1847), qui deviendra plus tard un des fondateurs du *Constitutionnel*. On lui doit une *Vie de Lazare Hoche*. Malgré sa jeunesse, Alexandre Rousselin a joué un rôle d'une certaine importance en 1793 et en 1794. Il figurait parmi les membres les plus exaltés du club des Cordeliers.

les théâtres de la République que des pièces propres à animer le civisme des citoyens. La pièce de *Paméla*, comme celle de l'*Ami des lois*, à fait époque sur la tranquillité publique. On y voyait, non la vertu récompensée, mais la noblesse. Les aristocrates, les modérés, les feuillants, se réunissaient pour applaudir les maximes prononcées par des *mylords;* on y entendait des éloges du gouvernement anglais, et dans ce moment où le duc d'York ravage notre territoire. Le comité fit arrêter les représentations de la pièce. L'auteur y fit des corrections; cependant il y laissa des vers qu'on ne peut pas approuver, tels que celui-ci :

Le parti qui triomphe est le seul légitime.

Hier cette pièce fut représentée sur ce théâtre, et l'*aristocratie*, qui est toujours aux aguets, s'y assembla. Pendant la représenation un patriote, un aide-de-camp de l'armée des Pyrénées, envoyé auprès du Comité de salut public, fut indigné de voir encore sur la scène des marques distinctives de la noblesse, de voir la cocarde noire arborée, d'entendre applaudir à l'éloge du gouvernement aristocratique d'Angleterre. Il interrompit ; à l'instant il fut cerné, couvert d'injures, et arrêté.

Le Comité, à qui tous les faits furent rapportés, *se rappela de l'incivisme marqué dans d'autres occasions par les acteurs de ce théâtre*, et qu'ils étaient soupçonnés d'entretenir des correspondances avec les émigrés, et fit attention que le principal vice de la pièce de *Paméla* était le *modérantisme;* il crut qu'il devait faire arrêter les acteurs et les actrices du théâtre de la Nation, ainsi que l'auteur de *Paméla*.

Si cette mesure paraissait trop rigoureuse à quelqu'un, je lui dirais : *les théâtres sont les écoles primaires des hommes éclairés et un supplément à l'éducation publique* [1].

1. *Moniteur* du 5 septembre 1793.

La Convention, à l'unanimité, comme toujours, a ratifié les décisions du Comité de salut public.

Lorsque l'arrêté prononçant la fermeture du théâtre a été signifié à la Comédie Française, l'affiche du jour venait d'être placardée : elle annonçait *la Veuve du Malabar* et *le Médecin malgré lui*.

Les citoyens Larive, Dazincourt, Fleury, Vanhove, Saint-Fal, Florence, Naudet[1], Saint-Prix, Dunant, La Rochelle, Champville, Dupont, Narsy, Ernest Vanhove, Jules Fleury, Gérard et Duval[2] ont été arrêtés chez eux dans la nuit du 3 au 4 septembre et conduits aux Madelonnettes[3] et à Port-Libre[4].

Les citoyennes Louise et Émilie Contat, Raucourt,

---

1. J.-B. Julien-Marcel *Naudet* était le père de M. *Joseph Naudet*, membre ordinaire et secrétaire perpétuel de l'Académie des Inscriptions et Belles-Lettres. Marcel Naudet réussit à se réfugier en Suisse, d'où il revint après la chute de Robespierre. Il reparut sur la scène, qu'il quitta en 1808. (*Éloges académiques*, par H. Wallon, t. II, p. 90.)

2. Alexandre Duval (1767-1842), l'auteur du *Tyran domestique* et de la *Jeunesse de Henri V*, qui fut, comme son ami Picard, acteur et auteur, et, comme lui, membre de l'Académie française.

3. « Les nombreuses arrestations des premiers jours de septembre 1793 encombrèrent tout à coup la prison des Madelonnettes, et d'une maison de force en firent une maison d'arrêt. » *Relation* écrite par Coittant et publiée dans l'*Histoire des prisons de Paris et des départements* (Paris, l'an V, juin 1797). — Les Madelonnettes étaient, avant la Révolution, une maison religieuse destinée à servir d'asile aux filles repentantes, et placée sous l'invocation de sainte Madeleine. Sise rue des Fontaines, entre les rues du Temple et Saint-Martin, et devenue, après la Révolution, une maison de détention pour les filles de mauvaise vie, la prison des Madelonnettes a été démolie pour l'ouverture de la rue de Turbigo et remplacée par la grande prison bâtie rue de la Santé.

4. *Port-Libre*, communément appelée *la Bourbe*, parce qu'en cette rue était l'entrée principale, était l'ancien monastère de Port-Royal de Paris, transformé en prison par la Révolution. Depuis il est devenu l'hospice de la Maternité.

La Chassaigne, Suin, Joly, Perrin-Thénard, Devienne, Petit, Fleury, Lange, Mézeray, Ribou et Montgautier ont été emprisonnées à Sainte-Pélagie[1].

Molé — qui jouait pourtant dans *Paméla* le rôle du capitaine Auspingh — n'a pas été compris dans la proscription qui atteint tous ses camarades. On s'accorde généralement à reconnaître qu'il mérite l'injure qui lui est faite. S'il est à la scène un grand seigneur accompli, n'est-il pas hors du théâtre un sans-culotte achevé[2] ?

Les feuilles patriotes ne se sentent pas de joie :

Allons fermez, poussez, mes bons amis de cour !

« Trop longtemps, dit l'une de ces feuilles, la vengeance nationale est restée suspendue sur la tête des coupables. Ces messieurs, à force d'endosser le costume de Vendôme, de Bayard, ou l'habit brillant du Glorieux, et de chausser l'escarpin à talons rouges des petits marquis, se sont bêtement identifiés avec leurs rôles ; et comme ils avaient fort bien saisi les ridicules de cour, les honnêtes gens couraient en foule voir singer les airs pitoyables des bas valets d'un roi, s'extasiaient à la vue d'un plumet, et se disaient en pleu-

---

[1]. Sainte-Pélagie avait été fondée par Marie Bonneau, veuve du sieur Beauharnais de Miramion, dans les dépendances de l'hôpital de la Pitié. C'était, comme les Madelonnettes, une maison de refuge pour les filles repenties. En 1790, les Madelonnettes et Sainte-Pélagie avaient été fermées à titre de couvents.

[2]. Desessarts, le seul des acteurs du théâtre de la Nation, avec Molé, qui n'ait pas été arrêté le 3 septembre 1793, était à ce moment à Barèges, dont les eaux lui avaient été ordonnées. C'est là qu'il apprit l'arrestation de ses camarades. Cette nouvelle lui causa une telle émotion qu'il mourut suffoqué, à l'âge d'environ 55 ans. (Étienne et Martainville, *Histoire du Théâtre-Français pendant la Révolution*, t. III, p. 108.)

rant de tendresse : *Vive le bon vieux temps !* Que n'existe-t-il encore ? Oh ! il reviendra ! Et mes imbéciles de crier : « Bravo ! bravo ! » Mais c'est surtout la *Feuille de Salut public* qui triomphe. Elle écrit, dans son numéro du 4 :

Enterrement de « PAMÉLA » et arrestation des muscades et muscadins ci-devant pensionnaires du ci-devant VETO.

Notre prophétie d'hier vient de s'accomplir. Les *comédiens ordinaires du roi* sont enfin mis en arrestation, et sans doute ces laquais étourdis de l'aristocratie vont subir la peine tardive que provoquaient depuis si longtemps leurs crimes collectifs et individuels envers la Révolution.

Ce n'est point uniquement pour s'être plu à représenter dans une république le triomphe de la noblesse sur l'égalité, que le peuple veut le châtiment. Le spectateur le plus impartial déposera dans leur procès qu'ils ont été constamment et audacieusement le point de ralliement de tous les scélérats déguisés en honnêtes gens, c'est-à-dire de cette bourgeoisie lâche et impudente[1]. »

La Feuille du Salut public et ses dignes émules mettent volontairement en oubli les gages donnés, les services rendus à la Révolution par les *comédiens ordinaires du roi*. Ce sont eux qui ont joué, le 4 novembre 1789, *Charles IX, ou l'École des rois*, et, le 4 janvier 1791, *la Liberté conquise, ou le Despotisme renversé*. C'est le théâtre de la Nation qui, le premier, a mis des religieuses à la scène, qui a donné, le 4 janvier 1790, *le Couvent* de Lanjon ; le 25 février 1791, *le Mari directeur*, ou *le Déménagement du Couvent*, de Carbon-Flins, et, le 28 mars suivant, *les Victimes*

---

1. *La Feuille du Salut public*, n° du 4 septembre 1793.

cloîtrées, de Monvel. Depuis cette époque, il est vrai, depuis que Talma, Dugazon, Grandménil, et Mmes Julie Candeille, Vestris et Desgarcins, ont quitté le Théâtre-Français et se sont transportés au théâtre de la rue de Richelieu, les comédiens restés au théâtre de la Nation ont racheté leurs premières faiblesses par une conduite véritablement courageuse. Ceux-là méritent vraiment la haine des sans-culottes et l'estime des gens de bien, qui, au mois de janvier 1793, pendant le procès même de Louis XVI, ont joué *l'Ami des lois*.

François de Neufchâteau (1750-1828) a touché à la fois à la politique et aux lettres. Il a été président de l'Assemblée législative, ministre de l'intérieur, membre du directoire exécutif, membre et président du sénat impérial, — et membre de l'Académie française. Il a composé des comédies, des contes en vers, des fables, des poèmes et des mémoires sur *le perfectionnement des charrues*, sur le *maïs* et sur les *moyens d'améliorer la culture des céréales*. On lui doit même deux volumes sur *la Carotte!* « Tel utile légume, disait l'abbé de Féletz, à l'Académie française, le jour où fut reçu le successeur de François de Neufchâteau, M. Pierre Lebrun, tel utile légume, dont le nom peu noble et peu brillant n'a peut-être jamais retenti sous ces voûtes scientifiques et littéraires, *la Carotte*, a été, pour François de Neufchâteau le sujet de deux volumes. » Très napoléonien sous Napoléon, royaliste ardent sous Louis XVIII et sous Charles X, François de Neufchâteau n'était rien moins, en 1793, qu'un ennemi de la Révolution et un adversaire de la république. Rien ne peint mieux l'état complet d'anarchie auquel était réduite la France, à l'époque qui nous occupe, que le fait suivant : le 3 septembre 1793, la Convention applaudit à l'arrestation de François de Neufchâteau, et moins de quinze jours avant, le 20 août, cette même Convention avait failli le nommer ministre de l'intérieur. (*Moniteur* du 22 août.) — Emprisonné à la la Force, puis au Luxembourg, il ne recouvra la liberté qu'après le 9 thermidor. Son premier soin, *à sa sortie de la nuit des tombeaux*, fut d'adresser un remerciement en vers au comité de salut public et au citoyen Barère, auteurs de sa disgrâce : on n'eut jamais moins de rancune.

> Des suffrages du comité
> Réunir l'unanimité,
> C'est obtenir justice entière.
> Je comptais bien sur l'équité :
> L'estime qui s'y joint rend la faveur plus chère,
> Et c'est un nouveau charme ajouté par Barère
> Au charme de ma liberté.

Un de ses compagnons de captivité, le député Bailleul, dit au tome II de son *Examen critique des Considérations* de Mme *de Staël sur la Révolution française* : « Sur neuf cents « prisonniers que nous étions au Luxembourg, il n'y avait « pas deux cents nobles. On y voyait des savetiers, des do- « mestiques et jusqu'à un *vidangeur*. Lorsque M. François de « Neufchâteau fut mis en liberté, nous fûmes l'en féliciter et « l'embrasser. Le vidangeur, en bon camarade, ne fut pas « le dernier à lui témoigner sa joie. Je ne sais si M. Fran- « çois de Neufchâteau se souvient de l'étrange grimace qu'il « fit en recevant cette franche et tendre accolade. »

Larive, qui avait été renfermé à Port-Libre, fut relâché au bout de quelques jours ; Mlle Lange et Mlle Mézeray sortirent de Sainte-Pélagie le 25 septembre 1793 ; mais leurs camarades restèrent en prison jusqu'à la chute de Robespierre. Ils y firent d'ailleurs bonne contenance. Par leur esprit, leur gaieté, leur courage, ils se montrèrent dignes de frayer avec les plus grands seigneurs et avec les plus honnêtes gens de France dans ces préaux humides et sombres, qui furent les derniers salons du siècle expirant. Saint-Prix, qui a joué les rois et les empereurs, balaie sa chambre, et s'interrompt au milieu de son travail : « O malheureux empereur ! s'écrie-t-il; qui eût jamais pensé que tu dusses être réduit à balayer ! » Dazincourt a joué les valets ; il philosophe à son tour et dit en riant : « Qu'on retienne ici des empereurs, des rois, des tyrans, des ducs et des marquis, cela se conçoit; mais que je me voie en leur compagnie, moi qui ne suis qu'un pauvre valet sans-culotte, oh ! certes, il y a de l'injustice ! » (*Tableau des prisons de Paris sous le règne de Robespierre.*)

Je ne puis terminer cette note sans relever une assez jolie erreur de M. Thiers à propos de *Paméla*. Dans son *Histoire de la Révolution*, t. VI, p. 125, il cite un passage du *Vieux Cordelier*, où Camille Desmoulins appelle Barère « l'heureux tuteur de *Paméla*, » et il ajoute « allusion à la pièce de *Paméla*, dont la représentation avait été défendue. » Il faut avouer que Camille Desmoulins aurait eu une singulière idée d'appeler *heureux tuteur de Paméla* l'homme qui avait précisément mis à mort la pièce de François de Neufchâteau ! La *Paméla* dont parle ici l'auteur du *Vieux Cordelier* est l'élève favorite de madame de Genlis, associée par elle à l'éducation des enfants du duc d'Orléans et dont Camille Desmoulins avait dit dès 1791 : « Vous qui trouvez les vertus civiques si faciles, avez-vous donc été exposés à Paméla ? » Le duc d'Orléans ayant voulu lui constituer une rente de 1,500 l., le notaire déclara qu'il était nécessaire, avant de rédiger l'acte, de donner un tuteur à la jeune fille, qui était orpheline. « Eh bien ! dit le prince, elle en choisira un elle-même. » L'élève de Mme de Genlis désigna Barère, qui accepta et devint ainsi *l'heureux tuteur de Paméla*. — Voyez *Biographie universelle*, v° *Fitz-Gérald*. Paméla avait épousé lord Fitz-Gérald qui essaya, en 1798, de soulever l'Irlande contre l'Angleterre. Arrêté le 19 mai 1798, il se tua dans sa prison le 4 juin suivant. Lady Fitz-Gérald est morte à Paris en 1831, un an après Mme de Genlis.

XXVII

SECOND BILAN DE QUINZAINE

Jeudi 12 septembre 1793.

Mardi 3 septembre. — Les administrateurs de police communiquent à la Convention le chiffre des prisonniers détenus dans les maisons d'arrêt à Paris; il est de 1,607.

Sur le rapport de Barère, La Convention confirme l'arrêté du Comité de salut public, ordonnant la fermeture du Théâtre de la Nation, la mise en état d'arrestation des acteurs et des actrices de ce théâtre et celle de François de Neufchâteau.

Après avoir entendu le rapport de Lecointe-Puyraveau [1], membre de la Commission des subsistances, la Convention décrète qu'il y aura un *maximum* pour le prix des grains, uniforme dans toute la République; qu'à compter de ce jour jusqu'au 1er octobre 1794, le quintal de blé froment, bonne qualité, ne pourra excéder la somme de 14 francs.

Un autre décret porte interdiction du commerce des grains.

En réclamant le vote immédiat du décret sur le *maximum*, Danton s'est exprimé en ces termes :

---

[1]. Sur Lecointe-Puyraveau, voyez *Journal d'un bourgeois de Paris pendant la Terreur*, par Edmond Biré, chap. XL.

Il faut que la Convention prononce aujourd'hui entre les intérêts des accapareurs et ceux du peuple... La *nature* ne nous a pas abandonnés, n'abandonnons pas le peuple; il se ferait justice lui-même, il tomberait sur les aristocrates et leur arracherait de vive force ce que la loi aurait dû lui accorder. Prononçons aujourd'hui, demain nous exécuterons.[1]

Mercredi 4. — Dès le matin, il se forme sur les boulevards, aux environs de la maison de la guerre[2], dans les rues du Temple, Saint-Avoie, et autres adjacentes, des rassemblements d'ouvriers, et surtout de maçons, qui se plaignent de la difficulté de se procurer du pain, et demandent l'augmentation du prix de leur travail[3].

A une heure, la place de la maison commune est envahie par des ouvriers, au nombre de plusieurs mille. Une table est dressée, un bureau formé. Une pétition est rédigée, soumise aux assistants et une députation est nommée. Elle se présente au corps municipal. « Citoyens, dit l'orateur, la difficulté d'avoir du pain augmente tous les jours. Nous demandons que vous vous occupiez des moyens que le salut public exige; faites en sorte que l'ouvrier qui a travaillé pendant le jour, et qui a besoin de reposer la nuit, ne soit pas obligé de veiller une partie de cette nuit, et de perdre la moitié de la journée pour avoir du pain, et souvent sans en obtenir. »

Une conférence s'établit entre le maire et les ouvriers. La députation grossit: la salle est comble. *Du pain! du pain!* s'écrie-t-on de toutes parts.

1. *Moniteur* du 5 septembre 1793. Séance du 3.
2. Compte rendu de Chaumette à la Convention, séance du 4 septembre 1793.
3. *Moniteur* du 7 septembre 1793.

Chaumette, procureur de la Commune, court à la Convention la prévenir de ce qui se passe.

Pendant ce temps, les officiers municipaux transportent la séance dans la grande salle, celle du Conseil général, qui ne tarde pas à être remplie ; les banquettes, les tribunes, le parquet, les couloirs, tout est garni. La discussion recommence, les motions se croisent, se multiplient, et toujours : *Du pain! du pain!*

Chaumette revient de la Convention ; il donne lecture du décret portant que le *maximum* des objets de première nécessité sera fixé. « Ce ne sont pas des promesses qu'il nous faut, s'écrie-t-on, *c'est du pain, et tout de suite.* »

Le procureur de la Commune monte sur une table ; le silence se fait. Chaumette alors, de sa voix la plus retentissante :

Et moi aussi j'ai été pauvre, dit-il, et par conséquent je sais ce que c'est que les pauvres. C'est ici guerre ouverte des riches contre les pauvres ; ils veulent nous écraser ; eh bien ! ils faut les prévenir ; il faut les écraser nous-mêmes ; nous avons la force en mains !... Les malheureux qu'ils sont ! Ils ont dévoré les fruits de nos travaux ; ils ont mangé *nos chemises*, ils ont bu *notre sueur*... et ils voudraient encore s'abreuver de notre sang !... Je requiers : 1° qu'il soit transporté à la halle une quantité de farine suffisante pour fournir le pain nécessaire à la journée de demain ; 2° qu'il soit demandé un décret à la Convention nationale pour mettre sur le champ une *armée révolutionnaire* sur pied, à l'effet de se transporter dans les campagnes où le blé est en réquisition, assurer les levées, favoriser les arrivages, arrêter les manœuvres des riches égoïstes et les livrer à la vengeance des lois.

Le substitut de Chaumette, le citoyen Hébert, ne veut pas se laisser distancer par son chef et fait à son tour la motion suivante :

> Que le peuple se porte dès demain en masse à la Convention ; qu'il l'entoure comme il a fait au 10 août, au 2 septembre et au 31 mai, et qu'il n'abandonne pas ce poste, jusqu'à ce que la représentation nationale ait adopté les moyens qui sont propres pour nous sauver... Que l'armée révolutionnaire parte à l'instant même où le décret aura été rendu ; mais surtout *que la guillotine suive chaque rayon, chaque colonne de cette armée!*

Des acclamations retentissent ; on se donne rendez-vous le lendemain, à onze heures, aux portes de la Convention. La nuit est venue ; le *peuple* se retire peu à peu et regagne les faubourgs [1].

Jeudi 5. — La séance de la Convention s'ouvre à neuf heures, sous la présidence de Thuriot. Merlin de Douai, ce légiste dont la lâcheté égale le talent, expose que le tribunal révolutionnaire est surchargé d'affaires et ne peut suffire à tout ; qu'il importe cependant que les traîtres, les conspirateurs, reçoivent le plus tôt possible le châtiment dû à leur crime ; que l'impunité ou le délai de la punition de ceux qui sont sous la main de la justice enhardit ceux qui tramant encore des complots. Il propose, au nom du Comité de législation, un décret dont voici les quatre premiers articles :

Art. 1. Le tribunal criminel extraordinaire, établi par la loi du 10 mars dernier, sera divisé à l'avenir en *quatre sections*.

---

1. *Le Républicain français*, n° 294 ; Le *Journal de la Montagne*, n° 96.

Art. 2. La compétence de chacune de ces sections sera la même que celle des trois autres et *elles seront toutes à la fois en activité.*

Art. 3. A cet effet, le nombre des juges sera porté à seize, y compris le président et le vice-président.

Art. 4. Le nombre des jurés sera porté à soixante, celui des substituts de l'accusateur public à cinq; celui des commis-greffiers, et celui des commis-expéditionnaires également à huit.

Ce décret, qui va multiplier le nombre des victimes, ne rencontre pas dans l'assemblée une seule opposition; il est adopté à l'unanimité et *sans discussion*[1].

A une heure, le président annonce qu'un très grand nombre de citoyens de Paris demandent à défiler dans la salle et à présenter une pétition par l'organe d'une députation. La députation est introduite : le maire et plusieurs officiers municipaux sont à sa tête.

Après quelques paroles du maire, Chaumette donne lecture de la pétition préparée par le conseil général de la Commune et dont voici les principaux passages :

Montagne à jamais célèbre dans les pages de l'histoire, soyez le Sinaï des Français ; lancez au milieu des foudres les décrets éternels de la justice et de la volonté du peuple !.... Assez longtemps le feu concentré de l'amour du bien public a bouillonné dans vos flancs, qu'il fasse une irruption violente ! Montagne sainte ! devenez un volcan dont les laves brûlantes détruisent à jamais l'espoir du méchant, et calcinent les cœurs où se trouve encore l'idée de la royauté.

Plus de quartier, plus de miséricorde aux traîtres ! Si nous ne les devançons pas, ils nous devanceront. Jetons entre eux et nous la barrière de l'éternité !

1. *Moniteur* du 6 septembre 1793. Séance du 5.

Les patriotes de tous les départements, et le peuple de Paris, en particulier, ont jusqu'ici montré assez de patience. On s'en est joué; le jour de la justice et de la colère est venu...

Nous sommes chargés de vous demander la formation de l'*armée révolutionnaire* que vous avez déjà décrétée, et que l'intrigue et la frayeur des coupables ont fait avorter. Que cette armée forme très incessamment son noyau dans Paris, et que dans tous les départements qu'elle parcourra, elle se grossisse de tous les hommes qui veulent la République une et indivisible ; *que cette armée soit suivie d'un tribunal incorruptible et redoutable et de l'instrument fatal qui tranche d'un seul coup et les complots et les jours de leurs auteurs !...* Hercule est prêt, remettez dans ses robustes mains la massue, et bientôt la terre de la liberté sera *purgée de tous les brigands qui l'infectent......* Il y a trop longtemps que le salut du peuple est ajourné, il est temps que ses ennemis soient défaits.

De vifs applaudissements éclatent dans toutes les parties de la salle et se prolongent pendant plusieurs instants.

Thuriot invite la députation aux honneurs de la séance.

Chaumette demande à ajouter quelques observations. Au nom du conseil général de la Commune, il réclame la mise en culture de tous les terrains qui servent au luxe, des parcs, des jardins, et en particulier de celui des Tuileries. « Les yeux des républicains, dit-il, se reposeront avec plus de plaisir sur ce ci-devant domaine de la couronne, quand il produira des objets de première nécessité. »

Les citoyens qui accompagnaient la députation sont alors introduits. Ils se présentent à la barre, se placent sur les gradins de la partie droite et remplissent tout le parquet. Le cri de *vive la République!* se fait plusieurs fois entendre. On remarque, au milieu de la foule, des hommes portant des écriteaux avec ces mots : *Guerre aux tyrans! guerre aux aristocrates! guerre aux accapareurs!*

Moïse Bayle, député des Bouches-du-Rhône convertit en motion les demandes des pétitionnaires. Elles sont successivement appuyées et développées par Raffron, Billaud-Varenne, Léonard Bourdon, Gaston, Drouet et Danton. Lorsque ce dernier a paru à la tribune, les applaudissements de l'assemblée et des citoyens l'y ont accompagné et l'ont empêché quelques instants de parler. Il a pu enfin se faire entendre. Il a exalté les sans-culottes, il a célébré la grandeur et la *sublimité* du peuple, — de ce *peuple* qui demande à grands cris que la guillotine se promène dans toute la France et *fauche* tous ses ennemis !

Il faut, s'est-il écrié, savoir mettre à profit l'élan *sublime* de ce peuple qui se presse autour de nous. Je sais que quand le peuple présente ses besoins, quand il offre de marcher contre ses ennemis, il ne faut prendre d'autres mesures que celles qu'il présente lui-même; car c'est le génie national qui les a dictées.....

Il n'y a aucun inconvénient à décréter à l'instant même une armée révolutionnaire. Élargissons, s'il se peut, ces mesures...

La masse immense des vrais patriotes, des sans-culottes qui cent fois ont terrassé leurs ennemis, existe encore ; elle est prête à s'ébranler ; sachez la diriger, et elle confondra encore et déjouera toutes les manœuvres. *Ce n'est pas assez d'une armée révolutionnaire, soyez révolutionnaires vous-mêmes.....*

Il reste à punir, et l'ennemi intérieur que vous tenez, et

ceux que vous avez à saisir. Il faut que le tribunal révolutionnaire soit divisé en un assez grand nombre de sections (*plusieurs voix :* C'est fait !) pour *que tous les jours un aristocrate, un scélérat paie de sa tête ses forfaits.*

Je demande qu'il soit fait un rapport sur le mode d'augmenter de plus en plus l'action du tribunal révolutionnaire. Que le peuple voie tomber ses ennemis ! Le peuple est grand.... Hommage vous soit rendu, *peuple sublime !*

Danton conclut en invitant la Convention à décréter les mesures suivantes :

1° Il y aura une armée révolutionnaire, et le ministre de la guerre sera tenu, séance tenante, de présenter le mode de son organisation ;

2° Les sections de Paris s'assembleront extraordinairement les dimanches et les jeudis, et tout citoyen faisant partie de ces asssemblées qui voudra, attendu ses besoins, réclamer une indemnité, la recevra à raison de 40 sols par assemblée.

3° La Convention met à la disposition du ministre de la guerre cent millions pour des fabrications d'armes et notamment pour des fusils ; cette fabrication ne cessera que quand la France aura donné *à chaque bon citoyen un fusil.*

Les trois propositions de Danton sont adoptées.

On décrète ensuite, sur la proposition de Billaud-Varenne, que les membres des Comités révolutionnaires qui consacreront leur temps et leurs veilles au service public, recevront une indemnité égale à celle des électeurs, qui est de trois livres par jour.

Sur la proposition de Basire, on décrète, toujours *à l'unanimité,* les mesures ci-après :

1° Le Conseil général de la commune est chargé de

se faire représenter la liste des comités révolutionnaire, et autorisé à en nommer d'office pour remplacer en tout ou en partie ceux dont il connaîtra l'incivisme ;

2° Ces comités ainsi réorganisés seront chargés de procéder sur-le-champ à l'arrestation et au désarmement des gens suspects ;

3° Il leur est en conséquence donné pleins pouvoirs à cet effet pour agir sans l'intervention d'aucune autorité quelconque.

Et le défilé des motions continue, toutes plus violentes et plus sanguinaires les unes que les autres, presque toutes votées sans discussion.

Merlin de Douai reparait à la tribune et fait adopter un décret portant *peine de mort* contre toute personne convaincue d'avoir vendu ou acheté des assignats ; d'avoir arrêté ou proposé différents prix, d'après le paiement en numéraire ou en assignats ; d'avoir tenu des discours tendant à discréditer les assignats ; de les avoir refusés en paiement, de les avoir donnés ou reçus à une perte quelconque.

Cependant Robespierre est monté au fauteuil, d'où vient de descendre l'ex-président Thuriot [1]. Le Comité

1. M. Michelet qui, à l'occasion, sacrifie volontiers Robespierre à Danton et aux dantonistes, le représente ici comme n'ayant pas osé paraître à la Convention le 5 septembre. « Robespierre, dit-il, tome VI, page 271, était à ce moment président de l'Assemblée (du 26 août au 5 septembre inclusivement) ; le 5 encore jusqu'au soir il devait présider. N'avait-il pas à craindre ? Les ennemis de la Montagne n'avaient-ils pas dit hautement que c'était Robespierre que Charlotte Corday eût dû poignarder ?... Il savait parfaitement qu'Hébert était un scélérat qui eût profité de grand cœur d'un assassinat royaliste, qu'il eût été ravi d'être débarrassé de ses maîtres, Robespierre et Danton. Ces craintes, nullement ridicules, saisirent probablement les imaginations des amis inquiets qui gardaient Robespierre, de son hôte Duplay, de son imprimeur Nicolas... Les dames Duplay, vives,

de salut public envoie à la tribune son rapporteur habituel, Barère, ce lâche rhéteur qui enguirlande de fleurs de réthorique le couteau de la guillotine. Voici un extrait de sa *Carmagnole* du 5 septembre :

> Les royalistes ont voulu organiser un mouvement, Eh bien ! ils auront ce dernier mouvement, mais ils l'auront organisé, régularisé, par une armée révolutionnaire qui exécutera enfin ce grand mot qu'on doit à la Commune de Paris : « *Plaçons la Terreur à l'ordre du jour !...* »
>
> Les royalistes veulent du sang ; eh bien ! il auront celui des conspirateurs, des Brissot, des Marie-Antoinette...
>
> Les royalistes veulent troubler les travaux de la Convention..... Conspirateurs, elle troublera les vôtres !
>
> Ils veulent faire périr la Montagne. Eh bien ! la Montagne vous écrasera !

A la suite de ce rapport et sur la proposition de Barère, la Convention décrète qu'il y aura à Paris une force armée soldée par le trésor public, composée de six mille hommes et douze cents canonniers, destinée à comprimer les contre-révolutionnaires, à exécuter partout où besoin sera les lois révolutionnaires et les mesures de salut public décrétées par la Convention nationale, et à protéger les subsistances. — Cette force armée sera organisée dans le jour. Sa solde sera la même que celle de la gendarmerie nationale de Paris.

---

tendres, impérieuses, auront fermé la porte et tenu sous clef Robespierre. *Ce qui est sûr, c'est qu'on ne le vit pas le 5*, et que les dantonistes seuls durent recevoir le choc de cette foule suspecte que menaient leurs ennemis. » — *Ce qui est sûr*, c'est que c'est là une des mille et une erreurs de M. Michelet ; le *Journal des débats et des décrets de la Convention* et le *Moniteur* des 6, 7 et 8 septembre constatent officiellement la présence de Robespierre au fauteuil de la présidence pendant la séance du 5.

Sur la proposition de Billaud-Varenne, la Convention rapporte et annule le décret que Gensonné avait fait rendre au commencement de la session et qui interdisait les visites domiciliaires pendant la nuit.

Un dernier décret, provoqué également par Billaud-Varenne, ordonne que les ex-ministres Clavière et Lebrun seront traduits immédiatement au tribunal révolutionnaire.

La séance est levée à cinq heures [1].

Elle a été reprise le soir, à huit heures, pour le renouvellement du bureau. Sur 217 votants, Billaud-Varenne a obtenu 149 suffrages et a été proclamé président [2].

Une telle nomination couronne dignement cette abominable journée du 5 septembre 1793, dont les honneurs auront été pour Danton et pour Billaud-Varenne, ces deux héros des journées de septembre 1792.

Au plus fort des massacres, le 3 septembre au matin, Billaud-Varenne, substitut du procureur de la Commune [3], se rendit à la prison de l'Abbaye. Entre le Comité de la section qui présidait aux égorgements, et les bandits qui égorgeaient, une discussion s'était élevée. A qui appartiendraient les dépouilles des victimes ? Tranchant eux-mêmes la question, les égorgeurs volaient les prisonniers après les avoir tués. Billaud-

---

1. La reproduction complète de cette séance remplit trois numéros du *Moniteur*, ceux des 6, 7 et 8 septembre 1793.
2. *Moniteur* du 8 septembre.
3. Billaud-Varenne, avant d'être substitut du procureur de la Commune, avait été secrétaire de Danton. *Notes inédites sur le procès de Danton*, rédigées pendant son procès par Topino-Lebrun, l'un des jurés, citées par M. Jules Claretie, *Camille Desmoulins, Étude sur les dantonistes*, p. 466.

Varenne monta sur une estrade et parla ainsi à *ses ouvriers :*

« *Mes amis, mes bons amis,* la Commune m'envoie vers vous pour vous représenter que vous déshonorez cette *belle journée.* On lui a dit que vous voliez ces coquins d'aristocrates *après en avoir fait justice.* Laissez, laissez tous les bijoux, tout l'argent et tous les effets qu'ils ont sur eux pour les frais du *grand acte de justice* que vous exercez. On aura soin de vous payer comme on est convenu avec vous ; *soyez nobles, grands et généreux comme la profession que vous remplissez ;* que tout, dans *ce grand jour,* soit digne du peuple dont la souveraineté vous est commise [1] ».

Des *citoyens ouvriers* qui, les 2, 3, 4, 5 et 6 septembre, ont *travaillé* dans les prisons, à raison de 24 livres par jour, et des citoyens députés, rétribués également à 24 livres, qui, le 5 septembre 1793, ont élu pour leur président, ont choisi pour représenter le peuple et la France, le massacreur Billaud-Varenne, qui dira quels sont les plus misérables ?

1. *Relation historique sur les journées des 2 et 3 septembre,* par l'abbé Sicard.

XXVIII

SECOND BILAN DE QUINZAINE

(*Suite*)

Jeudi 19 septembre 1793.

La séance du 5 septembre *a mis* LA TERREUR *à l'ordre du jour*. J'ai donc dû m'y arrêter longuement. Force me sera maintenant d'être plus bref sur les journées qui ont suivi.

Vendredi 6 septembre. — Garnier (de Saintes) présente à la Convention, au nom du Comité de sûreté générale, la rédaction de la loi sur les étrangers.

Les étrangers, nés sur le territoire des puissances avec lesquelles la République est en guerre, seront mis en état d'arrestation. Sont exceptés les artistes et les ouvriers, à la charge par eux de se faire attester par deux citoyens de leur commune, d'un patriotisme reconnu ; ou encore ceux qui, n'étant ni artistes ni ouvriers, auront donné des preuves de civisme et d'attachement à la Révolution française. Seront *punis de mort* ceux qui seront découverts sous un déguisement ou travertissement quelconque, ou qui se seront supposés d'une nation différente de celle sur le territoire de laquelle ils sont nés. Seront également punis de mort les étrangers nés dans les pays avec lesquels la République est en guerre, qui entreraient en France après la publication de la loi [1].

Le vote a eu lieu sans discussion et à l'unanimité, comme cela est de règle depuis longtemps pour toutes les lois de proscription, pour tous les décrets de mort.

Un secrétaire donne lecture d'une lettre des représentants du peuple près l'armée de Brest [2], en date du 2 septembre. Turreau et ses collègues y rendent compte en ces termes de l'exécution du décret du 1er août, ordonnant « la destruction des repaires des rebelles [3] ».

> Nous exécutons à la lettre votre décret. Ce grand acte de justice nationale jette dans l'âme des rebelles une salutaire terreur; des monceaux de cendres, la famine, la mort, s'offrent de tous côtés à leurs regards. [4]

Trois nouveaux membres sont adjoints au Comité de Salut public, qui tend de plus en plus à passer à l'état de gourvernement; ce sont les citoyens Billaud-Varenne, Collot-d'Herbois et Granet. Le Comité se compose maintenant de douze membres qui sont, avec les trois que je viens de nommer, Robespierre, Barère, Couthon, Prieur (de la Marne), Hérault-Séchelles, Robert Lindet, Saint-Just, Thuriot et Jean-Bon Saint-André.

Les bruits qui couraient depuis deux ou trois jours au sujet de Toulon sont officiellement confirmés. Le 28 août, les sections de Toulon ont accepté les offres que leur avait faites l'amiral Hood, commandant l'escadre anglaise, de les protéger, de rétablir la Cons-

---

1. *Moniteur* du 8 septembre 1793.
2. Turreau, Ruelle, Méaulle, Cavaignac.
3. Voir ci-dessus, chap. XVII.
4. *Moniteur* du 8 septembre 1793.

titution de 1791, en mettant Louis XVII sur le trône. Les Toulonnais ont arboré la cocarde blanche. Au nom du Comité de Salut public, Barère présente et fait adopter une *Adresse de la Convention nationale aux Français méridionaux*. Elle se termine ainsi : « Que la vengeance soit inexorable !…. Que les lâches habitants de Toulon, l'horreur et la honte de la terre, disparaissent enfin du sol des hommes libres ! »

En demandant l'impression de cette adresse, Gaston, député de l'Ariège, se plaint que le Gouvernement ait attendu si tard pour informer l'Assemblée et prendre des mesures. « On remédie au mal, dit-il, quand il est fait; on appelle le médecin quand le malade est mort… On s'aperçoit aisément que Lyon n'est pas *chauffé* comme il devrait l'être. Depuis plus de huit jours on n'a pas entendu parler de maisons livrées aux flammes… On ne nous dit pas comment se conduit Lavalette devant Lyon ; nous n'entendons pas parler de cette ville, qui *devrait être en cendres*. Voudrait-on encore nous endormir[1] ? »

Dans la nuit du 5 au 6 septembre, le tribunal révolutionnaire avait condamné à mort neuf habitants de Rouen, accusés d'avoir, au mois de janvier dernier, pendant le procès du roi, préparé ou signé une *Adresse* en sa faveur, arboré la cocarde blanche, et détruit l'arbre de la liberté. Voici leurs noms: Jacques Leclerc, rédacteur de la *Chronique nationale et étrangère et en particulier des cinq départements substitués à la province de Normandie;* Georges-Michel Aumont homme de loi ; Aubin Mérimé, cocher ; Jacques Eude-

---

1. *Moniteur* du 8 septembre 1793.

line, domestique ; Delalonde, domestique, âgé de 22 ans ; Bottais, meunier, âgé de 21 ans ; Henry, tailleur d'habits, âgé de 18 ans ; Maubert domestique, âgé de 18 ans ; madame Drieux, ouvrière en robes. Cette dernière s'étant déclarée grosse, il a été sursis à son exécution. Les huit autres condamnés ont été guillotinés le 6, à une heure après-midi [1].

Les théâtres n'en continuent pas moins à être pleins et à donner des pièces nouvelles. Le 5 septembre, à l'*Opéra-Comique National*, rue Favart, première représentation de la *Moisson*, opéra en deux actes. Le théâtre de la rue Feydeau annonce, pour le 7, la première représentation de *Roméo et Juliette*, opéra en trois actes. Le 6, le soir même de l'exécution des huit habitants de Rouen, le théâtre du Palais-Variétés a joué, pour la première fois, l'*Ami du Peuple ou les Intrigants dévoilés*.

Mais ce qui fait fureur en ce moment à Paris, ce n'est ni le théâtre de la rue Favart, ni le Théâtre de la République, ni le Tribunal révolutionnaire, ni même le bourreau, c'est un jeu de hasard connu sous le nom de loto. Dans presque tous les cafés, on joue le loto avec une véritable frénésie. Muscadins et ouvriers, jeunes gens et pères de famille y perdent tout leur argent. Sur le boulevard Poissonnière, en particulier, au coin de la rue de Notre-Dame-de-Recouvrance, le *Café Français* est plein chaque jour de joueurs qui y tiennent leurs assises depuis deux heures de l'après-midi jusqu'à onze heures du soir et même plus tard [2].

1. Wallon, *Le Tribunal révolutionnaire de Paris*, I, 258.
2. *Rapports de la police* des 8 et 19 septembre 1793. Adolphe

Samedi 7. — Une bonne journée pour la Convention ; elle a appris coup sur coup deux nouvelles qui l'ont mise en joie. La séance touchait à sa fin, lorsque le président Billaud-Varenne a pris la parole : « J'annonce, dit-il, que Petion est arrêté[1] ; l'heure des traîtres est sonnée. » — Presqu'aussitôt après, Barère disait à son tour : « J'annonce à la Convention que Brunet est à l'Abbaye[2]. » Brunet était hier encore général en chef de l'armée d'Italie ; mais un général qu'on arrête, que l'on envoie à l'Abbaye, et de là au Tribunal révolutionnaire et à l'échafaud, qu'est-ce que cela aujourd'hui ? Les Parisiens ne s'émeuvent plus pour si peu. Le 7 septembre était justement la fête de Saint-Cloud ; les parisiens s'y sont portés en foule[3], et on y a dansé, paraît-il, comme d'habitude. Le Palais-Égalité, sans doute à cause de cette fête de ban-

---

Schmidt, II, 114, 116. — Dauban, *La Démagogie en* 1793 *à Paris*, p. 391.

1. Cette nouvelle était fausse. Petion n'avait pas été arrêté. Après l'avortement de l'insurrection normande, il s'éloigna de Caen et se réfugia en Bretagne, d'où il put gagner le département de la Gironde. Il se suicida en même temps que Buzot, le 18 juin 1794, dans un champ de seigle, où son cadavre fut retrouvé huit jours après « rongé par les vers et les chiens ». Voir la *Légende des Girondins*, par Edmond Biré, chap. xii.

2. Le général Brunet fut guillotiné le 24 brumaire an II (14 novembre 1793).

3. Rapport de police de l'observateur Rousseville. Schmidt, II, 115. — L'année précédente, la fête de Saint-Cloud (7 septembre) était tombée précisément au lendemain des massacres des prisons, qui avaient duré du 2 au 6 septembre inclusivement. Elle n'en avait pas moins attiré beaucoup de monde. On lit dans les *Révolutions de Paris*, t. XIV, p. 444 (n° du 8 septembre 1792) : « Vendredi dernier, pour la fête de Saint-Cloud, le peuple de Paris se porta à cette fête avec autant de tranquillité et en aussi grand nombre que dans un temps de pleine paix. »

lieue, a été très calme, les cafés étaient vides [1]. La place de la Révolution, en revanche, était pleine, pour assister à l'exécution d'un émigré, Tunduti de la Balmondière. ancien lieutenant dans le ci-devant régiment de Monsieur. Arrivé au pied de la guillotine, il s'est mis à rire et a dit en haussant les épaules : « Voilà donc cet instrument qui fait tant de bruit ! Je n'en crains pas le mal [2] ! » Quelques instants auparavant, comme la charrette passait devant la boutique d'un boulanger, à la porte duquel il y avait un rassemblement, il s'était écrié : « Les lâches, les imbéciles ! ils veulent la République et ils n'ont pas de pain ! Mais c'est moi qui vous le dis, avant six semaines vous aurez un roi et il vous le faut [3] ! »

Dimanche 8. — La Convention décrète que la section ci-devant du Pont-Neuf portera le nom de *Section révolutionnaire* [4].

La femme Drieux, condamnée, il y a trois jours, avec les huit autres habitants de Rouen, exécutés le 6, a été conduite au supplice, les médecins ayant dit qu'elle n'était pas grosse. Cette malheureuse ouvrière a invoqué en vain la pitié pour ses deux enfants que sa mort allait plonger dans la misère [5].

1. Ad. Schmidt, *loc. cit.*
2. *Le Glaive vengeur*, p. 106.
3. Rapport de l'observateur Perrière, Ad. Schmidt, II, 113.
4. *Moniteur* du 3 septembre 1793.
5. Wallon, *Le Tribunal révolutionnaire de Paris*, I, 258. — Un pauvre *ramoneur*, nommé *Soyer*, compris dans les poursuites dirigées contre Leclerc, Aumont et les autres accusés de Rouen, fut arrêté à quelques jours de là, condamné à mort le 21 septembre 1793 et guillotiné. On lit à ce sujet dans le *Compte rendu fait aux sans-culottes par Dame Guillotine*, p. 211 : « Ici les sans-culottes frémissent de rage. Quoi ! dans la caste titrée par les ci-devant grands

Le soir, aux Jacobins, Robespierre dénonce le général Kellermann, qui commande sous les murs de Lyon. « Kellermann, a-t-il dit, est sinon le seul auteur, du moins la principale cause des lenteurs du siège. C'est lui principalement qui a dirigé toutes les *conspirations* qui ont éclaté dans cette campagne ; et jamais, sous un tel homme, une opération patriotique ne peut avoir de succès... C'est lui qui est l'auteur des *trahisons* souvent réitérées dans le cours de son opération [1]. »

Lundi 9. — L'administration de la police adresse à la Convention l'état des prisonniers détenus dans les maisons d'arrêt de Paris. Le nombre est de 1,794 [2].

Sur la proposition de Lakanal, les écoles militaires sont supprimées. Un membre demande une exception en faveur des établissements de La Flèche et de Vendôme, mais cette demande est écartée par la question préalable. Seule, l'école militaire d'Auxerre est provisoirement conservée, comme établissement libre d'instruction publique.

Lecture est donnée d'une lettre d'André Dumont, représentant du peuple en mission dans le département de la Somme. Elle est ainsi conçue :

de populace vile et abjecte, il se trouve un traître, un esclave vendu aux nobles foudroyés? Ah ! Soyer, l'honnête indigent qui ne peut ramoner que des cheminées doit borner là toutes ses fonctions ; mais quand il est l'instrument du crime, il n'en est que plus coupable plus digne de punition, et le niveau de la loi l'envoie comme tous les autres à tous les diables. »

1. *Moniteur* du 11 septembre 1793. — Kellermann fut destitué trois jours après la dénonciation de Robespierre (*Moniteur* du 13 septembre). Arrêté plus tard et enfermé à l'Abbaye, il ne comparut devant le Tribunal révolutionnaire qu'après le 9 thermidor et fut acquitté (le 18 brumaire an III, 8 novembre 1794).
2. *Moniteur* du 10 septembre 1793.

Citoyens collègues, j'ai à peine le temps de vous écrire; je crois que tous les ci-devant ducs, comtes, marquis, etc., et leurs familles sont dans ce pays. D'arrestation en arrestation, j'extirperai le chancre, et le département, une fois *mis au vif*, ne demandera plus que des soins. Soixante-quatre prêtres insermentés vivaient ensemble en une superbe maison nationale, au milieu de cette ville; j'en ai été informé; je les ai fait traverser ainsi la ville, pour les faire enfermer en une maison d'arrêt. Cette nouvelle espèce de *monstres*, qu'on n'avait pas encore exposés à la vue du peuple, a produit ici un bon effet; les cris de *vive la république!* retentissaient dans les airs à côté de ce *troupeau de bêtes noires*; indiquez-moi la destination que je dois donner à ces cinq douzaines d'*animaux* que j'ai fait exposer à la risée publiques; c'étaient des comédiens de garde qui étaient chargés de l'escorte. Dans les nouvelles arrestations, les Mailly, les Beuvron, les d'Harcourt, les de Ligne se trouvent compris [1]...

Mardi 10 septembre. — L'armée du Nord vient de remporter une importante victoire. Dans les journées du 6 et du 8, le général Houchard a battu l'ennemi et forcé la ville de Hondschoote, ce qui assure la délivrance de Dunkerque et de Bergues.

Cet éclatant succès a laissé très froids nos *Jacobins* de Paris. Il n'en a pas été dit un mot au club de la rue Saint-Honoré; on a tenu également à l'ignorer au Conseil général de la Commune [2]. A une victoire qui pourrait rendre populaire un de ces généraux qui sont leurs bêtes noires, ces excellents *patriotes* préfèrent une bonne défaite, qui leur permet de crier à la trahison [3].

1. *Moniteur* du 10 septembre 1793.
2. Buchez et Roux, *Histoire parlementaire...*, XXIX, p. 94.
3. Le général Houchard, presque au lendemain de sa victoire, dès

Mercredi 11. — Le Comité de salut public arrivant au terme légal de ses fonctions, la Convention, à l'unanimité, confirme et proroge ses pouvoirs pour le mois suivant et maintient sa composition actuelle.

Encore un général mis en état d'arrestation. Cette fois, ce n'est pas un aristocrate comme Custine ou Dillon, c'est un bon sans-culotte, le général Tuncq, qui vient de se faire battre par les Vendéens, auprès de Chantonnay. Voici du reste un léger croquis de ce général improvisé ; je l'emprunte au procès-verbal de la séance des Jacobins du 11 septembre :

Un citoyen fait l'historique de Tuncq, afin qu'on puisse juger cette trame sur laquelle il importe de fixer en ce moment l'opinion. Tuncq était un huissier de Bordeaux, qui fut chassé, pour divers crimes, de cette ville et de quelques autres. Pour avoir de l'argent, il épousait toutes les femmes des environs. Il a des femmes et des enfants dans divers coins de la république. Il est si peu républicain, qu'il a porté toutes les croix de Malte, de Saint-Louis, etc., et pris les titres de *duc*, *marquis*, *comte*, etc., dans tous les contrats, quoiqu'il eût eu le bonheur de naître dans la classe du peuple. [1]

le 24 octobre 1793, fut renvoyé devant le Tribunal révolutionnaire. Il fut guillotiné le 15 novembre (25 brumaire an II). Beugnot, qui l'a vu à la Conciergerie, a tracé de lui ce portrait : « Houchard avait six pieds de haut, la démarche sauvage, le regard terrible. Un coup de feu avait déplacé sa bouche et l'avait renvoyée vers son oreille gauche. Sa lèvre supérieure avait été partagée en deux par un coup de sabre qui avait offensé le nez ; et deux autres coups de sabre sillonnaient sa joue droite en deux lignes parallèles. Le reste du corps n'était pas mieux ménagé que la tête. Sa poitrine était découpée de cicatrices. Il semblait que la victoire s'était jouée en le mutilant. » *Mémoires du comte Beugnot*, I, 191.

1. Buchez et Roux, *Histoire parlementaire...*, XXIX, 103.

Bailly, l'ancien maire de Paris, vient d'être arrêté à Melun[1]. Au conseil général de la Commune, cette nouvelle a excité les plus vifs applaudissements[2]. De même aux Jacobins, où Maure, député de l'Yonne, s'est écrié : « La commune de Melun demande ce qu'il faut faire de Bailly ; eh bien ! citoyens, nous allons demain à Melun ; savez-vous ce que nous en ferons ? Nous vous l'enverrons tout vivant[3]. »

Jeudi 12. — Il y a quatre jours, le nombre des détenus était de 1,794. Il est aujourd'hui de 1.877, qui se répartissent comme suit : Conciergerie, 249 ; Grande-Force, 38, dont 5 militaires ; Petite-Force, 143 ; Sainte-Pélagie, 131 ; Madelonnettes, 195 ; Abbaye, 97, dont 12 militaires et 5 otages ; Bicêtre, 851 ; Salpêtrière, 108 ; Chambres d'arrêt à la mairie, 62 ; Luxembourg, 3[4]. Les trois détenus du Luxembourg sont trois députés, Duprat, Mainvielle et Lehardy.

Palissot, l'auteur du *Cercle*, des *Philosophes* et de la *Dunciade*, pourrait bien aller les y rejoindre avant peu. A l'occasion de sa demande d'un certificat de civisme, Chaumette a requis contre lui en ces termes :

Palissot, homme de lettres, dont les productions ont fait sensation, a laissé moisir sa plume dans son encrier plutôt que d'écrire en faveur de la liberté. Mais le pouvait-il, lui qui était contre-révolutionnaire même avant la Révolution ; lui dont les efforts sacrilèges ont sans cesse tendu à étouffer la raison humaine dès son aurore en France, et qui, ligué

---

1. Bailly fut arrêté le 8 septembre, trois jours après être arrivé à Melun, où il avait loué une maison.
2. *Moniteur* du 14 septembre 1793.
3. Buchez et Roux, XXIX, 100.
4. *Moniteur* du 13 septembre 1793.

avec les auteurs du despotisme, n'a cessé de persécuter les hommes de génie qui cherchaient à éclairer leur siècle ? C'est ce Palissot qui, semblable à une chenille venimeuse, tenta de souiller la couronne du célèbre J.-J. Rousseau ; c'est lui qui ne rougit pas d'insulter à ce sublime et intéressant malheureux dans son infâme comédie des *Philosophes*. Il osa mettre J.-J. Rousseau à quatre pattes en lui faisant manger une laitue. Anathème aux monstres qui ont enfoncé le fer acéré de la calomnie dans le cœur sensible de Rousseau ! C'est aux patriotes à venger l'ami sincère de l'humanité, l'*ange de lumière* qui montra la liberté aux hommes et sut la leur faire désirer. C'est aux philosophes pratiques enfin à punir exemplairement l'ennemi de la philosophie. En conséquence, je m'oppose à la délivrance du certificat de civisme demandé par Palissot ; et puisse cet acte de justice servir de sacrifice expiatoire aux mânes du célèbre et bon Rousseau, dont la mémoire sera toujours chère aux *cœurs bons, sensibles et vertueux*[1] !

Vendredi 13. — A la séance de la Commune, la section de la Halle-aux-Blés se plaint de ce que l'on voit dans les rues les portraits de Charlotte Corday. Le Conseil enjoint à l'administration de police de faire la recherche de ces gravures, ainsi que de celles où Custine est représenté sous des couleurs favorables.

La section du Luxembourg dénonce la conduite des citoyennes muscadines qui insultent chaque jour à la cocarde tricolore portée par des citoyennes républicaines. Sur sa demande, le Conseil arrête que les citoyennes qui ne porteraient pas le signe vénérable de la liberté ne seront plus admises dans les édifices, jar-

---

1. *Conseil général de la Commune de Paris*, séance du 12 septembre 1793. — *Moniteur* du 15 septembre.

dins et monuments publics. Cet arrêté sera imprimé et affiché[1].

Le même soir, au Club des Jacobins, une députation de la Société fraternelle de l'Unité vient également se plaindre des insultes qu'éprouve journellement la cocarde nationale sur la tête des femmes patriotes. Elle demande un décret qui ordonne à toutes les femmes de se décorer de cette cocarde[2].

Samedi 14. — Dans la séance du 9 septembre, Maure et Drouet avaient dénoncé le Comité de sûreté générale, qui ne leur paraissait plus à la hauteur des circonstances. Ils avaient demandé que ce Comité fût renouvelé en entier, et composé, non de vingt-quatre membres, mais de neuf seulement, véritablement sûrs, *solides*, inaccessibles aux séductions et surtout aux dîners[3]. Cette proposition avait été décrétée. Dans la séance du 14, la Convention a décidé que le Comité réorganisé se composerait de douze membres, dont voici les noms: Vadier, Panis, Lebas, Boucher Saint-Sauveur, David, Guffroy, Lavicomterie, Amar, Ruhl, Lebon, Voulland, Moïse Bayle.

Dimanche 15. — Le chiffre des détenus s'élève à 2,020[4]. Les *patriotes* trouvent que ce n'est rien, et dans la séance même où ce chiffre fut communiqué à la Com-

---

1. *Séance du Conseil général de la Commune*, du 13 septembre 1793. — *Moniteur* du 16 septembre.
2. Société des Jacobins, présidence de Léonard Bourdon, séance du 13 septembre 1793.
3. Buchez et Roux, XXIX, 58.
4. *Moniteur* du 18 septembre 1793. Séance de la Commune du 15.

mune, la section de la Fraternité a invité le conseil général à prendre les mesures les plus sévères contre les ennemis de la chose publique, et principalement à faire faire dans Paris des visites domiciliaires, le même jour, à la même heure, et de la manière la plus rigoureuse. Le conseil a promis aux pétitionnaires qu'il ne négligerait aucun moyen propre à faire mettre sous le glaive de la loi tous les aristocrates et les malveillants [1].

Après la section de la Fraternité, celle de l'Unité paraît à son tour; elle se plaint de ce que l'administration de police est trop sensible aux sollicitations des jolies femmes qui réclament la liberté d'individus mis en état d'arrestation [2].

La Société populaire de Melun dénonce les directeurs des coches d'eau qui reçoivent dans leurs coches des voyageurs non munis de passeport. — Le conseil arrête que les directeurs des voitures publiques inscriront sur un registre les noms de tous les voyageurs et exigeront d'eux l'exhibition de leurs passeports, afin que l'on puisse vérifier s'il y a conformité entre les signatures apposées sur les passeports et celles apposées sur le registre. Cet arrêté sera inséré aux Affiches et envoyé aux sections [3].

Pendant que ceci se passe au conseil général de la Commune, Desfieux, aux Jacobins, rappelle que la Société avait pris l'engagement de s'occuper sans cesse du jugement de Brissot, Vergniaud, Guadet, etc., et d'Antoinette. Le crime des premiers est connu. Qu'est-

1. *Moniteur, loc. cit.*
2. *Ibidem.*
3. *Ibid.*

il besoin d'aller chercher tous ceux dont ils ont pu encore se rendre coupables? Il n'est qu'une seule question dont la solution entraîne nécessairement leur condamnation et leur mort. A-t-il existé une conspiration fédéraliste, tendant à ramener en France les anciennes divisions de provinces, grands fiefs unis, mais indépendants les uns des autres? Brissot, Petion, etc., ont-ils trempé dans cette conspiration ? Desfieux n'en veut pas davantage ; la mort seule peut expier ce forfait.

Terrasson succède à Desfieux. « A l'égard de Marie-Antoinette, dit-il, il n'est pas nécessaire que la Convention rende un décret qui autorise et ordonne son jugement ; c'est une simple particulière, extraordinaire seulement par ses crimes ; mais sa profonde scélératesse ne doit pas lui fournir un privilège ; c'est aux tribunaux ordinaires à la juger [1] ».

Lundi 16. — Le conseil général est instruit que l'ex-maire Bailly vient d'être conduit dans les prisons de la Force. La salle retentit pendant plusieurs minutes de bravos frénétiques.

Sur le réquisitoire d'Hébert, la Commune prend l'arrêté suivant :

Le conseil général, après avoir entendu une députation des artistes de l'Opéra...
Considérant que, dans le projet de règlement par eux présenté, ce spectacle doit acquérir un nouveau lustre et prospérer pour la Révolution, *d'après l'engagement formel que prennent les artistes de purger la scène lyrique de tous*

---

[1]. Séance de la Société des Jacobins du 15 septembre 1793. — *Moniteur* du 20 septembre.

les ouvrages qui blesseraient les principes de liberté et d'égalité que la Constitution a consacrés, et de leur substituer des ouvrages patriotiques;

Considérant que les administrateurs actuels ont déclaré qu'ils allaient faire fermer ce spectacle et cesser leurs paiements;

Autorise les artistes de l'Opéra à administrer provisoirement cet établissement;

Arrête en outre, *comme mesure de sûreté générale, que Cellérier et Francœur, administrateurs de l'Opéra, seront arrêtés comme hommes suspects;* que les scellés seront mis sur leurs papiers et sur ceux du Comité de l'administration actuelle de l'Opéra.

L'administration de police est chargée de mettre à l'instant à exécution l'article précédent [1].

Mardi 17. — Dans la séance du 17, la Convention s'est trouvée en présence de deux propositions, l'une de Collot-d'Herbois, l'autre de Barère. Le Comité de salut public demandait que tous les royalistes, *tous les antirépublicains*, fussent déportés à la Guyane [2]. Collot s'est élevé en ces termes contre cette mesure :

Je n'approuve pas la déportation à la Guyane, que le Comité propose; cette mesure est désirée par les contre-révolutionnaires eux-mêmes; cette punition, loin de les épouvanter, leur donne de nouvelles espérances. Il ne faut rien déporter, il faut *détruire tous les conspirateurs* et les ensevelir dans la terre de la liberté; il faut *qu'ils soient tous arrêtés; que les lieux de leur arrestation soient minés; que la mèche toujours allumée soit prête à les faire sauter,*

1. Conseil général de la Commune, séance du 16 septembre 1793. — *Moniteur* du 19.
2. Séance du 17 septembre 1793. *Moniteur* du 20 septembre.

s'ils osaient, eux ou leurs partisans, tenter de nouveaux efforts contre la République. Ils ont mis la Révolution en état d'arrestation, et vous balanceriez de les y mettre !.... Je demande que cette mesure soit exécutée dans toute la république [1].

Barère, qui succède à la tribune à Collot-d'Herbois, n'a garde de protester contre les abominables paroles du hideux histrion. Il se borne à dire, de sa voix la plus onctueuse :

Je pense bien, comme Collot-d'Herbois, qu'il ne faut point épargner les conspirateurs, et que le glaive des lois doit frapper leurs têtes ; mais j'observe qu'il est une foule de gens *suspects, qui n'ont point* encore *conspiré,* mais dont les *opinions* aristocratiques ou monarchiques pourraient devenir très dangereuses. Je pense, à cet égard, qu'un *peuple qui se donne un nouveau gouvernement a le droit d'éloigner de lui tous les individus qui s'en déclarent les adversaires.* Je propose de décréter, comme mesure révolutionnaire, que *tous ceux qui, depuis le* 10 *août* 1792, *ne se sont pas montrés amis du gouvernement républicain seront déportés* loin de cette société qu'ils haïssent.

Toutes ces propositions sont renvoyées au Comité de salut public [2].

Mais les honneurs de la séance du 17 septembre n'ont été ni pour Barère, ni pour Collot-d'Herbois ; ils appartiennent de droit à Merlin de Douai, qui a présenté, au nom du Comité de législation, et fait adopter une *loi relative aux gens suspects.* Cette loi se compose de dix articles. L'article 1er est ainsi rédigé :

1. *Moniteur* du 20 septembre. Séance du 17.
2. *Ibid.*

Art. 1. Immédiatement après la publication du présent décret, *tous les gens suspects qui se trouvent dans le territoire de la République*, et qui sont encore en liberté, seront mis en état d'arrestation.

Sont réputés gens suspects : 1° Ceux qui, soit par leur conduite, soit *par leurs relations*, soit par *leurs propos* ou leurs écrits, se sont montrés partisans de la tyrannie et du fédéralisme et ennemis de la liberté ;

2° Ceux qui ne pourront pas justifier, de la manière prescrite par la loi du 21 mars dernier, de leurs moyens d'exister et de l'acquit de leurs devoirs civiques ;

3° *Ceux à qui il a été refusé des certificats de civisme ;*

4° Les fonctionnaires publics suspendus de leurs fonctions par la Convention nationale ou par ses commissaires et non réintégrés, et notamment ceux qui ont été ou doivent être destitués en vertu de la loi du 12 août dernier ;

5° *Ceux des ci-devant nobles, ensemble les maris, femmes, pères, mères, fils ou filles, frères ou sœurs, et agents d'émigrés, qui n'ont pas constamment manifesté leur attachement à la Révolution ;*

6° Ceux qui ont émigré dans l'intervalle du 1er juillet 1789 à la publication de la loi du 8 avril 1792, *quoiqu'ils soient rentrés en France dans le délai fixé par cette loi ou précédemment* [1].

Dans la séance du 3 avril dernier, Marat avait dit: « Je demande que vous formiez un Comité de sûreté générale qui ait le pouvoir de faire arrêter toutes les personnes qu'il croira suspectes dans Paris [2]. » Le Comité de sûreté générale, réclamé par l'Ami du peuple, a été formé, et il n'eût certes rien trouvé à redire

---

1. *Moniteur* du 19 septembre 1793.
2. *Moniteur* du 6 avril 1793.

à sa composition. N'y voit-on pas ce Panis qui, le 3 septembre 1792, signa la circulaire du Comité de surveillance, recommandant aux départements d'égorger « tous les conspirateurs et tous les traîtres [1] ? »

L'Ami du peuple demandait que l'on arrêtât « toutes les personnes suspectes *dans* Paris ». Le décret du 17 septembre veut que l'on arrête « les *gens suspects*, non seulement dans Paris, *mais dans tout le territoire de la République* ».

Un dernier mot. La loi des suspects va entraîner l'arrestation de milliers et de milliers de Français peut-être de plusieurs centaines de mille [2]. Il ne s'est pas trouvé à la Convention un seul député pour la combattre : elle a été adoptée sans discussion [3] !

1. Sur la circulaire du 3 septembre 1792, Voy. Mortimer-Ternaux, *Histoire de la Terreur*, III. 308.
2. Dans le n° IV de son *Vieux Cordelier*, qui est du 20 décembre 1793, Camille Desmoulins porte à 200,000 le chiffre des détenus : « Ouvrez les prisons, écrivait-il, à ces *deux cent mille citoyens* que vous appelez suspects, car dans la Déclaration des Droits, il n'y a pas de maisons de suspicion, il n'y a que des maisons d'arrêts. »
3. *Moniteur* du 19 septembre 1793.

XXIX

LA LOI DES SUSPECTS

Jeudi 26 septembre 1793.

La loi sur les suspects est peut-être la plus abominable de toutes celles que la Convention a décrétées. Quelques bonnes âmes cherchent pourtant à excuser ses auteurs. « Sans doute, disent-ils, c'est bien triste — c'est affreux, si vous le voulez ; — mais enfin il faut bien que la République se défende. Attaquée de tous côtés, sur le Rhin et sur l'Escaut, sur les Alpes et sur les Pyrénées, en Vendée, à Lyon, à Marseille, elle ne fait, après tout, que répondre aux coups qui lui sont portés. »

Cette excuse, n'a qu'un tort, c'est de venir un peu tard.

La République est attaquée ; mais à qui la faute ?

C'est l'Assemblée législative, sous l'influence de Brissot et des députés de la Gironde, qui, le 20 avril 1791, a décrété la guerre contre l'empereur d'Allemagne [1].

C'est la Convention qui, le 1er février 1793, a déclaré la guerre à l'Angleterre et aux provinces-Unies [2].

C'est la Convention qui, le 7 mars 1793, a déclaré la guerre à l'Espagne [3].

---

1. *Moniteur de* 1792, n° 113.
2. *Moniteur de* 1793, n° 34.
3. *Ibidem*, n° 68.

A l'intérieur, la République, qui n'avait rencontré, à ses débuts, aucune résistance, a contraint elle-même, par l'excès de sa tyrannie et de ses crimes, les populations les plus patientes à se soulever, à secouer le joug de fer et de sang que l'on faisait peser sur elle. Et ici du moins, à Lyon comme en Vendée, le mot de Montesquieu est strictement vrai : « Le véritable auteur d'une guerre, ce n'est pas celui qui la déclare, c'est celui qui la rend inévitable. »

Mais enfin la République était attaquée, elle avait le droit de se défendre. Soit. Seulement, comment se fait-il que le moment où elle a recours aux moyens les plus odieux, où elle édicte les mesures les plus atroces, soit précisément celui où elle est partout victorieuse, où, à l'intérieur comme aux frontières, ses ennemis sont réduits à l'impuissance ?

Toulon est tombé aux mains des Anglais le 28 août ; mais partout ailleurs, le succès a couronné les efforts du Gouvernement républicain ; pas un jour, depuis un mois, qui n'ait apporté la nouvelle d'un échec de ses adversaires, d'un triomphe de ses armes.

Le Midi s'était soulevé. Le 25 août, après avoir délivré Avignon et le département de Vaucluse, chassé les Marseillais au-delà de la Durance et pris possession de la ville d'Aix, le général Carteaux, accompagné des représentants du peuple Albitte, Salicetti, Escudier, Nioche et Gasparin, fait son entrée à Marseille [1].

Le 28 août, les représentants du peuple près l'armée du Nord, Bentabole et Levasseur, annoncent que nos

[1]. Rapport présenté par Jean-Bon Saint-André à la Convention, le 9 septembre 1793. — *Moniteur* du 11 septembre.

troupes ont chassé l'ennemi de Roncq, de Turcoing et de Lannoy [1].

Le même jour, 28 août, Dagobert, qui commande l'armée des Pyrénées-Orientales [2], écrit, *du centre du camp ennemi devant le Mont-Libre*, qu'il a mis les Espagnols en déroute, s'est emparé du camp tout tendu, de huit pièces de canon, de leurs caissons, et de beaucoup de bagages [3].

Le 30 août, nouvelle lettre du général Dagobert, datée de Puycerda. Il a pris Belver et Puycerda, s'est avancé le long de la gorge de la Sègre, jusqu'à trois lieues d'Urgel, sans avoir pu joindre l'ennemi qui, frappé d'épouvante, fuyait à toutes jambes. En vingt-quatre heures, il a remis sous le drapeau tricolore la vallée de Carol, la Cerdagne française, et soumis à la République toute la Cerdagne espagnole [4].

Le 30 août également, bonnes nouvelles de Vendée. Le général Rey a battu les rebelles à Airvault, près de Parthenay [5].

Le général Dagobert remporte, le 4 septembre, un nouveau succès sur les Espagnols, leur fait trois cents prisonniers, dont trente officiers, parmi lesquels se trouvent le commandant de l'artillerie et trois

---

1. *Moniteur* du 2 septembre 1793.
2. *Dagobert de Fonteville*, qui fut l'un des généraux les plus populaires des guerres de la Révolution, était « un royaliste de conviction qui ne prenait guère que dans ses rapports officiels le so de dissimuler son antipathie pour la cause qu'il servait ». Fervel, *Campagnes de la Révolution dans les Pyrénées-Orientales*, II, 29 et suiv. — Mémoires inédits de Cassanges, cités par M. Vidal, *Histoire de la Révolution dans les Pyrénées-Orientales*, III, 55.
3. *Moniteur* du 9 septembre 1793.
4. *Moniteur* du 10 septembre 1793.
5. *Moniteur* du 5 septembre 1793.

colonels, et leur prend quatorze bouches à feu, dont quatre obusiers, quatre pièces de seize, six pièces de huit, douze caissons et quantité de bombes et obus [1].

Robespierre, ce même jour, 4 septembre, tenait à la Société des Jacobins ce langage : « Nous vaincrons sans Toulon, et nos succès ailleurs nous en sont de sûrs garants. Déjà Marseille est au pouvoir des patriotes ; Bordeaux est venu à résipiscence, et Lyon va s'écrouler sous les efforts des soldats républicains. Les armées du nord, du Rhin et de la Moselle sont dans une situation brillante [2]. »

Il est donné lecture à la Convention, dans sa séance du 5 septembre, de lettres du représentant du peuple Garreau et du général Desprez-Crassier, annonçant un avantage éclatant remporté par l'armée des Pyrénées-Occidentales sur les Espagnols. Ces derniers ont été, comme dans la partie orientale de cette frontière, entièrement expulsés du territoire français. Leurs retranchements ont été forcés et détruits [3].

Succès en Vendée, où, par suite de l'arrivée de l'armée de Mayence, les choses vont prendre une face nouvelle. Le général Lecomte, commandant de la division de Luçon, essuie bien un échec à Chantonnay, le 5 septembre ; mais le lendemain, 6, Gillet, représentant du peuple près l'armée des côtes de Brest, écrit de Nantes : « Nous nous sommes battus hier depuis sept heures du matin jusqu'à quatre heures du soir, et les rebelles ont été défaits complètement. Ils

---

1. *Moniteur* du 15 septembre 1793.
2. Buchez et Roux, *Histoire parlementaire...*, XXIX, 25.
3. *Moniteur* du 6 septembre 1793.

nous ont attaqués sur trois points à la fois, et partout ils ont été repoussés et vaincus¹. »

Le 7, le représentant Turreau écrit des Ponts-de-Cé, près d'Angers : « Je transmets à la Convention un nouvel avantage remporté par nos troupes. Depuis quelque temps la communication des Ponts-de-Cé, poste très important, était interrompue. Elle est maintenant rétablie. Les hauteurs d'Erigné, qui dominent ces ponts sur la rive gauche de la Loire, ont été emportés de vive force². »

Mais c'est surtout à l'armée du Nord que les succès sont considérables et d'une haute importance.

Le 5 septembre, les villages de Oudezeele, Hezeele, Bambeck, sont enlevés au pas de charge.

Le 6, le maréchal Freytag attaque nos troupes, cantonnées à Rœxpoède ; forcé de battre en retraite, il est même un instant fait prisonnier, ainsi que le prince Adolphe d'Angleterre.

Le 8, ces succès préliminaires sont couronnés par la brillante victoire de Hondschoote. Le général Houchard a pris à l'ennemi trois ou quatre drapeaux, cinq pièces de canon, des caissons, des bagages, et lui a fait un grand nombre de prisonniers, dont plusieurs de marque, entre autres un général hanovrien³.

L'effet produit par cette victoire a été très grand. Dès le 9, le duc d'York, tremblant d'être coupé, a levé le siège de Dunkerque, abandonnant cinquante-deux pièces de canon et ses bagages⁴. Le 13, les troupes de

1. *Moniteur* du 10 septembre 1793.
2. *Moniteur* du 12 septembre 1793.
3. *Moniteur* du 12 septembre 1793.
4. *Histoire parlementaire*, XXIX, 93.

la République, sous le commandement des généraux Béru et d'Hédouville, ont pris Menin, Wervick et les différents passages de la Lis, qui étaient défendus par l'armée hollandaise et par des retranchements considérables. Il y a eu environ quarante pièces de canon abandonnées par l'ennemi, qui s'est enfui en désordre sur Bruges et Courtrai[1].

Tandis que ces heureux événements se produisaient au nord, l'armée de Mayence, entrée successivement à Nantes le 6, le 7 et le 8 septembre, commençait ses opérations. Le 9, une colonne de six mille hommes, sous les ordres du général Beysser, a balayé toute la rive gauche de la Loire depuis Nantes jusqu'à la mer[2].

Le 11, l'avant-garde des Mayençais, commandée par le général Kléber, s'est emparée de Port-Saint-Père. La prise de ce poste ouvre le chemin de la Vendée et les communications de Nantes avec les Sables et la Rochelle[3].

Trois jours plus tard, le 14, les Mayençais s'emparent de Legé, et font leur jonction avec l'armée de Beysser, qui a pris successivement Pornic, Bourgneuf et Machecoul[4].

Dans sa séance du 15, la Convention reçoit des nouvelles de Toulon et de Lyon. Les représentants du peuple Gasparin, Salicetti et Albitte écrivaient de Beausset, que le général Carteaux avait débusqué l'ennemi des gorges d'Ollioules, que nos troupes s'étaient avancées à une demi-lieue de Toulon, s'é-

1. *Moniteur* du 17 septembre 1793.
2. *Moniteur* du 15 septembre 1793.
3. *Moniteur* du 15 septembre 1793.
4. Savary, *Guerres des Vendéens et des Chouans*, II, 140.

taient emparées des hauteurs qui dominent la ville et y avaient établi des batteries[1]. De leur côté, les représentants du peuple près l'armée des Alpes, Dubois-Crancé, Gauthier et Laporte, écrivaient, à la date du 11 septembre : « Vous pouvez compter que, sous huit jours, soixante mille hommes, pour ne pas dire cent mille, cerneront Lyon de manière à ne plus y laisser rien entrer, à le prendre de vive force en trois jours. Saint-Étienne est à nous. Les rebelles ont fait une sortie sur le chemin du Bourbonnais; ils ont attaqué la redoute de Salvagny, ils ont été repoussés et ont emporté douze chariots de morts, un plus grand nombre de blessés... Pendant ce temps, Kellermann fait rétrograder les Piémontais, et les repousse dans le fond de la Maurienne, qu'ils ne tarderont pas à évacuer... La colonne que nous avions fait passer par Roanne s'est emparée de Montbrison... Les muscadins se sont empressés de se sauver à Lyon. Ainsi, plus de Vendée à craindre, et Lyon va être complètement cerné[2]. »

Enfin, la séance du 16 a apporté, elle aussi, son contingent de bonnes nouvelles. Les représentants Milhau et Ruamps mandent de Wissembourg : « Notre armée a attaqué hier les ennemis sur plusieurs points différents. Partout l'ennemi a rétrogradé; au poste de Lauterbourg on lui a tué 1,500 hommes... Si nous avions eu plus de forces, les Autrichiens étaient exterminés[3]. »

Le commandant provisoire de l'armée de la Moselle

1. *Moniteur* du 17 septembre 1793.
2. *Ibidem*.
3. *Moniteur* du 18 septembre 1793.

annonce qu'il a fait également attaquer les ennemis sur plusieurs points et les a obligés de se réfugier dans leurs camps; les postes avancés ont été emportés [1].

Ainsi, le 17 septembre, la République était partout victorieuse. Cela est si vrai que, le 16 septembre, Barère, parlant au nom du Comité de salut public, disait: « Le Midi va *très bien*; la Vendée va mieux de tous les côtés [2]. » Et le 18, Jean-Bon Saint-André annonçait l'entrée des troupes de la République à Furnes et plusieurs avantages remportés sur les Piémontais, les rebelles de la Vendée, de Lyon et de Toulon [3]. L'heure des grands périls était donc passée. De véritables hommes d'État auraient compris que le moment était venu des mesures clémentes, des résolutions généreuses. Les hommes de la Convention ne paraissent pas même s'en être douté. C'est le propre des âmes vulgaires et des cœurs bas de n'être pas désarmés par la victoire, de n'y voir au contraire qu'un encouragement à de nouvelles rigueurs, à des cruautés nouvelles.

1. *Moniteur* du 18 septembre 1793.
2. *Moniteur* du 17 septembre 1793.
3. *Moniteur* du 19 septembre 1793.

XXX

LE 3 OCTOBRE

Samedi 5 octobre 1793.

Encore une *journée*, et de celles qui feront date dans l'histoire de la Terreur.

Avant-hier, 3 octobre, la Convention était réunie sous la présidence de Cambon. Les tribunes étaient pleines ; on savait qu'André Amar devait donner lecture, au nom du comité de Sûreté générale, du rapport contre les Girondins. La séance durait déjà depuis deux heures ; on avait entendu une lettre des représentants du peuple près l'armée des Alpes et une autre des commissaires de la trésorerie nationale ; on avait, sur le rapport de Merlin, révoqué la disposition de l'article X du titre VIII de la seconde partie de la loi du 29 septembre 1791, portant qu'en cas de partage d'opinions l'avis le plus doux doit prévaloir ; sur la proposition de Mailhe, on avait décrété que les religieuses seraient remplacées, dans les hôpitaux où il en existait encore, par des femmes ou des filles patriotes. Tout à coup des applaudissements ont éclaté dans toutes les parties de la salle : André Amar venait de paraître à la tribune.

Amar[1] est, avec Hérault-Séchelles, le plus élégant

---

1. André Amar, député de l'Isère, fut un des membres les plus féroces du Comité de sûreté générale. On trouve sur lui, dans les

de nos conventionnels. Le ci-devant trésorier du roi, devenu montagnard, n'a pas cru devoir sacrifier à ses opinions nouvelles ses anciennes habitudes d'homme du monde ; tout au plus a-t-il consenti à ne pas porter le gros diamant qui étincelait autrefois à l'un des doigts de sa main gauche. Il a toujours le linge le plus blanc et le plus fin, les manchettes les mieux brodées et le jabot le mieux plissé[1]. Son habit de couleur claire laissait voir un superbe gilet de bazin blanc. Ce petit maître, à la chevelure blonde, à l'œil bleu, à la figure pâle, très courtois de formes et de langage, était monté à la tribune pour demander à la Convention d'envoyer à la prison et à l'échafaud une centaine de ses membres.

Son début a été plein de promesses. « Avant de commencer le rapport, a-t-il dit, je suis chargé de vous proposer de décréter qu'aucun membre de l'Assemblée ne puisse sortir avant que le rapport ne soit terminé, et que la Convention ait porté une décision. » Adopté. Décrété également « qu'aucun citoyen des tribunes ne pourra sortir avant la fin de la séance ». Le président donne les ordres au commandant du poste, qui s'empresse de les mettre à exécu-

---

papiers inédits de Courtois, ces deux notes : « Amar était le grand inquisiteur du Comité de sûreté générale. En sa qualité d'ignorant, il tenait le poignard destiné à frapper les gens de lettres... Il était de plus épicurien, et mêlait la gourmandise à la férocité. Un jour, on lui parlait des malheureux que Carrier précipitait dans les flots de la Loire. « Tant mieux, aurait-il dit, nous mangerons les saumons de la Loire plus gras. » (Papiers de Courtois. Préfect. de police.) Charles Vatel, *Charlotte de Corday et les Girondins*, t. I, p. 31. — Voir sur Amar les curieuses pages de Philarète Chasles, dans ses *Mémoires*, t. I, p. 52 et suiv.

1. Philarète Chasles, *op. cit.*

tion. Plus d'un cependant, parmi les députés, a eu le temps de s'évader[1].

Les portes une fois closes, Amar commence son rapport en présentant la liste des membres inculpés. Pendant que se déroulait cette longue liste — elle comprend plus de cent noms — un silence de mort régnait dans la salle. Les membres de la Montagne, bien sûrs de n'être pas menacés, observaient avec une curiosité féroce les physionomies des membres de la Plaine et de la Gironde. Ceux-ci affectaient de faire bonne contenance ; mais la plupart dissimulaient mal leur anxiété et la terrible agitation de leur âme. Quelques-uns erraient dans les corridors qui restaient encore libres, rentrant et sortant de la salle, allant de la crainte à l'espérance[2]. Lorsqu'André Amar s'est

---

[1]. *Mémoires* de Dulaure, publiés par Taschereau, tome XX de la *Revue rétrospective*.

[2]. Dulaure qui ne figurait cependant pas sur la liste des inculpés, mais dont le nom était prononcé dans le rapport d'Amar, a raconté ses impressions et nous a fait connaître du même coup celles que durent éprouver ses collègues : « J'aperçus, dit-il, toute la profondeur du précipice dans lequel j'allais être englouti. Ma femme, mon père, ma famille, mes amis, se présentaient à ma mémoire ; ils étaient les liens les plus chers qui m'attachaient à la vie et qui me la faisaient regretter... Cette dernière pensée me mettait dans la plus vive agitation. Je jetais çà et là des regards sur tout ce qui m'environnait. Placé dans un lieu de la salle où je me trouvais très en évidence, je voyais, chaque fois que mon nom était prononcé, les yeux de plusieurs personnes se fixer sur moi ; quelques-unes semblaient se réjouir de ma situation... Au milieu de la crainte qui m'agitait, je conservais un rayon d'espoir... Placé ainsi entre la crainte et l'espérance, ou, pour mieux dire, entre la vie et la mort, j'éprouvais la plus vive agitation. Je ne connais pas de plus pénible situation que celle-là. La crainte et l'espoir qui tour à tour se succédaient dans mon âme, loin de se modifier en se rapprochant, se prêtaient au contraire de nouveaux degrés d'énergie. Plus j'espérais, plus l'objet de ma crainte me causait d'alarmes ; plus je craignais, plus l'objet de mon espoir

arrêté, après avoir lu le dernier nom, ç'a été dans la salle un spectacle inoubliable. A la Montagne, les députés sont debout, battent des mains, pas tous pourtant ; quelques-uns trouvent la liste trop courte et jettent à Amar des noms de *conspirateurs* oubliés, de *traîtres* passés sous silence. Au centre et au côté droit, les députés inculpés vont, viennent, se concertent, rédigent et signent un petit papier, une lettre qui sera lue tout à l'heure et dans laquelle ils déclarent n'avoir jamais conspiré contre la République. Comme leurs chefs au 2 juin, les derniers soldats de la Gironde répondent à un coup de force... par une déclaration ! Quant à ceux de leurs collègues dont le nom n'a pas été prononcé, ils ont peine à cacher leur satisfaction. Beaucoup même trahissent lâchement la joie dont leur âme est pleine ; elle leur échappe, elle éclate dans leurs regards, sur leur front, dans tout leur maintien : joie imprudente qu'épient malignement leurs ennemis ; joie coupable qui insulte au deuil de leurs voisins, de leurs amis, inscrits sur la liste fatale...

. . . .

Peut-être ai-je tort d'être aussi sévère. Suis-je bien sûr qu'à leur place je n'aurais pas fait comme eux, je me serais oublié plus qu'eux ?.........

Cependant le silence s'étant rétabli dans la salle et dans les tribunes, Amar a donné lecture de son réqui

---

me devenait cher. On ne peut exprimer convenablement cet état d'anxiété ; pour le bien sentir, il faut l'avoir éprouvé... L'agitation que je ressentais ne me permit plus de rester à la place où j'étais. Je me levai pour m'enfoncer dans la foule qui se trouvait aux entrées du milieu de la salle... Cependant cette séance était d'une longueur interminable. J'errais dans les corridors qui restaient encore libres, je rentrais et sortais de la salle. »

sitoire, qui n'a pas duré moins de deux heures et dans lequel Brissot, Gensonné, Vergniaud et plus de cent de leurs collègues sont représentés comme les auteurs et les complices d'une conspiration contre l'unité et l'indivisibilité de la République, contre la liberté et la sûreté du peuple français. Amar et les membres du comité de sûreté générale ne se sont point mis d'ailleurs en frais d'imagination : ils ont reproduit, moins le style, *l'Histoire des Brissotins* de Camille Desmoulins. En terminant son pamphlet, Camille proposait *le vomissement des Brissotins hors du sein de la Convention* et les *amputations du tribunal révolutionnaire* [1]. C'est aussi ce qu'a proposé Amar. Le projet de décret qui venait à la suite de son rapport renfermait quatre articles. Les deux premiers ordonnaient le renvoi devant le tribunal révolutionnaire de 40 députés. Le troisième confirmait le décret du 28 juillet dernier, déclarant traîtres à la patrie et mettant hors la loi 20 députés. Le quatrième ordonnait que ceux des signataires de la protestation du 6 juin qui n'étaient pas

---

1. *L'Histoire des Brissotins*, ou *Fragments de l'histoire secrète de la Révolution et des six premiers mois de la République*, avait paru au mois de mai 1793. En écrivant cet odieux pamphlet, Camille Desmoulins ne se proposait rien moins que de pousser à l'échafaud les députés de la Gironde, et en particulier Brissot, Petion, Sillery, qui tous les trois lui avaient servi de témoins lors de son mariage. Il disait lui-même aux Jacobins, en leur demandant d'imprimer à leurs frais son ouvrage : « Celui qui l'aura entendu lire, demandera à l'instant : *Où est l'échafaud ?* » (*Tableaux de la Révolution française*, par Adolphe Schmidt, t. I p. 245.) — Le pamphlet une fois imprimé par les soins de la Société des Jacobins, Camille invita Prudhomme à en parler dans les *Révolutions de Paris*, « Cet ouvrage, ajouta-t-il, *enverra les Brissotins droit à la guillotine, j'en réponds.* » (Prudhomme, *Histoire générale et impartiale des erreurs, des fautes et des crimes commis pendant la Révolution française*, t. V, p. 129.)

renvoyés au tribunal révolutionnaire, seraient mis en état d'arrestation dans une maison d'arrêt. Les députés tombant sous le coup de cet article étaient au nombre de 66 [1].

Demander à une Assemblée de proscrire en masse *cent vingt-six* de ses membres, c'est là un fait inouï. Je ne sais pourtant s'il n'y a pas eu, dans la séance du 3 octobre, quelque chose de plus prodigieux encore. Ce décret d'accusation contre cent vingt-six membres de la représentation nationale a été voté *sans discussion* [2]. Pas un seul député ne s'est levé pour combattre cette odieuse, cette abominable mesure, pour flétrir cette monstruosité qu'on appelle la *mise hors la loi* — c'est-à-dire *hors l'humanité* — pour rappeler tout au moins que cette protestation contre les événements du 31 mai, signée le 6 juin par 75 députés, et dont on leur faisait un crime, n'avait reçu aucune publicité, qu'elle avait été condamnée à l'oubli par ses auteurs eux-mêmes [3] ! Rien, pas un essai de défense, pas un mot, pas un cri !

---

1. La protestation du 2 juin contre les événements du 31 mai portait soixante-quinze noms : mais comme neuf des signataires figuraient, soit parmi les députés traduits devant le tribunal révolutionnaire, soit parmi ceux déclarés traîtres à la patrie et mis hors la loi, il en restait soixante-six qui étaient « mis en état d'arrestation dans une maison d'arrêt ». — La protestation des soixante-quinze est exposée au musée des Archives, vitrine 212, n° 1361.

2. *Mémoires* de Dulaure.

3. Voyez la rarissime et très curieuse brochure intitulée : *Les représentants du peuple, détenus à la maison d'arrêt des Écossais, en exécution du décret de la Convention nationale, du 3 octobre 1793 (vieux style) à leurs collègues les représentants du peuple siégeant à la Convention nationale et au peuple français.* — Cet écrit est ainsi daté : *Fait à la maison d'arrêt dite des Écossais, le dernier jour des sans-culottides de l'an deuxième de*

Le vote une fois acquis, restait à déterminer la manière dont serait exécuté le décret que l'on venait de rendre. « Il y a un moyen bien simple, a dit Thuriot ; on fera l'appel des accusés et ils sortiront à mesure par la barre [1]. » Cette proposition a été adoptée.

Quelques instants après, on procédait à cet *appel nominal* d'un nouveau genre. Du haut des tribunes, nous vîmes alors les députés décrétés d'arrestation et présents à la séance se lever à l'appel de leur noms, quitter leur place sans résistance, et se parquer dans l'enceinte de la barre, comme des moutons destinés à la boucherie [2]. Ils étaient au nombre de vingt-cinq [3] ; les autres n'étaient pas venus, ce jour-là, à la Convention, ou avaient pu s'échapper avant la fermeture des portes. De la barre, les vingt-cinq ont été conduits dans un réduit qui donne entrée aux latrines. On les y laissa jusqu'à la nuit ; sur les huit heures du soir, on les transféra au corps de garde du Palais National, et dans ce court trajet il n'est sorte d'outrages qu'ils n'aient eu à subir de la part de la populace [4].

A deux heures après minuit, la force armée s'est présentée pour les conduire dans des maisons d'arrêt. Elle était composée de citoyens armés et d'un fort escadron de gendarmerie à cheval. Ainsi escortés, les députés ont traversé le Carrousel, le quai du Louvre,

---

la *République française une et indivisible*. — La maison d'arrêt dite des Écossais était située rue des Fossés-Saint-Victor.

1. *Moniteur* du 5 octobre 1793.
2. *Mémoires* de Dulaure.
3. *Historique des traitements essuyés par les députés détenus et des dangers qu'ils ont courus*, par D. Blanqui, député des Alpes-Maritimes, au tome I de l'*Histoire des prisons de Paris et des départements* (publiée en l'an V par P.-J.-B. Nougaret.)
4. D. Blanqui, *op. cit.*

le Pont-Neuf, le quai des Orfèvres, et sont arrivés à la chambre d'arrêt de la mairie [1]. Cette pièce, qui peut contenir quarante personnes, était déjà occupée par une cinquantaine de détenus. Les députés durent passer le reste de la nuit sur des bancs ou debout, au milieu d'une atmosphère tellement méphitique qu'il était presque impossible d'y respirer [2].

Le lendemain — c'était hier — les prisonniers ont été ramenés à leur domicile, pour la mise des scellés sur leurs papiers, et, cette opération faite, ils ont été dirigés sur la maison de la Force, au département appelé le Bâtiment neuf. On les a placés au sixième étage, dans un *salon* qu'ils partagent avec une trentaine d'autres prisonniers. L'air n'y pénètre que par de petites lucarnes. Il n'y a pas de lits, mais seulement, le long des murs, des crèches garnies de sacs de paille avec une couverture pour chaque paire de sacs. Ces simulacres de paillasses sont infestés de vermine. Un gros baquet, destiné aux besoins naturels de la nuit, est placé à la tête du *salon* [3]. Je tiens ces détails d'un ami de Mercier, l'un des vingt-cinq [4].

Le 6 octobre 1789, il y a aujourd'hui quatre ans, jour pour jour, la populace parisienne, ayant à sa

---

1. Aujourd'hui le dépôt de la Préfecture de police. Cet hôtel, qui était celui du premier président du Parlement, avait été occupé par Petion, deuxième maire de Paris, et on l'appelait depuis lors la Mairie.
2. Blanqui, *op. cit.*
3. Blanqui, *op. cit.*
4. Sébastien Mercier, l'auteur du *Tableau de Paris*, rédacteur avec Carra des *Annales patriotiques*, était député de Seine-et-Oise. Arrêté le 3 octobre, transféré successivement dans diverses prisons, et finalement à *Port-Libre*, il ne recouvra la liberté qu'en octobre 94, après un an révolu.

tête Théroigne de Méricourt[1], Maillard et Jourdan Coupe-tête, a envahi le château de Versailles, égorgé les gardes du corps, couvert d'outrages le roi et la reine, emmené captifs à Paris Louis XVI et Marie-Antoinette. A leur tour les Brissot, les Mercier, les Carra, les Gorsas, ont été arrachés des Tuileries comme Louis XVI avait été arraché de Versailles. Comme il y a quatre ans l'inviolabilité royale, leur inviolabilité de représentants du peuple a été méconnue et foulée aux pieds. Ils veulent que nous maudissions l'attentat du 3 octobre 1793. Ont-ils donc oublié qu'ils ont tous applaudi à l'attentat du 6 octobre 1789 [2] ?

1. Elle ne s'appelait pas Théroigne, elle n'était pas née à Méricourt. Son vrai nom était *Terwagne*; elle était née à *Marcourt*, village situé sur l'Ourthe, à proximité de la petite ville de Laroche (*Portraits intimes du XVIIIe siècle*), par Edmond et Jules de Goncourt, page 365).

2. Brissot, en particulier, avait composé deux factums destinés à défendre la création d'un Comité des Recherches dont il avait été nommé membre et qui fut le prélude du Comité de Sûreté générale. Dans l'un de ces factums, il écrivait, en parlant des gardes du corps massacrés le 6 octobre : « Mais ce forfait, *si c'en est un...!* » — Charles Vatel, *Charlotte de Corday et les Girondins*, t. II, p. 237.

XXXI

LE MARIAGE DE CHABOT

Lundi 7 octobre 1793.

L'ex-capucin Chabot se marie ; on dit la fiancée jeune et jolie : pourquoi donc le fiancé a-t-il, depuis quelques jours, la mine si longue et l'air si soucieux ? Ce n'est pas, j'imagine, qu'il s'inquiète beaucoup des foudres de l'Église ni qu'il ait cure du mépris des honnêtes gens ; il a dès longtemps toute honte bue. Ne serait-ce point qu'il a peur de ses amis de la Montagne et de ses frères de la Société des Jacobins, lesquels lui pardonneront difficilement d'épouser une femme riche ? On ne parle de rien moins en effet que d'une dot de deux ou trois cents mille livres. Frère capucin, les Jacobins et les Cordeliers vous savaient gré de fouler aux pieds, avec une si bruyante ostentation, vos vœux d'obéissance et de chasteté ; mais pour le vœu de pauvreté, c'est autre chose, et d'y manquer si gravement pourrait bien vous coûter cher. Les jaloux auront d'autant plus beau jeu que la future citoyenne Chabot n'est pas seulement riche ; elle est étrangère, et aristocrate par dessus le marché, sœur d'un baron, le baron Frey, — qui se fait appeler le citoyen *Junius* Frey et qui affiche le républicanisme le plus exalté, mais que les sommes considérables dont il dispose et son intervention dans les affaires de la République ne laissent pas de rendre suspect à beaucoup de gens [1].

Encore bien qu'il en soit de l'amour des richesses comme des autres amours, et qu'il mette, lui aussi, un bandeau sur les yeux de ses victimes, Chabot n'est pas sans avoir entrevu le danger. Réussira-t-il à le conjurer ? Hier soir, il s'est présenté à la Société des Jacobins, un foulard sale noué autour de la tête, le col et la poitrine découverts, une jaquette au lieu d'habit, les jambes nues et un pantalon d'étoffe grossière, les pieds chaussés dans des sabots d'où émergeaient de gros brins de paille [2], singulier costume pour un homme à la veille d'épouser une riche héritière. Il paraît du reste qu'il avait, pour la circonstance, augmenté la quantité de crasse dont il est d'ordinaire pourvu. Comptant sans doute sur cet accoutrement sordide pour faire oublier la dot de deux cent mille livres, le fiancé de la citoyenne Frey est monté à la tribune, et après avoir dit quelques mots en faveur de l'impression, aux frais de la Société, d'un écrit d'Anacharsis Cloots — encore un baron allemand qui travaille pour la République, ce qui est peut-être la vraie façon de travailler pour le roi de Prusse, — il en est venu au sujet qui lui tient le plus au cœur.

« Je profite de cette occasion, a dit Chabot, pour annoncer à la Société que je me marie. On sait que j'ai été prêtre, capucin même ; je dois donc vous faire connaître, citoyens, les motifs de la résolution que j'ai prise. Comme législateur, j'ai pensé qu'il était de mon devoir de donner l'exemple de toutes les vertus.

1. *Mémoires de René Levasseur, de la Sarthe*, t. II, p. 165.
2. Beaulieu, *Biographie universelle*, article *Chabot*.

On me reproche d'aimer les femmes. En prendre une que la loi m'accorde et que mon cœur réclame depuis longtemps, n'est-ce pas le meilleur moyen de faire taire la calomnie? Je ne connaissais pas, il y a trois semaines, la femme que j'épouse. Élevée comme les femmes de son pays dans la plus grande réserve, on l'avait soustraite aux regards des étrangers. Je n'étais donc pas amoureux d'elle, je ne le suis encore que de sa vertu, de ses talents, de son esprit et de la pureté de son républicanisme; c'est ainsi qu'elle-même se sentait attirée vers moi par la seule réputation de mon patriotisme. J'étais loin de prétendre à elle. Je la demandai à l'un de ses frères, Junius Frey, homme de lettres estimable, connu par deux ouvrages très patriotiques, l'*Anti-fédéraliste* et la *Philosophie sociale*. Je la demandai, non pour moi, mais pour un de mes parents. « C'est à toi, citoyen, à toi seul que je la destine, » me répondit Junius Frey. Je lui observai que je possédais, pour tout bien, une pension *capucinale* de 700 livres, et que je l'abandonnais à mon père et à ma mère, l'un âgé de 80 ans, l'autre de 85, plus patriotes, plus énergiques que moi, et qui se sont ruinés pour me donner de l'éducation. « Peu importe, m'a répondu ce galant homme; nous vous la donnons pour vous et non pour votre fortune. »

« On m'a calomnié à cet égard, citoyens; on a prétendu que j'avais de l'argent, puisque je faisais un mariage avantageux. Je vais vous lire mon contrat de mariage; vous y verrez en quoi consiste ma fortune. J'achetai, lors de la législature de 92, pour 1,500 livres de meubles, qui, gagnant à cause de la baisse des assignats, sont reconnus valoir 2,000 écus.

Je suis donc riche d'un capital de 6,000 livres. »

Le citoyen Chabot a alors donné lecture de son contrat de mariage ; puis il a repris en ces termes :

« Maintenant j'invite la Société à nommer une députation qui assiste à mon mariage et au banquet civique qui le terminera. Je la préviens qu'aucun prêtre ne souillera ma noce et que nous n'emploierons que la municipalité. La députation voudra bien s'y rendre à huit heures du matin ; je désire que tout soit terminé pour neuf heures, car je ne veux pas m'absenter de la Convention nationale ; et ma femme m'a dit qu'elle cesserait de m'aimer si cela me faisait négliger une seule fois la Convention et les Jacobins [1]. »

Des applaudissements assez nourris ont accueilli la communication matrimoniale de Chabot. Malheureusement, au moment où il descendait de la tribune, un trouble-fête a demandé la parole, et ce trouble-fête n'était rien moins que le citoyen Dufourny, ancien président du conseil général de la Commune. Dufourny ne s'est pas fait faute d'épiloguer sur les clauses du fameux contrat de mariage, de mettre en relief et la dot de la citoyenne Frey et sa qualité d'étrangère. Il a déclaré en finissant que la Société ne pouvait assister par députation au mariage d'un de ses membres, et moins encore au banquet [2].

Une discussion très vive s'est élevée à ce sujet. Malgré l'autorité dont jouit, à si juste titre, le citoyen Dufourny, il s'est trouvé une majorité pour décider qu'une

---

1. *Journal des débats et de la correspondance de la Société des Jacobins*, séance du 14 du premier mois, l'an II de la République française (5 octobre 1793).
2. *Moniteur* de 1793, l'an II, n° 19.

députation assisterait au mariage et au banquet [1]. Pour spartiates qu'ils soient, nos Jacobins n'ont pu résister à l'envie de goûter, eux aussi, à la cuisine du baron allemand.

C'est égal, à la place de l'ex-capucin, je ne serais pas sans inquiétude. On n'épouse pas impunément une femme qui a deux cents mille livres de dot. En dépit de ses excentricités de costume et de ses exagérations de langage, en dépit de ses motions sanguinaires et de ses discours atroces, de sa jaquette sale et de ses pantalons graisseux, Chabot est riche maintenant, au su de tout le monde, et de là à être suspect, il n'y a qu'un pas, — un pas facile à franchir, même pour qui porte des sabots garnis de paille [2].

---

1. *Moniteur* de 1793, l'an II, n° 17.
2. Chabot fut traduit devant le tribunal révolutionnaire, avec ses deux beaux-frères, Junius et Emmanuel Frey. Il essaya d'échapper à la condamnation par le poison; après avoir écrit son testament politique sous forme de *Lettre aux Français*, il avala le contenu d'une fiole renfermant un remède pour usage externe (27 ventôse an II, 17 mars 1794). Ayant survécu à cette tentative de suicide, il figura dans le procès de Danton, Camille Desmoulins, Fabre d'Eglantine, Delaunay d'Angers, Basire, Hérault-Séchelles, etc. etc., et fut guillotiné avec eux le 16 germinal an II (dimanche 5 avril 1794).

XXXII

SUSPECTS !

Dimanche 13 octobre 1793.

Le grand jurisconsulte Merlin de Douai, — ou plutôt, comme on le nomme déjà, *Merlin-suspect* — a trouvé dans Chaumette un commentateur digne de lui. Avant-hier, le procureur de la Commune a dit au Conseil général quels étaient les *suspects*, à quels signes on les pouvait reconnaître. Ce petit travail de Chaumette est un monument à conserver. Le voici en son entier :

Sont suspects et doivent être arrêtés comme tels :

1° Ceux qui, dans les assemblées du peuple, arrêtent son énergie par des discours astucieux, des cris turbulents, des *murmures ;*

2° Ceux qui, plus prudents, parlent *mystérieusement* des malheurs de la République, *s'apitoyent sur le sort du peuple,* et sont toujours prêts à répandre de mauvaises nouvelles *avec une douleur affectée ;*

3° Ceux qui ont changé de conduite et de langage suivant les événements ; qui, *muets sur les crimes des royalistes, des fédéralistes,* déclament avec emphase contre les fautes légères des patriotes et *affectent,* pour paraître républicains, *une austérité, une sévérité étudiées,* qui se démentent dès qu'il s'agit d'un modéré, d'un aristocrate ;

4° *Ceux qui plaignent les fermiers, les marchands*

avides, contre lesquels la loi est obligée de prendre des mesures ;

5° Ceux qui, ayant toujours les mots de *liberté*, *république* et *patrie* sur les lèvres, *fréquentent les ci-devant nobles*, les prêtres contre-révolutionnaires, les aristocrates, *les Feuillants, les modérés*, et *s'intéressent à leur sort ;*

6° *Ceux qui n'ont pris aucune part active dans tout ce qui intéresse la Révolution*, et qui, pour s'en disculper, *font valoir le paiement des contributions, leurs dons patriotiques, leur service dans la garde nationale*, par remplacement ou autrement ;

7° Ceux qui ont reçu *avec indifférence* la Constitution républicaine, et ont fait part de fausses craintes sur son établissement et sa durée ;

8° Ceux qui, *n'ayant rien fait contre la liberté*, n'ont rien fait pour elle ;

9° Ceux qui ne fréquentent pas leurs sections, et qui donnent pour excuse qu'ils ne savent pas parler, et que leurs affaires les en empêchent ;

10° Ceux qui parlent avec mépris des autorités constituées, des signes de la loi, des sociétés populaires et des défenseurs de la liberté ;

11° Ceux qui ont signé des pétitions contre-révolutionnaires, ou fréquenté des sociétés ou clubs anti-civiques ;

12° Les *partisans de Lafayette*, et les assassins qui se sont transportés au Champ de Mars.

Le Conseil général, après avoir entendu la lecture du travail de son procureur-syndic, en a ordonné l'impression [1].

---

1. *Moniteur* du 12 octobre 1793. Séance du conseil général de la Commune du 10.

Ne vous y fiez pas cependant, et gardez-vous bien de croire que l'énumération dressée par Chaumette soit complète. Dans la séance du 5 septembre, Basire, l'ami de Danton, nous a appris qu'il y avait deux classes de suspects : la première, composée des ci-devant nobles et des prêtres ; la seconde, qui comprend « les boutiquiers, les gros commerçants, les agioteurs, les ci-devant procureurs, les huissiers, les valets insolents, les intendants et hommes d'affaires, les gros rentiers, les chicaneurs par essence, profession, éducation [1] ».

Basire n'était d'ailleurs ici que l'écho de Danton. Ce dernier n'avait-il pas dit quelques jours auparavant : « Il faut que les *commerçants*, qui ont vu avec plaisir l'abaissement des nobles et des prêtres dans l'espérance de s'engraisser de leurs biens, et qui aujourd'hui désirent la contre-révolution avec plus de perfidie, soient abaissés ; *il faut se montrer aussi terrible envers eux qu'à l'égard des premiers* [2]. »

Mais il n'y a pas que les *gros commerçants*, les *aristocrates boutiquiers* [3], qui soient suspects. Le sont aussi les plus humbles artisans et jusqu'aux porteurs d'eau. Est-ce que le substitut de Chaumette, le citoyen Hébert, n'a pas dit au Conseil général, le 23 septembre,

---

1. *Moniteur* du 7 septembre 1793.
2. Séance du 31 août 1793. *Moniteur* du 2 septembre. Danton, dans ce discours, dénonçait l'*aristocratie marchande*. Le 25 décembre 1793, Basire dira, à son tour, que « l'*aristocratie marchande* est la plus vile de toutes ».
3. « Je ne vous dissimulerai pas que les *aristocrates boutiquiers*, surtout dans ces cantons, ne sont pas encore mis à l'ordre. » Lettre de Brune aux membres du Comité de salut public, du 24 septembre 1793. *Revue rétrospective*, 1834, II, 292. — Brune — le futur maréchal de l'Empire — était alors en mission dans le Midi.

« qu'il se trouvait des émigrés parmi les porteurs d'eau ? » et, à la suite de cette dénonciation, invitation n'a-t-elle pas été faite à l'administration de police de jeter sur « ces messieurs-là » un *regard de surveillance* [1] ?

Suspects, non seulement les porteurs d'eau, mais aussi les ramoneurs. Le 21 septembre, on a guillotiné un pauvre diable de ramoneur de Rouen, nommé Soyer, condamné comme royaliste [2].

Suspects aussi les *muscadins*, ceux qui ont les mains propres, les cheveux peignés avec soin et les pieds bien chaussés [3].

Suspectes les femmes qui ne portent pas à leur bonnet la cocarde tricolore [4].

Suspects ceux qui n'ont pas retourné leur plaque de cheminée, ornée par les trois fleurs de lis en ronde bosse ; — ceux qui ont conservé un meuble, une pièce d'argenterie, un livre, sur lequel se trouve imprimé ce signe maudit [5].

---

1. Séance de la commune du 23 septembre. *Moniteur* du 25 septembre.
2. Voyez ci-dessus, page 343.
3. Séance de la Convention du 13 septembre 1793. *Moniteur* du 15 septembre.
4. Décret du 21 septembre 1793. — *Moniteur* du 23 septembre.
5. Décret du 12 octobre 1793. « Le conventionnel Duquesnoy, député du Pas-de-Calais, fit fusiller, dans une de ses missions, un malheureux conducteur de convois militaires, parce qu'il aperçut une fleur de lis sur son sabre. » *Biographie universelle*, article sur *Duquesnoy*, par *C. F. Beaulieu*. — Le beau-père de Camille Desmoulins, le citoyen Duplessis, sera arrêté comme *suspect*, parce qu'on trouvera chez lui une pendule dont l'aiguille, terminée en trèfle avait quelque chose d'approchant d'une fleur de lis, une malle sur laquelle était l'adresse fleurdelisée du marchand, un vieux portefeuille sur lequel on parvint à découvrir l'empreinte de quelques fleurs de lis. Camille Desmoulins s'indigne fort, à ce sujet, dans le n° VI de son

— « Quand je pense, me disait Beaulieu, il y a quelques jours, que Robespierre lui-même tombe sous le coup de la loi des suspects, lui qui a dans sa chambre les volumes qu'il a eus en prix au collège de Louis-le-Grand, et qui tous sont décorés de superbes fleurs de lis ! Quant à moi, je crois bien que, sauf que je n'ai point « changé de conduite et de langage suivant les événements, » et que je n'ai jamais figuré parmi « les partisans de Lafayette, ni parmi les assasins du Champ de Mars, » je suis de ceux à qui se peuvent appliquer tous les autres *signes caractéristiques* relevés par Chaumette [1]. — Après cela, a-t-il ajouté en riant, qui peut se flatter d'échapper à la loi des suspects, si Robespierre est dans le cas de se la voir appliquer ? J'ai cru pourtant un moment avoir trouvé quelqu'un qui n'avait rien à craindre de ce côté. C'est un brave homme qui a pris une part active au 20 juin, au 10 août et au 31 mai, — et qui de plus a *travaillé* à la prison de l'Abbaye le 2 septembre. Au moins, me disais-je, en voilà un qui n'est pas *suspect !* mais j'ai appris depuis qu'il avait les fleurs de lis sur l'épaule. »

— « Décidément, ai-je dit à Beaulieu, il n'y a que les enfants à la mamelle...

— « Prenez garde, mon ami, m'a-t-il répondu, ne vous avancez pas trop... Chaumette, il est vrai, les a

---

Vieux Cordelier ; le malheur est qu'il avait voté, tout le premier, la *loi des suspects*.

1. Beaulieu fut arrêté comme *suspect* le 29 octobre 1793 et enfermé à la Conciergerie. « J'ai été détenu, dit-il, quatre à cinq mois à la Conciergerie, et six au Luxembourg. » Il ne recouvra la liberté qu'après le 9 thermidor. Voir ses *Essais sur les causes et les effets de la Révolution de France*, V. 287.

oubliés dans son énumération, mais leur tour viendra [1]. »

[1]. On lit, dans les *Anecdotes relatives à quelques personnes et à plusieurs évènements remarquables de la Révolution*, par *J.-B. Harmand (de la Meuse)*, député à la Convention : « Quelque temps après la mort de Robespierre, il fut décrété que tous les comités révolutionnaires adresseraient au Comité de sûreté générale les motifs de détention de toutes les personnes arrêtées pour opinion ou faits relatifs à la Révolution... Lorsque j'arrivai au Comité, je me fis représenter les motifs de la détention de Mlle de Chabannes, alors âgée de treize ans... Ces motifs étaient ainsi conçus : *Chabannes, âgée de onze ans et demi, arrêtée POUR AVOIR SUCÉ LE LAIT ARISTOCRATIQUE DE SA MÈRE.* »

XXXIII

LE SEIZE OCTOBRE

Vendredi 18 octobre 1793.

Le 2 août, à deux heures du matin, la reine a été transférée à la Conciergerie. En sortant de la prison du Temple, où elle laissait ses deux enfants et madame Élisabeth, elle se frappa la tête au guichet, ne pensant pas à se baisser. On lui demanda si elle s'était fait du mal : « Oh ! non, dit-elle, rien à présent ne peut me faire du mal [1]. »

La veille, la Convention avait ordonné son renvoi au tribunal extraordinaire [2].

Le 3 octobre, elle a décrété que ce tribunal s'occuperait sans délai et sans interruption du jugement de la veuve Capet [3].

Le 6, le maire de Paris, le procureur de la Commune et son substitut — Pache, Chaumette et Hébert — Friry, Laurent et Séguy, commissaires du Conseil général, Heussée, administrateur de police, ont rédigé un procès-verbal, au bas duquel se trouvent, avec leurs signatures, celle du savetier Simon et celle du Dau-

---

1. *Récit des événements arrivés au Temple depuis le 13 août 1792 jusqu'à la mort du dauphin Louis XVII* (par Mᵐᵉ la duchesse d'Angoulême). *Collection des Mémoires relatifs à la Révolution française*, t. XIX, p. 223.
2. Décret du 1ᵉʳ août 1793, article VI. *Moniteur* du 2 août.
3. *Moniteur* du 5 octobre 1793.

phin. Les misérables rédacteurs de cette pièce infâme ont mis sur les lèvres de l'enfant royal les accusations les plus abominables contre sa mère et contre sa tante. Le 6 octobre 1789, à Versailles, des bandits ont voulu assassiner la reine ; ils ont égorgé les gardes placés en sentinelle à sa porte ; mais qu'est ce crime à côté de celui de Pache, de Hébert, de Chaumette et de leurs acolytes, à côté du crime du 6 octobre 1793 ? *Le crime a ses degrés*, a dit Corneille ; ce jour-là, la Révolution a franchi ce dernier degré, cet échelon suprême au-delà duquel il n'y a plus rien.

Pache, Chaumette, Laurent, Séguy et Heussée sont retournés au Temple le lendemain, assistés de l'officier municipal Daujon et du peintre David, aujourd'hui l'ami de Chaumette, comme il était hier l'ami de Marat. Cette fois, ils ont fait comparaître devant eux la fille de Marie-Antoinette et Madame Élisabeth ; ils les ont confrontées avec le petit Dauphin ; ils leur ont fait subir un interrogatoire qui rappellerait les *Actes* des premiers martyrs, si ce n'était faire injure aux bourreaux du paganisme de les comparer aux bourreaux de la Révolution [1].

Samedi dernier, 12 octobre, à six heures du soir, la

---

[1]. L'histoire elle-même est réduite à l'impuissance devant de telles infamies, qu'il lui est à peine permis d'indiquer. Il faut nous borner à reproduire ce passage de la Relation de Madame Royale : « Chaumette, dit-elle, m'interrogea sur mille vilaines choses dont on accusait ma mère et ma tante. Je fus atterrée par une telle horreur et si indignée que, malgré toute la peur que j'éprouvais, je ne pus m'empêcher de dire que c'était une infamie ; malgré mes larmes, ils insistèrent beaucoup ; il y a des choses que je n'ai pas comprises, mais ce que je comprenais était si horrible, que je pleurais d'indignation. » *Récit des événements arrivés au Temple...* par Mme la duchesse d'Angoulême, p. 233.

reine a été interrogée par Herman, en présence de Fouquier-Tinville. Le 13, signification lui a été faite de son acte d'accusation, et le 14, à huit heures du matin, elle a paru devant le tribunal.

Herman présidait, assisté de quatre juges, Coffinhal, Maire, Donzé-Verteuil et Deliège. Les jurés étaient Antonelle, ex-député des Bouches-du-Rhône à l'Assemblée législative ; Renaudin, luthier ; Souberbielle, chirurgien ; Ganney, perruquier ; Besnard ; Fievé, membre du Comité révolutionnaire de la section du Muséum ; Lumière, membre du même Comité ; Thoumin ; Chrétien ; Nicolas, imprimeur du Tribunal révolutionnaire ; Sambat, peintre ; Desboisseaux ; Baron, chapelier ; Devèze, charpentier ; Trinchard, menuisier [1].

La reine était pâle et paraissait souffrir ; ses cheveux entièrement blancs la veillissaient de vingt ans[2] ; sa robe noire, sa robe de veuve, était usée comme celle d'une pauvre femme du peuple ; mais à la dignité suprême de son maintien, à la fierté de sa tête, on reconnaissait la fille de Marie-Thérèse. Elle est montée au fauteuil de fer comme elle aurait pris place sur son trône. Pour tous, pour les sans-culottes et les tricoteuses qui se pressaient dans la salle d'audience, pour les juges et les jurés qui allaient l'envoyer à l'échafaud, elle était encore, elle était toujours Marie-Antoinette

---

[1]. Dans une lettre citée par M. Campardon (t. I, p. 120) et conservée aux Archives W 500, Trinchard se fait gloire en ces termes d'avoir *jugé* la reine : « Je taprans men frerra que je été un des jurés qui ont jugé la *bête féroche* qui a dévoré une grande partie de la *république, celle que l'on califiait si deven de Raine.* »

[2]. Elle n'était âgée que de trente-huit ans, étant née le 2 novembre 1755.

de Lorraine; plus encore qu'à Trianon et à Versailles, elle était *LA REINE*.

Les débats ont duré deux jours et deux nuits, pendant lesquels le tribunal est resté en permanence. C'est à peine si la reine a pu prendre de loin en loin un peu de nourriture; et cependant elle n'a pas eu un instant de défaillance. Elle n'a pas laissé échapper une seule parole qui pût compromettre ceux qui avaient eu l'honneur de la servir. De cette inoubliable audience je ne consignerai ici qu'un seul incident. Le lâche Hébert venait de reproduire les infâmies contenues dans la déclaration que, de compagnie avec Pache et Chaumette, il avait fait signer « au jeune Capet ». Marie-Antoinette n'avait pas répondu. Un juré ayant insisté, le président l'a interpellée sur « le fait dont avait parlé le citoyen Hébert à l'égard de ce qui s'était passé entre elle et son fils ». — « Si je n'ai pas répondu, a-t-elle dit, c'est que la nature se refuse à répondre à une pareille inculpation faite à une mère. J'en appelle à toutes celles qui peuvent se trouver ici[1]. »

Dans la nuit du 15 au 16, Chauveau-Lagarde et Tronson-Ducoudray, nommés d'office par le tribunal pour défendre l'accusée, se sont acquittés de leur tâche avec une courageuse éloquence. Quand Chauveau s'est rassis, après avoir parlé deux heures, la reine lui a dit d'une voix émue : « Combien vous devez être fatigué, M. Chauveau-Lagarde! Je suis bien sensible à toutes vos peines[2]. »

---

1. *Bulletin du tribunal révolutionnaire.* — Buchez et Roux, *Histoire parlementaire*, XXIX, 358.
2. *Notice historique sur les procès de Marie-Antoinette et de Madame Elisabeth*, par Chauveau-Lagarde.

L'accusée a été alors emmenée hors de l'audience. Le président a prononcé son résumé, second et ardent réquisitoire, digne de celui de Fouquier-Tinville ; puis il a posé aux jurés les quatre questions qu'ils allaient avoir à résoudre et qui se résumaient en deux points : complicité avec les puissances étrangères et avec les conspirateurs de l'intérieur.

Après une heure de délibération, les jurés sont rentrés et ont fait une déclaration affirmative.

Ramenée à l'audience, la reine a entendu son arrêt de mort d'un air calme ; elle a descendu les gradins et traversé la salle sans proférer aucune parole, sans faire aucun geste ; arrivée devant la barrière où était le peuple, elle a relevé la tête avec majesté [1].

Il était à ce moment quatre heures et demie du matin [2].

Moins d'une demi-heure après, le rappel était battu dans toutes les sections. A sept heures, la force armée était sur pied ; à dix, de nombreuses patrouilles circulaient dans les rues ; depuis le palais de justice jusqu'à la place de la Révolution, des canons étaient braqués au débouché des ponts, des places et des carrefours [3].

Le citoyen Sanson, exécuteur des jugements, se présenta dans la chambre de la reine à sept heures. « Vous venez de bonne heure, Monsieur, lui dit-elle, ne pourriez-vous pas retarder ? — Non, Madame, j'ai ordre de venir [4]. » Elle était prête à le suivre. A peine rentrée

---

1. Chauveau-Lagarde, *Notice historique*, etc., p. 45.
2. *Bulletin du tribunal révolutionnaire*, n° 32, p. 138.
3. *Moniteur* du 27 octobre 1793.
4. Prudhomme, *Révolutions de Paris*, XVII, 96.

dans sa prison, elle avait écrit une longue lettre à madame Élisabeth [1] ; puis, après s'être reposée sur un lit de sangle, placé auprès de la fenêtre, elle avait fait sa dernière toilette. Elle coupa elle-même ses cheveux. Elle n'avait que deux robes, l'une noire, et l'autre blanche. Elle voulut revêtir la blanche, sans doute en souvenir de son mari, qui, le 21 janvier, était habillé de blanc [2]. L'abbé Girard, curé constitutionnel de Saint-Landry, envoyé par l'évêque Gobel, s'est présenté à ce moment. « Voulez-vous que je vous accompagne, Madame ? » lui a-t-il dit. — « Comme vous voudrez, » Monsieur, a répliqué la reine ; mais elle a refusé de l'accepter comme confesseur [3].

A onze heures douze ou quinze minutes [4], elle est

---

1. Cette lettre admirable est ainsi datée : *Ce 16 octobre à quatre heures et demie du matin.* L'original est au musée des Archives, à côté du Testament de Louis XVI. Madame Élisabeth n'a jamais lu cette lettre qui, remise par Fouquier-Tinville à Robespierre, fut trouvée dans les papiers de ce dernier, après le 9 thermidor, conservée par le conventionnel Courtois, et de Courtois revint par d'autres intermédiaires au roi Louis XVIII. Chateaubriand, dans son discours à la Chambre des Pairs, du 22 février 1816, a dit de cette lettre : « La main est ici aussi ferme que le cœur ; l'écriture n'est point altérée : Marie-Antoinette, du fond des cachots, écrit à Madame Élisabeth avec la même tranquillité qu'au milieu des pompes de Versailles. » *Œuvres complètes*, t. XXIII, p. 109.

2. Voir, dans notre *Journal d'un Bourgeois de Paris pendant la Terreur*, le chapitre sur *le 21 janvier*.

3. La lettre de la reine à Madame Élisabeth se terminait par ces paroles : « Adieu ! adieu ! je ne vais plus m'occuper que de mes devoirs spirituels. Comme je ne suis pas libre de mes actions, on m'amènera peut-être un prêtre ; mais je proteste ici que je ne lui dirai pas un mot, et que je le traiterai comme un prêtre absolument étranger. »

4. *Récit du supplice de Marie-Antoinette*, par le citoyen Roay, témoin oculaire, reproduit par M. Dauban, dans *la Démagogie en 1793 à Paris*, p. 465.

sortie de la Conciergerie. La foule se pressait aux abords de la prison et sur le grand perron du Parlement ; partout des curieux, à toutes les croisées, sur les grilles, sur les balustrades, sur les corniches, sur les toits. J'étais à quelques pas de la charrette, attelée d'un cheval blanc, fort et vigoureux, à la tête duquel se tenait un homme à figure sinistre [1] ; une planche en guise de banquette, ni foin, ni paille sur le plancher. La reine est montée, pâle mais fière ; le prêtre, en habit civil, s'est assis à côté d'elle ; le valet du bourreau a pris place au fond ; Sanson, plus près, tenait les bouts d'une grosse ficelle qui retirait en arrière les bras de l'auguste condamnée ; il était debout et le chapeau à trois cornes à la main [2]. Marie-Antoinette avait un jupon blanc dessus, un noir dessous, une espèce de camisole de nuit blanche, un ruban de faveur noir aux poignets, un fichu de mousseline uni blanc [3], un bonnet de linon, sans barbes ni marques de deuil [4]. Une nombreuse troupe de gendarmes à pied et à cheval entourait la charrette, qui a suivi la route accoutumée. Le long du chemin, la reine a promené un regard d'indifférence sur la force armée qui, au nombre de plus de

---

1. Relation du vicomte Charles Desfossez, témoin oculaire, publiée par M. A. de Beauchesne, dans son livre sur *Louis XVII*, t. II, p. 145.
2. Relation de Charles Desfossez.
3. Relation de Charles Desfossez.
4. *Déclaration de Rosalie Lamorlière*, servante à la Conciergerie, pendant la captivité de la reine; reproduite par M. Émile Campardon, *Marie-Antoinette à la Conciergerie*, p. 141 et suiv. « Pour aller à la mort, dit Rosalie Lamorlière, elle ne garda que le simple bonnet de linon, sans barbes ni marques de deuil ; mais n'ayant qu'une seule chaussure, elle conserva ses bas noirs et ses souliers de prunelle, qu'elle n'avait point déformés ni gâtés depuis soixante et treize jours qu'elle était avec nous. »

trente mille hommes, formait une double haie dans les rues où elle a passé, sur le peuple innombrable qui faisait retentir les cris de *Vive la République* [1] ! Devant Saint-Roch, dont les marches étaient couvertes de spectateurs, il y eut des battements de mains. Marie-Antoinette y a paru insensible ; durant tout le trajet, son visage n'a trahi ni abattement, ni fierté [2]. Dans les rues du Roule et de Saint-Honoré, elle a considéré d'un air attentif les drapeaux tricolores qui flottaient au haut des maisons. Devant le passage des Jacobins, dont la porte est surmontée d'un grand écriteau avec cette inscription : *Atelier d'armes républicaines pour foudroyer les tyrans*, elle s'est tournée vers le prêtre et l'a interrogé ; celui-ci a élevé un instant un petit christ d'ivoire qu'il tenait à la main [4]. Le comédien Grammont [3], qui escortait la charrette, s'est à ce moment dressé sur ses étriers, et, brandissant son sabre, a crié à pleins poumons : « La voilà l'infâme Antoinette ! elle est f..., mes amis [5] ! »

La charrette est arrivée sur la place de la Révolution quelques minutes après-midi. Marie-Antoinette

---

1. *Glaive vengeur*, p. 116-117.
2. *Ibidem*.
3. Relation de Charles Desfossez.
4. *Nourry* dit *Grammont*, artiste du théâtre de la Montansier, où il jouait avec quelque succès les rôles de tyran, avait pris part au massacre des prisonniers d'Orléans à Versailles, le 9 septembre 1792. Il devint adjudant-général dans l'armée révolutionnaire et servit en Vendée. Enveloppé dans le procès de Chaumette, Gobel, Dillon, etc., il fut condamné à mort, ainsi que son fils, le 24 germinal an II (13 avril 1794). On raconte qu'ayant voulu embrasser son fils au moment de monter sur l'échafaud, celui-ci le repoussa en lui disant : « C'est vous qui m'avez conduit ici ! » — Dauban, *les Prisons de Paris sous la Révolution*, p. 238.
5. Relation de Charles Desfossez.

est descendue seule sans avoir besoin d'être soutenue, quoique ses mains fussent toujours liées [1]. Elle a attaché un instant les yeux sur le château des Tuileries, les a relevés vers le ciel, puis a gravi avec courage les degrés de l'échafaud [2]. Son pied s'étant posé par mégarde sur celui de Sanson, l'exécuteur a poussé un léger cri. Elle s'est retournée et lui a dit : « Monsieur, je vous demande pardon, je ne l'ai pas fait exprès. [3] »

L'exécution et ce qui en formait l'affreux prélude dura environ quatre minutes, Marie-Antoinette s'y prêta elle-même avec une résignation et une énergie admirables. Ce fut elle qui fit tomber son bonnet de sa tête [4]. A midi et quart précis, tout était fini. L'exécuteur montra au peuple la tête de la reine, au milieu des cris mille fois répétés de *Vive la République* [5] !

Un jeune homme a forcé à ce moment la garde qui entourait l'échafaud, s'est élancé vers l'endroit où le sang avait coulé et y a trempé son mouchoir. Il a été arrêté [6].

1. Relation de Rouy.
2. *Glaive vengeur*, p. 116-117.
3. *Révolutions de Paris*, XVII, 96. — Mercier, *le Nouveau Paris*, chap. XCVII.
4. Relation de Rouy.
5. *Glaive vengeur*, p. 117.
6. Relation de Rouy. — Ce jeune homme s'appelait Antoine Maingot, gendarme. Voir son procès dans *Marie-Antoinette à la Conciergerie*, par Emile Campardon, p. 161.

XXXIV

LE JUGEMENT DERNIER DES ROIS

Dimanche 20 octobre 1793.

L'état des prisons de Paris publié le 1ᵉʳ de ce mois donnait un chiffre de 2,400 détenus. Du 1ᵉʳ au 18 octobre le Tribunal révolutionnaire a prononcé 23 condamnations à mort. Le 16, il a envoyé la Reine à l'échafaud On annonce pour la semaine prochaine le procès, l'exécution par conséquent, de Brissot, Vergniaud, Gensonné, Fonfrède, Ducos et leurs amis de la Gironde. Puis ce sera le tour du duc d'Orléans, de Mᵐᵉ Roland, de Bailly, de Barnave... Pendant qu'on guillotine sur la place de la Révolution, à Saint-Denis on jette aux vents la cendre des rois et des reines. La destruction des tombeaux de la célèbre abbaye, après avoir été interrompue pendant deux mois, a été reprise le 12 octobre; on a ouvert ce jour-là le caveau des Bourbons et jeté à la fosse commune le corps de Henri IV [1].

Pendant ce temps, les théâtres continuent d'ouvrir

---

1. Commencées les 6, 7 et 8 août 1793, les exhumations de Saint-Denis et la destruction des monuments qui se trouvaient dans l'église de l'Abbaye ont été reprises le samedi 12 octobre et continuées sans interruption jusqu'au vendredi 25 octobre 1793. — Voir, à la fin du *Génie du Christianisme*, note 46, les détails donnés par Chateaubriand, d'après un religieux de l'Abbaye, témoin oculaire. Cette dévastation avait lieu presque au lendemain de la *fête de Saint-Denis*, qui tombe le 9 *octobre*.

leurs portes. Ils font salle comble le soir, comme le Tribunal révolutionnaire dans la journée. Le théâtre de la République, en particulier, tient un succès, en ce moment, avec une pièce de Sylvain Maréchal, le même qui signait autrefois le *Berger Sylvain :* depuis la Révolution, les loups se sont introduits dans ses bergeries[1]. Sa pièce a pour titre le *Jugement dernier des Rois*, prophétie en un acte et en prose. J'assistais à la première représentation, qui a eu lieu jeudi.

Dans une des loges de droite — *côté du roi*, comme on disait encore il y a deux ans[2]. — on se montrait avant le lever du rideau, Camille Desmoulins et Fabre d'Eglantine. Fabre tenait à la main cette lorgnette de théâtre qui ne le quitte jamais, même sur les bancs de la Convention, et dont il se sert pour observer les hommes, — Molière pourtant n'en avait pas. Auprès de lui, Lucile Desmoulins, toute gracieuse, fraîche et rose sous ses cheveux blonds, félicitait d'avance de son succès le héros de la soirée, Sylvain Maréchal, qui est de ses amis et qui était venu la saluer un instant[3]. Quant à Camille il ne

---

1. Pierre-Sylvain *Maréchal* (1750-1803). Ses principaux ouvrages sont les *Bergeries* (1770); le *Nouveau Lucrèce* (1781); le *Dictionnaire d'amour* (1788); le *Recueil d'hymnes, stances et discours en l'honneur de la déesse de la Raison* (1795); les *Voyages de Pythagore en Égypte, dans la Chaldée, dans l'Inde, en Crète, etc.*, suivis de ses lois politiques et morales (1799); le *Dictionnaire des athées anciens et modernes* (1800).

2. Dans le langage du théâtre, cette expression : *le côté du roi, le côté de la reine*, c'est-à-dire le côté de la loge du roi, le côté de la loge de la reine, était employée pour indiquer la droite et la gauche. Elle a été remplacée par celle de *côté cour* et *côté jardin*.

3. Sylvain Maréchal avait composé pour Lucile, alors âgée de dix-sept ans, un conte intitulé le *Contrat de mariage par devant nature*; le conte du *berger Sylvain* était assez leste; mais Lucile Des-

se sent pas d'aise de voir que tous les regards se tournent vers lui, et je suis bien sûr qu'il se complaît à répéter le vers de son cher Horace : *Quod monstror digito prœtereuntium.*

On tardait cependant à commencer. Le parterre s'impatiente ; aux murmures succèdent les cris. Enfin le rideau se lève. Monvel, revêtu de l'uniforme national, le chapeau décoré d'une énorme cocarde tricolore, s'avance vers la rampe et annonce qu'il a été retenu au dehors pour le service de la patrie ; il était de faction au poste de la rue du Mail. On applaudit. Il s'incline alors devant le public, et, d'une voix vibrante, entonne *la Carmagnole:*

> Madame Veto avait promis
> De faire égorger tout Paris ;
> Mais son coup a manqué,
> Grâce aux bons canonniers.
> Dansons la camargnole,
> Vive le son ! vive le son !
> Dansons la carmagnole,
> Vive le son du canon !
>
> Antoinette avait résolu
> De nous faire tomber sur c.. ;
> Mais son coup a manqué,
> Elle a le nez cassé.

Et le public, unissant ses mille voix à la voix de l'acteur, répète avec lui:

moulins en lira bien d'autres, à commencer par les contes de Grécourt ! Voyez *Camille Desmoulins et Lucile Desmoulins*, par Jules Claretie, pages 144 et 295.

> Dansons la carmagnole,
> Vive le son ! vive le son !
> Dansons la carmagnole,
> Vive le son du canon !

Étais-je donc le seul à me rappeler que Monvel avait toujours été traité favorablement par la Cour ? A la première représentation de l'une de ses pièces, *l'Amant bourru*, au moment où il disait : *C'est aujourd'hui que l'on juge mon procès ;* — *il est gagné*, cria quelqu'un du fond de la salle ; tous les spectateurs alors de répéter : *il est gagné*, et la reine Marie-Antoinette d'applaudir avec une bienveillance dont le malheureux acteur n'a point, hélas ! gardé le souvenir [1]. Il reprend de sa voix un peu faible, mais qu'il s'efforce de grossir :

> Quand Antoinette vit la Tour,
> Elle voulut faire demi-tour,
> Elle avait mal au cœur
> De se voir sans honneur.

Les spectateurs sont debout ; les mains saisissent les mains et il semble qu'une ronde immense va se déchaîner dans la salle ; mes yeux se ferment, et, comme dans un rêve, j'entends hurler le sinistre refrain :

> Dansons la carmagnole,
> Vive le son ! vive le son !
> Dansons la carmagnole,
> Vive le son du canon !

Quand je rouvris les yeux, je vis Fabre d'Églantine qui battait des mains. Le visage de Camille Desmoulins

---

1. *Biographie universelle*, XXX, 51.

rayonait de joie. Était-ce une illusion? Étais-je toujours le jouet d'un rêve? Je crus voir glisser une larme sur la joue de Lucile [1].

Le calme se rétablit peu à peu; le silence se fit et le spectacle commença.

Le Méchant précédait le *Jugement dernier des Rois*. La scène, on le sait, *se passe à la campagne, dans un château de Géronte*. Nous ne sommes plus au temps de Gresset; il n'y a plus de châteaux, et la scène se passait l'autre soir, dans une *maison* de Géronte. Les deux derniers vers du cinquième acte:

Malgré tout le succès de l'esprit des méchants,
Je sens qu'on en revient toujours aux bonnes gens,

furent accueillis par un silence de mort, bientôt interrompu par un cri de: *A bas l'aristocrate! L'aristocrate*

---

1. C'était une illusion sans doute, car voici ce que Lucile Desmoulins écrivait à propos de Marie-Antoinette :

CE QUE JE FERAIS SI J'ÉTAIS A SA PLACE.

« Si le destin m'avait placée sur le trône, si j'étais Reine enfin, et qu'ayant fait le malheur de mes sujets, *une mort certaine, qui serait la juste punition de mes crimes*, me fût préparée, je n'attendrais pas le moment où une populace effrénée viendrait m'arracher à mon palais pour me traîner indignement au pied de l'échafaud, je préviendrais ses coups, dis-je, et voudrais en mourant en imposer à l'univers entier.

« Je ferais préparer une vaste enceinte dans une place publique, j'y ferais dresser un bûcher et des barrières l'entoureraient, et trois jours avant ma mort je ferais savoir au peuple mes intentions ; au fond de l'enceinte et vis-à-vis le bûcher je ferais dresser un autel.

« Pendant trois jours j'irais au pied de cet autel prier le grand-maître de l'univers; le troisième jour, pour expirer, je voudrais que toute ma famille en deuil m'accompagnât au bûcher; cette cérémonie se ferait à minuit, à la lueur des flambeaux. » — *Camille Desmoulins*, par Jules Claretie, page 254.

à la lanterne ! Et le parterre et les loges chantèrent en chœur :

> Ah ! ça ira, ça ira, ça ira,
> Les aristocrates à la lanterne ;
> Ah ! ça ira, ça ira, ça ira,
> Les aristocrates, on les pendra.

Il était neuf heures lorsque le rideau se releva pour la pièce nouvelle.

Le théâtre représentait *l'intérieur d'une île à moitié volcanisée :* au fond, une montagne lançait des flammèches ; à droite, une cabane, un ruisseau bordé d'arbres ; à gauche, un grand rocher blanc, sur lequel on lit cette inscription :

> *Il vaut mieux avoir pour voisin*
> *Un volcan qu'un roi.*
> *Liberté. Égalité.*

Un vieillard *vénérable* sort de la cabane ; c'est Monvel, qui a dépouillé l'uniforme national, mais qui porte une barbe blanche et un bonnet rouge. Il s'assied sur une roche et compte sur ses doigts jusqu'à vingt. Il n'y a pas moins de vingt ans, en effet, qu'il habite cette île où l'a jeté, lui, honnête et bon cultivateur des environs de Versailles, le despotisme du tyran de la France.

« Là-bas dans ma pauvre patrie, s'écrie-t-il, on me croit brûlé par le volcan, ou déchiré sous la dent des bêtes féroces, ou mangé par des anthropophages ; le volcan, les animaux carnassiers, les sauvages ont respecté la victime d'un roi. »

Il se lève, fait le tour du rocher, et regardant à l'horizon : « Mes bons amis les sauvages tardent bien à venir : cependant le soleil est levé (*Ici on a levé la rampe*). Mais qu'est-ce? J'aperçois des blancs, des Européens! Sans doute le tyran est mort, et son sucesseur, pour se populariser, aura fait grâce à quelques victimes innocentes. Mais non, je ne veux pas de la clémence du despote! » Et tandis que les bravos de la salle soulignent cette fière déclaration, le bon vieillard se cache derrière le rocher, laissant la place libre aux nouveaux débarqués.

Ceux-ci, au nombre de seize, sont des sans-culottes appartenant aux diverses nations de l'Europe, qui toutes ont fait leur révolution. Ils sont à la recherche d'un volcan pour mettre à son ombre leurs ci-devant rois. A la vue de l'inscription : « Cette île doit être habitée, » dit judicieusement le sans-culotte espagnol, et aussitôt le vieillard paraît.

« Bon vieillard! vénérable vieillard! » s'écrient à la fois les seize sans-culottes. Il leur raconte son histoire et apprend de leur bouche les grands événements accomplis en Europe, les renversements politiques, les catastrophes royales, les massacres, et que si le patriote français n'amène pas, lui aussi, son ex-tyran, cela tient à une excellente raison : « Cet abominable tyran a été guillotiné. » A ces mots, le bon vieillard ne se sent pas de joie. Une seule chose l'étonne: Pourquoi avoir laissé la vie aux autres? « Pourquoi vous êtes-vous donné la peine d'amener tous ces rois jusqu'ici? Il eût été plus *expédient* de les pendre tous à la même heure, sous le portique de leur palais. » — « Non, non, répond le patriote autrichien, leur supplice eût été trop doux et aurait fini trop tôt. Il n'eut pas rempli le but qu'on se proposait. Il a paru plus convenable d'offrir à l'Europe le spectacle de ses tyrans détenus dans une ménagerie et se dévorant les uns les autres, faute de pouvoir assouvir leur rage sur ceux qu'autrefois ils osaient appeler leurs sujets. »

Le bon vieillard ne paraît pas convaincu que ses amis les sans-culottes — celui de France excepté — aient pris le meilleur parti. Il se console en songeant que *depuis quelques semaines le cratère du volcan s'élargit*.

Nous sommes à la scène IV. Arrivent les sauvages. « Ils rendaient un culte religieux au volcan, dit le vieillard; mais je les ai invités, sans contrarier leurs croyances, à partager leurs hommages entre le volcan et le soleil. » Cette tirade a paru très goûtée des spectateurs; les applaudissements ont redoublé quand on a vu les *braves sans-culottes* tomber dans les bras des *bons sauvages* et fraterniser avec eux.

Mais quelles clameurs s'élèvent! Quels cris de joie ou plutôt quels hurlements sans nom saluent l'entrée en scène des rois de l'Europe enchaînés par le col. Ils sont revêtus de leurs costumes et de leurs ornements distinctifs. Voici le roi d'Angleterre et le *roi de Pologne*, le roi de Prusse et celui de Naples. Voici le *sire d'Espagne*, affublé d'un grand nez, le nez de Baptiste jeune; Grandménil représentait l'empereur d'Allemagne, Dugazon le pape, Michot l'impératrice de Russie, que le citoyen Maréchal appelle tantôt la *Catau du Nord*, tantôt *Madame l'Enjambée*. Au bout d'un instant, nos quinze tyrans se querellent et des injures passent aux coups. L'empereur François donne un coup de poing au roi Georges III, lequel répond par un coup de pied. L'impératrice Catherine et le pape Pie VI se battent, l'une armée de son sceptre, l'autre de sa croix. Un coup de sceptre casse la croix ; le pape jette sa tiare à la tête de Catherine, qui riposte en le traitant de charlatan et de joueur de gobelets. A ce moment, les sans-culottes roulent une barrique de biscuits au milieu des rois affamés : *Tenez, faquins, voilà de la pâture! Bouffez !* Et sur ce mot, les sans-culottes, le veillard et les sauvages se rembarquent. La lutte recommence plus ardente, chaque tyran voulant avoir la plus forte part de biscuit. Mais le volcan les met tous d'accord en répandant sur eux sa lave égalitaire.

LE ROI D'ESPAGNE

Si j'en réchappe, je me fais sans-culotte !

LE PAPE

Et moi je prends femme !

CATHERINE

Et moi je passe aux Jacobins ou aux Cordeliers !

L'explosion se fait, le feu assiège les rois de toutes parts. Ils tombent consumés dans les entrailles de la terre entr'ouverte.

Un tonnerre de bravos salue ce dénouement. On demande l'auteur à grands cris, et son nom est salué d'applaudissements frénétiques. « Citoyen, me dit mon voisin, voilà une bien belle pièce et bien propre à alimenter l'esprit public et la haine des rois ! Puissent tous les potentats être ainsi foudroyés par la Montagne et la Raison ! »

Sans lui répondre, je m'élançai hors de la salle. Je me précipitai vers le jardin du Palais-Égalité, espérant trouver sous les marronniers et les tilleuls [1] un peu de calme pour mon esprit violemment agité, un peu de fraîcheur pour ma tête brûlante. Il était dix heures, la soirée était belle, et de nombreux promeneurs circulaient dans les allées qu'encadrent les galeries [2]. Hélas! le cauchemar que j'avais cru fuir me poursuivait. J'étais cerné par une bande de crieurs de journaux, hurlant à mes oreilles : *La plus grande joie de toutes les joies du père Duchesne après avoir vu de ses propres yeux la tête du* VETO *femelle séparée de son.... col de grue* [3] ! Pour échapper à cette horrible meute qui semblait s'attacher à mes pas, je me dirigeai vers les arcades du café de Foi. Un jeune homme était debout sur le seuil ; je reconnus Camille Desmoulins. A sa vue, j'oubliai tout ce qui m'entourait, et les Jacobins avec leurs carmagnoles, et les impures, en beaux fourreaux, en pelisses de satin bleu bordées d'hermine, et les *proclamateurs* et le *Père Duchesne*. Je me trouvai transporté soudain à cette journée du dimanche 12 juillet 1789, où, dans ce même jardin, ce même jeune homme, Camille Desmoulins, m'était apparu sortant du café de Foi. Le ciel était en fête ; le soleil, au milieu de sa course, darda ses rayons sur le canon du Palais-Royal ; le coup

---

1. « Deux allées de jeunes marronniers règnent sur les côtés, et se prolongent dans toute la largeur du jardin. Au milieu d'un quinconce de tilleuls se trouve un petit bassin de forme ronde, flanqué de quatre petits pavillons ovales, revêtus en treillages. » *Tableau du nouveau Palais-Royal*, t. I., p. 22, 1788.
2. En 1793, les spectacles commençaient à six heures du soir et finissaient sur les dix heures (*Révolutions de Paris*, t. VII, p. 27).
3. N° 299 du journal d'Hébert.

partit, et comme si elle eut attendu ce signal, la foule, pressée dans les allées, suspendue aux branches des arbres, poussa un grand cri. Monté sur une table, un pistolet dans chaque main, Camille parlait à cette foule, il lui disait : « Nous n'avons qu'une ressource, c'est de courir aux armes et de prendre des cocardes pour nous reconnaître ! » — « Quelles couleurs voulez-vous pour vous rallier ? continuait-il. Voulez-vous le vert, couleur de l'espérance, ou le bleu de Cincinnatus, couleur de la liberté d'Amérique [1] ? » La foule répondait : « Le vert ! Le vert ! » Et Camille arrachait une feuille d'arbre et s'en faisait une cocarde. En un instant, nous avions tous, comme lui, à nos chapeaux, des cocardes vertes. J'étais électrisé comme les autres, et lorsqu'il descendit de cette table de café, tribune improvisée que lui eût, ce jour-là, enviée Mirabeau, je l'embrassai en pleurant de joie... Le surlendemain, la Bastille était prise.

Quatre années se sont passées depuis ce jour, — quatre siècles ! La Bastille est démolie ; mais le 17 septembre 1793, la Convention a voté la loi des suspects, et a couvert la République de bastilles sans nombre, où déjà sont enfermés plus de vingt mille Français. Camille Desmoulins lui-même, le *jacobin* Camille, le ci-devant *Procureur général de la lanterne*, est soupçonné de *modérantisme;* encore un peu, et il sera rangé parmi les *suspects*. Me suis-je trompé l'autre soir ? Il m'a semblé qu'il n'avait pu se défendre d'un léger tressaillement lorsqu'il est passé, au Palais-Égalité, devant le cabinet de lecture tenu par la citoyenne

---

1. *Camille Desmoulins*, par Jules Claretie, p. 55.

Brigitte Mathéi, où son collègue Gorsas a été arrêté, il y a quelques jours, et de là traîné à l'échafaud [1]. — Allons, citoyens, guillotinez les reines, applaudissez le *Jugement dernier des Rois*, — en attendant le jugement dernier de Dieu !

1. A.-J. *Gorsas*, rédacteur du *Courrier des départements*, député de Seine-et-Oise à la Convention nationale, — Voyez ci-dessus page 5.

XXXV

LES RESTAURANTS

Mardi 22 octobre 1793.

Universus mundus exercet histrioniam : ce mot de Pétrone fut-il jamais plus vrai qu'aujourd'hui ? A Paris surtout, dans le Paris de 1793, tout est spectacle. Pour qui serait assuré, en se couchant le soir, de n'être pas arrêté dans la nuit, et, en se levant le matin, de n'être pas incarcéré dans la journée ; pour qui n'aurait pas à trembler sur le sort d'un parent ou d'un ami ; pour celui-là en un mot, qui ne vivrait que par *curiosité*, quelle succession, quelle variété de scènes sans cesse renouvelées, tour à tour grostesques ou sanglantes ; de tragédies ou de comédies aux cent actes divers, se jouant à la fois au club et à la section, au Tribunal révolutionnaire et à la Convention nationale, au théâtre, dans les prisons et dans la rue ! Que de bizarreries et d'étrangetés ! Que de bouffonneries et de larmes ! Que de contrastes véritablement inouïs !

La misère est effrayante. Certaines denrées, comme le sucre et le savon, manquent presque partout [1]. La difficulté d'avoir du pain s'accroît au lieu de diminuer. Les queues à la porte des boulangers commencent main-

---

1. Rapport de police du 19 octobre 1793 (Adolphe Schmidt, t. II p. 133).

tenant à 4 heures du matin, et il faut attendre souvent six ou sept heures avant d'être servi[1]. Quelquefois même des femmes, des mères de famille sont obligées de rentrer chez elles sans un morceau de pain, après avoir perdu une partie de leur matinée[2]. *Deux onces* de pain par personne et par jour[3], voilà aujourd'hui pour les pauvres gens le *maximum* auquel ils peuvent prétendre.

Et tandis que la misère va ainsi grandissant, que le pain se fait de plus en plus rare, les restaurants à la mode regorgent de choses recherchées, de vins exquis et de liqueurs précieuses. Les caves des grands seigneurs ont été vendues à l'encan; tout ce qui n'a pas été bu par les *patriotes* a été accaparé par les traiteurs et les limonadiers. Mis sur le pavé par la ruine de leurs maîtres, les chefs de cuisine des ci-devant, tous les maîtres-queux de l'aritocratie sont passés du service des princes, des nobles et des financiers au service du public[4]. Il se pourrait après tout que le résultat le

---

1. Schmidt, II, 104.
2. *Ibid.*, II, 128.
3. « Ces *deux onces*, j'allais, enfant de douze ans, les attendre dès quatre heures du matin, à la *queue*, devant les maisons de la rue de l'Ancienne-Comédie, pour les recevoir de la main de M. Loquin, boulanger, dont la boutique existe encore, mais pleine d'excellents pains. En arrivant plus tard à la *queue*, la provision de M. Loquin pouvait être épuisée. On était récompensé de tant de peines par la bonne qualité du *son*, qui pesait un quart sur le quart d'once de pain très tendre et très mou du *maximum*; donc, encore un quart d'eau surabondante. Je rapportais, pour quatre personnes que nous étions, *huit onces de pain pour la journée.* » Lettre de M. Audot, ancien libraire-éditeur, au tome I, p. 72, de l'*Histoire des Girondins et des Massacres de septembre*, par A. Granier de Cassagnac.
4. « Les cuisiniers des princes, des conseillers aux parlements, des cardinaux, des chanoines et des fermiers-généraux, n'ont pas resté longtemps inactifs après l'émigration des imitateurs d'Apicius.

plus clair de la Révolution fut d'avoir aboli les *privilèges de la bouche;* elle semble bien jusqu'ici n'avoir profité à personne, si ce n'est aux gourmands.

Avant le 10 août, j'allais avec Beaulieu, une fois par semaine, dîner chez Méot. Ce brave Méot, dont la clientèle a changé, mais dont les sentiments sont, je crois bien, restés les mêmes, me disait ces jours-ci : — « Nous ne vous voyons plus, Monsieur, pourquoi donc? Croyez que je tiens toujours à honneur de recevoir les honnêtes gens. Et puis nous servons toujours aussi bien, — ou plutôt, a-t-il repris avec un sentiment où à l'orgueil se mêlait peut-être un peu de honte, nous servons encore mieux qu'avant les événements. Je puis vous donner à choisir entre vingt-deux espèces de vin rouge et vingt-sept de vin blanc ; entre un nombre considérable de vins de liqueur pour terminer le repas, et, après le repas, entre seize espèces de liqueurs [1] ».

Après Méot[2], le meilleur restaurateur de Paris est Beauvilliers, l'ancien chef de cuisine du prince de Condé[3] ; tous deux ont leurs salons au Palais-Égalité.

Ils se sont faits restaurateurs et ont annoncé qu'ils allaient professer et pratiquer pour tout payant la *science de la gueule*, comme dit Montaigne. » Mercier, le *Nouveau Paris*, chapitre CLIX.

1. *Souvenirs de Paris*, par Kotzebue, t. I, p. 226.
2. L'abbé Delille a célébré *Méot* au chant III de l'*Homme des Champs* :

Leur appétit insulte à tout l'art des Méots.

3. En 1790, Beauvilliers s'était rendu acquéreur de 3 arcades du Palais-Royal, au prix de 157,500 livres. Il publia, en 1814, l'*Art du cuisinier*, un vrai chef-d'œuvre, au jugement de Colnet, le spirituel auteur de l'*Art de dîner en ville*.

Viennent ensuite :

Rose, le traiteur de l'hôtel Grange-Batelière [1] ;

Le restaurant Venua, rue Saint-Honoré [2], et le restaurant Léda, au coin de la rue Sainte-Anne et de la rue Neuve-des-Petits-Champs [3] ;

Rue de la Loi, ci-devant de Richelieu, le grand premier de l'hôtel Vauban ;

Dans la cour du Manège, le restaurant Gervais, dont les salons ouvrent sur la terrasse des Feuillants ;

Le restaurant Masse et le restaurant Véry au Palais-Égalité [4] ;

---

1. « Un jour à Sucy (où habitait en 1793 la famille Sainte-Amaranthe) arrivent en voiture le comte de Morand, le petit M. Poirson, consul de France à Stockholm, M. de Pressac, un fin causeur, ancien officier aux gardes et gendre de M. de Marbœuf. On dîne, M. de Fenouil propose d'emmener ces dames à Paris. Chacun des convives les régalera dans un restaurant à la mode. Lui-même M. de Fenouil choisit *Méot* ; MM. de Pressac et Poirson votent pour *Beauvilliers*, et M. de Morand pour le fameux *Rose*, le traiteur de l'hôtel Grange-Batelière. » *La famille Sainte-Amaranthe*, par Mme A. R.... fille d'un administrateur financier sous Louis XVI. M. Jules Claretie (*Camille Desmoulins*, étude sur les dantonistes), a donné de très curieux extraits de cette brochure.

2. On lit dans les *Petites Affiches* d'avril 1793 : « Le citoyen *Venua*, restaurateur, à côté du Manège, n° 75, ayant aussi entrée par la rue Saint-Honoré, maison dite Hôtel des Tuileries, vis-à-vis les Jacobins, même n°, prévient qu'à compter du 18 (avril), il donnera à danser fêtes et dimanches dans son berceau et son salon. Les personnes qui y viendront jouiront de plusieurs agréments et y trouveront bonne bière et toutes sortes de rafraîchissements à la glace. Il y a des pièces particulières pour les dîners de société. Il entreprend toutes sortes de grands repas, fait noces et repas de commande et donne à souper. »

3. « Déjà Léda le dispute au fameux Méot. La goinfrerie est la base fondamentale de la Société actuelle. » Mercier, le *Nouveau Paris*, chap. ccxxxv.

4. Dans ses *Mémoires*, où il parle des *Restaurants de Paris* en homme plein de son sujet, le docteur Véron ne fait remonter qu'à 1805 l'origine du restaurant Véry. C'est une erreur. On lit dans le journal

Rue Hélvétius, vis-à-vis celle de Louvois, le restaurant de Barthélemy, Maneille et Simon, tous trois Provençaux[1].

Nous avons déjà l'*Histoire de la Révolution* par *deux amis de la Liberté*. Nous aurons sans doute un jour l'*Histoire de la Révolution* par *deux gastronomes*. Voici, en attendant, quelques *notes* dont ils pourront faire leur profit.

Mirabeau l'aîné allait souvent, après les séances du soir, souper chez Velloni, le restaurateur italien de la place des Victoires. Une nuit, il soupait en tête-à-tête avec l'évêque d'Autun, Talleyrand-Périgord ; à une heure du matin, le général Lafayette, en habit bourgeois, venait se mettre en tiers :

D'animaux malfaisants c'était un très bon plat.

L'aventure fut ébruitée et ne laissa pas de donner lieu à plus d'un commentaire[2].

Mirabeau le jeune — Mirabeau-Tonneau — ne hantait point les mêmes restaurants que son aîné. Il tenait ses assises au Palais-Royal, chez Masse, en compagnie du comte de Montlosier, du marquis de Belbœuf, ancien conseiller au Parlement de Rouen, et de

---

de Gorsas, le *Courrier de Paris dans les 83 départements*, t. XXI, p. 35, n° du 3 février 1791, une *Pétition de la section du Palais-Royal au Conseil de la Commune*, où il est dit : « La semaine dernière, les garçons du sieur *Véri*, restaurateur au Palais-Royal, n° 83... » — Les frères Véry s'étaient rendus propriétaires de 3 arcades, en 1790, au prix de 196,275 livres.

1. Ils n'avaient pas encore transporté au Palais-Royal, sous les galeries de pierre, leurs fourneaux et leurs salons.
2. Œuvres de Camille Desmoulins, t. II, p. 108.

quelques-uns de leurs amis, hommes d'esprit comme eux et comme eux d'un royalisme ardent. De ces réunions sortaient chaque semaine des pamphlets pétillants de verve : le *Déjeuner* ou la *Vérité à bon marché*, — le *Dîner* ou la *Vérité en riant*, — la *Moutarde après le dîner*, — la *Tasse de café sans sucre*, etc.[1]. Pendant que les royalistes faisaient leur régal de ces piquantes brochures, la Révolution suivait son cours ; ce n'était point là un de ces combats d'abeilles, où il suffit de quelques grains de poussière pour faire tomber la colère des combattants :

Hi motus animorum, atque hæc certamina tanta
Pulveris exigui jactu compressa quiescent.

C'est aussi au Palais-Royal, chez Beauvilliers, que Rivarol, assisté de Peltier, de Champcenetz et du marquis de Bonnay, préparait, en dînant, les *Actes des Apôtres*[2].

Quant aux aristocrates qui ne rédigeaient pas de journaux après boire et qui ne tachaient pas leur nappe avec de l'encre, ils avaient adopté, pour point de ralliement, les salons de Méot[3], de cet excellent

1. *Mémoires* de Montlosier, t. II, p. 307.
2. Beaulieu, *Essais...*, t. II, p. 42.
3. *Mémoires sur divers événements de la Révolution et de l'Émigration*, par A. H. Dampmartin, maréchal des camps et armées du roi, t. I, p. 424 : » Les Jacobins travaillaient avec une activité constante à des mines que quelques esprits éclairés pénétraient assez pour craindre que leur explosion ne fût aussi prochaine que meurtrière. Les constitutionnels s'amusaient pour ainsi dire avec les hochets du pouvoir. Des circonstances frivoles se transformaient à leurs yeux en événements graves. Ils célébraient comme autant de victoires les couplets chantés au théâtre du Vaudeville, les discours tenus dans

Méot, dont les succulents dîners faisaient venir l'eau à la bouche de Camille Desmoulins : « Moi aussi, s'écriait-il, je veux célébrer la République... pourvu que les banquets se fassent chez Méot[1]. » On sait d'ailleurs que le républicain Camille n'est rien moins qu'un spartiate ; ne lisait-on pas, dès 1790, dans le *Petit Dictionnaire des grands hommes :*

« Les journalistes ont du pain depuis que les honnêtes gens en manquent. C'est ainsi que le folliculaire Desmoulins, qui naguère couchait sur un lit de sangle, couche dans un lit de damas bleu. Alors il était condamné au régime de Thaler, valet de Strabon, fruits, oignons et bouteille d'eau ; à présent, il mange chez Masse à 9 francs par tête[2]. »

Mirabeau l'aîné et Mirabeau le jeune, Talleyrand et Lafayette, Rivarol et Champcenetz, aristocrates et constitutionnels, ont fait place aux Girondins. Ces derniers se réunissaient souvent chez Venua, dont les salons s'ouvrent sur la rue Saint-Honoré et dont les jardins s'étendent jusqu'à la terrasse des Feuillants[3]. Le club des Jacobins n'était pas loin, et un soir — c'était le 7 décembre 1792 — *un citoyen* dénonça en

---

le café de Valois, et les indiscrétions échappées *chez Méot, le restaurateur à la mode.* Ces trois lieux de rassemblement étaient, d'une voix unanime, reconnus pour le rendez-vous des *purs royalistes.* »

1. *Histoire politique et littéraire de la Presse en France*, par Eugène Hatin, t. V, p. 308.

2. *Petit dictionnaire des grands hommes et des grandes choses qui ont rapport à la Révolution,* composé par une Société d'aristocrates, 1790.

3. L'hôtel Meurice occupe une partie des terrains sur lesquels était situé l'établissement de Venua. — Il occupe en outre la maison du restaurateur Léda. *Mémoires secrets,* par le comte d'Allonville, t. III, p. 402.

ces termes, à la tribune du Club, ces agapes de la Gironde : « Je suis dans l'usage d'aller dîner chez Venua. Chez ce restaurateur, il y a deux salles. J'aperçus dans l'une une table bien servie, ce qui me détermina à y entrer. On se met à table et je me trouve avec 80 députés. Je demande à mon voisin si le dîner était préparé. Il me dit : « Est-ce que vous n'êtes pas invité ? » On avait choisi Barbaroux pour président. Buzot fait l'agrément de cette table par ses bons mots. A la fin du repas, on a fait un appel nominal. Chacun a payé six francs [1]. »

Un parti chasse l'autre. Les Montagnards ont remplacé les Girondins dans les comités, dans les ministères... et dans les salons de Venua [2]. Les habitués de ce restaurant ont pu voir le 17 octobre dernier, le lendemain de l'exécution de Marie-Antoinette, Robespierre, Saint-Just, Barère et Vilate entrer dans un cabinet particulier. On sait que Joachim Vilate, ex-prêtre, ex-professeur à Guéret et à Limoges, est un des familliers de Robespierre et de Barère. On sait aussi qu'il ne brille point par la discrétion, et qu'enivré de la faveur dont il jouit auprès des maîtres du jour, il ne se fait pas faute de reproduire les paroles qu'ils prononcent devant lui. Voici donc, s'il faut l'en croire,

---

1. Buchez et Roux, XXI, 249.
2. Un des correspondants de Mallet du Pan lui écrivait de Paris, après le 9 thermidor : « Je suis forcé de vous quitter. Je vais dîner chez *Thomas* (nom convenu) dans la maison où dînaient anciennement les Rayneval, les Mirabeau, les Garat, — où dînaient aussi depuis les Guadet, les Gensonné, les Roland, les Barère, les Prieur de la Marne, et actuellement les Tallien, les Fréron, les Carletti. » — *Mémoires et Correspondance* de Mallet du Pan, recueillis et publiés par M. A. Sayous, t. I, p. 413.

quelques-uns des propos qui furent échangés ce jour-là autour de la table de Venua.

Invité à retracer la physionomie de la salle d'audience pendant le procès de la Reine, auquel il avait assisté la veille, Vilate parla de la déposition d'Hébert et du cri sublime de l'accusée : *J'en appelle à toutes les mères qui peuvent se trouver ici!* Il ne cacha pas l'impression profonde produite par ces paroles. Un violent dépit s'empara de Robespierre qui, brisant son assiette s'écria: « Cet imbécile d'Hébert! Ce n'est pas assez qu'elle soit réellement une Messaline ; il faut qu'il en fasse encore une Agrippine et qu'il lui fournisse à son dernier moment ce triomphe d'intérêt public! » Un assez long silence suivit cette sortie. Saint-Just le rompit enfin et dit : « Les mœurs gagneront à cet acte de justice nationale. » — « La guillotine, ajouta Barère, a coupé là un puissant nœud de la diplomatie des cours de l'Europe. »

La conversation a continué longtemps. Aussi bien, la chère était exquise et les vins avaient un bouquet qui montait à la tête de nos gens. Barère, plus verbeux encore que d'habitude, a déclaré qu'à ses yeux tous les nobles, tous les prêtres, tous les hommes de loi, tous les médecins étaient des ennemis nés de la Révolution et devaient être traités comme tels. Résumant sa pensée en une de ces images qu'il affectionne : « Le vaisseau de la Révolution, dit-il, ne peut arriver au port que sur une mer rougie de flots de sang. » Et Saint-Just : « C'est vrai ; une nation ne se régénère que sur des monceaux de cadavres. »

Reprenant l'image de Barère, Robespierre a signalé les deux écueils que doit éviter avec un soin égal le vaisseau de la République : d'un côté, l'exagération des supplices, une effusion excessive de sang qui révolterait l'humanité ; — d'un autre côté, un lâche *modérantisme*, une fausse sensibilité qui, pour sauver quelques têtes, sacrifierait le bonheur commun. C'est Barère qui a tiré la conclusion : « Il faut commencer par les Constituants et les plus marquants de la Législature : ce sont des décombres dont il faut déblayer la place [1] »

Ami du luxe et de la bonne chère, n'ayant de Sparte ni le laconisme ni la sobriété, Barère préfère à la cuisine de Venua celle de Méot, et c'est dans la *chambre rouge* de ce dernier qu'il fait de préférence ses parties fines. Ici encore nous devons à Vilate de connaître les *dicts mémorables* de Barère dans la *chambre rouge*. Un jour, Barère dînait en tiers avec Vilate et Hérault-Séchelles, le beau Séchelles qui sait concilier, lui aussi, avec les principes les plus rigoureux la morale la plus relâchée. « La nature, dit Hérault, sera le dieu des Français, comme l'univers sera son temple. » — « L'Égalité, reprit Barère, voilà le contrat social du peuple. » On parla ensuite du gouvernement révolutionnaire qu'il était question d'établir. Hérault-Séchelles poussant un soupir : « Faut-il qu'une nation ne se régénère, comme a dit Raynal, que dans un bain de sang ? » Et Barère : « Qu'est-ce que la génération actuelle de-

---

1. *Causes secrètes de la Révolution du 9 au 10 thermidor*, par Vilate, ex-juré au Tribunal révolutionnaire de Paris, p. 2. Vilate avait échangé son nom, pendant la Terreur, contre celui de *Sempronius Gracchus*. « J'avais eu, dit-il, la folie révolutionnaire de cacher l'obscurité du nom de mes pères sous l'éclat d'un nom illustre de l'histoire romaine. »

vant l'immensité des siècles à venir [1] ? » — Et ce disant, ils humaient un verre de cette merveilleuse eau-de-vie, provenant des caves de Chantilly, qui conserve 23 degrés malgré sa vieillesse et se vend soixante francs la bouteille. [2] Un autre jour, Barère disait encore : « Nous brûlerons toutes les bibliothèques. Oui, il ne sera besoin que de l'histoire de la Révolution et des lois : s'il n'y avait pas sur la terre, à des époques répétées, de grands incendies, elle ne serait bientôt plus qu'un monde de papier [3] ».

Le restaurateur Février, qui s'est rendu acquéreur, en 1791, de cinq arcades dans la galerie Montpensier, n'a point de *chambre rouge* comme Méot. Il affiche, au contraire, une austérité toute républicaine; point de salons aux riches tentures, mais des caveaux à voûtes basses, où l'on descend par quelques marches, et dont les tables sont éclairées par de rares lumières fixées, çà et là, le long des murs. On comprend que cela n'est pas pour y attirer Barère, non plus que le souvenir du coup de *briquet*, reçu par Michel Lepeletier [4].

S'il est arrivé à Robespierre de dîner une fois ou deux avec Barère chez Venua ou chez Méot [5], cela est tout à fait en dehors de ses habitudes. Il prend ses repas chez son hôte, le citoyen Duplay. Parfois cependant, à la suite de sa promenade quotidienne aux Champs-Élysées, il dîne chez un des Suisses du Pont

---

1. *Continuation des Causes secrètes de la Révolution du 9 au 10 thermidor*, par Vilate.
2. *Petites Affiches*. Thermidor an III.
3. Vilate, *op. cit.*
4. Voy. dans *Paris en 1793* par Edmond Biré, chap. I, *les funérailles de Michel Lepeletier*.
5. *Mémoires* de Barère, t. II, p. 20.

Tournant [1], dans un cabinet dont la fenêtre donne sur la place de la Révolution [2].

Parmi les habitués de Gervais, sur la terrasse des Feuillants, on remarque Carnot l'aîné et Collot-d'Herbois [3].

La cuisine de Gervais, ou celle du Suisse du Pont-Tournant, assez bonne pour Robespierre, Carnot ou Collot-d'Herbois, est trop vulgaire, paraît-il, pour les membres de la Commune, et en particulier pour Hassenfratz, Hébert et Chaumette qui, au sortir d'une séance où ils se sont apitoyés sur les misères du peuple et où ils ont tonné contre les aristocrates et les accapareurs, se rendent au Palais de l'Égalité et se font servir, dans les salons de Méot et de Beauvilliers, les mets les plus recherchés et les vins les plus rares [4].

Depuis quelque temps, *le grand premier de l'Hôtel-Vauban* est tout à fait en faveur auprès des gourmets.

---

1. Le pont tournant était jeté sur les fossés qui séparaient alors les Tuileries de la place Louis XV.
2. *Histoire générale et impartiale des erreurs, des fautes et des crimes commis pendant la Révolution française*, par Prudhomme. 1796-1797, tome V, p. 151.
3. Dans la séance de la Convention du 26 mars 1795, après avoir reconnu qu'il avait signé l'ordre d'arrestation de deux commis de ses bureaux, qu'il tenait cependant pour aussi honnêtes que capables, Carnot ajoutait : « Je ne me donnais pas le temps d'aller manger avec ma femme, quoique je demeurasse rue Florentin ; *j'allais dîner tous les jours sur la terrasse des Feuillants, chez un traiteur nommé Gervais.* Robespierre l'apprend ; il décerne un mandat d'arrêt contre lui, quoiqu'il ne sût pas son nom ; il ordonna que le premier traiteur en entrant dans les Tuileries par la porte du manège, à droite, serait arrêté. *Je signai moi-même ce mandat d'arrêt*, ainsi que Collot, *sans le savoir ; et lorsque nous y fûmes dîner, on nous montra notre signature;* nous courûmes à l'instant au Comité, et nous fîmes rapporter ce mandat. » *Moniteur* du 10 germinal an III (30 mars 1795.)
4. Prudhomme, *Histoire générale*..., t. V, p. 133.

C'est là que le citoyen Antonelle, l'un des jurés de Marie-Antoinette, aujourd'hui l'un des jurés de Brissot, vient, presque chaque soir, au sortir du tribunal, se reposer des fatigues et des émotions de la journée [1].

Mais la providence des grands restaurants, ceux pour qui rien n'est assez bon, n'est assez cher, ce sont les Dantonistes ; c'est Lacroix, Hérault-Séchelles, Fabre d'Églantine, c'est enfin et surtout Danton lui-même, le digne chef de cette bande de voluptueux. N'est-ce pas lui qui disait, à la fin d'un repas auquel assistaient Cavaignac, député du Lot, et plusieurs autres membres de la Convention : « Enfin, notre tour est venu de jouir de

---

[1] « Antonelle, trop dissipé et trop gourmand, trop adonné aux plus grosses orgies du Palais-Royal, pour songer à quelque autre chose. » Louvet, *Mémoires inédits*, p. 39, manuscrit de la Bibliothèque nationale. M. Vatel, dans son ouvrage sur *Vergniaud*, t. II, p. 322, a cité quelques-uns des menus d'Antonelle, trouvés par lui dans le dossier du procès de Babœuf (Archives nationales, W, 567). En voici un aperçu :

Repas servi, hôtel Vauban, au grand premier, au citoyen Antonelle.

Le 18 octobre 1793 (vieux style),

Béchamelle d'ailerons et foie gras.................... 5 l.

Le 31.

Poularde fine rôtie .... 6 l.

Le 3 novembre.

Dîner pour trois................................ 30 l.
Vin de champagne.............................. 6 l. 10 s.

Le 4.

2 cailles au gratin.............................. 5 l.
Ris de veau................................... 4 l.
12 mauviettes................................. 3 l.
Pain... 6 s.
Sauterne à 10 l. ci............................. 10 l.

la vie ! Hôtels somptueux, mets délicats, vins exquis, étoffes d'or et de soie, femmes dont on rêve, tout cela est le prix de la force conquise. A nous donc, à nous tout cela, puisque nous sommes les plus forts. Après tout, qu'est-ce que la Révolution ? Une bataille. Et dès lors ne doit-elle pas, comme toutes les batailles, avoir pour résultat le partage des dépouilles opimes entre les vainqueurs [1] ? »

Certes, un jour viendra où le parterre à jeun couvrira de huées ces lâches histrions ; où ses sifflets les obligeront à fuir dans les coulisses en emportant leurs serviettes. Un jour viendra où la statue du Commandeur entrera dans la salle du festin et dira à ces hideux convives, membres de la Commune et membres de la Convention, orateurs des Jacobins et jurés du Tribunal révolutionnaire : « Arrêtez, vous m'avez hier donné parole de venir manger avec moi. » Et ils répondront : « Oui, où faut-il aller ? — Donnez-moi la main. — La voilà. — Misérables, l'endurcissement du péché traîne une mort funeste, et les grâces du ciel que l'on renvoie ouvrent un chemin à sa foudre. » Et Barère, Danton, Camille Desmoulins, Chabot, Fabre d'Églantine, Hébert, Chaumette, Robespierre, Saint-Just, Antonelle, s'écrieront alors : « O ciel ! que sens-je ? Un feu invisible me brûle, je n'en puis plus, et tout mon corps devient un brasier ardent [2]. »

Je suis trop souvent condamné à retracer des scènes

1. Louis Blanc, *Histoire de la Révolution*, t. VII, p. 96. — Louis Blanc cite cette anecdote d'après Godefroy Cavaignac, qui la tenait lui-même de sa mère.
2. Molière, *Dom Juan ou le Festin de Pierre*, acte V, scène VI.

de lâcheté et de barbarie pour n'être pas heureux de pouvoir terminer ces notes sur les restaurants par le récit d'un fait qui honore l'humanité.

Il est au Palais de l'Egalité un modeste établissement, moitié restaurant, moitié café, tenu par de braves gens qui ont eu le bon esprit — j'affirme le fait, si invraisemblable qu'il paraisse — de ne point prétendre à régenter l'État et de se borner à faire de bonne cuisine. Dans les derniers mois de 1792, ils comptaient parmi leurs habitués un vieux monsieur assez pauvrement vêtu, mais d'une grande distinction de manières. Tous les matins, il venait à la même heure, demandait sa tasse de chocolat et son pain au lait, lisait la gazette, réglait son compte et partait. Dans les premiers jours de 1793, il vint une fois, deux fois, et se retira sans payer. Un des garçons prévint le limonadier qui, après quelques instants de réflexion, finit par dire : « C'est sans doute un oubli, qu'il réparera. Servez-le comme à l'ordinaire, et ne faites semblant de rien. Nous verrons plus tard. » Le garçon se conforma aux ordres qu'il avait reçus. Le vieux monsieur revint, fit son déjeuner habituel, lut son journal et s'éloigna encore sans payer ; cela dura bien une semaine. Enfin le septième jour, le vieillard, déposant son journal sur la table, se leva, se dirigea vers le comptoir, et, le front baissé, les joues en feu, avec une émotion pleine de dignité, dit à la maîtresse de l'établissement : « Madame, vous avez dû remarquer mon étrange conduite, et cependant vous n'avez rien dit. Ce morceau de pain est ma seule nourriture de toute la journée : elle me suffit, mon faible estomac n'en pourrait même point supporter d'autre. Sans vous, je le confesse, sans votre charité, je serais mort de faim. Soyez bénie, vous et les vôtres ! » La bonne dame ne put retenir ses larmes. « Monsieur, dit-elle, en baissant la voix, faites-nous le plaisir de venir tant qu'il vous plaira. Ma maison, ma table vous sont ouvertes. Mon mari et moi nous sommes dans les mêmes sentiments. Nous sommes trop heureux de pouvoir être utiles à un homme d'honneur qui nous inspire à tous autant d'intérêt que de vénération ».

Et le vieux monsieur continua de venir. Seulement, chaque fois qu'il passait devant le comptoir, il saluait son hôtesse d'un air attendri, et le sourire respectueux de l'excellente femme lui disait : A demain ! à demain, n'y manquez pas !

Deux mois se passèrent ainsi. Un matin le vieux monsieur ne reparut pas, où était-il ? En prison sans doute ! Peut-être le citoyen Antonelle l'avait-il envoyé à l'échafaud, entre un déjeuner *aux mauviettes* et un dîner aux *poulardes fines rôties* [1].

---

1. Charles Brifaut, de l'Académie française. *Passe-temps d'un reclus*, p. 424. — M. Brifaut, dans ses intéressants *Souvenirs*, nous apprend que le vieux monsieur était un gentilhomme de province, qui, forcé de quitter son district, avait cherché un refuge à Paris. Dénoncé par son portier, il avait été obligé de fuir précipitamment à l'étranger. Il rentra en France sous le Consulat et donna à l'honnête restaurateur du Palais-Royal vingt mille francs pour ses pains mollets.

XXXVI

LA PEUR

Jeudi 24 octobre 1793.

« Toute la Révolution se peut conjuguer ainsi : J'ai peur, tu as peur, il a peur, nous avons peur, vous avez peur, ils ont peur [1] ». Ce mot de Joseph Michaud est aussi juste que spirituel. Certes le courage n'est pas mort en France, et nos armées le font bien voir. Il brille du plus vif éclat dans les camps et dans les prisons, sur le champ de bataille et sur l'échafaud. Lorsqu'il faut mourir, nous sommes bien les fils des Français d'autrefois ; mais au-dessus de ce courage en face de la mort, si admirable soit-il, n'en est-il pas un autre, plus élevé, plus noble, plus digne d'un grand cœur, celui qui résiste, sur la place publique, aux préjugés et aux passions de la foule, celui qui, dans une Assemblée, sait dire *non* à une majorité égarée, *non* à une loi injuste, *non* à une mesure criminelle ? C'est là le courage le plus nécessaire en temps de révolution, — le plus nécessaire et le plus rare. Au sein de la Convention nationale, il fait complètement défaut. Chaque jour les décrets les plus iniques, les plus atroces, sont adoptés sans discussion, *à l'unanimité*. Le Comité de salut public ou le Comité de sûreté générale envoie à

---

1. *Esquisses historiques, politiques, morales et dramatiques du gouvernemnet révolutionnaire de France*, par Ducancel, p. 51.

la tribune un de ses membres ; celui-ci donne lecture d'un long rapport, que termine un projet de décret, et tout est dit : quelqu'il soit, le décret est accepté d'avance ; pas une voix ne se fera entendre pour le combattre, pas une main ne se lèvera pour le repousser.

Le 12 de ce mois, trois jours après l'entrée des troupes républicaines à Lyon, Barère, au nom du Comité de salut public, a présenté le décret suivant :

Il sera nommé par la Convention nationale une commission extraordinaire de cinq membres, pour faire punir militairement et sans délai les contre-révolutionnaires de Lyon.

Tous les habitants de Lyon seront désarmés. Leurs armes seront distribuées sur-le-champ aux défenseurs de la République. Une partie sera remise aux patriotes de Lyon qui ont été opprimés par les riches et les contre-révolutionnaires.

LA VILLE DE LYON SERA DÉTRUITE ; *tout ce qui fut habité par les riches sera démoli.* Il ne restera que la maison du pauvre, les habitations des patriotes égorgés ou proscrits, les édifices spécialement employés à l'industrie, et les monuments consacrés à l'humanité ou à l'instruction publique.

Le nom de Lyon sera effacé du tableau des villes de la République.

La réunion des maisons conservées portera désormais le nom de *Ville affranchie*[1].

Il sera élevé *sur les ruines de Lyon* une colonne qui attestera à la postérité les crimes et la punition des royalistes de cette ville, avec cette inscription : *Lyon fit la guerre à la liberté ; Lyon n'est plus*[2] !

---

1. Cette dénomination fut changée en celle de *Commune-Affranchie*, la République ne reconnaissant plus que des communes dans les agglomérations d'habitants.
2. Décret du 12 octobre 1793. — *Moniteur* du 13 octobre.

Rien de pareil à ce décret ne s'était encore vu dans l'histoire. Eh bien ! il a été adopté *à l'unanimité* [1] !

Qui veut étudier les innombrables formes que peut revêtir la lâcheté humaine n'a qu'à venir tous les jours aux Tuileries, dans la salle de la représentation nationale, et à observer du haut des tribunes la physionomie des membres de la Convention, leurs gestes, leurs paroles, leur silence. Chez celui-ci, que nous avons connu élégant et soigné dans sa mise, la peur se traduit par le débraillé du costume ; chez celui-là, par le débraillé du langage ; chez cet autre, qui fut académicien, par la haine de l'Académie, et chez cet autre, qui fut prêtre, par la haine de l'Église. De ces deux députés assis à côté l'un de l'autre, l'un ne parle jamais, l'autre parle sans cessse. Qui empêche le premier de parler ? la peur. Qui fait parler le second ? la peur. De ces deux hommes, qui semblaient ne devoir se séparer jamais, l'un se montre au plus haut de la montagne, l'autre se cache au plus profond du marais : c'est la peur qui fait que celui-ci se cache, la peur qui fait que celui-là se montre. Quelques-uns changent continuellement de place. Hier, vous les avez laissés sur un banc à droite, vous les retrouvez aujourd'hui au centre ; demain ils seront à gauche : ils ont peur. Plusieurs, il est vrai, se tiennent imperturbablement sur le même gradin : ils ont peur comme les autres ; seulement, ils ont compris que pour ne point attirer sur soi l'attention, le mieux était encore de ne pas bouger. Ceux-là — je vous les donne pour les plus fins et pour ceux à qui restera en dernier lieu le champ de bataille — ceux-

---

1. *Mercure français*, n° 116.

là n'ont garde d'imiter les pauvres diables qui, pour ne pas se compromettre, assistent le moins possible aux séances. Ils ont soin au contraire de n'en manquer aucune [1], et Robespierre lui-même est moins exact, moins assidu.

Ce serait un curieux travail et bien digne de tenter un naturaliste politique, que celui de classer nos conventionnels, non plus en prenant pour base de la classification les étiquettes des partis auxquels ils se rattachent, mais les différentes sortes de *peur* qui les caractérisent. On les rangerait ainsi par *genres* et par *espèces*, et dans chaque *espèce* combien de *variétés !* M. Lacépède, qui fut député de Paris à l'Assemblée législative et à qui les électeurs ont fait des loisirs en ne l'envoyant pas à la Convention, serait admirablement préparé à dresser un pareil tableau. Ne lui devons-nous pas déjà l'*Histoire naturelle des Serpents* et celle des *Reptiles* [2] ?

A son défaut, je veux essayer de décrire, non pas un *genre*, ni même une *variété* (ce serait au-dessus de mes forces), mais un individu appartenant à la variété des *Silencieux*.

Sieyès a été envoyé à la Convention par trois départements, la Gironde, l'Orne et la Sarthe [3]. Il y arrivait, précédé d'une immense réputation. N'avait-il pas écrit la fameuse brochure : *Qu'est-ce-que le Tiers-Etat* [4] ? Le

1. *Mémoires de Mcillan*, député des Basses-Pyrénées à la Convention nationale.
2. *Histoire naturelle des Quadrupèdes ovipares et des serpents*, 2 vol. in-4 (1788-89); *Histoire naturelle des Reptiles*, in-4 (1789).
3. Il opta pour la Sarthe.
4. Janvier 1789. Le titre exact de la brochure de Sieyès est celui-ci : *Qu'est-ce que le Tiers-État? Tout. Qu'a-t-il ? Rien.*

lendemain de la séance royale du 23 juin 1789, n'avait-il pas prononcé ces paroles, grosses d'une révolution : « Nous sommes aujourd'hui ce que nous étions hier ; délibérons ! » Ses discours sur le veto royal, sur la liberté de la presse et sur la liberté des cultes, la nouvelle division de la France en départements et en districts, dont il avait été le promoteur ; son plan pour l'institution des jurés au civil et au criminel ; tant de circonstances où il lui avait été donné de jouer un rôle considérable et qui avaient mis en lumière ses grands talents, ne permettaient pas de douter qu'il ne devînt un des membres les plus influents de la Convention nationale et l'un de ses principaux orateurs. La Convention est réunie depuis plus d'un an, et Sieyès n'est monté à la tribune qu'une seule fois, le 25 janvier 1793, pour donner lecture d'un rapport sur l'organisation du ministère de la guerre [1]. Vainement l'Assemblée l'a nommé successivement secrétaire, membre du Comité de constitution, membre du Comité de salut public ; il continue de se renfermer dans le mutisme le plus absolu. A l'époque du procès du Roi, alors que presque tous les membres motivaient leurs votes, il n'a laissé tomber de ses lèvres que ces cinq monosyllabes : sur la question de la culpabilité : *Oui* : — sur la question ; quelle peine sera infligée à Louis ? *la Mort ;* — sur la question de l'appel au peuple : *Non* ; — sur la question du sursis : *Non*. Aussi remarquable d'ailleurs par son assiduité que par son silence, il n'a pas encore manqué une seule séance [2]. Il est toujours là, approuvant tout, votant tout. Dans

1. *Moniteur* du 28 janvier 1793.
2. Notice sur sa vie, écrite par lui-même. An III.

les couloirs ou sur son banc, il est rare qu'il n'ait pas à la main un numéro du *Père Duchesne*. Ce délicat fait ses délices de la prose immonde de l'abject Hébert : son front s'éclaire d'un rayon de gaieté, ses lèvres jouent l'approbation lorsqu'il lit la feuille protectrice[1].

Au mois de septembre 1789, M. de Montlosier, faisant son entrée à la Constituante, où il venait d'être appelé à remplacer M. de la Rousière, démissionnaire, rencontra l'abbé Sieyès à la porte de la salle, et, après un court échange de compliments, lui dit : « Que pensez-vous de cette Assemblée ? » Sieyès hésita un moment, puis répondit en baissant la tête : « *Caverne, s'y jeter, y demeurer*[2]. » C'est là évidemment ce qu'il s'est répété à lui-même, le jour où il s'est *jeté* dans la Convention, *caverne* s'il en fut. Pour être plus sûr d'y *demeurer* jusqu'à la fin, il s'est mis à deux places de Robespierre[3]. Combien de fois mes regards ne sont-ils pas allés de l'un à l'autre, de la figure de Robespierre, — un peu fade au demeurant, à cette belle tête de Sieyès, méditative et puissante, à ce large front,

---

1. Paganel. *Essai historique et critique sur la Révolution*, t. III, p. 95. — L'abbé Sieyès ne faisait ici du reste qu'imiter les Girondins. On lit encore dans Paganel, membre lui-même de la Convention et qui parle ici *de visu* : « Au nom seul du *Père Duchesne* les deux tiers de la France étaient glacés de terreur, et pourtant ceux qui exécraient le plus sa doctrine et ceux à qui son style était le plus étranger étaient également empressés à lire son obscène journal... Les *Girondins*, les modérés, traversaient les salles et arrivaient jusqu'aux banquettes souriant à la lecture du *Père Duchesne*. »
2. *Mémoires sur la Révolution française, le Consulat, l'Empire, la Restauration et les principaux évènements qui l'ont suivie*, par le comte de Montlosier, t. 1, p. 255.
3. *Mémoires, correspondance et manuscrits du général La Fayette.*

à ce regard d'aigle, à ces lèvres fines et closes[1] ! Combien de fois aussi ne me suis-je pas dit que, si Robespierre excitait en moi plus de haine, j'éprouvais pour Sieyès plus de mépris !

Tel il se montre sur les bancs de l'Assemblée, prêtant aux pires décrets l'appui de son silence et de son vote, tel il est dans les Comités. Il s'y rend régulièrement, s'assied près de la grande table, puis, au bout d'un quart d'heure, se lève et se promène de long en large. Si grave que soit la question que l'on agite, si terribles que soient les mesures que l'on propose, il ne dit rien. S'il arrive qu'un membre, se retournant vers lui, le presse un peu: « Qu'en penses-tu, citoyen Sieyès? » il ne manque jamais de répondre: « Mais oui, ce n'est pas mal. » Et cet homme qui répond ainsi à Collot-d'Herbois, à Billaud-Varenne ou à Vadier: *Ce n'est pas mal*, c'est celui en qui notre enthousiasme saluait, il y a quatre ans, le prophète, le législateur de la Révolution, celui que Mirabeau appelait son *maître* et qui lui arrachait ce cri: « Il y a donc un homme en France! et certes un homme appelé à nous servir de guide dans l'Assemblée nationale qui va décréter notre destinée[2] ! » — Un dernier trait, et je finis. Il y a quelques jours, on lui annonce qu'un des hommes qu'il voyait le plus vient d'être arrêté. « Ce diable d'homme, dit-il, ne pense jamais qu'à me compromettre, » et il appuie de toutes ses forces les charges qui pèsent sur ce malheureux [3].

La France qui tremble devant les Conventionnels

---

1. *Mes récapitulations*, par N. Bouilly, t. I, p. 221.
2. Sainte-Beuve, *Causeries du lundi*, t. V, p. 167.
3. Benjamin Constant, *Portraits*. — *Le Livre des Cent et un*. t. VII.

saura-t-elle jamais que ces hommes, un petit nombre excepté, sont encore plus lâches que cruels? Jamais le mot de Tacite n'a reçu une plus exacte application : *Pavebant terrebantque.*

M. Louis Blanc a écrit dans son *Histoire de la Révolution* : « *La peur n'était pas de ce temps.* » Ce qu'il faut penser de cette assertion, les hommes *de ce temps* vont nous le dire eux-mêmes, non les royalistes, mais les révolutionnaires les plus ardents et les moins suspects :

Le conventionnel Grégoire (*Mémoires*, t. II, p. 425-426) : « L'Assemblée conventionnelle existait encore lorsque moi-même j'imprimai qu'elle contenait « deux ou trois cents individus qu'il fallait bien n'appeler que *SCÉLÉRATS*, puisque la langue n'offrait pas d'épithète plus énergique. » — « Cette Convention renfermait des hommes *HIDEUX*, et que l'enfer semblait avoir vomis comme indignes même de ce séjour d'horreur. » — « *Et de quoi se composait donc cette majorité de la Convention qui décrétait? d'hommes féroces et surtout d'HOMMES LACHES! Et que faisait donc la minorité pour s'y opposer?* »

Le conventionnel Levasseur, de la Sarthe, (*Mémoires*, t. II, p. 196) : « *La terreur que nous inspirions se glissait sur les bancs de la Montagne* comme dans les hôtels du faubourg Saint-Germain. »

Le conventionnel Mercier (le *Nouveau Paris*, t. II, p. 46) : « L'art de subjuguer une nation est dans l'art de la terrifier... *La Convention nationale a été terrifiée par Robespierre.* Que de législateurs n'auront d'autre excuse à alléguer devant la postérité que ces mots : *nous étions terrifiés.* Les Romains ont bâti un temple à *la Peur* : la nation française en masse lui doit un large autel. »

Le conventionnel Cochon de Lapparent (cité par Fabre de l'Aude, dans son *Histoire secrète du Directoire*, t. II,

p. 274) : « *La peur,* oui, Monsieur, *la peur !...* On tremblait non seulement pour soi, mais pour les siens, mais pour ses amis. »

Le conventionnel Baudot, dont M. Edgar Quinet, dans son livre sur *la Révolution,* invoque si fréquemment l'autorité, disait à un de ses amis : « On croit que nous avions un système, c'est une illusion. Nous obéissions fatalement à cette nécessité : *tuer pour ne pas être tués.* » (*Moniteur universel,* 15 janvier 1874.)

Le conventionnel Thibaudeau (*Mémoires,* I, 46) : « Alors il semblait que, pour échapper à la prison ou à l'échafaud, il n'y avait plus d'autre moyen que d'y conduire les autres. »

Le conventionnel Barère (cité par M. Taine, *la Révolution,* III, 240) : « Nous n'avions qu'un seul sentiment, celui de notre conservation, qu'un désir, celui de conserver notre existence, que chacun de nous croyait menacée. On faisait guillotiner son voisin pour que le voisin ne vous fît pas guillotiner vous-même. »

Le conventionnel Merlin — non pas Merlin de Douai, cette rare figure de pleutre, mais Merlin de Thionville, le grand, le brave, l'*héroïque* Merlin — a dit à la tribune même de la Convention, dans la séance du 9 mars 1795 : « Si, après que nos travaux seront terminés, me présentant un jour à la barre de l'Assemblée législative, on osait me dire que j'ai manqué de courage, je m'écrierais : *Quel est celui qui ose m'accuser ?* QUEL EST CELUI QUI N'A PAS ÉTÉ AUSSI LACHE QUE MOI ? (*Moniteur* du 22 ventôse an III, — 12 mars 1795.)

Roland, le ministre de la Convention (cité par M. F. Barrière, dans son édition des *Mémoires de Mme Roland,* p. 322), juge en ces termes les députés du parti de la Gironde : « Les uns craignaient les poignards dont j'étais moi-même menacé ; les autres, se croyant quelque popularité, craignaient de la compromettre. On prétextait quelquefois la nécessité de conserver son influence pour des circonstances importantes. Quelquefois aussi on affectait de dire et on le disait de bonne foi : « Qu'importe ? il faut les laisser dire, il ne faut pas les irriter. Ils se font connaître, ils s'usent. » Il n'est pas d'ineptie ou de *faiblesse* dont je n'aie été témoin et patient. J'ai honte de le dire, et j'en ai le cœur navré, *je n'ai pas un homme à citer;* tous déplorant le sort des choses, voyant l'avenir sous des couleurs telles que pouvaient les faire peindre ou présager les circonstances, mais trop atterrés du présent, *ne trouvant plus dans leur âme un seul ressort :* ce n'était que *la pâleur de la frayeur* et l'abandon du désespoir. »

Madame Roland, dont les fautes ne doivent pas faire oublier l'admirable courage, a porté sur les Conventionnels un jugement qui sera celui de l'histoire. Dans l'écrit auquel elle a donné pour titre : *Mes dernières pensées*, elle parle en ces termes des membres de la plaine et de ceux d'entre les Girondins qui, après avoir laissé faire le 31 mai, furent à leur tour décrétés d'arrestation le 3 octobre 1793 : « Oh ! s'ils avaient eu mon courage, ces êtres *pusillanimes*, ces hommes qui n'en méritent pas le nom, dont la faiblesse se couvrait du voile de prudence... ils auraient racheté leurs premières fautes de conduite ; ils auraient provoqué, le 2 juin, par une opposition solennelle, l'arrestation qu'ils viennent de souffrir... Ils ont temporisé avec le crime, les *lâches !* Ils devaient tomber à leur tour ; mais ils succombent *honteusement* sans être plaints de personne, et sans autre perspective, dans la postérité, que son *parfait mépris.* »

Terminons par ces autres lignes de madame Roland, extraites de sa courte notice sur Buzot : « Les Français ont méconnu leurs défenseurs, et ceux qu'ils auraient dû chérir, honorer, ont été proscrits par *une assemblée de LACHES que dominaient des brigands.* »

XXXVII

LE PROCÈS DE BRISSOT

Du jeudi 24 au mercredi 30 octobre 1793.

Le procès de Brissot et des vingt députés traduits avec lui au Tribunal révolutionnaire a commencé le 24 octobre. Malgré l'énorme affluence qui se presse chaque jour au Palais pour suivre les débats, ou tout au moins pour voir les accusés, j'ai pu assister à quelques-unes des audiences.

Elles se tiennent dans l'ancienne grand'chambre du Parlement, dite aujourd'hui *salle de l'Égalité*[1], et commencent à neuf heures du matin pour finir à cinq heures du soir.

Ce tribunal est présidé par Herman, assisté de Foucault, Scellier, Denizot et Ramey, Fouquier-Tinville remplit les fonctions d'accusateur public; Pâris, qui, depuis l'assassinat de Michel Lepeletier par un de ses homonymes, a changé son nom contre celui de *Fabricius*, tient la plume comme greffier. Les jurés sont au

---

1. L'autre section du Tribunal révolutionnaire siégeait dans la salle *Saint-Louis*, dite *salle de la Liberté*. La salle de la *Liberté* et celle de l'*Égalité* ont été brûlées par la Commune en 1871. La première chambre du tribunal civil de la Seine siège actuellement sur l'emplacement de l'ancienne salle de l'*Égalité*. La salle Saint-Louis (salle de la *Liberté*) était devenue, avant l'incendie de 1871, la grand'chambre de la Cour de cassation (Berriat Saint-Prix, *la Justice révolutionnaire à Paris*).

nombre de quinze: Antonelle, Nicolas, Thoumin, Devèze, Souberbielle, Renaudin, Lumière, Fiévé, Baron, Ganney, Trinchard, Sambat, Brochet, Aigoin et Laporte[1]. A l'exception des trois derniers, tous ont siégé dans le procès de la Reine.

Les accusés, les *Vingt et Un*, tous membres de la Convention, sont Brissot, Gensonné, Vergniaud, Lauze-Duperret, Carra, Gardien, Dufriche-Valazé, Sillery, Fauchet, Duprat, Lasource, Boyer-Fronfrède, Ducos, Lacaze, Mainvielle, Duchastel, Le Hardy, Boilleau, Lesterp-Beauvais, Antiboul et Viger.

C'est Brissot qui est assis sur le fauteuil de fer réservé à l'accusé principal[2]; c'est lui que l'acte d'accusation représente comme l'organisateur et le chef de la *Conspiration contre l'unité et l'indivisibilité de la République*. Cette conspiration n'a jamais existé; mais les ennemis de la Gironde ne font point fausse route, quand ils tiennent Brissot pour leur plus redoutable adversaire. Il avait de l'énergie, du courage, de l'habileté; mais que pouvait-il faire avec des soldats qui ne voulaient pas reconnaître de chef, avec des lieutenants qui mettaient tant de vigueur dans leurs discours qu'il ne leur en restait plus pour l'action, et dont le plus éminent, Vergniaud, n'était pas moins remarquable par son insouciance et sa paresse que par son éloquence[3]?

1. Campardon, *le Tribunal révolutionnaire de Paris*, t. I, p. 154.
2. Voyez, dans les *Révolutions de Paris*, XVII, 147, la gravure représentant le tribunal révolutionnaire pendant le procès des Vingt et Un.
3. « Dédaignant les hommes assurément parce qu'il les connaît bien, Vergniaud ne se gêne pas pour eux ; mais alors il faut rester particulier oisif, autrement la paresse est un crime, et Vergniaud

Interrogé par le président sur ses noms, âge, qualités et lieu de naissance, Brissot a répondu qu'il était âgé de 39 ans, natif de Chartres, etc.

Comme lui, la plupart de ses co-accusés n'ont pas encore atteint quarante ans. Lasource a 39 ans, Viger 36, Gensonné, Le Hardy 35, Duprat 33. Plusieurs ont moins de trente ans. Mainvielle et Ducos n'ont que 28 ans. Boyer-Fonfrède et Duchastel 27 [1]. Vergniaud vient d'accomplir sa quarantième année, étant né à Limoges le 31 *mai* 1753 : on sait comment la Commune, les sections et la Convention nationale ont célébré l'anniversaire de sa naissannce [2].

Un seul des accusés a dépassé cinquante ans, le marquis de Sillery, mari de Mlle de Saint-Aubin, comtesse de Genlis; il a 57 ans.

Sept défenseurs ont pris place à côté des accusés; ce sont les citoyens Chauveau-Lagarde, Tronson-Ducoudray, Julienne [3], Lafleutrie, Guyot, Lasalle et Guinier. Chauveau-Lagarde a été chargé de défendre plus particulièrement Brissot et Vergniaud [4].

est grandement coupable à cet égard. » Madame Roland, *Mémoires*, édition Dauban, p. 317.

1. Tribunal révolutionnaire, séance du 24 octobre 1793.
2. Son acte de naissance a été publié par M. C. Vatel (*Vergniaud*, I, 174).
3. « Julienne, très jeune et très bien fait de sa personne, mais d'une pétulance extraordinaire dans ses gestes et dans ses paroles, qui perdaient, par trop de rapidité, partie de leur mérite. Son genre concis était expéditif et laissait parfois désirer des développements que dans sa conviction intime il jugeait superflus. Avocat en titre de la préfecture de police (sous l'Empire), Julienne était surchargé de petites causes qui absorbaient tout son temps. Moins occupé et plus rassis, sa merveilleuse facilité l'aurait fait parvenir au premier rang. » *Souvenirs* de Berryer père, I, 319.
4. *Notes de Chauveau-Lagarde, inédites*, publiées par C. Vatel. **Vergniaud**, II, 426.

Il est impossible de suivre les débats sans être révolté par l'impudence des accusateurs, l'infamie des témoins, l'indignité des jurés et des juges. Mais en même temps comment oublier que ces accusés ont été presque tous sans pitié pour Louis XVI? L'acte d'accusation dressé contre eux par Amar, et présenté par lui au nom du Comité de sûreté générale, dans la séance du 3 de ce mois, est un tissu de calomnies et de mensonges. N'était-ce pas aussi un tissu de mensonges et de calomnies que cet acte d'accusation dressé contre Louis XVI par Dufriche-Valazé, et présenté par lui, au nom de la Commission extraordinaire des Vingt-Quatre, dans la séance du 6 novembre dernier? On ne lit pas sans indignation dans le rapport d'Amar : « Pitt voulait assassiner les fidèles représentants du peuple : Brissot et ses complices ont tenté plusieurs fois de faire égorger une partie de leurs collègues : ils ont assassiné Marat et Lepeletier. » Ces accusations sont abominables. N'étaient-elles pas plus abominables encore, celles dont Dufriche-Valazé se faisait l'organe dans son rapport, lorsqu'il s'écriait : « De quoi n'était-il pas capable, le monstre ! Vous allez le voir aux prises avec la race humaine tout entière ! Je vous le dénonce comme accapareur de blé, de sucre et de café[1] ! » — Il y a quelques jours à peine, Marie-Antoinette était assise sur ces bancs où sont aujourd'hui les députés de la Gironde, Dufriche-Valazé était appelé

---

1. *Rapport sur les crimes du ci-devant roi, dont les preuves ont été trouvées dans les papiers recueillis par le Comité de surveillance de la commune de Paris*, par Dufriche-Valazé, député de l'Orne. — Voir dans le *Journal d'un Bourgeois de Paris pendant la Terreur*, le chapitre intitulé : *Les témoins de Louis XVI*.

à déposer, comme témoin, en même temps que Bailly et Manuel ; mais tandis que l'ancien maire de Paris, tandis que l'ancien procureur de la Commune lui-même s'inclinaient devant cette grande infortune et se gardaient bien de rien dire qui pût servir les desseins d'Herman et de Fouquier-Tinville, Dufriche-Valazé, au contraire, se laissait aller à fournir des armes à l'accusation. A la veille d'être la victime d'Herman et de Fouquier, il se faisait leur complice. Si Dufriche-Valazé est le seul qui ait commis le double crime de pousser de toutes ses forces à la condamnation de Louis XVI et de joindre sa voix à celle des accusateurs de Marie-Antoinette, plusieurs de ses co-accusés ont voté, comme lui, la mort du roi : Brissot, Vergniaud, Gensonné, Carra, Ducos, Lesterp-Beauvais, Boyer-Fonfrède, Lasource, Boilleau, Duprat [1].

Poursuivis à leur tour, traduits devant un tribunal de sang, Brissot et ses collègues pouvaient racheter leurs fautes par un généreux repentir, et, après tant de faiblesses, s'honorer du moins, en face de leurs ennemis, par la fermeté de leur attitude. Bien loin qu'il en soit ainsi, ils invoquent, comme un titre à l'indulgence de leurs juges, leur conduite dans le procès de Lous XVI ; ils cherchent à effacer le souvenir de leur lutte contre la Commune et contre Marat ; les faits qui leur sont reprochés, ils les rejettent sur leurs amis absents ; ils dénoncent jusqu'à leurs parents eux-

1. Vergniaud, Gensonné, Carra, Ducos, Boyer-Fonfrède, Lasource, Boilleau, Duprat volèrent *pour la mort* et *contre le sursis*. Brissot, Lesterp-Beauvais et Dufriche-Valazé, qui avaient voté la mort, volèrent le sursis. — Mainvielle et Viger n'avaient pu prendre part au procès du Roi, n'étant entrés à la Convention, Mainvielle, que le 25 janvier 1793, et Viger que le 27 avril.

mêmes. Au lieu de faire courageusement le sacrifice de leur vie, ils se défendent comme s'ils avaient l'espoir de sauver leur tête, non en hommes d'État qui tombent noblement dans l'arène, mais en hommes de loi qui plaident les circonstances atténuantes : au Tribunal révolutionnaire comme à la Convention, les députés de la Gironde n'auront été que des avocats [1].

La Révolution du 31 mai a été faite contre eux ; c'est à elle qu'ils doivent d'être aujourd'hui sur le banc des accusés. Chose incroyable ! ils applaudissent à cette Révolution, ils font l'éloge de la Commune qui les a renversés !

« J'ai plaidé plusieurs fois, a dit Fonfrède, *en faveur de la municipalité de Paris* [2]. »

« La France s'est expliquée sur cette Révolution, a dit Duprat, et *j'approuve maintenant la journée du 31 mai* [3]. »

« Certes, » a dit Vergniaud, dont Fouquier venait de produire une lettre, écrite au club des Récollets de Bordeaux et invitant les *hommes de la Gironde à se tenir prêts*, — « certes, si j'avais eu une intention de réaliser ce que j'écrivais, le moment était venu ; mais, au contraire, je fis rendre, *dans la séance du 31 mai*, un décret pour instruire les armées de ce qui s'était passé à Paris. *Pénétré d'admiration de la conduite qu'avaient tenue dans cette journée les habitants de cette ville, JE FIS DÉCRÉTER QU'ILS AVAIENT BIEN MÉRITÉ DE LA PATRIE* [4]. »

---

1. Voir, pour les détails et les preuves, la *Légende des Girondins*, par Edmond Biré, chap. xi.
2. *Bulletin du Tribunal révolutionnaire*, 2ᵉ partie, nº 47.
3. *Ibidem*, nº 62.
4. *Ibidem*, nº 43.

Vergniaud n'a peut-être d'ailleurs jamais été plus éloquent que dans les discours prononcés par lui depuis le commencement du procès. Il a eu des accents magnifiques, lorsqu'il a énuméré les services qu'il a rendus à la cause de la Révolution, et la vérité est que ni Danton ni Robespierre n'en ont rendu d'aussi grands. Il s'est glorifié du rôle qu'il a joué au 10 août; mais là encore, dans ses explications, quel manque singulier de dignité et de courage ! Quand, le 10 août, il est monté à la tribune pour proposer, au nom de la Commission des Vingt-Quatre, la suspension provisoire du chef du pouvoir exécutif, on sait qu'il prononça, d'une voix altérée [1], les paroles suivantes : « Je viens, au nom de la commission extraordinaire, vous présenter une mesure *bien rigoureuse* ; mais je m'en rapporte à *la douleur* dont vous êtes pénétrés, pour juger combien il importe à la patrie que vous l'adoptiez sur-le-champ [2]. » Cette émotion éprouvée par Vergniaud en présence de la chute du trône le plus auguste de l'univers et devant la plus tragique des infortunes, le témoin Chaumette lui en a fait un crime. « Je reproche à Vergniaud, a-t-il dit au tribunal, le projet de décret qu'il présenta pour la déchéance, dans lequel il affecta la douleur la plus profonde de voir tomber un trône pourri par le crime. » Et Vergniaud, loin de répondre par le dédain à cette méprisable accusation, au lieu de s'honorer des pleurs qu'il avait versés, de ces nobles larmes — *decoræ lacrymæ* — qui, devant la postérité, auraient peut-être lavé ses fautes, Vergniaud jure ses grands dieux qu'il

---

1. *Histoire de la Terreur*, par Mortimer-Ternaux, II, 341.
2. *Moniteur* du 12 août 1792.

a vu d'un œil sec les malheurs du *tyran*, que la *douleur* dont il était pénétré n'avait d'autre cause que les malheurs du peuple et les *massacres* dont ce peuple infortuné était la victime [1] ! — Qui donc ignore, en effet, que c'est le *peuple* qui a été *massacré* au 10 août? — Plus affligeante encore a été la réponse de Vergniaud à un autre grief de Chaumette, lui reprochant « d'avoir laissé décréter, dans la séance même du 10 août, qu'il serait nommé, dans le jour, un gouverneur au *prince royal*. » Il n'a pas craint de dire, pour sa justification, qu'en proposant cette mesure il avait une arrière-pensée, et que son dessein était de faire du fils de Louis XVI un *otage* entre les mains du *peuple* : « Lorsque je rédigeai cet article, a-t-il dit, le combat n'était pas fini, la victoire pouvait favoriser le despotisme, et dans ce cas le *tyran* n'aurait pas manqué de faire faire le procès aux patriotes. C'est au milieu de ces incertitudes que je proposai de donner un gouverneur au *fils de Capet*, afin de *laisser entre les mains du peuple un otage* qui lui serait devenu très utile, dans le cas où il aurait été vaincu par la tyrannnie [2]. » — « Le motif allégué par l'accusé, a répliqué Fouquier, ne paraît pas le véritable ; car si le tyran eût été victorieux, il se serait peu soucié que son fils eût eu un gouverneur ou non ; cela n'aurait pas empêché de poursuivre les patriotes. » Et devant cette simple observation de bon sens, Vergniaud est resté sans réponse [3].

Vergniaud du moins n'a pas imité certains de ses

1. *Procès de Brissot et de ses complices*, p. 29.
2. *Ibid*.
3. *Ibid*.

co-accusés, qui ont rejeté sur leurs amis absents les responsabilités les plus lourdes, sur leurs amis qui se cachent, qui seront découverts demain peut-être, et contre lesquels on s'armera, pour les traîner à l'échafaud, de ces impardonnables dénonciations [1].

Dufriche-Valazé a dénoncé son collègue Valady. Chaumette avait dit dans sa déposition : « Il parut une affiche rouge à Paris, dans un moment où cette ville éprouvait quelques difficultés dans son approvisionnement. On invitait dans cette affiche à massacrer les Jacobins et les Cordeliers pour avoir du pain. L'auteur de ce placard adressé *Aux Honnêtes Gens* fut longtemps inconnu. Enfin un officier de paix crut reconnaître qu'il était de Valazé ou de Valady, son complice. Je ne puis pas affirmer lequel des deux en était véritablement l'auteur. » Valazé s'est empressé de déclarer qu'il était étranger à la publication de cette affiche, et que *Valady en était l'auteur* [2].

Lasource a dénoncé Isnard : « Chabot, a-t-il dit, vient de me reprocher d'avoir, dans la réunion qui avait lieu rue d'Argenteuil, demandé le décret d'accusation contre Robespierre et Anthoine. Il s'est trompé ; je ne me rappelle pas si j'ai appuyé cette proposition, mais *elle fut faite par Isnard* [3]. »

---

1. Le *Bulletin du Tribunal révolutionnaire*, qui fut accusé, comme on le verra plus loin, de s'être montré très favorable aux accusés, dit dans son numéro 40 : « Ils s'accordent à rejeter les fautes les plus graves sur leurs complices contumaces, tels que Guadet, Barbaroux, etc. »

2. *Bulletin...*, n° 49. — Mis hors la loi le 28 juillet 1793, Izarn de Valady, député de l'Aveyron, s'était réfugié chez un de ses parents du côté de Périgueux. Il fut arrêté, condamné à mort par le tribunal criminel de la Dordogne et exécuté le 5 décembre 1793.

3. *Bulletin...*, n° 56.

Lauze-Duperret a dénoncé Barbaroux comme ayant préparé à Caen une insurrection contre la Convention nationale [1].

Le président a donné lecture d'une lettre adressée à Lesterp-Beauvais et dirigée contre Marat, très compromettante par conséquent pour son auteur. Elle n'était pas signée, mais souscrite seulement d'un A et d'un F. Lesterp-Beauvais a bien voulu apprendre au tribunal que « *cela voulait dire AMABLE FRICHON* [2]. »

Une autre lettre, adressée à Lacaze et conçue en termes très violents contre la Montagne, a été lue. De même que la précédente, elle n'était pas signée. Mais Lacaze a eu soin de tirer Herman et Fouquier d'embarras. « *Cette lettre*, a-t-il dit, *a été écrite par mon cousin Gaston Lacaze* [3]. »

Rien n'est plus pénible à coup sûr que la tâche dont je m'acquitte ici, et je me demande par instants si ce n'est pas manquer à un devoir sacré, devoir de pitié et de miséricorde, que de relever les défaillances de ces accusés qui, poursuivis par des ennemis implacables, sont condamnés d'avance à l'échafaud. Plus d'une fois, depuis que j'ai commencé ces pages sur le procès de Brissot et de ses amis, la plume m'est tombée des mains. Je l'ai reprise pourtant, et j'irai jusqu'au bout. Tous les jours, en effet, des hommes innocents, des vieillards, des femmes, sont traduits devant le tribunal révolutionnaire. Tous, même les vieillards, même les femmes, font preuve du plus admirable

1. *Bulletin...*, n° 62.
2. *Ibid.*, n° 62.
3. *Ibid.*, n° 48.

courage. Aucun ne faiblit, aucun ne cherche à défendre sa vie par des mensonges ou par de lâches réticences. C'est à peine si on daigne accorder à leur innocence et à leur héroïsme une attention bientôt distraite par d'autres spectacles. Aujourd'hui, dans cette même salle, sont assis des hommes qui ont renversé la royauté, assassiné le roi, proposé ou voté des lois de mort sans nombre ; et ces hommes qui ont commis tant de fautes, dont quelques-uns ont commis des crimes, ces hommes n'ont même pas ce courage qui n'a encore fait défaut à aucun de ceux qui les ont précédés devant le tribunal de Fouquier-Tinville. Mais quoi ! ils sont jeunes, ils sont éloquents ; leur voix est harmonieuse, leurs gestes sont beaux ; et voilà que l'on se passionne pour eux et que, non contents de les plaindre, certains se prennent à les admirer. Je veux bien les plaindre ; mais les admirer, non pas. Je tiens, au contraire, que c'est un devoir de ne point jeter un voile sur leurs faiblesses. Dans le spectacle de ces hommes qui, pour avoir vécu sans vertus, tombent sans grandeur, il y a une leçon qu'il importe de ne point perdre.

Il en est un pourtant, parmi les Vingt-et-Un, à qui peuvent aller la sympathie, le respect et l'hommage des honnêtes gens. C'est Duchastel, député des Deux-Sèvres, le plus jeune de tous les accusés ; il n'a point appartenu à l'Assemblée législative ; il n'a point dès lors pris part aux trames criminelles de la faction Brissot dans cette période néfaste qui va de la séparation de la Constituante à la réunion de la Convention nationale. A la Convention, son courage ne s'est pas démenti un instant, et tel il s'était montré dans le procès du roi, tel nous le retrouvons aujourd'hui.

Le président lui a demandé : « Quels étaient les passagers qui étaient avec vous dans le bâtiment sur lequel vous avez été arrêté ? — Ils avaient des noms différents des leurs, a dit Duchastel, non sans un léger sourire ; l'un s'appelait Merain, l'autre Dubois, etc. » — Herman n'a pu en obtenir davantage. Il lui a alors posé cette autre question : N'est-ce pas vous qui, en bonnet de nuit, êtes venu voter contre la mort du tyran ? Et d'une voix assurée, Duchastel a répondu : « Comme je n'ai à rougir d'aucune de mes actions, je déclare que c'est moi [1]. »

A la bonne heure ! Ce fier langage est pour soulager la conscience publique. Grâce à Duchastel, grâce à sa ferme et loyale attitude, la justice et l'honneur, outragés par des juges indignes, trahis par des accusés pusillanimes, auront eu du moins leur revanche !

1. *Procès de Brissot et de ses complices*, p. 68.

XXXVIII

LE PROCÈS DE BRISSOT

(*Suite*)

Du jeudi 24 au mercredi 30 octobre 1793.

J'ai noté les défaillances des Vingt et Un. Il est juste de dire également ce qu'ont été leurs accusateurs et leurs juges.

Parmi les témoins à charge, cinq sont membres de la Convention et ont voté la mise en accusation dans le séance du 3 octobre. Ce sont les citoyens Chabot, Fabre d'Églantine, Maribon-Montaut, Léonard Bourdon et Duhem. N'est-ce pas la violation des règles les plus élémentaires de justice, d'entendre comme témoins ceux-là précisément qui ont ordonné les poursuites? Ne s'expose-t-on pas à les voir transformer leur déposition en un véritable réquisitoire? Et n'est-ce pas ce qui est arrivé, notamment pour Chabot, dont la prétendue déposition a tenu deux audiences [1]?

Le 23 septembre dernier, un membre de la Société des Jacobins, le citoyen Brochet, se plaignait de ce que l'acte d'accusation contre Brissot et ses complices n'avait pas encore été lu à la Convention; il s'indignait des lenteurs apportées au châtiment de ces grands

---

1. Cette déposition de Chabot remplit dix-huit colonnes de la réimpression du *Moniteur*.

coupables. Ce même Brochet siège parmi les jurés qui vont prononcer sur leur sort ; l'idée qu'il devait se récuser ne lui est certainement pas venue.

Ces choses, qui auraient paru monstrueuses en un autre temps, ne sont point pour être remarquées aujourd'hui ; et s'il n'y avait rien eu de plus grave dans ce procès, je ne m'y serais pas arrêté. Mais elles ont été suivies de la mesure la plus révoltante, de l'iniquité la plus audacieuse que la Convention ait encore commise.

A l'issue de l'audience du 27 octobre, Hébert, qui avait déposé comme témoin dans le procès, s'est précipité à la Société des Jacobins, et a dénoncé un prétendu projet de soustraire les accusés au glaive de la loi, projet dont la plupart des journaux, et en particulier le *Bulletin du Tribunal révolutionnaire*, seraient les complices. « Les hommes qu'on va juger, a-t-il dit, sont les plus faux, les plus astucieux qu'on ait connus de toute tradition, et ils ont de grands avantages sur leurs accusateurs, qui ne sont que les défenseurs des droits du peuple. Les accusés peuvent écrire pour leur justification ! Les accusateurs, au contraire, obligés de faire face à tous les devoirs, à toutes les fonctions que leur impose leur charge, ne peuvent s'y livrer que d'une manière insuffisante. Il existe certainement un projet d'arracher ces scélérats au glaive de la loi, et vous serez étonnés de tous les moyens qu'on emploie pour y parvenir... Il existe un journal intitulé : *le Bulletin du tribunal révolutionnaire*. L'astuce et l'imposture que l'auteur de ce journal met dans sa rédaction sont inconcevables. Il n'est pas de feuille plus dangereuse pour l'opinion publique... Chabot a prononcé hier au Tribunal un discours dans lequel il peint, avec autant de force que de génie et de sincérité, les malheurs causés par ces hommes qui voulaient fédéraliser la France... » Hébert a terminé sa harangue en demandant : 1° que le *Journal de la Montagne* rendît compte des séances du Tribunal révolutionnaire pendant le procès de Brissot ; 2° que Chabot fût invité à répéter dans la Société son discours, qui serait ensuite imprimé et reproduit dans les journaux.

Un citoyen, assigné comme témoin pour paraître au Tribunal, s'est indigné des *lenteurs* qui *entravent* la marche de la justice, dans une affaire où le crime est aussi évident!

Un autre citoyen a demandé qu'une commission fût chargée de dénoncer au Comité de sûreté générale le rédacteur du *Bulletin du Tribunal révolutionnaire*. Cette proposition a été adoptée sur-le-champ ; mais les honneurs de la séance ont été pour l'orateur d'une députation de 400 sociétés populaires du Midi qui a exprimé la stupéfaction dont il avait été saisi, en arrivant à Paris, lorsqu'il avait constaté que le Tribunal révolutionnaire n'était au demeurant qu'un *tribunal ordinaire;* lorsqu'il avait vu, chose incroyable! qu'il fallait des *témoins*, des *formes*, pour juger Brissot, — alors qu'on aurait dû *le fusiller tout de suite*[1] *!*

Le lendemain, 28, la Société des Jacobins a entendu de nouveau Hébert, qui venait d'écrire dans son journal :

Braves b....., qui composez le tribunal, ne vous amusez donc pas à la moutarde. Faut-il donc tant de cérémonies pour raccourcir des scélérats que le peuple a déjà jugés [2]?

1. *Moniteur* du 30 octobre 1793.
2. *Le Père Duchesne*, n° 304.

Hébert a commenté son article en ces termes à la tribune du club :

« Le grand Jury a déjà prononcé ; l'opinion publique est fixée sur les crimes de cette faction atroce, et, avant que le tribunal fût formé, elle les condamnait...

« On sait bien que Brissot, Gensonné ; on sait bien que l'incendiaire du Calvados, Duchastel ; que le prêtre Fauchet, qui prêchait la république et la loi martiale parmi les tripots du Palais-Royal ; on sait bien que ceux-là ne peuvent pas échapper ; mais bien un *phénix* que l'on veut faire renaître de sa cendre : C'est Vergniaud. Déjà plusieurs femmes aimables s'intéressent à lui ; publient qu'il se défend comme un ange et qu'il apporte de bonnes raisons à ses accusateurs.

« Il en est un autre aussi que les femmes veulent sauver, parce que, et il faut en convenir, il est *joli;* c'est celui que Marat appelait le *furet* de la Gironde ; car on sent que celui qui, dans une affaire aussi audacieuse, aussi compliquée, celui qui faisait le métier de furet ne jouait pas le rôle le moins important. Ses liaisons avec madame Condorcet lui garantissent le parti de toutes les femmes de sa clique. C'est Ducos, c'est celui-là que les femmes ont pris sous leur sauvegarde [1].

Hébert a conclu en demandant l'envoi à la Convention nationale d'une députation chargée de réclamer le jugement de Brissot et consorts dans les vingt-quatre heures.

Chaumette, lui aussi témoin au procès, a pris la parole pour montrer combien étaient criminels les hommes qui acceptaient la mission de défendre les

---

1. *Moniteur* du 31 octobre 1793.

conspirateurs. « Il faut, s'est écrié le procureur de la Commune, que le jugement se fasse ainsi qu'à Rome, où du Capitole le coupable passait à la Roche Tarpéienne. Je demande qu'on voue au plus parfait mépris et à l'exécration les hommes qui défendront les assassins du peuple, et que cet arrêté soit envoyé aux tribunaux criminels, aux quarante-huit sections et aux sociétés populaires. »

Cette motion de Chaumette a été adoptée, ainsi que la proposition faite par Hébert d'aller demander le jugement de Brissot dans les vingt-quatre heures. La Société des Jacobins a décidé de plus qu'elle irait en masse et a invité les tribunes à se joindre à elle [1].

Nul doute qu'Hébert, avant de se rendre aux Jacobins, ne se fut concerté avec Herman et Fouquier-Tinville; car dans cette même soirée du 28 octobre, le président du tribunal et l'accusateur public adressaient à la Convention une lettre lui demandant « de *faire disparaître toutes les formalités* qui entravaient la marche du tribunal [2] ».

En même temps qu'elle entendait la lecture de cette lettre, dans sa séance du 29, la Convention admettait à sa barre la députation de la Société des Jacobins. Son orateur, le citoyen Audouin, le gendre de Pache, s'est exprimé en ces termes :

Citoyens représentants, vous avez créé un tribunal révolutionnaire chargé de punir les conspirateurs. Nous croyions que l'on verrait ce tribunal découvrant le crime d'une main et le frappant de l'autre; mais il est encore asservi à des

1. *Moniteur* du 31 octobre 1793.
2. *Moniteur* du 30 octobre 1793.

formes qui compromettent sa liberté.... Vous avez le maximum de l'opinion, frappez. Nous vous proposons :

De débarrasser le Tribunal révolutionnaire des formes qui étouffent la conscience et empêchent la conviction; d'ajouter une loi qui donne aux jurés la faculté de déclarer qu'ils sont assez instruits; alors, et seulement alors, les traîtres seront déçus et la terreur sera à l'ordre du jour [1].

Satisfaction a été donnée sur l'heure à la députation des Jacobins; le décret suivant, rédigé par Robespierre, a été adopté séance tenante:

1° Si un procès pendant au Tribunal révolutionnaire a duré plus de trois jours, le président du tribunal est tenu de commencer la séance suivante en demandant au jury si sa conscience est suffisamment éclairée;

2° Si les jurés répondent non, l'instruction sera continuée jusqu'à ce que le juré [2] ait fait une déclaration contraire;

3° Si le jury répond qu'il est suffisamment instruit, il sera procédé sur-le-champ au jugement;

4° Le président ne pourra permettre aucune réclamation contraire aux dispositions de la présente loi;

5° La Convention renvoie à son Comité de législation pour être fait un rapport demain sur la partie de la pétition tendant à diminuer les formes qui entravent les opérations des tribunaux criminels extraordinaires;

6° La Convention décrète que le présent décret sera à l'instant expédié et envoyé au président du tribunal criminel extraordinaire [3].

---

1. *Moniteur* du 30 octobre 1793.
2. A cette époque, on se servait souvent du mot *juré* pour désigner le jury tout entier.
3. *Procès-verbal de la Convention du 8 brumaire* (29 octobre 1793). — On a trouvé, dans les papiers de Robespierre, le brouillon de ce décret, écrit de sa main; il en a recommencé quatre fois la ré-

Pas un seul membre de la Convention n'a combattu cet abominable décret, pas un seul n'a levé la main contre son adoption.

Le lendemain 30, à l'ouverture de l'audience, Fouquier-Tinville a requis la lecture de la loi votée la veille; Herman a demandé aux jurés si leur conscience était suffisamment éclairée. Ils se sont retirés, et, à leur retour, Antonelle a déclaré, en leur nom, que leur conviction n'était pas encore acquise. Les débats ont donc continué; mais dans quelles conditions? Aucun témoin nouveau n'a été entendu. Tout s'est borné à des questions adressées à Duprat, Mainvielle, Lesterp-Beauvais, Le Hardy, Fauchet, Lacaze, Antiboul et Sillery, c'est-à-dire à ceux des accusés dont la situation au procès était secondaire et dont les réponses n'étaient pas de nature à faire impression sur l'auditoire. Ni Vergniaud, ni Gensonné, ni Brissot, ni Lasource n'ont été interrogés à cette heure suprême. Herman a pu ainsi gagner sans encombre le milieu de la journée. A trois heures, il a suspendu la séance, qui a été reprise seulement à cinq heures. Cette suspension d'audience de deux heures a sans doute été mise à profit par Fouquier-Tinville et par Herman; toujours est-il qu'au moment où la séance a été rouverte, bien qu'il n'y eût eu en réalité, depuis le matin, aucun débat nouveau, aucun témoin entendu, aucune défense produite, Antonelle s'est levé et a déclaré que sa conscience et celle de ses collègues étaient suffisamment éclairées. Alors, sans

---

daction. Ce brouillon a été reproduit, avec les ratures, en tête du second volume des *Papiers inédits* de Robespierre. — Sur la part prise par ce dernier à la condamnation des Girondins, consulter Vatel, au tome II, p. 437 et suivantes, de son livre sur *Vergniaud*.

que l'accusateur public ait prononcé de réquisitoire, sans que les accusés ou leurs défenseurs aient pu faire entendre une parole, sans même que le président ait fait de résumé, les jurés se sont retirés dans la Chambre du Conseil. A dix heures et demie du soir, ils ont fait avertir qu'il étaient prêts à rendre leur verdict, et ils ont été aussitôt introduits. Chacun d'eux a fait à haute voix sa déclaration sur les questions qui leur avaient été remises par le président. Plusieurs ont motivé leur opinion ; tous se sont prononcés pour la culpabilité. — Les accusés ont été ramenés à l'audience. Fouquier a requis, au nom de la République, que Brissot et ses complices fussent condamnés à la peine de mort, *conformément à la loi du 16 décembre dernier*, portant: tous ceux qui tenteront de détruire l'unité et l'indivisibilité de la République seront punis de mort et leurs biens seront acquis et confisqués au profit de la République.

Un grand mouvement s'est produit dans la salle. Tandis que la majorité du public claquait des mains, les quelques honnêtes gens perdus dans l'auditoire éprouvaient une commisération profonde pour ces malheureux jeunes hommes, doués pour la plupart de talents remarquables, et qui allaient périr, coupables, sans doute, de bien des fautes, mais innocents du moins des crimes pour lesquels on les condamnait. Pour moi, en entendant Fouquier-Tinville demander leur condamnation *au nom de la République* et *conformément à la loi du 16 décembre dernier*, je n'ai pu me défendre de penser que nul plus que Brissot, Vergniaud, Gensonné et leurs amis, n'a contribué à l'établissement de la République, et que la loi du 16 décembre 1792 est leur œuvre, puisqu'elle a été votée à un moment où les Girondins disposaient de la majorité à la Convention, et qu'elle a été adoptée à l'*unanimité*[1] ! — Parmi les accusés, les uns ont accueilli les réquisitions de Fouquier avec une morne stupeur, les autres avec des cris violents. Brissot a laissé tomber ses bras et a courbé la tête. L'abbé Fauchet a levé les yeux au ciel ; ses lèvres se sont agitées, demandant peut-être à Dieu le pardon que lui refusaient les hommes. Lasource paraissait anéanti. Duprat, au contraire, semblait braver ses juges. Boilleau, élevant son chapeau en l'air, criait : *Je suis innocent*, et interpellait le peuple avec véhémence. Boyer-Fonfrède s'est jeté dans les bras de Ducos : « Mon ami, lui a-t-il dit, c'est moi qui te donne la mort ! » Ducos, le pressant contre son cœur, répondait : « Mon ami, console-toi, nous mourrons ensemble. » Gensonné a demandé la parole sur l'application de la loi ; ses paroles se sont perdues dans le bruit[2]. Soudain, au milieu des cris, des invectives, des interpellations qui se croisent, le mot : *Je me meurs!* se fait entendre sur les bans des accusés ; si grande est l'agitation de la salle, qu'il passe presque inaperçu.

Cependant le président ordonne aux gendarmes de faire sortir les accusés. A ce moment Sillery a été superbe : atteint de la goutte, pouvant à peine se soutenir, il a jeté au milieu du parquet la béquille sur laquelle il s'appuyait, et, d'une voix vibrante, il s'est écrié : « La mort prononcée contre moi me rend toutes

---

1. *Moniteur*, du 18 décembre 1792.
2. *Les Mystères de la Mère de Dieu dévoilés*, par Vilate, ex-juré au tribunal révolutionnaire de Paris, chap. XIII.

mes forces[1] » En sortant, plusieurs des accusés, qui avaient préparé des défenses écrites, les déchirent, et en jettent les morceaux dans la salle. Quelques spectateurs croient ou feignent de croire que ces papiers ainsi lancés au peuple sont des assignats; on les foule aux pieds, on les met en pièces, au milieu des cris de *Vive la République*[2]!

Tous les accusés avaient quitté la salle, sauf un, celui qui venait de crier : *Je me meurs*. Son corps était là, couvert de sang, étendu sur l'estrade. Herman, que cet horrible spectacle semble laisser indifférent, prononce contre Brissot et ses collègues la peine de mort et celle de la confiscation.

Cette formalité remplie, le tribunal, sur le rapport à lui fait qu'un des condamnés s'était porté un coup de couteau, décide que ledit individu sera visité et pansé par les officiers de santé assermentés, lesquels feront leur rapport, audience tenante.

Après un rapide examen, les chirurgiens ont déclaré que le condamné, dont le corps gisait dans la salle, était expiré; sur quoi le tribunal a ordonné que par deux de ses huissiers, il serait procédé à la reconnaissance du cadavre suicidé; qu'ils en dresseraient procès-verbal et en feraient sur-le-champ leur rapport.

Les deux huissiers investis de cette mission, les sieurs Nappier et Déguainier, ont rapporté au tribunal que le cadavre était celui de Charles-Éléonore Dufriche-Valazé.

---

1. *Les Révolutions de Paris*, XVII, 149.
2. *Bulletin du tribunal révolutionnaire.*

Fouquier-Tinville s'est alors levé et a requis que le cadavre de Valazé fût *exécuté* sur la place de la Révolution, en même temps que Brissot et les autres condamnés. Herman lui-même a reculé devant cette mesure sans nom, que Fouquier avait d'ailleurs proposée comme une chose toute simple et toute naturelle[1] : le Tribunal a ordonné que le cadavre de Valazé serait conduit au lieu du supplice dans une charrette qui accompagnerait celles de ses complices, et qu'il serait ensuite inhumé dans la même sépulture[2].

La séance a été levée, et la foule qui remplissait la salle s'est précipitée au dehors, annonçant la *bonne nouvelle* aux innombrables curieux qui, malgré la nuit, stationnaient dans la grande salle et aux abords du Palais de Justice[3] ; elle a été accueillie par des cris formidables de *Vive la République!* — Il était à ce moment onze heures un quart[4].

1. *Procès de Fouquier-Tinville*, déposition du commis-greffier Wolff, n° 23, p. 2 ; réponses de Fouquier, n° 24, p. 3.
2. *Bulletin du Tribunal révolutionnaire*, n° 64.
3. Lettre de Pache, maire de Paris, à Hanriot.
4. *Bulletin...*, n° 64.

XXXIX

LE 31 OCTOBRE

Vendredi 1er novembre 1793.

Hier [1], à midi, les condamnés sont sortis de la Conciergerie pour être conduits au supplice. Ils étaient placés dans trois charrettes, la tête nue, les mains liées, les bras en manches de chemises, leur habit attaché à leur cou et se balançant sur leurs épaules ; dans une quatrième charrette, plus petite, qui suivait les autres, était le cadavre de Valazé, couché sur le dos et la figure découverte [2]. Malgré la pluie qui tombait, une foule énorme et telle qu'on n'en avait point encore vu

---

1. L'exécution des Girondins eut lieu le jeudi 31 octobre, et non le 30 *octobre*, comme le dit à tort et par deux fois M. Michelet (t. V, p. 386 et 397).

2. Tous les historiens, Louis Blanc, Michelet, Lamartine, etc., parlent de *cinq* charrettes. « Ils furent conduits au supplice, dit Louis Blanc dans cinq charrettes, ayant avec eux un compagnon muet et livide, Valazé. » — « Au moment, écrit Michelet, où le funèbre cortège des cinq charrettes sortit de la sombre arcade de la Conciergerie... » — « Cinq charrettes, dit à son tour Lamartine, attendaient leur charge... Ils étaient quatre sur chaque charrette. Une seule en portait cinq. Le cadavre de Valazé était couché sur la dernière banquette. Sa tête découverte, cahotée par les secousses du pavé, ballottait sous les regards et sur les genoux de ses amis. » La gravure, publiée dans les *Révolutions de Paris* (XVII, 146), quatre jours seulement après l'exécution, contredit la version de nos historiens. On y voit quatre charrettes seulement, dont *trois* occupées par les condamnés, et, dans la quatrième, le cadavre de Valazé, qui se trouvait ainsi séparé de ses compagnons. On lit dans les *Mémoires du comte d'Allonville*, III, 275 : « Un témoin oculaire du supplice des Girondins m'a remis la note suivante : « Tout cela est vrai. J'étais alors à Paris pour une quinzaine

de pareille à aucune exécution [1], couvrait les ponts, les quais, les places et les rues. Les fenêtres regorgeaient de monde. Les charrettes ont suivi l'itinéraire habituel : elles ont pris le quai jusqu'au Pont-Neuf, la place des Trois-Maries, la rue de la Monnaie, la rue du Roule, la rue Saint-Honoré ; puis, arrivées à l'entrée du faubourg, elles ont tourné par la rue Nationale et se sont arrêtées au pied de l'échafaud, dressé entre le Garde-Meuble et le piédestal de la statue de Louis XV, remplacée depuis le 10 août dernier par la statue de la Liberté. Sur tout le parcours, des milliers de voix n'ont cessé de crier : *Vive la République ! à bas les traîtres* [2] *!*

L'attitude de presque tous les condamnés a été digne et ferme. Si Boilleau criait au peuple : « Ne me confondez pas avec les Brissotins ; je ne partage pas leurs opinions ; je suis un franc Montagnard [3] ; » — si Carra paraissait frappé de stupeur [4], Brissot et Fauchet étaient graves et pensifs [5] ; plusieurs promenaient sur la foule des regards où se lisaient le dédain, l'indignation, le courage. Aux misérables qui vociféraient : *Vive la République !* ils répondaient : *Vive la République ! mais vous ne l'aurez pas* [6] *!* Duchastel, dont la jeune et mâle figure respirait une fermeté intrépide [7], a jeté à ses insulteurs cette parole de méprisante pitié : « Pauvres Parisiens, nous vous laissons entre les mains de gens

« de jours, et je les ai vus. Il y avait *trois* voitures, et chacune en
« contenait sept. »

1. *Bulletin*, n° 64, *Révolutions de Paris*, XVII, 148.
2. *Bulletin*, n° 64.
3. *Histoire secrète du tribunal révolutionnaire*, 1, 176, par Roussel (Proussinalle).
4. *Le Spectateur nocturne*, par Restif de la Bretonne, VIII, 564.
5. *Bulletin*, n° 64.
6. *Révolutions de Paris*, XVII, 148.
7. Riouffe, *Mémoires d'un détenu*.

qui vous feront payer cher votre plaisir d'aujourd'hui. »

Le funèbre cortège a mis une heure à faire le trajet. Arrivés sur la place de la Révolution, les condamnés ont été rangés au pied de l'échafaud. Boyer-Fonfrède et Ducos étaient dans la dernière charrette ; au moment de descendre, ils se sont embrassés. Leurs amis ont suivi cet exemple [1]. Cette scène touchante, au lieu d'attendrir les spectateurs qui remplissaient la place et les Champs-Élysées, a paru au contraire redoubler leur rage, et les cris: *A bas les traîtres!* ont éclaté plus furieux que jamais. Cependant l'un des condamnés était monté sur l'échafaud. C'était le marquis de Sillery qui, étant le plus âgé, devait sans doute à cette circonstance le privilège qui lui était accordé de mourir le premier. Tel il s'était montré la veille au Tribunal, devant Fouquier-Tinville, tel il s'est montré sur la place de la Révolution, devant le bourreau. Il a salué les spectateurs à droite et à gauche, avec la même aisance que s'il eût été dans un salon [2].

L'exécution a duré trente-huit minutes [3]. En attendant leur tour, les condamnés, au pied de la guillotine, chantaient le refrain :

> Plutôt la mort que l'esclavage,
> C'est la devise des Français [4] !

La plupart, une fois montés sur l'échafaud, adressaient au peuple quelques paroles, étouffées aussitôt sous les clameurs et les huées. On m'assure que Ducos, qui a conservé jusqu'au bout son esprit et sa gaieté, aurait

1. *Bulletin*, n° 64.
2. *Ibid.*
3. *Ibid.*
4. *Procès de Brissot et des vingt et un députés ses complices*, p. 80.

dit, au moment d'être saisi par les exécuteurs : *Il est temps que la Convention décrète l'indivisibilité des têtes*[1]. Fauchet, au contraire, était tellement abattu qu'il a fallu le porter sur l'échafaud[2]. Vergniaud a gravi les degrés de la guillotine, calme, dédaigneux, avec cet air nonchalant qui lui était habituel. Lorsqu'il a paru, debout sur la plate-forme, dominant la foule du haut de cette nouvelle tribune, il y a eu un roulement de tambours[3]. Craignait-on qu'il ne parlât, et voulait-on couvrir sa voix? peut-être. Je ne crois pas qu'il ait eu l'intention de parler au peuple. Aura-t-il pu cependant entendre ce roulement de tambours sans que sa pensée, à cette heure suprême, se soit reportée à la journée du 21 janvier, et sans qu'il ait vu se dresser devant lui le spectre de Louis XVI?

Viger a été exécuté le dernier[4]; on ne s'explique guère pour quelle cause. Il ne pouvait être assurément considéré comme le plus coupable, n'étant entré à la Convention que peu de semaines avant le 31 mai et n'y ayant joué qu'un rôle très secondaire.

Au moment où la tête de Viger est tombée dans le panier, les spectateurs ont agité leurs chapeaux et les cris de *Vive la République!* se sont fait entendre pendant plus de dix minutes[5].

1. Beaulieu, *le Diurnal de la Révolution*, jeudi 31 octobre.
2. *Mémoires secrets*, par le comte d'Allonville, III, 375.
3 *Le Spectateur nocturne*, par Restif de la Bretonne, VIII, 564.
4. Suivant certains historiens, Vergniaud aurait été éxécuté le dernier. « Les rangs s'éclaircissaient au pied de l'échafaud, dit Lamartine ; une seule voix continua la *Marseillaise*, c'était celle de Vergniaud supplicié le dernier. » — « Quand la voix grave et sainte de Vergniaud chanta la dernière, dit Michelet... » Il y a là une inexactitude. *Le Bulletin du Tribunal révolutionaire* dit formellement : *Viger fut exécuté le dernier.*
5. *Bulletin*, nº 64.

LE 31 OCTOBRE

Samedi 2 novembre 1793.

C'est aujourd'hui la fête des morts. La République, qui a détruit la Religion et ses fêtes, aurait dû au moins conserver celle-là. Qui de nous, depuis quinze mois, n'a eu à pleurer un parent ou un ami, massacré par la populace, ou décapité par le bourreau? Que de victimes, depuis Collenot d'Angremont, exécuté le 21 août 1792, jusqu'à Brissot et à ses collègues, exécutés avant-hier!

Depuis deux jours et deux nuits, ma pensée est obsédée par l'image des *Vingt et Un*, de ces hommes, presque tous dans la force de l'âge et dans l'éclat du talent, immolés sous les yeux d'une foule ennemie, saluant, en gravissant les degrés de la guillotine, cette petite charrette où gisait le cadavre du collègue et de l'ami qui les avait précédés dans la mort.

Jamais peut-être condamnés ne marchèrent au supplice entourés de haines plus furieuses, poursuivis de plus horribles clameurs. Dans une Section, un certain citoyen Jilliard avait été nommé membre d'une commission chargée de présenter une pétition à la Convention nationale le 31 octobre. Il ne s'est pas rendu à son poste, et hier soir il s'en est excusé en ces termes : « Le plaisir de voir tomber les têtes de nos députés conspirateurs a pu seul me faire oublier mon devoir [1]. »

On s'arrache aujourd'hui dans les rues la feuille d'Hébert, la *Grande joie du Père Duchesne,* après avoir

---

1. Cette déclaration est consignée sur le registre de la section, page 46, séance du 1er novembre 1793. *Vergniaud*, par Ch. Vatel, II, 335.

vu défiler la procession des Girondins et des Rolandins pour aller jouer à la main chaude à la place de la Révolution. Le testament de Cartouche-Brissot et la Confession du prêtre Fauchet [1].

Pendant que les ultra-révolutionnaires laissent ainsi éclater la joie que leur cause la mort des Brissotins, beaucoup, parmi les royalistes, applaudissent à leur châtiment. Un vieillard, épuisé par l'âge, ne se vantait-il pas hier d'avoir fait quatre lieues à pied pour être témoin de la mort « de ces scélérats qui ont conduit leur roi à l'échafaud [2] ? »

Certes, Brissot, Vergniaud et leurs amis ont contribué plus que personne au renversement de la royauté, et notre histoire offre peu d'exemples d'une ingratitude comparable à celle de ces citoyens des sections couvrant de leurs huées les hommes qui ont fait le 20 juin, qui ont complété l'œuvre des *héros* du 10 août, qui ont amnistié les égorgeurs d'Avignon, qui ont laissé s'accomplir sous leurs yeux, sans lever un doigt, sans jeter un cri, les massacres de septembre ; qui ont multiplié contre les émigrés, contre les prêtres, contre les suspects, les lois de proscription et de mort ; qui ont dressé l'échafaud du 21 janvier ; qui ont voté toutes les mesures d'où sont issus et le Gouvernement révolutionnaire et la Terreur [3] !

Est-ce à dire que, si la joie du républicain Jilliard et de ses pareils est aussi injuste que misérable, celle du vieux royaliste dont je parlais tout à l'heure soit légitime et de tous points justifiée ? Je ne le crois pas.

---

1. Le *Père Duchesne*, n° 305.
2. Bailleul, *Almanach des bizarreries humaines*, p. 27.
3. Voyez *la Légende des Girondins*, chapitre II, III, IV, V et VII.

Et d'abord, parmi les Vingt et Un, il en est plusieurs qui ne doivent pas être confondus avec les députés de la Gironde. Plus de la moitié — treize sur vingt et un, — n'ont pas siégé à l'Assemblée législative [1], et ne doivent pas dès lors partager la responsabilité des chefs de la faction Brissot, pendant cette désastreuse période qui va du 1er octobre 1791 au 20 septembre 1792, de la fin de l'Assemblée constituante à l'ouverture de la Convention. Il en est sans doute quelques-uns, comme Carra par exemple, le rédacteur des *Annales patriotiques*, ou comme Mainvielle, l'un des chefs des égorgeurs d'Avignon, qui, en dehors de la Législative, ont rivalisé d'ardeur révolutionnaire, non seulement avec Brissot, mais avec Marat lui-même. D'autres, sans avoir joué avant leur entrée à la Convention un rôle funeste et coupable, se sont signalés, dans le procès de Louis XVI. par une attitude qui a fait d'eux, en cette circonstance, les émules des plus violents Montagnards : tel a été Dufriche-Valazé ; tel encore Jacques Boilleau [2]. Mais c'est justice de rappeler que Viger n'a siégé à la Convention que pendant un mois, et qu'il y a déployé un vrai courage ; — que Duchastel, gravement malade, s'est fait porter sur un brancard, à la salle du Manège, le 16 janvier, pour déposer un vote favorable à Louis XVI [3] ; — que Le Hardy, dans

1. Voici les noms des *treize* condamnés du 30 octobre qui n'ont pas fait partie de la législative : Antiboul, Boilleau, Carra, Duchastel, Duprat, Gardien, Lacaze, Le Hardy, Lesterp-Beauvais, Mainvielle, Sillery, Valazé, Viger.
2. Boilleau fit preuve, dans le procès, des Vingt et Un, de la plus déplorable faiblesse et déclara qu'il était « à présent *franc Montagnard* ». *Procès de Brissot*, p. 24.
3. On lit dans la *Vie politique de tous les députés à la Convention nationale, pendant et après la Révolution*, par M. R...

le procès du roi, dans la discussion du décret d'accusation contre Marat, dans celle du décret relatif à la suppression de la Maison de Saint-Cyr, ou encore à l'occasion de la pétition des pères et mères des Orléanais emprisonnés par ordre de Léonard Bourdon, a professé si hautement des sentiments d'humanité et de justice que, dans la séance du 19 mai dernier, il s'est vu traité de *royaliste* par les énergumènes des tribunes, auxquels il a jeté cette fière réponse : « Vous avez tellement prostitué les noms de *royalistes* et de *contre-révolutionnaires*, qu'ils sont devenus synonimes de ceux d'*amis des lois et de l'ordre* [1]. »

C'est un devoir pour les honnêtes gens d'accorder à Le Hardy, à Viger, à Duchastel, et à quelques-uns de leurs compagnons, les sympathies dues au courage et le respect dû à la mort. S'ils ont commis des fautes, (et qui de nous, en ces temps troublés, se peut dire exempt de fautes?) leur sang les a lavées, et aussi leur repentir. Je sais en effet, de source certaine, et je suis heureux de le consigner ici, que l'abbé Lothringer, le confesseur de Custine, a été autorisé à voir les condamnés dans la nuit du 30 au 31 octobre, et qu'il a entendu en confession sept d'entre eux, l'abbé Fauchet, Le Hardy, Viger, Lesterp-Beauvais, Gardien, Lauze-

---

(Robert) : « *Duchastel.* Cultivateur, député des Deux-Sèvres à la Convention, se montra toujours royaliste. Il était malade lors des appels nominaux dans le procès du roi. Robert, avocat (l'auteur même de la *Vie politique de tous les députés à la Convention*) et Nicolas, libraire, propriétaires chacun de journaux royalistes, allèrent le trouver, et l'apportèrent sur un brancard à l'Assemblée en lui disant que sa voix sauverait le roi. Il vint en bonnet de nuit, vota le bannissement, au milieu des cris furieux de la Montagne. »

1. *Moniteur* du 21 mai 1793.

Duperret. On n'a pas pu me dire le nom du septième[1]. Plaise à Dieu que ce soit Duchastel, si digne d'avoir reçu, à son heure dernière, cette récompense de sa noble et généreuse conduite, et qui, appartenant à une de nos plus religieuses provinces, exerçant la profession de cultivateur, n'a pas dû repousser les consolations de la religion comme l'ont fait Brissot et Carra, Vergniaud et Ducos, Antiboul et Boilleau, les journalistes et les avocats de la Gironde. — Après s'être confessé, Fauchet a reçu la confession de Sillery[2].

Huit des vingt et un ont donc, avant de monter à l'échafaud, avoué leurs fautes, abjuré leurs erreurs; nous n'avons plus le droit de les leur reprocher.

En ce qui est de Brissot, de Vergniaud, de Gensonné[3], de Carra, de Ducos, de Boyer-Fonfrède, de Lasource[4] — et à ces noms force m'est bien d'ajouter

1. Lettre de l'abbé Lothringer, publiée dans les *Annales catholiques*, t. II, p. 322, et dans le *Républicain français* du 6 fructidor an V (23 août 1797). « Dans le nombre des vingt et un députés, dit l'abbé Lothringer, il y en a sept qui se sont confessés à moi, savoir : Duperret, Gardien, Fauchet, Beauvais, Le Hardy et Viger; je ne me souviens pas du nom du septième... »
2. Lettre de l'abbé Lothringer.
3. L'abbé Lambert, qui était particulièrement lié avec Brissot, et qui est mort curé de Bessancourt, accompagna l'abbé Lothringer à la Conciergerie dans la nuit du 30 au 31 octobre. Il aimait à raconter, et un historien de la Révolution, M. Poujoulat, a reproduit son récit, — que Gensonné s'était confessé, et après sa confession, avait coupé une mèche de ses grands cheveux et lui avait dit : « Mon père, vous venez de me rendre un immense service ; je vous demande encore une grâce, c'est de porter de ma part cette mèche de cheveux à ma femme; vous aurez son adresse par Mme Brissot, qui est à Versailles, et vous direz à ma femme tout ce qu'on peut dire dans une aussi terrible situation. » *Histoire de la Révolution française*, par M. Poujoulat, II, 94.
4. D'après le récit de l'abbé Lambert, Brissot ayant refusé de se confesser, Lasource lui aurait dit : « Puisque tu crois en Dieu et à

celui de Valazé — ils se présenteront devant l'histoire sans que leur attitude devant leurs juges du tribunal révolutionnaire et devant leur juge d'en haut ait effacé, ait atténué leurs fautes. La postérité, si elle ne se laisse point aveugler par de lâches sophismes, sera sévère pour eux. Nous, soyons indulgents, au lendemain de cette affreuse journée, où ils sont morts sur l'échafaud, non sans dignité et sans courage. Qui peut dire d'ailleurs si, au pied de la guillotine, en voyant tomber la tête de ses amis, Brissot n'a pas élevé vers le ciel un cri de repentir? Qui peut dire que Vergniaud, en entendant ce roulement de tambours, écho sinistre du 21 janvier, n'a pas vu, dans cette terrible coïncidence et dans le coup qui allait le frapper, un châtiment mérité ; qu'il n'a pas demandé pardon, et que ses lèvres, au moment de se fermer pour toujours, n'ont pas murmuré une de ces prières que, tout enfant, il avait apprises de la bouche de l'abbé Roby [1], et que, jeune homme, il répétait encore sous les voûtes du séminaire de la Sorbonne [2] ?

l'immortalité de l'âme, pourquoi ne te confesses-tu pas? Près de paraître devant Dieu, n'as-tu aucune faute à te reprocher? Ne dois-tu pas être heureux de pouvoir purifier ton âme à l'approche du moment suprême? Quant à moi, ministre protestant, je trouve le prêtre catholique d'une grandeur incomparable quand il vient fortifier et consoler les mourants. » Poujoulat, *loc. cit.* Voy. aussi *Vie de M. Emery*, I, 365.

1. « Sa première éducation se fit dans la maison paternelle par les soins d'un prêtre nommé Roby, ami de son père, et qui avait fait partie de la corporation des Jésuites du collége de Limoges. » *Notice sur Vergniaud*, par M. François Ailuaud, son neveu, p. 2.

2. Vergniaud, en sortant du collége du Plessis, entra au séminaire de la Sorbonne et consacra plusieurs années à l'étude de la philosophie et de la théologie. » *Notice sur Vergniaud*, p. 3.

TABLE DES MATIÈRES

		Pages.
I.	— Affiches	1
II.	— Les Vingt-Neuf	7
III.	— Charades et Anagrammes	10
IV.	— L'Abbé Royou	20
V.	— La Constitution de 93	49
VI.	— Vive...!	59
VII.	— Le Carême civique	61
VIII.	— Les Théâtres de Paris de 1789 à 1791	73
IX.	— Les Théâtres de Paris de 1791 à 1793	83
X.	— Bilan de quinzaine	97
XI.	— La Mort de Marat	116
XII.	— Les Funérailles de Marat	125
XIII.	— La Mort de Mlle de Corday	135
XIV.	— André de Chénier et Mlle de Corday	144
XV.	— Cœur de Marat	151
XVI.	— La Distribution des prix de l'Université	158
XVII.	— La Vendée	173
XVIII.	— La Fête de 10 août	190
XIX.	— Lendemains de fêtes	205
XX.	— *La Journée du Vatican*	214
XXI.	— Le Salon de peinture	223
XXII.	— Les Derniers jours de l'Académie française	236
XXIII.	— La Présidence de Robespierre	246
XXIV.	— Le Procès de Custine	255
XXV.	— Le juge de paix Buob	263
XXVI.	— *Paméla* et le Théâtre de la Nation	287

TABLE DES MATIÈRES

	Pages.
XXVII. — Second bilan de quinzaine	301
XXVIII. — Second bilan de quinzaine (suite)	313
XXIX. — La loi des Suspects	331
XXX. — Le 3 octobre	339
XXXI. — Le Mariage de Chabot	348
XXXII. — Suspects!	353
XXXIII. — Le 16 octobre	359
XXXIV. — *Le Jugement dernier des rois*	368
XXXV. — Les Restaurants	380
XXXVI. — La Peur	396
XXXVII. — Le Procès de Brissot	406
XXXVIII. — Le Procès de Brissot (suite)	418
XXXIX. — Le 31 octobre	429

Tours, imp. Deslis Frères, rue Gambetta, 6.

LIBRAIRIE ACADÉMIQUE PERRIN ET Cⁱᴱ

BONNEVILLE ᴅᴇ MARSANGY (Louis)
Journal d'un volontaire de 1791. 1 vol. in-12 .... 3 50

CRAVEN (Mᵐᵉ Augustus)
Lady Georgiana Fullerton, sa vie et ses œuvres. Ouvrage précédé d'une lettre du cardinal Newman et accompagné d'un beau portrait. 8ᵉ édition. 1 vol. in-12 .... 4 »

DAVIN (Albert)
Noirs et Jaunes. Comalis, Hindous, Siamois, Annamites. 1 vol. in-12. orné de seize gravures d'après les dessins de l'auteur .... 4 »

ERNOUF (Lᴇ Baron)
Compositeurs célèbres. Beethoven. — Rossini. — Meyerbeer. — Mendelssohn. — Schumann. 1 vol. in-12, orné de cinq portraits gravés sur bois par M. Maurice Baud .... 4 »

ESSARTS (Emmanuel ᴅᴇs)
Portraits de Maîtres. Chateaubriand. — Lamartine. — Alfred de Vigny. — George Sand. — Béranger. — Sainte-Beuve. — Michelet. — Théophile Gautier. — Victor de Laprade. — Edgar Quinet. — Victor Hugo. 1 vol. in-12 .... 3 50

GUILLAUME (Eugène)
Études d'Art Antique et Moderne. 1 vol. in-12 .... 3 50

HENNEQUIN (Émile)
La critique scientifique. 1 vol. in-12 .... 3 50

HOUSSAYE (Henry)
1814. Histoire de la campagne de France et de la chute de l'Empire d'après les documents originaux (huitième édition). 1 vol. in-12. 3 50

ROD (Edouard)
Études sur le XIXᵉ siècle. GIACOMO LEOPARDI. — Les Préraphaélites anglais. — Richard Wagner et l'Esthétique allemande. — Victor Hugo. — Garibaldi. — Les Véristes italiens. — M. E. de Amicis. — La jeunesse de Cavour. 1 vol. in-12 .... 3 50

RONDELET (Antonin)
Le livre de la vieillesse. 1 vol. in-12 .... 3 50

WITT, née Guizot (Mᵐᵉ ᴅᴇ)
Du visible à l'invisible, rêveries consolantes d'après Mʳˢ Oliphant et Miss Elisabeth Phelps. 1 vol. in-12 .... 3 50

Paris. —Imp. E. Capiomont et Cⁱᵉ, rue des Poitevins, 6.

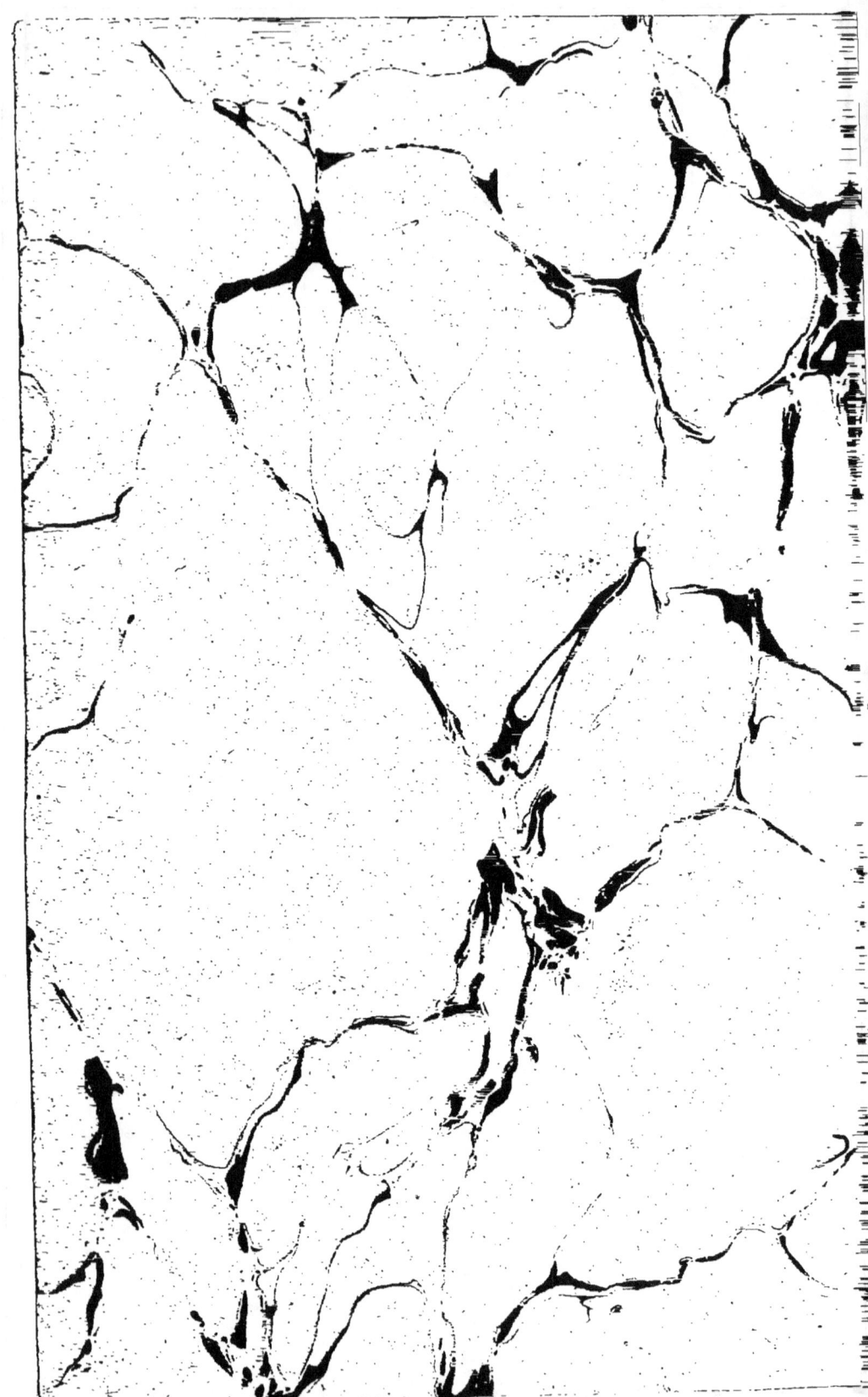

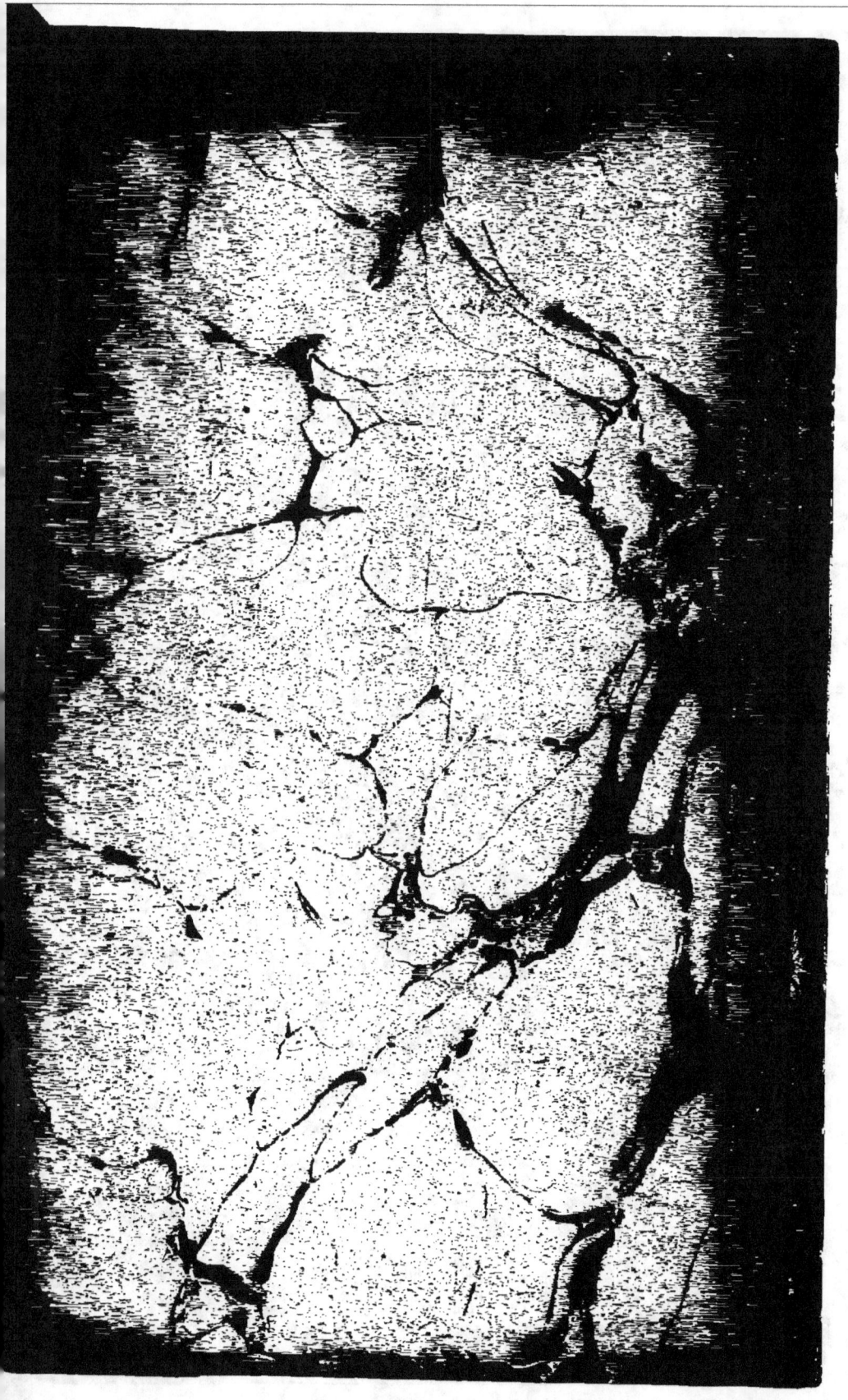

www.ingramcontent.com/pod-product-compliance
Lightning Source LLC
Chambersburg PA
CBHW070533230426
43665CB00014B/1673